分析

要項・提案・
グラフィック
を読み解く

建築コンペ・プロポーザル

編著

坂牛卓
Taku Sakaushi

榊原充大
Mitsuhiro Sakakibara

平瀬有人
Yujin Hirase

山崎泰寛
Yasuhiro Yamasaki

学芸出版社

まえがき

本書は、2011年から2020年に実施された公共建築の建築コンペ・プロポーザル（以下、建築コンペ）の中から10のプロジェクトを対象に、選定者とファイナリストそれぞれの提案書、合計49点を分析するものである。提案書はプレゼンボードを主とし、場合によって関連する書類に言及した。本書はそれらの建築に対する依頼（募集要項）がどのようなものか、そしてどのような提案が選ばれたのかという2つの軸により、建築コンペを捉えている。

この本をつくりたいと考え始めたきっかけは16年前に遡る。編集者として「ゼロ年代の建築コンペ事情」（建築ジャーナル、2009年8月号）という特集記事を担当した私は、群馬県邑楽町による庁舎建築のコンペ結果の破棄を巡る裁判を手がかりに、官民問わず各地の建築コンペのあり方に興味を持った。

記事の中で忘れられない言葉がある。当時隈研吾さんの事務所員だった藤原徹平さん（フジワラボ）が、「コンペでは、与件の先のイメージの問題が自由に与えられています。だから各事務所が蓄積してきた表現や哲学の問題を育てる最大のチャンスになる」と話してくれたのだ。今振り返ってみると、藤原さんはイメージという言葉を用いて、建築家がビジョンを掲げることの可能性について語っていたのだと思う。発注者が示した課題に対して、建築が担う本当のミッションを見つけようとする。建築家は提案書というフォーマットを通じてその答えを明らかにするのである。プレゼンボードは、建築家にとってアイデアを展開する敷地のようなものだったのだ。

一方、建築コンペの参加と実施をめぐる可能性は建築家側にだけ開かれているわけではない。自治体側も、自らの課題を客観的に整理して仕様に落とし込み、時間をかけて、すぐれた建築的提案を引き出す要項をデザインしている。「プレ・デザイン」（小野田泰明）という言葉が示すように、発注者側も真剣勝負だ。では、そんな自治体（発注者）からの働きかけと、実際に選ばれた提案はどのような関係にあるのだろうか？ プレゼンボードを介して依頼と提案をひと続きのプロジェクトとして考える、本書の発端にはそのような素朴な疑問がある。

開かれた場における提案と評価の意義

そもそも、公共建築の発注は伝統的に価格競争、すなわち入札によって占められてきた。国土交通省の調査によれば、今も都道府県・政令市の新築工事件数の59%が、市町村に至っては78%が入札方式によって設計者を選んでいる。また、工事面積が小さいほど入札が選択される傾向にある[注1]。何事にも丁寧な説明が求められる現代においては数値化された価格こそ正義なのだろう。しかし、設計業務にかける時間を削ってコストを捻出するのだとすれば、建築の質は間違いなく低下し続けるはずである[注2]。

さらに大きな問題は、おびただしい数の公共建築が、プレゼンテーション、すなわち創造的な提案による競争と評価を経ることなく選ばれているという事実である。工事価格を下げる合理的な工夫も提案の一側面ではあるが、公共建築はもっと、開かれた場における提案によって、そして未来の利用者たる市民から付託された審査員の評価を仰ぎ、選ばれるべきではないだろうか？

もちろん、入札でなければ何でもいいわけではない。1990年代前半から導入されたプロポーザル方式は[注3]「案ではなく人を選ぶ」と言われるように、設計に至るプロセスや設計者の考え方も評価の対象としている。長期間にわたってプロジェクトに伴走するパートナーを見つけるための仕組でもある。しかし、実績が過度に重視されかねず参入障壁が高いことや、建築の姿が具体的に示されないことなどが指摘されてきた（参加者や審査員への報酬が不十分である点は、設計競技（コンペ方式）と共通して残り続けているもう1つの問題だ）[注4]。だがその上で本書では、提案行為をベースとするプロポーザル方式とコンペ方式を「提案による選抜」と捉え、その可能性について考えてみたい。

近年の建築コンペが映し出すもの

結論を先取りすると、本書に収録した10の建築コンペにはある共通項が存在した。それは提案を介して発注側の望みを引き出し、より良い建築で応えようとするコミュニケーションの意志である。優れた提案書は、いわば使い手側とつくり手側の願いを媒介するメディアとしてデザインされていた。さらに踏み込んで言うと、本書に掲載した提案は、かつて見られた独創的な建築の形態の発明とは異なるねらいを持っていないだろうか。近年の建築コンペは、設計に社会的提案を求め、建築家もそれに応じてきた。私には、この応答の積み重ねが、建築家の職能を知らず知らずのうちに拓いてきたように思われる。過去の設計競技で争われた設計と、本書で扱った建築コンペに対する提案は、どこか異なる職能に基づく仕事なのかもしれない。

10の事例を選ぶのはとても難しい作業だった。まず、規模の大小を偏らせず、ビルディングタイプにバラエティを持たせることで、提案書の表現や視点の多様さを示したいと考えた。また、自治体のウェブサイト等での公開性を鑑み、プロセスがオープンで、透明性の高いプロジェクトであることも必須とした。最優秀案以外のファイナリスト案の掲載も目指した。審査当日のプレゼンと質疑応答による評価の変動は承知しているが、それゆえに無記名で平等な資料であるプレゼンボードにこだわった。

このような背景を持つ掲載案は、著者の1人である平瀬有人が所蔵する膨大な資料をベースに著者間で何度も話し合って選んだものだ。どのプロジェクトも読み込めば読み込むほど、良い公共建築が良い建築コンペから生まれていることが分かり、私たちはそこに行政、審査員、提案者らがかけた膨大なエネルギーをひしひしと感じることになった。資料を前に著者間で交わした議論は白熱し、収録件数をもっと増やしたかったのが本音である。

その意味で、数多くのファイナリストの案まで掲載できたことは本当にありがたかった。残念ながら全ての枚数は掲載できなかったが、本気で考え抜かれた提案のレベルの高さに、著者たちがそうであったように、読者も驚かれるのではないだろうか。最優秀案と優秀案を比較し最優秀案の特徴を捉えることが本書の試みではあるが、1つの公共建築が実現する背後に、これほど多様な構想があったという事実に感動する。提案の数だけビジョンがあり、希望がある。アイデアの一つひとつが、未来に建っていてほしい建築として思い描かれたものなのだ。

結果的に掲載したプロジェクトは東日本大震災からコロナ禍をまたぐ10年をカバーすることとなった。49の提案書からは、この10年の日本社会が公共建築に求めた願いの軌跡が見えてくるかもしれない。本書の趣旨をご理解いただき、掲載にご協力くださった設計事務所や自治体の皆さんに、著者一同より、心からの感謝と敬意を表します。ありがとうございました。

本書の構成

最後に、著者と本書の構成について述べておきたい。本書は主に「要項」「提案」「関係づくり(リレーションズ)」「グラフィック」の4つの観点で建築コンペを分析した。まず、各プロジェクトの募集要項のポイントを山崎が執筆した。建築メディアに関心を寄せる者として、利用者と建築をつなぐ開かれたメディアとして読み解くことを試みたつもりだ。次に、審査結果に基づいた建築的な評価を坂牛卓が分析した。坂牛は審査経験も豊富で、審査員と設計者の両方の視点を持つ建築家である。続けて、近年の建築コンペで言及されるようになった市民参加型のまちづくり、いわゆるコミュニティデザインに関わる提案にも触れている。ここでは市民や関係者と数多く協働した経験を持つ、リサーチャーの榊原充大が執筆にあたった。提案書のレイアウトを読み解いたのは平瀬だ。坂牛と平瀬はすでに建築プレゼンテーションのグラフィックを理論的に分析しているが[注5]、本書では課題と提案の応答関係を表現するプレゼンボードの構成に焦点を当てている。加えて、最優秀案の設計者、コンペの実施に携わった行政の担当者、審査員経験者等、当事者へのインタビューも収録している。

各プロジェクトの冒頭には概要とともに、私たち自身の分析として要項と提案の要点を挙げた。続けて最優秀案のプレゼンボードの全枚数を、ファイナリスト案は紙幅の都合により限られた枚数ではあるが、できるだけ掲載した。一部どうしても文字が判読しづらい箇所もあるが、ぜひ目を凝らして読んでいただきたい。

私たちが取り上げられなかった建築コンペの中にも、魅力的なプロジェクトはあった。読者にはぜひ、本書をきっかけとして日本の、いや世界中の建築コンペを見てみてほしい。依頼と提案は不可分の関係にあり、社会を映す鏡である。公共建築は、税金を原資とし長期間にわたって利用される、市民社会の暮らしの基盤となる大切な建築だ。建築をめぐる両者のコミュニケーションの結果として、新築にせよ、リノベーションにせよ、より多くのプロジェクトで建築家の想像力が発揮されることを願っている。

山崎泰寛

注1 『官公庁施設の設計業務に関する実態調査の結果』全国営繕主管課長会議、2021
注2 国土交通省「質の高い建築設計の実現を目指して」2006
注3 藤野高志・小野田泰明・佃悠「ある行政担当者の関与から見た地方自治体の設計者選定とその展開」『日本建築学会技術報告集』Vol.27、No.67、日本建築学会、2021
注4 「不確実な時代のプレ・デザイン前編・後編」『建築雑誌』日本建築学会、2021年7月・8月、山本想太郎・倉方俊輔『みんなの建築コンペ論 新国立競技場問題をこえて』NTT出版、2020
注5 坂牛卓・平瀬有人・中野豪雄『図解 建築プレゼンのグラフィックデザイン』鹿島出版会、2015

分析　建築コンペ・プロポーザル｜目次

070 5 北上市保健・子育て支援複合施設基本設計
業務委託公募型プロポーザル | 2018 複合施設
選定された提案者 | 畝森・teco設計共同体

084 6 松本平広域公園陸上競技場整備事業基本設計プロポーザル | 2020 競技場
選定された提案者 | 青木淳・昭和設計共同体

096 7 くまもとアートポリスプロジェクト
立田山憩の森・お祭り広場公衆トイレ公開設計競技2020 | 2020 公衆トイレ
選定された提案者 | 曽根拓也＋坂本達典＋内村梓＋前原竹二（山下設計）

110 8 御嶽山ビジターセンター（仮称）整備事業設計プロポーザル | 2020 観光施設
選定された提案者 | yHa architects

125 | インタビュー | 審査のプロセスはいかにデザイン可能か——塩入一臣（長野県建設部建築技監*当時）

128 9 まきのさんの道の駅・佐川基本設計業務プロポーザル | 2020 道の駅
選定された提案者 | 若竹まちづくり研究所・STUDIO YY・ワークステーション設計共同企業体

143 | インタビュー | 公開性が高いプロポーザルは良い設計を後押しする
——古谷誠章（建築家・NASCA代表・早稲田大学創造理工学部教授*当時）

146 10 旧小千谷総合病院跡地整備事業図書館等複合施設
設計業務公募型プロポーザル | 2020 図書館
選定された提案者 | 平田晃久建築設計事務所

—

159 あとがき

要項読解のポイント

頼み方のデザイン——コミュニケーション・メディアとしてのコンペ要項

山崎泰寛（京都工芸繊維大学、建築メディア論）

「説明の時代」における設計者選定

本書が取り上げた10の提案は、いずれも地方自治体における公共建築の設計者やデザイン監修者を選定するプロセスのなかで生まれたものだ。公共建築を建てようという意思の背後には人々の希望や期待があり、それらは具体的な要望や条件として言語化され、ある一定の手続きを経て、建築家や設計事務所に依頼される。このプロセスは学校や美術館、図書館のような施設から、トイレや門扉のような小さな工事まで、あらゆるスケールの公共建築のベースとなっている。もちろん、公共という言葉の範疇は行政機関が独占するものではない。PPP/PFI的な官民連携の事業スキームの活用や、近年の渋谷駅周辺や神宮外苑の再開発に象徴されるような、一企業体の枠を越えた民間主導のプロジェクトもまた、本来は強い公共性を帯びている[注1]。

とはいえ、1990年代後半以降慢性化した財政危機のなか、地方自治体において公共建築のデザイン業務に課せられる課題の大きさは想像に難くない。あらゆる業務に「丁寧な説明」が求められる現在、姿かたちを伴う建築の設計行為に公的な評価を与え、発注することは最もやりにくい仕事の1つだろう。一方で、90年代以降ここ30年ほどをかけ、公共建築の設計業務は安易な価格競争（入札）を避けるようにもなってきた。高い専門性を要する設計業務を安く見積もらせることは建築自体の質の低下に直結し、手直しや維持面で余分な費用が発生してしまうからである。そこで入札の代替手段として位置づけられたのが、「創造性と技術力等を審査する設計者選定の方式」（国土交通省）としてプレゼンテーションが必須となる、コンペ方式やプロポーザル方式である。本稿では両者をまとめて建築コンペといい、必要に応じて個別の方式に言及したい。

プロポーザル方式とコンペ方式のちがい

おおまかに言えば、コンペ方式は建築に必要となる機能や予算を具体的に示して設計案を募るもので、プロポーザル方式は、施設が抱える課題に対する建築空間的な提案を募るものである。前者が、図面やパース等、建築の姿を明確に表す情報によって案を選ぶ一方、後者はあくまでも提案であることから、具体的な設計内容や予算には踏み込まず、ドローイングの表現もきわめて簡素化されたものにとどまる。そのため、これまで職能の確立を模索するなかでコンペ方式の充実を求めてきた建築家は、設計業務に関する専門的な技量を見極めにくいプロポーザル方式に批判的な場合が多い。一方の自治体は、公募時に示す設計要件の厳密な仕様化や、決定後の変更が困難であるとしてコンペ方式を遠ざけがちで、選んだ人物との調整が容易なプロポーザル方式を好む傾向がある[注2]。そもそも日本の公共建築は業務報酬の水準が低く、金銭的な見返りがほとんどない現状の建築コンペに参加するだけの体力がない事務所も多い。さらにプロポーザル方式であっても詳細な設計案を求める事例もあり、参加者に過大な負担を強いる疑似コンペとして問題となる場合もある。また、実績を重視しすぎるあまり若手や外国人の参加が困難であり、公募で多様な人「を」選ぶと言いつつ、ある程度キャリアを積んだ人「で」選ぶ事態にも陥りかねない。発注の前提を含めた「プレ・デザイン」（小野田泰明）が注目されるゆえんでもある。

現在の日本の建築コンペは、コンペ方式とプロポーザル方式の狭間で、自治体も設計者も模索を続けている段階にあると言えるだろう。そのため、参加する建築家がすぐれたアイデアを出しやすく、選定する自治体が前向きに協働者を決めることができる枠組みのデザインがきわめて重要である。

すぐれた人物を選ぶための要項の工夫

そしてこの枠組みと、自治体を構成する市民の期待のありようを言語化して示されるのが、要項である。

建築コンペにおいて、業務対象とその範囲を明確にし、敷地や予算等さまざまな要求の条件を記した要項は、全ての提案の前提となるドキュメントであり、参加者全員に対して公平に提供される情報である。一般的に要項には、1. 目的やねらいを示す事業趣旨と概要、2. 応募に必要な事務的情報である参加資格、参加手続きや説明会等、3. 提案と審査に係る情報として設計与件や応募書類の様式や審査方法、配点等、4. 決定後の結果公表の方法や報酬等、契約手続きに関するものが列挙される[注3]。機能をまとめた建築計画やスケジュールについて別に書類が用意される場合もある。この他、公示までに積み上げられた検討プロセスのような参考資料や基本計画、総合計画のような、より上位のまちづくり概念が提示されたり、都市計画や埋蔵文化財の状況のような情報も盛り込まれる。

参加者は要項に書かれた一言一句を紐解くことで、建つべき建築の姿を構想し、プレゼンテーションを組み立てる。すぐれた要項は解くべき課題が明確で、提案した建築家の技術力や人物像を探るために工夫が凝らされている。

建築による課題解決を求める要項

ここからは本書で取り上げた建築コンペの要項を読むポイントを大きく2つ挙げてみたい。1つは建築案の内容に直接関連する事柄を求めたもので、その建築によってどのような課題を解くべきなのか、また建築に求められる機能等の条件を示すものである。もう1つは建築家の業務方針や設計体制の構築にかかわるもので、新しい職能のあり方や具体的なチーム編成のアイデアを問うものである。近年の研究でも指摘されているように、意欲的な担当者が作成した要項には社会の動向に合わせた要求が盛り込まれており、それぞれの建築コンペの個性をよく反映したものとなっている[注4]。

まず提案する建築に直接影響する課題設定について見てみよう。特殊な空間装置を挙げて設計させる場合は、そこここそが提案の肝となる。コンペ方式の〈大阪新美術館〉(2017、p.26)では美術館としての基本的な展示・研究機能の他、パッサージュと呼ばれる独特な内部空間が設定された。要項冒頭の「めざすべき姿」には海外からの観光客も見込んだ大規模な「オープン空間」を備えることを目指し、PFIによる民間事業者の「創意工夫」を引き出したいとその意図が語られている。パッサージュを「賑わいのあるオープンな室内空間」と位置づけ、その建築的な姿を見せてほしいと訴えた要項である。提出物でも展示空間と別に内観パースと仕上げの記載を求め、内部空間の具体的な提案が期待されていることが分かる。特徴ある機能と明快な用途を設定できたからこそコンペ方式が選択されたのであり、1等案はゴージャスで魅力的な空間によって課題に応えていた。

建築計画上の課題を全面に出した要項には、〈八戸市新美術館〉(2017、p.42)が挙げられる。要項ではまず美術館と市内の既存施設群とが将来結ぶべき関係性を示し、美術館内に配される空間の性格を4つの機能と静・動2つのエリアに分け、それらを5つのゾーンでカバーするように規定した。特に交流ゾーンと呼ぶ多機能空間と、美術館の基本性能をつなぐバッファゾーンは、美術館の動的な活動を担う空間として新しい美術館のユニークさを表していた。上記の〈大阪新美術館〉と同様に、展示・研究機能とフレキシブルな空間を性格わけしつつ、それぞれを1つの建築にまとめる提案が求められていたと言える。審査員に美術館建築の計画で著名な研究者が配されていたことからも、要項を準備する段階で美術館と審査員が周到に建築計画を練り上げていたことがうかがえる。

他にも施設のねらいがうまく示された要項に、〈北上市保健・子育て支援複合施設〉(2018、p.70)と〈旧小千谷総合病院跡地整備事業図書館等複合施設〉(2021、p.146)がある。両者とも市街地中心部で拠点化していた建物があった敷地で、前者は百貨店のリノベーションで子育て支援施設を、後者は移転する病院の建て替えで図書館を中心とした文化拠点をつくる事業である。もともとのビルディングタイプは違うものの、住民生活の拠り所だった場所をつくり変えるものだ。〈北上市〉では、都市規模に合わせた立地適正化計画下で子育て支援施設の計画をまとめた会議体に設計者も加わることが求められた他、チーム内の女性技術者の配置率が配点項目とされた点も興味深い。〈小千谷〉では2013年から積み上げた議論による図書館の再整備にコロナ禍がぶつかり、情報技術を生かした暮らしの拠点となることが求められる等、地域の事情と時事が絡み合い課題が複雑化していた。両者とも地域が抱えていた課題を解きほぐす建築的な提案が求められている点で共通している。

建築家の職能と役割を問う要項

一方、建築家の業務体制の構築に関する提案を求めた代表例の1つに、〈延岡駅周辺整備〉(2011、p.14)のプロポーザルを挙げることができる。これは市民との対話を通じて意匠的な方向性を定め、基本計画をまとめる監修役を求めたもので、提出内容の項のどこにも建築という文字が出てこない。つまり、審査側は絵姿を求めないことでデザイン監修者という耳慣れない職能の業務範囲を提起し、参加者がどう応えるのかを問うたのである。案ではなく人を選ぶと言われるプロポーザル方式の特質を最大限に生かした建築コンペだと言えるだろう。当選案はそのとおり、まちの地図上にテキストと挿絵を簡潔にレイアウトしたもので、提案者自身が延岡市のあるべき姿を学び取っていく過程が描かれていた。

このように業務体制を問う要項は〈京芸・銅駝〉(2017、p.54)にも見られ、まず趣旨文の半分程度もの文量が設計者選定の考え方の説明に割かれている。ここで大学とも、そして市民とも対話できる設計体制を求める姿勢が明らかとなり、1等案はボードの1枚目の1/4もの面積を使ってチーム構成を表わすことで、課題に応えていた。建築のコンセプトに挙げられたテラスを生かす設計案の強度と同じだけ、公共建築が多様な視点をもって設計されうることに可能性を開いた要項と提案だったのではないか。

最後に長野県が実施した2つの建築コンペ〈松本平広域公園陸上競技場〉(2020、p.84)、〈御嶽山ビジターセンター〉(2020、p.110)について述べたい。両者はともにユニークな資料を提出させた。それは「魅力を感じる又は設計コンセプトに共感する」類似施設を挙げるものだ。〈松本平〉では観客席と競技面との関係や外部空間との関係等、建築の課題に踏み込んだ項目について、〈御嶽山〉ではより一般的な建築計画と外部空間についてである。この資料があれば、現実の作品を建築家がどう咀嚼し、参照にしたのかが明らかになる。つまり、提案の背後にある建築家の思考プロセスを窺い知ることができるのであり、審査員はより深く人物像を理解して判断できるはずである。〈御嶽山〉ではさらに過去の実績を批判的に検討させることで、自らのアイデアを客観視できるかどうかも問われていた。これらはプロポーザル方式の特徴であると同時に難点でもある、「案ではなく人を選ぶこと」に発注側が向き合った発明的な要求資料だろう。

要項にあらわれるコミュニケーションの意志

すぐれた要項からは、発信する主体である自治体が、参加者、つまり未来の協働者に対してコミュニケーションを取ろうとしていることが伝わってくる。発注者の依頼のありようは要項に現れ、設計者はプレゼンテーションのありようでそれに応える。頼み方と伝え方の歯車がかみ合った時、すぐれた提案が生まれ、建築に昇華するのだろう。要項の向こうにはその建築に触れる市民一人ひとりがいる。要項とは、それを介して発注者(市民)と建築家が意思疎通を図る、いわばコミュニケーションのためのメディアとしてデザインされるのである。

注1 『公募要項作成ガイドブック　クリエイティブな公民連携事業のための公共発注』公共R不動産、2021
注2 『官公庁施設の設計業務に関する実態調査の結果』全国営繕主管課長会議、2021
注3 京都府公募型プロポーザル方式事務マニュアル(令和3年度版)
注4 藤野高志・小野田泰明・佃悠『ある行政担当者の関与から見た地方自治体の設計者選定とその展開』日本建築学会技術報告集、Vol.27、No.67、pp.1419-1423、2021年10月

設計提案の読解ポイント

そのプレゼンボードが評価される理由《わけ》

坂牛卓（建築家、東京理科大学、D.A）

すでに指摘されたように提案書は要項書とのコミュニケーションの結果である。だから提案書づくりの最も重要でそして最初にやるべきことは要項を、目を皿のようにして読むということであろう。

ファイナルに残った案はどれもその点はクリアされていると感じた。もちろんそのコミュニケーションの分かりやすさの度合いに差はあるけれど、概ねどの提案書も要項の問いかけに応えている。よって見る方からすると予想外の答えに戸惑うようなことはなかった。

論理性と重みづけ

次に提案書に求められるのは分かりやすさと主張の明快さだ。それは「論理性と重みづけ」によって支えられる。

先ず論理性について述べよう。言語に論理性がありそれによって人は他の人に意味を伝えられる。同様にプレゼンボードという言語と記号と絵によって示されたボードは広い意味での「言語」である。だからその「言語」は論理的でなければ人に意味を伝えることができない。言語が言葉に順番を与えて、つなぎの部分で順接、逆説、等の接続詞を入れるように、図や言葉もその順番が問われる。順番が間違っていれば意味は伝わらないし、そのつなぎ目にはそれなりの記号や色の変化等によってその論理性を補強することが必要だ。言葉には主語があり動詞があり目的語がある。建築も同様だ。何がどのように何を生み出し、何をサポートし、何のためかということがあたかも文章を読むように短い時間で伝わらなければならない。時間がかかれば審査員は見てくれないだろう。

次に「重みづけ」についてである。言語でものを伝える時には、伝える内容が10あったとして、それらが等しく重要ということは少ない。多くの場合、それらには軽重があるものだ。その軽重は言語では1番、2番、最も等の言語的表現を使えるがプレゼンボードの場合はそうはいかない。物の大きさや、場所等でそれを示していかないといけない。重みづけは要求されていることに対する提案者側の価値の序列だから、その重みづけ自体が1つの大きな提案である。

例えば〈御嶽山ビジターセンター〉（2020、p.110）では山エリアと里エリア双方に提案が求められていたが、yHa architectsはその2つの建物に徹底した共通性を与え、特に屋根デザインでは、色も形態も同一にしてそれをコンセプトの最初に打ち出した。

もちろんコンペ/プロポーザルはオールマイティに答えていくのが常道だが、案の個性をつくるためには重みづけが必要で、そのことが提案書におけるコミュニケーションの核となる。主催者側もさまざまな思いを建築にこめているから、それらを要項に記し、それらに対して漏れなく答えてほしいと考えている。しかし、全ての要望に対して矛盾なく等しく答え、提案することは原理的に困難なことも多い。加えてそういう案は玉虫色に見えて提案者の主張が見えにくい。だから答えに軽重が出ることは想定内、いやむしろそうあるべきなのだ。問題はどのような軽重が生まれ、それがどのような結果をもたらすのか、その点を主催者は見たいのである。

提案書の見栄え

論理性と重みづけだけが全てかというとそうでもないと言う反論はあるだろう。言うまでもないがファイナルへの道のりを通過するためには審査員の目にとまる何かが必要である。それは内容だけではなく表層の見栄えが担う役割も大きい。しかしその見栄えは必ずしも美しいパースと綺麗なダイアグラムの羅列というようなことでもない。もちろんパースや模型のできは審査員に大きな訴求力を持っていると思う。しかし審査員の目も節穴ではない。彼らは提案の本質を見抜こうとしている。だから特にプロポーザルの場合は見栄えの良い絵が1枚もなくても最優秀に選ばれることもある。見栄えは絵だけで生まれるとは限らない。字だけであってもそこに美しいレイアウトがあればむしろその方が要項に応答していることもある。見栄えにもさまざまある。

最終段階での差異化

ファイナルに残る案を見ているとそこに残った案は甲乙つけがたい。しかしどこかに最優秀案には最優秀案を際立たせているものがある。だから最優秀は最優秀なのである。

〈御嶽山ビジターセンター〉選定案（yHa architects）

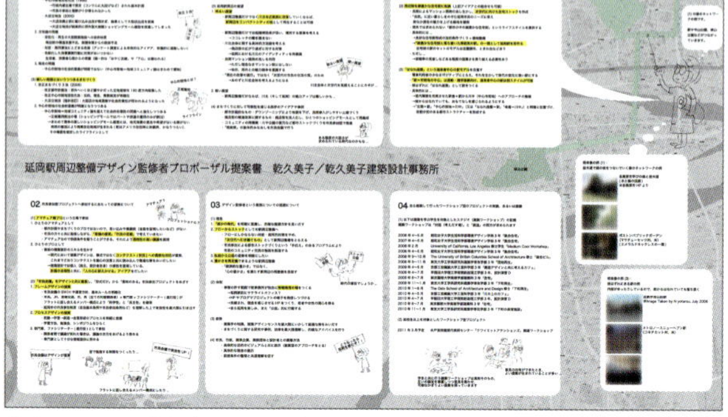

〈延岡駅周辺整備〉選定案（乾久美子）

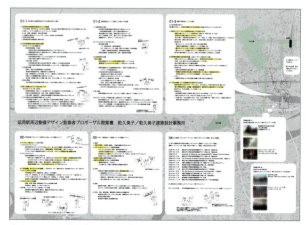

例えば乾久美子さんが〈延岡駅周辺整備〉(2011、p.14)で提案した提案書にはほとんど絵がない。他の案にはなんらかの形で絵が入っている。パース、ダイアグラム、平面図であったりする。しかし彼女の提案はほぼ9割文章であり、その文章量は他の案とは極端に異なる。このプロポーザルでは要項の中で提案者に次のことを求めた。「市民や事業者、行政の間で行われる議論に参加し、実現にむけて尽力する意志…を有する者、また、延岡市の将来に向けて地域と連携し…健全な方向へと啓蒙していく能力に長けた者、そして延岡市の掲げるプロジェクトに関して関心を持ち、助言のできる能力を有する者とする」。この要求には一言も具体的な現状の問題とそれに対するソリューションを示してほしいとは書いていない。だから乾さんはこのまちをどれだけ理解しているかということについて滔々と言葉で書き綴った。

この方法は先に述べた要項とのコミュニケーションという意味で見事に要項に応答をしている。他の提案者は同じようにまちへの理解をある程度掲げるとしても、プロポーザルの常として、あるいはプレゼンボードの見栄えとしてさまざまな絵を描いていた。もちろん文章はその絵の説明が主となる。それに対してむしろ目に留まりやすいグラフィックを描かず、言葉で市への理解度と立場を述べたことで乾案は自らの案を決定的に差異化したのである。

最優秀案に選ばれたものはいずれも他のファイナル案とはどこかが違う。これはおそらく要項に応え、その結果出てくるであろう答えを予想し、それと自らを差異化することを考えた結果だと私には思える。そしてその差異化はコンペ/プロポーザルにおいてどうしても必要である。それは審査員が最優秀案を選択してそれについて然るべき説明をつけなければならないからである。

ファイナル案はファイナルに残るくらいだから個性的ではあるが、同じ質問に答えているから相当似ている。そして審査員は似ているものはひとまとめにして分類整理する。だから分類整理された案は際立たない。つまり最優秀には残れない。分類整理されない何かが最優秀案には必要なのである。その差異化を生み出すヒントが要項に隠されていることもあるがいつでもそんなものが転がっているわけでもない。

地道な推敲

差異化するヒントがそう簡単に見つからない場合は地道に案を推敲するしかない。「他にはない最優秀案にだけある」素敵なものはそれほど突拍子もないものではない。それは要項との不断のコミュニケーションの末に導かれてくるものではないかと私には思える。つまりコミュニケーションの繰り返し、要項と提案書の不断の見直し作業によって生まれるものなのだ。それは既述の「論理性と重みづけ」の推敲による。論理性の推敲とはその案のものの考え方を整理し、その案の説明可能性を高めることであり、多くの人の理解を得る作業である。それは究極的にはその案の実現可能性へとつながる。重みづけの推敲とはその案の主張のポイントを明確化するということだが、重みづけを高める部分は当然のことながら、提案としての具体性を高めることになる、それによってそこに生まれるであろう、建築の像が現実性を帯びるのである。

例えば〈松本平広域公園陸上競技場〉(2020、p.84)を見てみよう。論理の推敲について言えば、青木案は2次審査のプレゼンボードで1次審査で示した概念図を具体的に緻密に図面化した。1次のプレゼンボードだけ見ていると、どのように現実化するのかとおぼろげであったことが、2次のプレゼンボードを見ると建築として立ち上がってくるのである。これは明らかに他のチームには見られない高度な論理的推敲であったと言える。また重みづけについていうと、本プロポーザルでは要項に敷地の自然環境に最大限の敬意を払いそのランドスケープに留意するように書かれている。よって全てのファイナル案はそこに神経を傾注した。しかし要項にはもう1つ重要なことが書かれている「恵まれた立地を生かして親しみがあり、末長く多くの方々に愛される施設となるよう」。このことに神経を払った案は最優秀の青木案だけだった。青木案はその要求を「敷地いっぱい使い倒せる競技場」(=稼働率を上げて誰でも入れる=多くの人に愛される)というスローガンで応えたのである。皆がランドスケープに比重を置いている時にもう1つの要求を重視して自らを差異化した。これは重みづけの推敲である。

最優秀案が他のファイナル案と異なるのはこうしたコミュニケーションの推敲の結果である。決して天啓が降りかけられた、神がかったものではない。もしかしたら世の中にはたまにそうした案もあるのかもしれない。しかし私たちが本書作成のために閲覧したコンペ/プロポーザル案の中にはそうしたものは見つからなかった。おそらく世界中を探してもそんなに沢山あるとは思いにくい。天啓が降りかかった建築の質が低いというようなことを言おうとしているのではない。少なくともプロポーザル/コンペとは主催者とのコミュニケーションであり、提案者が天啓を拠り所として提案して魅力的な案をつくったとしても、受け取る側からするとお門違いだということになりかねないのである。

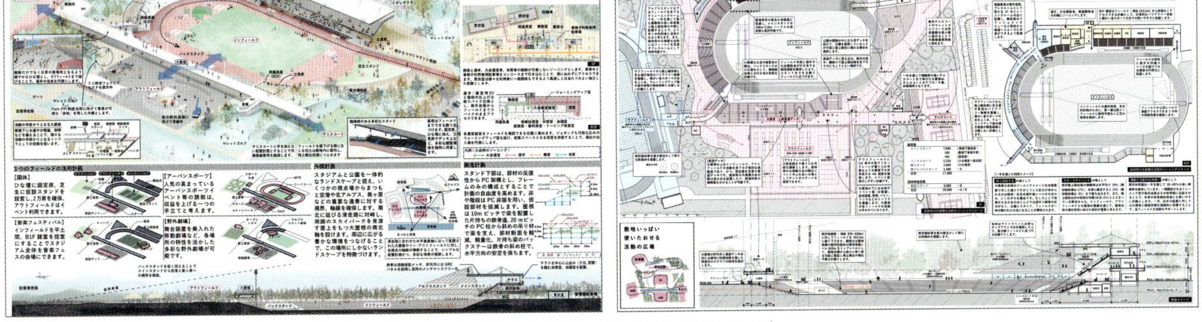

〈松本平広域公園陸上競技場〉選定案(左から1次および2次)(青木淳・昭和設計共同体)

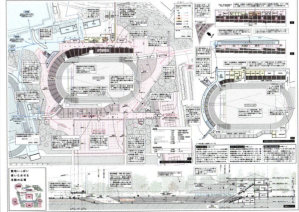

市民との関係づくり読解ポイント

「リレーションズ《関係づくり》」をデザイン対象にするために

榊原充大（建築家／リサーチャー、都市機能計画室）

本書では、コンペティション（コンペ）やプロポーザルのプレゼンテーションボード（プレゼンボード）に特化して提案書の分析をおこなっているが、リサーチやワークショップ等、関係者や市民・住民との接点のつくり方に関する部分を「リレーションズ提案」と定義し、注目している。日本では「広報」と訳されることが多い、「公衆との関係づくり」を意味する「パブリックリレーションズ」の「リレーションズ」を意図している。

筆者は業務の一環として、公共施設の計画の際に自治体側と連携を取り、関係者や市民との関係づくりやコミュニケーション方法を企画・実施している。そこで得た知見を設計者と共有しながら施設のあり方を検討したり、また設計内容を地域内外に届けたりといった業務だ。こうした働き方をすることになったのも、2017年に開催された〈京芸・銅駝〉（2017、p.54）において、筆者が当時共同運営していた建築リサーチ組織RADとして、リサーチ・機運醸成チームに参画し、選定されたことがきっかけになっている。

それ以降、プロポーザルに参加する建築設計者からの声かけによってプロジェクトチームに参画し、関係者や市民とのコミュニケーションを担当し、受託後はその計画をもとに自治体と連携しながら実現していく、という業務を受け持っている。以降、その数は次第に増えていき、2019年から株式会社都市機能計画室を設立、他のコンサルティング業務とあわせて建築や都市計画のサポートを引き受けている。

関係者や市民の意見を聞く、という風潮の高まり

そうした筆者の体感ではあるものの、近年、コンペやプロポーザルの対象になる公共施設の計画において、関係者や市民の意見をよく聞きながら進めるべきという風潮が強くなっている。本書でも分析対象にしている〈京芸・銅駝〉のように、募集要領に「対話型の設計のプロセスを提案いただきたい」と明確に記載される例もよく見られるようになった。表現は多岐にわたるが、「対話」「コミュニケーション」といった要素が直接的に求められているということだろう。

当然のことながら、関係者や市民の声を聞きながら公共施設をつくる取り組みは近年に生まれたものではない。市民みんなのものであり、かつ市民による税金を原資としてつくる公共施設を、その利用者／受益者である市民の声を取り入れながらつくろうという動きはかつてからあった。一方で、関係者や市民の声を聞いたという「形式」をつくるだけのワークショップや説明会も、とりわけ高度経済成長期やバブル期といった「つくること」そのものが優先されていた時代には少なからずあっただろう。現在でも、そう捉えられても仕方ない事例はしばしば見られる。

「何をつくるか」のみならず「どうつくるか」

社会保障、そして既存施設やインフラの維持管理の費用が増加する現在、情報技術の進化も相まって、税金を原資とする公共施設についても「何をつくるか」とあわせて「どうつくるか」について市民からより厳しい注目が一層注がれるだろう。近年は単に関係者や市民の声を聞くためにワークショップを開くシンプルな提案のみならず、どのような体制で、どのような考え方によって、どんなステークホルダーとコミュニケーションを取っていくのか、といった段階まで求められることが増えている。自治体によって関係者や市民の意識も違えば、プロジェクトが生まれるまでの経緯や背景も異なってくることは当然だ。そうした異なる状況に対して、いかに柔軟に対応できるのか、ということを深く検討し、提案できるのかが問われている。

今回われわれが「ワークショップ提案」や「ソフト提案」等といった、比較的市民権を得ている言葉ではなく、「リレーションズ（関係づくり）」という言葉を使う理由は、関係者や市民との接点のつくり方は対話のみにとどまらない、という意図を伝えたいためだ。ときにはアンケート、ときにはシンポジウム、ときには視察やフィールドワーク等、関係者や市民との接点のつくり方は幅広くあり得る。それを何らかの方向性に絞り込むのではなく、「リレーションズ」としてひとくくりにし、1つのデザイン対象だと考えてみたい。「何をつくるか」だけではなく「どうつくるか」の象徴として、この「リレーションズ提案」があるということだ。

また、それを誰が引き受けるのか、ということも重要になる。提案者の中に「リレーションズ」を担当する者／企業を置いたとしても、それが孤立しているようでは意味がない。また、しっかりと連携が取れていたとしても、関係者や市民から得た意見を正しく計画へと反映できる体制になっているか。設計者が得られた意見を設計に反映できない／するつもりがない、という状態であれば、関係者や市民から意見を得る意味がなくなってしまう。かといって、要望だけを際限なく聞きすぎる、ということも計画実現のためには避けたい。適切な体制図とバランスの良い役割分担が必要だ。

3つの「リレーションズ提案」

上のような考えから今回設定した「リレーションズ提案」は、大きく以下の3つに整理できるのではないかと考えている。逆にいえば本書では、公開された提案書の中から3タイプの提案を「リレーションズ提案」と（半ば勝手に）捉え、その内容、表現方法を分析対象にしている。

「リレーションズ提案」という言葉はそもそもわれわれの造語であるため、提案者の側からすれば、「そのようなつもりはない」と思われる向きもあるだろう。あくまでも1つの提案として、ぜひ忌憚のないご意見をいただきたい。

「リレーションズ提案」として捉えるまず1つ目、①は設計に軸を据えた提案だ。設計の足がかりにするために実施するようなフィールドワークやヒアリング、アンケート、そして設計プロセスを関係者や住民に対して開くような説明会や展示会等の取り組みがここに含まれる。

そして2つ目、②は設計者と関係者や市民とのコミュニケーションそ

①設計のためのリサーチ・設計プロセスの開示
②市民とのコミュニケーション
③活用・運営につながる仕組みづくり

3つの「リレーションズ提案」

のものに軸を据えた提案。ワークショップやシンポジウムのような、直接対話をおこなうような取り組みがここに含まれる。

最後の3つ目、③は完成後の利活用を見据えた提案だ。当該施設が完成した後に鍵となる活用団体発足や、施設運営組織づくりにつながるようなワークショップ等の取り組みがここに含まれる。

なお、この3つは独立したものというよりは、ベン図のように重なり合う部分もある。①でもあり②でもある、等の例も想定される。また、プレゼンボードの中に「リレーションズ提案」がそもそも存在しない、あるいはプレゼンボードとは別の資料として「リレーションズ提案」(に類するもの)が要求されている場合もある。可能な限りそうした可能性を勘案しているが、基本的にはプレゼンボードのみを対象に提案書の分析をほどこしている。

優れた「リレーションズ提案」とは

今回取り上げた10プロジェクトにおいて、「リレーションズ提案」と捉えられる部分を見ていったが、優れた提案とはどのようなものだろうか。

まず、多く見られるのは、タイムスケジュールを引き、その中でどのタイミングでワークショップを実施するのかを提案するようなものだろう。プロポーザルで選定されたあとのプロセスを考えると、往々にして基本計画、基本設計、実施設計と進んでいく。そうしたフェーズを意識しながらタイムラインが引かれ、設計の進捗と齟齬がない、あるいはその設計のプロセスを開示するのに都合のいいタイミングに実施予定が置かれている提案は、全体の進行を正しく把握できていると判断されやすいのではないだろうか。

優れた「リレーションズ提案」と言えるのは、決めすぎていない「良い抽象度」で提案できているものではないかと考えている。体制図も然りだが、どのようなメンバーがどういう「リレーションズ」をおこなうかを細かく決めすぎているよりも、全体の体制の中で「リレーションズ」を担うのがどのような人で、その人がチームとどういう連携を取り得るかを、柔軟に想像できるようになっていると惹きつけられる。

たとえば畝森・teco設計共同体による〈北上市保健・子育て支援複合施設〉「まちに開かれた子育て支援複合施設」(2018、p.70)では、そうした「良い抽象度」を保ち、タイムラインでは契約後すぐに「スタートダッシュ合宿」という期間を、参加者イメージとともに設けている。市民との／へのアクションとは異なるが、関係者で早い時期から認識を合わせておこうという提案は極めて重要であり、優れた「リレーションズ提案」であると感じた。

また、選ばれなかったものの、〈立田山憩いの森・お祭り広場公衆トイレ〉(2020、p.96)のファイナリスト、菊井悠央+本山真一朗による「マチ山の教室 マチの中にある山の中の学びの拠点」(p.105)は、「既存トイレを生かし、みんなで考える設計・建設計画」と題して、市民とともにつくる計画が「良い抽象度」で示されている。設計中は「作る会議」「使う会議」「トイレ会議」と称し、「リレーションズ提案」における「①設計のためのリサーチ・設計プロセスの開示」「②市民とのコミュニケーション」「③活用・運営につながる仕組みづくり」を満たす魅力的な計画だと言える。

「人」を選ぶ手段としてのプロポーザル

もともと、コンペは案を選び、プロポーザルは人を選ぶと言われている。そうした性質の違いがあるため、プロポーザルでは具体的な絵は本来記載すべきではないという制約もある。とはいえ、過去の実績と体制図のみで正しく選ぶことができるのかというと、それもまた難しい課題であると言えるだろう。

そんな時に重要になるのが、いわば「リレーションズ提案」だと個人的には考えている。まだ起こっていない、関係者や市民との接点のつくり方に具体的な絵はそもそも不要(書きようがない)であり、起こりうる状況をいかに想像できているのかをなんとか表現するためには、体制やスケジュール、過去の実績といった情報が具体的に必要になってくる。「リレーションズ提案」は、「人」を選ぶ手段においてきわめて有効なのではないだろうか。

「より良い公共施設づくりのために関係者や市民の声をよく聞く」を一過性の風潮にせず、またそのための手段を画一的なものにもせず、形骸化を避けながら「リレーションズ」をデザインの対象にしていくことが重要ではないかと考えている。

〈北上市保健・子育て支援複合施設〉選定案
(畝森・teco設計共同体)

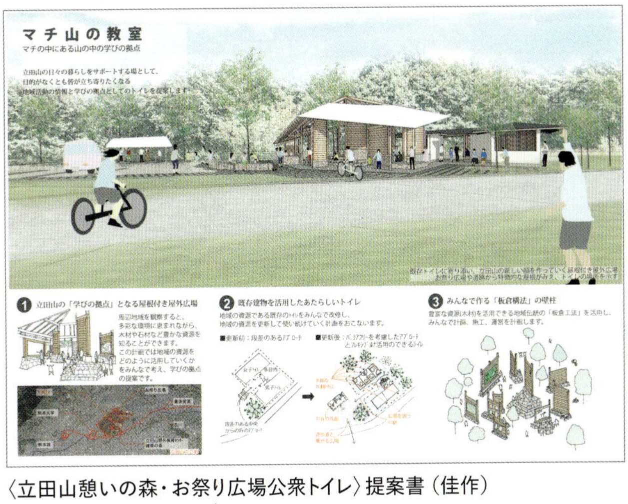

〈立田山憩いの森・お祭り広場公衆トイレ〉提案書(佳作)
(菊井悠央+本山真一朗)

グラフィックデザイン読解ポイント

プレゼンテーション・グラフィックの基本事項

——戦略的に表現を考える

平瀬有人（建築家、早稲田大学、yHa architects）

コンペやプロポーザルで審査員の目にとまるためには、伝えたいこと・情報をいかに表現するかが重要なポイントの1つとなる。単に美しいパースやダイアグラムをつくっただけでは労力の無駄遣いになりかねず、要項で求められていることに対して、いかに本質的に応えるかが重要である。そのためには提案書のレイアウトやプレゼンテーション・グラフィックを戦略的に考えることが重要であり、フォーマット・グリッド・表現方法・強調方法・フォントの書体や文字サイズといった基本事項を押さえる必要がある。

フォーマットとテーマ

提案書をまとめるにあたり、まず考えるべきことは求められているフォーマットである。本書で取り上げた10事例のうち、〈松本平広域公園陸上競技場〉（2020、p.84）は1次審査提案書A3×1枚に加えて2次審査提案書A1×1枚、〈延岡駅周辺整備〉（2011、p.14）と〈八戸市新美術館〉（2016、p.42）の2事例はA1×1枚、であるがそれ以外はほぼA1もしくはA3×2〜4枚（中には〈京芸・銅駝〉のようにA3×6枚というものもある）となっている。A3なのかA1なのかでは掲載する図面縮尺や表現する密度が変わってくるし、枚数も表現に影響する重要な要素となる。一般的に2ページ以上求められる提案書はページをまたぐため、コンテンツにどのようにヒエラルキーを付け、どのような順番でページネーション・レイアウトをしていくかという点は実はかなり重要なプレゼンテーションの勘所だと思われる。

次に考えるべきことは、審査委員会の評価テーマである。要項にはだいたいおおよそ3〜5程度のテーマに基づいて提案せよ、と書かれていることが多く、審査員の採点しやすいようにテーマごとに分節したレイアウトとすることが分かりやすいプレゼンテーションには必要だろう。私見では必ずしもテーマ順に並べる必要はなく、最も提案の骨子を伝えやすいヒエラルキーをレイアウトにつくることも重要だと思う。

グリッド

アイデアコンペで必要なインパクトを伝えるためには、1枚のグラフィカルな絵でセンシブルにイメージを訴えかえけることが重要だが、実現可能性や機能性を的確に伝える論理性が求められる実施コンペ・プロポーザルではレイアウトにも論理性が必要だろう。そのためにはロジカルなグリッドをレイアウトの下敷きに配置することが多く、本稿で取り上げた10事例でも、グリッド適応性の強弱はあるが、いずれも用紙サイズから導き出されたさまざまなグリッドが使われている。その上で、グリッドのコマ数から掲載するパースや模型写真等のサイズを決めることが多いが、画像のアスペクト比（縦横比）によって印象的な空間の切り取り方をつくったり、リズミカルなレイアウトによって目線の誘導も可能である。〈御嶽山ビジターセンター〉（2020、p.110）では、A3用紙を長手4等分（4列）、短手5等分（5段）とした95×52mmの基本グリッドを設定しており、ほぼ16：9のワイドスクリーンアスペクト比に近く、リニアな建築の水平方向の伸びやかさとも馴染みやすい。

その他の事例を見ると、全体的に長手4列もしくは6列に偶数分割したものが多く、短手にはあまりグリッドを設けずに掲載図版に応じてバランスを取っているものが多い。必ずしもコマ割りが良いとは言えないが、グリッドのコマの倍数によって全体のレイアウトを制御しやすいのは、事例にも多い長手4列・6列の偶数分割を基軸としたレイアウトなのだろう。

また、単にグリッドを下敷きにしただけでは〈図〉としての塊はつくりやすいが、近接するグリッド同士に情報が詰め込まれ過ぎていると、逆に読みにくいレイアウトとなってしまう。そのためには、グリッドを設定すると同時にマージンをどのように配分するかも重要な点である。その際、グリッド間マージンを縦横同値ではなく、例えば〈京芸・銅駝〉（2017、p.54）のように列同士のマージン幅3mmに対し、段同士のマージン幅7mm、と縦横の幅を変えることで、より水平性の高いレイアウトグリッドをつくり出している例もある。

建築表現技法

要項には付属資料として、もしくは要項の中に技術資料等作成要領が書かれていることが一般的である。その作成要領をしっかり読むことも重要である。用紙サイズはもちろんのこと、記載可能な表現についての制限が書かれており、プロポーザルの場合は「基本的な考え方を簡潔に記載してください」のような記載が多い。国土交通省によるプロポーザル運用ガイドラインには、視覚的表現の制限について以下のように書かれている。「プロポーザル方式は、『設計案』ではなく、設計対象に対する発想・解決方法等の技術提案を評価し、『ひと』を選ぶものであり、技術提案は文章での表現を原則とし、視覚的表現については、文章を補完するために必要最小限の範囲においてのみ認めている。」（大臣官房官庁営繕部「技術提案における視覚的表現の取扱いにつ

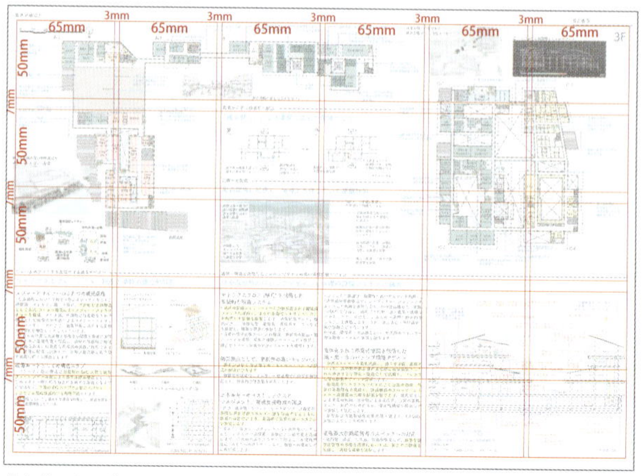

〈京芸・銅駝〉選定案
（乾・RING・フジワラボ・o+h・吉村設計共同体）

いて」、2018年)。

多くは図面を求めることはないため、〈北上市保健・子育て支援複合施設〉(2018、p.70)では、立体的な空間のつながりや家具や建具による空間の密度や連続感をあえて表現するために、平面図は描かずにアクソノメトリックで効果的に伝えている。平面図ではなく、ノンスケールの手描き平面イメージとしてやわらかさを演出することも手法の1つである。パースの表現もさまざまで、素材感をつくり込んだ3Dレンダリングに敷地周辺写真を合成することでよりリアリスティックに伝えたり、手描きパースで伝えたい空間のみを強調して描くこともある。模型写真も同様で、賑やかさや立体感を表現したい時には家具レベルまでつくり込んだ模型を用いることもあり、何を伝えたいかによってプレゼンテーション技法は異なってくるのである。

蛍光ペンマーカーとカラーコード・フォント

近年のコンペ・プロポーザルに記載の説明文は、文字の上から黄色の蛍光ペンでマークしたような表現とすることで、重要な部分を強調している事例が多い。2010年代以降の主要なコンペ・プロポーザルの提案書を見た限りでは、本書で取り上げた2011年2月〆切の〈延岡駅周辺整備〉で使われたのが初出かもしれない。もっとも、乾久美子建築設計事務所のこの提案にはほとんど絵がなく、ほぼ9割文章で基本的な考え方を述べている表現であるため、蛍光ペンでマーカーする表現は自然なことだったのかもしれない。その後、青木淳建築計画事務所が最優秀者となった2011年9月〆切の三次市民ホール建設設計業務公募型プロポーザルでも蛍光ペンマーカーは表出しているが、ファーストペンギンとしての蛍光ペンマーカー表現の始まりは2011年と言っても良さそうである。

カラーコードは内容に合わせてベースを決めて、その色調を基準に明度や補色等によって統一感を表現しているものが多く見られる。〈京芸・銅駝〉では、敷地に隣接する川沿い配置されていることからか、全体的に川の納涼さを感じられる水色の色調と色相環でおおよそ補色関係にある黄色の蛍光ペンマーカーによって爽やかな印象をつくり出している。〈北上市保健・子育て支援複合施設〉がオレンジ色を基調としているのは、子育て支援という機能や木質内装の温かみのある雰囲気から設定しているのかもしれない。

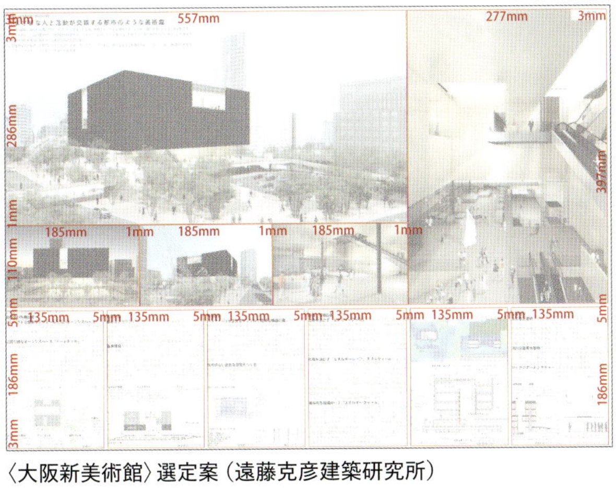

〈大阪新美術館〉選定案(遠藤克彦建築研究所)

また、フォントは全体的にゴシックを基調に、タイトルや見出しと本文をフォントのウエイトで強弱をつけるような設定とすることで、全体に統一感を演出する事例が多い。そのため、書体を選ぶ際はできるだけファミリー展開が充実しているフォントが好ましい。フォントサイズについては、求められる提案書がA1の場合、事務局側で審査員手持ち資料をA3縮小印刷することも多く、最小のフォントサイズが決められていることもある。A1で12ポイント以上と記載されている場合は、A3に縮小すると6ポイントとなるため、視認性からはギリギリの最小フォントであり、守るべき重要な点であろう。

レイアウトにヒエラルキーをつくる

これらの基本事項を踏まえたうえで、なおやはり重要なのはレイアウトに提案の骨子を伝えるためのヒエラルキーをつくることだろう。比較的正統的なビジュアルを大きく表現したものとして、〈大阪新美術館〉(2016、p.26)は全体的に上段に都市の中の黒い直方体・立体的につながるパッサージュの内外観イメージを、下段に説明的なテキストを集約することで、この建築の魅力を直感的に伝えている。〈京芸・銅駝〉は「大学と地域をつなぐ、7つの軸と5つの十字路」を最も分かりやすく伝えるアイソメトリック図を1枚の技術提案書に大きくまとめ、それ以外の5枚は上段に模型写真や平面図等のイメージを集約し、下段に技術提案のテーマごとにテキストとダイアグラムで表現している。〈松本平広域公園陸上競技場〉の1次提案書では、タイトルの「敷地いっぱい使いたおせる活動の広場」を最も分かりやすく示したアイソメ図を最も大きく描き、さまざまな活動に使うことのできる「3つのフィールド(インフィールド・サブフィールド・アウトフィールド)の活用計画」のダイアグラムを平面図と同じような大きさで表現することでその重要性を示している。

特殊なビジュアルを大きく表現したものとして、〈八戸市新美術館〉で最も目を惹くのは紙面の半分近くを占める正対した1点透視図による内観パース群であり、提案の中心である「ジャイアントルーム」とその周りの諸室群の関係性や人びとのアクティビティを添景によって分かりやすく伝えている。さらに「実空間と情報空間の融合による新しい情報環境の整備」が求められた〈旧小千谷総合病院跡地整備事業図書館等複合施設〉(2020、p.146)では、「周辺建物と同サイズのAnchor(特性をもった箱)」・「ヒューマンスケールで可動なFloat(家具・書架)」によって生まれる新しい建築のイメージを、提案書の3枚それぞれに概念ドローイングと俯瞰パースを最も大きくレイアウトしている点が特徴的である。

本稿で取り上げた事例の数々は、共著者が数多くの事例から議論を重ね、要項・提案・リレーションズ・プレゼンテーションのそれぞれにおいて卓越性を備えた提案書である。提案書を作成するにあたり、レイアウトやグラフィックを考えることは本質的ではないかもしれない。しかし、どんなに良い内容の提案だとしても、それに即した表現方法でなくては、求められている要項とのコミュニケーションはできないのだ。

1

エリアデザイン

延岡駅周辺整備デザイン監修者プロポーザル

要項の読み解き

- 延岡駅周辺の空間デザインの方向性や設計仕様を決める業務
- 市民や事業者、行政との対話に参加する意志と体力
- 延岡市のまちづくりにおけるデザイン指針をリードできる専門性

コンペ概要

要項に示された規模

延床面積｜約3.5ha
概算工事費｜45億円

提案書の指定条件

A1・1枚（縦横自由）・文字11pt以上

2011
1月24日
公表

1月24日-2月6日
説明会・現地見学会

2月21日
提案書提出締め切り

2月26日
公開プレゼンテーション

3月1日
結果発表

審査委員（役職は当時のもの）
*審査委員長

内藤廣 *
東京大学副学長 大学院工学系研究科教授

出口近士
宮崎大学工学部土木環境工学科 准教授

山崎亮
株式会社studio-L 代表取締役

大田原宣治
宮崎県 県土整備部 延岡土木事務所 所長

津高守
九州旅客鉄道株式会社 鉄道事業部 施設部長

上村哲司
宮交ホールディングス 取締役
経営企画本部 副本部長 兼 バス事業本部 副本部長

清本英男
延岡商工会議所 会頭

上荷田洋一
延岡商工会議所 副会頭

木村邦子
延岡商工会議所女性会 顧問

小嶋凌衛
社団法人日本建築家協会 理事

甲斐隆治
延岡市商工観光部長

選定案の読み解き

抽象的な問いに、正面から
正攻法のプレゼンテーションで応える

選定された提案者

乾久美子

指名された候補者

- 田井幹夫
- 西田司
- 星野裕司
- 山代悟

所在地

宮崎県
延岡市

01-1. 地方都市の鉄道駅周辺及び中心市街地が抱える現状

(1) 地方都市の鉄道駅周辺衰退のステップ典型例
1. 中心市街地（城下町など）のはずれに駅建設、旧中心地と駅前の機能分担を考えずに自然発展にまかせる
2. 郊外ニュータウンの形成とロードサイドショップの繁栄
3. 公共・医療・福祉施設・学校の郊外移転
4. 工場跡地や農地のショッピングモール化による地域一帯の供給過多
5. 駅前大型店の撤退
6. 駅前商店街の後継者難と意欲の低下

(2) 中心市街地再生を阻む典型的な要因
1. 旧まちづくり３法の機能不全
・改正都市計画法（1998）
→市町村が独自で特別用途地域を設定することができなかった
→容積率設定が高すぎて地価が高止まり、民間も公共も中心市街地にもどることができない
・中心市街地活性化法（1998）
→行政内部主導で策定（コンサルに丸投げなど）された基本計画
→市民の参加と理解が十分得られなかった
・大店立地法（2000）
→大店法廃止前に駆け込み出店が相次ぎ、結果として大型店出店を促進
→大店立地法が結果的に郊外型大規模ショッピングモール建設を促進してしまった

2. 方法論の問題
・活性化・再生の大型商業施設への依存体質
商店街の構造改善不足、保護体質からの脱却不足
・対症・局所療法にとどまる改善（アンケート調査による単発的なアイデア、有機的に連動しない）
・先鋭化した消費購買行動においつかない
生活者、消費者心理からの乖離（画一的な「おやじ目線」や「下心」は嫌われる）
3. 理念の問題
・中心市街地の社会的意義が明確ではない（中心市街地＝地域コミュニティ論はきわめて曖昧）

(3) 新しい局面にはいりつつあるまちづくり
1. 改正まちづくり３法（2006）
・改正都市計画法：郊外へいくほど緩やかだった立地規制を 180 度方向転換した
・改正中心市街地活性化法：目的、理念、責務規定が明確化
・大店立地法（指針改訂）：大型店の地域貢献や社会的責任が問われるようになった
2. 中心市街地の社会的意義が明確になりつつある
・中心市街地＝地域コミュニティ論を超えて社会的合理性の問題へと進化しつつある
→正規雇用創出の場（ショッピングモールではパートや派遣の雇用のみが創出）
→きわめて競争の激しいショッピングモール経営には、地元消費の意志や希望がはいる隙がない
突然の撤退により商業空白地域が生まれる (乾はアメリカ在住時に体験済、かなりつらい)、
その場面を想定したライフラインとして

01-2. 延岡駅周辺について理解した内容とその展望

(1) 延岡駅周辺の現状
・地方都市の駅周辺衰退の典型に近い道を歩んでいる
・一次都市機能が集積しておらず訪問の機会がない
・商店街網が広がり過ぎ、集積の魅力が失われている
・今山との断絶感（文化・顔のみえない地方都市の駅前）
・景観軸がなく、街のイメージをつかみにくい

(2) すでに以下のような方針がある
・複合施設の建設
→1F：総合待合所・観光物産施設
→2F：市民コミュニティ施設・銀行 ATM 施設・市役所機能
→上層部：高齢者の福祉施設、高齢者用居住施設
・東西自由通路、東西駅前広場、駐車、駐輪場の再整備

(3) 延岡駅周辺の展望
1. 明るい展望
・駅周辺整備だけでなく川北を広範囲に改革していくならば、
駅周辺をコンパクトシティの核として再生することは可能

・駅周辺整備だけでは起爆剤効果が低い、補完する要素を考える
→ココレッタの轍を踏まない
・川北全体に関する具体的方法論を考える
→商店街の広がり過ぎに対する対策
→延岡における川北のアイデンティティを再構築
・民間マンション開発の兆しを利用
→ただし理念なきマンション街にはしない
→他市、郊外との魅力競争を意識する
・「現在の政策の遂行」ではなく「次世代の市民の生活の質」のため
→おのずと川北全体を考えるようになる

川北全体と次世代を見据える

2. 暗い展望
・駅周辺整備だけならば、川北（そして延岡）の魅力アップは難しいかも …

(4) まちづくりに対して可能性を感じる既存のアイデアや事例
・都市計画的なもの：ダウンゾーニングにより地価を下げ、民間参入がしやすい土壌づ
・商店街の構造改革に関するもの：商店街を法人化し、ひとつのショッピングモールと
・コミュニティの再構築：川や公園の復元など都市ストックづくりを市民参加型で推進
・「既政策」の抜本的みなおしを市民会議で行う

ある程度の大胆さが
求められている時代なの

延岡駅周辺整備デザイン監修者プロポーザル提案書　乾久美子／乾久美

02. 市民参加型プロジェクトへ参加するにあたっての姿勢について

(1) アマチュア兼プロという立場で参加
1. ひとりのアマチュアとして
・都市計画やまちづくりのプロではないので、思い込みや業績欲（自説を証明したいなど）がない
・市民の方々と共に勉強しながら、「普通の感覚」「市民の目線」で考えていきたい
・アマチュアなので前提条件を疑うことができる、それにより透明性の高い議論を展開
2. ひとりのプロとして
・普段の建築設計のスキルを生かす
→現代において建築デザインは、様式ではなくコンテクスト (状況) への柔軟な対応が重要、
これまでどおりコンテクストを細心の注意と共に読み込んで最適な解をみいだしたい
→建築設計では個人（施主、設計者自身）の感性を重視している、
計画の合理性と共に、「人の心に訴えかける」アイデアをだしたい

(2)「市民会議」をデザインと共に提案し、「形式だけ」から「意味のある」市民参加プロジェクトをめざす
1. フレームデザインの提案
・市民会議の 5W1H や運営方針、基本ルールの明確化
・市民、JR、宮崎交通、市、県（全ての利害関係者）× 専門家 × ファシリテーター (進行役) が
フラットに話し合えるメンバー構成により「科学性」と「民主性」を確保
・延岡市の市民参加制度（自治基本条例や市民参加条例など）を理解した上で有効性を最大限に引き出す
2. プロセスデザインの提案
・初動→学習→創造→合意形成のプロセスを明確に意識
・学習方法、勉強会、シンポジウムをひらく
3. 専門家、ファシリテーター (進行役) として参加
・関係者間で議論が別れた場合は、議論の次元をあげるよう努める
・専門家として十分な情報提供に努める

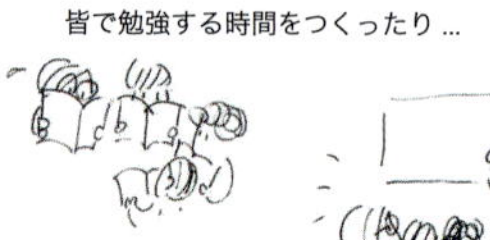

03. デザイン監修者という業務についての認識について

(1) 理念
1.「減少の時代」を明確に意識し、的確な整備方針を見いだす
2. フローからストックとしての駅周辺整備へ
・フローにしかならない対症・局所的対策をやめ、
「次世代へ引き継ぐもの」として駅周辺整備をとらえる
・市民参加による都市ストックづくりという「手応え」のあるプログラムにより
市民のコミュニティ交流の触媒を創造する
3. 私益から公益の姿勢を明確にしたい
4. 豊かさを再定義できるような駅周辺整備
・「経済的な豊かさ」ではなく、
「心の豊かさ」を満たす駅周辺の再整備を目指す

(2) 体制
・事情の許す範囲で乾事務所が独自に情報発信の場をつくる
→延岡駅前にサテライトオフィス？
→HP やブログでプロジェクトの様子を発信しつづける
→洗練され、理念を感じさせる HP をつくり、若者や女性の関心を得る
→自ら延岡を楽しみ、また「公益」的に行動する

(3) 姿勢
・建築学の知識、建築デザインセンスを最大限にいかして最適な解をみいだす
・まちづくりに関する研究や事例、法律を最大限理解し、的確なアドバイスを行う

(4) 市民、行政、関係企業、関係団体と設計者との調整方法
・具体的な目的のビジュアルと共に提示（提案型のアプローチをとる）
・具体的な理念の提示
・前提条件の整理と共通理解を促す

01-3. 整備の将来像についての意見

以下は将来像の例です
現状維持ではなく、次世代を創造する大きな枠組みの提案が求められていると思います

(1) 緑のネットワークにより駅周辺を他エリアと結びつける
- 連続的な緑のネットワークで延岡市内に分散する「都市の核」をつなぎ
  次世代に引き継ぐ都市ストラクチャーを形成
- 今山や城山、市役所前の並木道生かしつつ、「自然」や「公園」を求める延岡市民のニーズに答える
- 都市の魅力（都市と緑の共存）により、市民が自然と足を運びたくなる状況を目指す
- 具体的には ...
  →緑のネットワークにより駅〜今山〜城山公園を整備、
  連続的な景観体験により延岡のイメージを明確にする
  →緑のネットワークの一つの核として延岡駅を位置づける
  →緑のネットワーク構築にボランティア活動を取入れコミュニティの力を育む
- 魅力的な都市環境づくりにより、自然と中心市街地に人が集まることを期待

(2) 商店街を緑豊かな住宅街に転換（上記アイデアとの組合せも可能）
- 民間によるマンション開発の兆し生かし、次世代に向けた住宅ストックを形成
- 「自然」に近い暮らしをのぞむ延岡市民のニーズに答え
  街なか居住の魅力を上げる緑地を確保
- 郊外では求められない「都市の中の緑豊かな住宅街」というライフスタイルを提供する
- 具体的には ...
  →良好な住宅街形成の法的条件づくり + 緑地整備
  →「緑豊かな住宅街と落ち着いた雰囲気の駅」の一環として延岡駅を形作る
  住宅街の駅のセットのモデルは田園調布、ときわ台などあり
- ただし ...
  →容積率の見直しなどある程度の困難さを乗り越える必要性あり

(3) 「はなれ座敷」という遠来者中心の駅モデルを目指す
- 電車利用者の少なさポジティブにとらえ、それを生かして時代の変化に強い駅にする
- 「駅＝市街地の中心」は通勤・通学路線向け、遠来者中心の駅は別スタイルが可能
- 街はずれに「はなれ座敷」として駅をつくる
- 具体的には ...
  →室内環境を充実させた駅舎＋駅から川中（中心市街地）へのアプローチの整備
  →街からはなれていても、おもてなしを感じられるようにする
  →「玄関＝駅」「中心市街地＝川中」（又は「なれ座敷＝駅」「母屋＝川中」）と明確に位置づけ、
  役割分担のある都市ストラクチャーを形成する

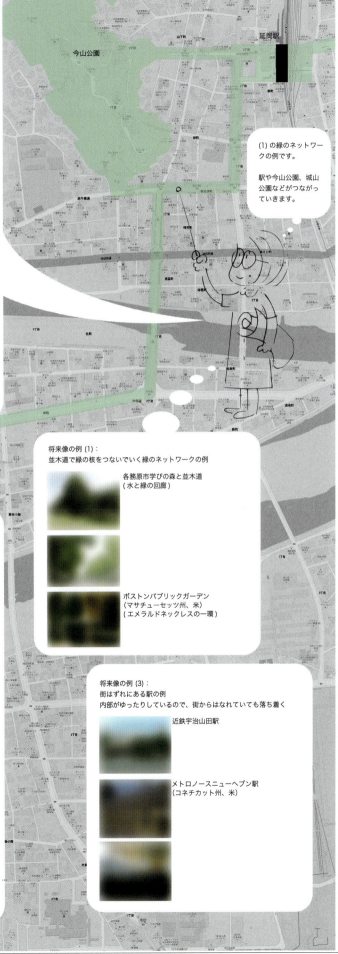

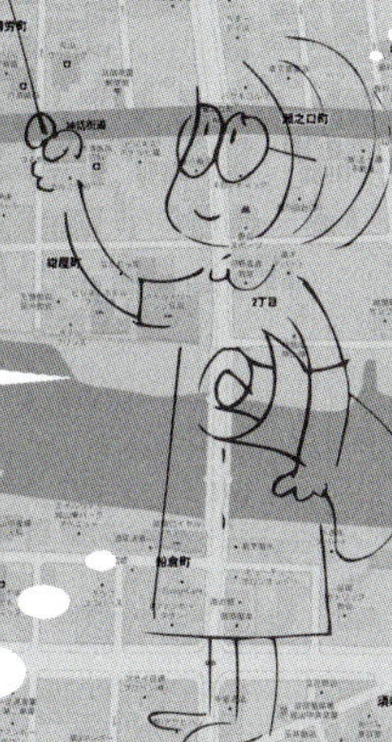

(1) の緑のネットワークの例です。

駅や今山公園、城山公園などがつながっていきます。

築設計事務所

将来像の例 (1)：
並木道で緑の核をつないでいく緑のネットワークの例

各務原市学びの森と並木道
（水と緑の回廊）

ボストンパブリックガーデン
（マサチューセッツ州、米）
（エメラルドネックレスの一環）

04. 自ら組織して行ったワークショップ型のプロジェクトの実績、あるいは経験

(1) 以下は建築を学ぶ学生を対象としたスタジオ（建築ワークショップ）の記録
建築ワークショップは「対話（考えだす場）」と「創造」の両方が求められます

2006 年 4〜5 月	昭和女子大学生活科学部環境デザイン学科 3 年「集合住宅」
2007 年 4〜5 月	昭和女子大学生活科学部環境デザイン学科 3 年「集合住宅」
2008 年 2 月	University of California, Los Angeles 修士学生「Medium Cool Workshop」
2008 年 4〜5 月	昭和女子大学生活科学部環境デザイン学科 3 年「集合住宅」
2008 年 9〜10 月	The University of British Columbia School of Architecture 修士「複合ビル」
2008 年 9〜11 月	東京大学工学系研究科建築学専攻学部 3 年「団地再生」
2009 年 4〜5 月	京都工芸繊維大学工芸科学部 3 年「構造デザインと共に考えるカフェ」
2009 年 4〜7 月	早稲田大学理工学術院創造理工学部 3 年、設計演習 D
2009 年 6〜7 月	東京藝術大学美術学部建築科 3 年「住宅」
2009 年 11〜1 月	東京大学工学系研究科建築学専攻学部 3 年「下町再生」
2010 年 1〜6 月	The Oslo School of Architecture and Design 修士「下町再生」
2010 年 4〜5 月	京都工芸繊維大学工芸科学部 3 年「川の上のカフェ」
2010 年 4〜7 月	早稲田大学理工学術院創造理工学部 3 年、設計演習 D
2010 年 6〜7 月	東京藝術大学美術学部建築科 3 年「住宅」
2010 年 11〜1 月	東京大学工学系研究科建築学専攻学部 3 年「下町の保育施設」

(2) 高校生以上を対象としたワークショップ型プロジェクト

2011 年 3 月予定　水戸芸術館現代美術センター「クワイエットアテンションズ」関連ワークショップ

学生と共に行う建築ワークショップは真剣そのもの、
互いの論旨を尊重しつつ意見を戦わせ、
可能なかぎりよい提案を探っていきます

意見の共有ができたとき、
よい提案が生まれていることが多い ...

将来像の例 (3)：
街はずれにある駅の例
内部がゆったりしているので、街からはなれていても落ち着く

近鉄宇治山田駅

メトロノースニューヘブン駅
（コネチカット州、米）

乾久美子案　（注）本書掲載に際し、当時の提案書を一部修正しています

1｜要項の概要と特徴：デザイン監修者という職能の定義

2011年1月から2月にかけて実施された、宮崎県にあるJR延岡駅周辺整備事業におけるデザイン監修者を選定する指名型プロポーザルである。候補者は、一級建築士または大学の専任教員から運営事務局により推薦され、乾久美子、田井幹夫、西田司、星野裕司、山代悟の5者であった。2009年の延岡駅周辺整備基本構想に基づき、東九州の中心都市である延岡市にふさわしい玄関口となる駅周辺に、賑わいを取り戻すための計画業務である。

実施要領で示されたデザイン監修業務の面積は約3.5haで、駅舎、東西自由通路、複合施設、東西各駅前広場、市営駐車場が対象施設である。業務内容は①周辺一帯のデザインの方向性、②空間全体の配置及び動線計画、③各施設の配置及び動線計画をまとめた基本計画の取りまとめであった。駅を中心にした景観・意匠計画、都市計画、建築計画という3つの視点でデザインを監修する業務である。計画作成にあたっては市民参加が前提で、デザイン監修者は、関連する事業者団体（駅まち会議）に対して市民団体と行政の意見を反映させる舵取り役として位置づけられた（図）。

要求項目は4点にわたり、延岡駅周辺の現状と展望への理解と整備方針に関する意見、市民参加型プロジェクトに対する姿勢、デザイン監修者という業務への認識、過去の実績と経験である。提案書をまとめるための期間は1ヶ月程度と短かった。報酬は各チーム15万円である。

興味深いのは、敷地に関する意見、市民参加に対する姿勢、業務への認識といった表現に現れているように、提案者から発せられる言葉を聞き取り、態度を注視しようとしていることにある。この事業の中心的な業務は、市民との対話に基づいた計画の立案である。そこに特定の絵姿が前提となってはならないという、審査側の強い意志が感じられる表現である。

いわば延岡モデルのディレクターとして、デザイン監修者という職能をどのように定義できるのか。本プロポーザルが求めた提案とは、その1点にかかっていたのではないだろうか。延岡のまちづくりに関わり、審査員の1人でもあった山崎亮は「つくらないデザイン」を打ち出したコミュニティデザイナーとして知られ、以後のデザイン言語に大きな影響を与えた。市民の声に寄り添うデザイン行為は、本プロポーザルの直後に起こった東日本大震災の復興支援でも希求された態度である。対話の前提や方法からデザインを求めた延岡のプロポーザルは、2010年代以降のデザインのあり方を先取りしたものとして位置づけられるに違いない。（山崎）

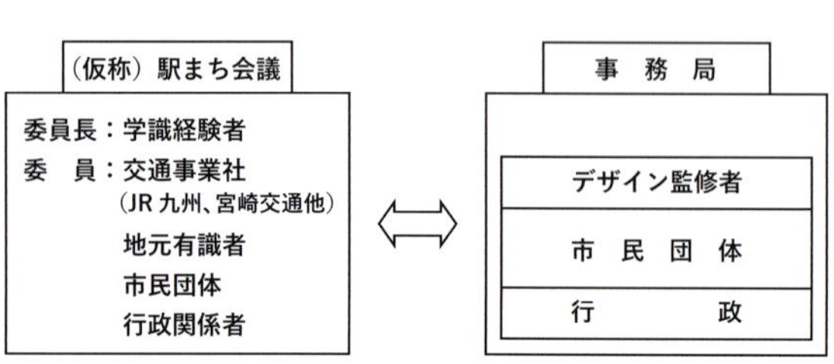

主催者が提示した合意形成のイメージ図
（出典：延岡駅周辺整備デザイン監修者プロポーザル実施要項）

2｜提案内容の卓越性：抽象的な問いにまっすぐ応える言葉

最優秀案に選ばれた乾久美子案の特徴は他案と比較してデザインがイメージできないところにある。

山代悟案は遊び場が、西田司案は庭が、田井幹夫案は時間の移り変わりが、そして星野裕司案はデザインのイメージは浮かばぬものの、デザインの進め方が想像できる。それに対して最優秀案となった乾久美子案はデザインについて一切の言及を避けて、設計者としての自覚、方針、立場を抽象的にしかも言葉のみで提示しているところが他の4案と異なっている。

そもそもこのプロポーザルは5名の指名プロポーザルなので求められているものが普通のそれとは異なる。一般にはデザインコンセプト、そしてデザインイメージの提示が求められるものであるが、本プロポーザルでは1）設計者の延岡理解、2）市民参加プロジェクトへの参加姿勢、3）デザイン監修者の業務について、4）ワークショップ型プロジェクトの実績という、4つの問いに答えるもので、デザインコンセプトあるいはそのイメージを問うていない。そしてその抽象的な問いに対して、正面から正攻法で答えたのが乾久美子案であった。

このようなプロポーザルは異例であるが、本来プロポーザルが案の選定ではなく、設計者を選定するための仕組みだとするならば、このような設計に対するスタンスを問うことは自然である。しかし実はそういうスタンスのみで設計者の能力差を比較することは難しく、よって多くのプロポーザルは設計者を選定するとうたいながら、案のイメージを求め、それによって差を見極めているのが一般的となっているのである。その意味ではこの乾久美子案の提案は本来のプロポーザルの問いへの答えと言えるのだと思う。

さてそこで4つの質問への答え方であるがそこにはいくつかの特徴がある。1つ目は現状を捉えるのにこれまでのまちづくりの法的な仕組みの変化をおさえていること。それは現在の街の持つ生成の原理的なプロセスを正確に理解する上で欠かせないことだと思う。次に将来への展望として現状をポジティブに理解していること。予算が乏しいまちづくりにおいては現在すでにあ

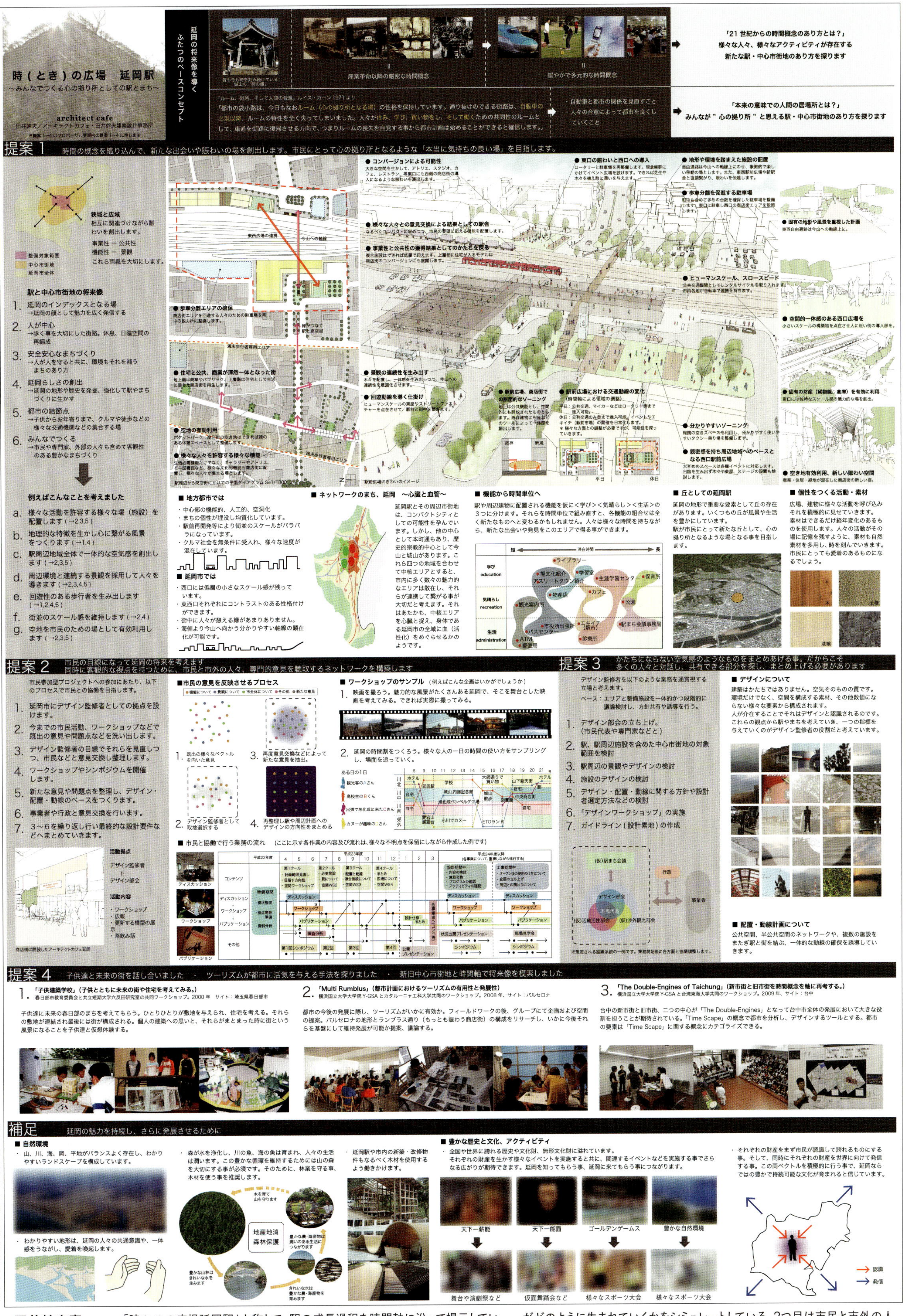

田井幹夫案

「時（とき）の広場延岡駅」と称して、駅の成長過程を時間軸に沿って提示している。その1つは新たな出会いや賑わいの場の創出で「本当に気持ちの良い場」がどのように生まれていくかをシミュレートしている。2つ目は市民と市外の人のネットワークをつくり成長を客観的に見る見方の提案となっている。

（注）本書掲載に際し、当時の提案書を一部修正しています

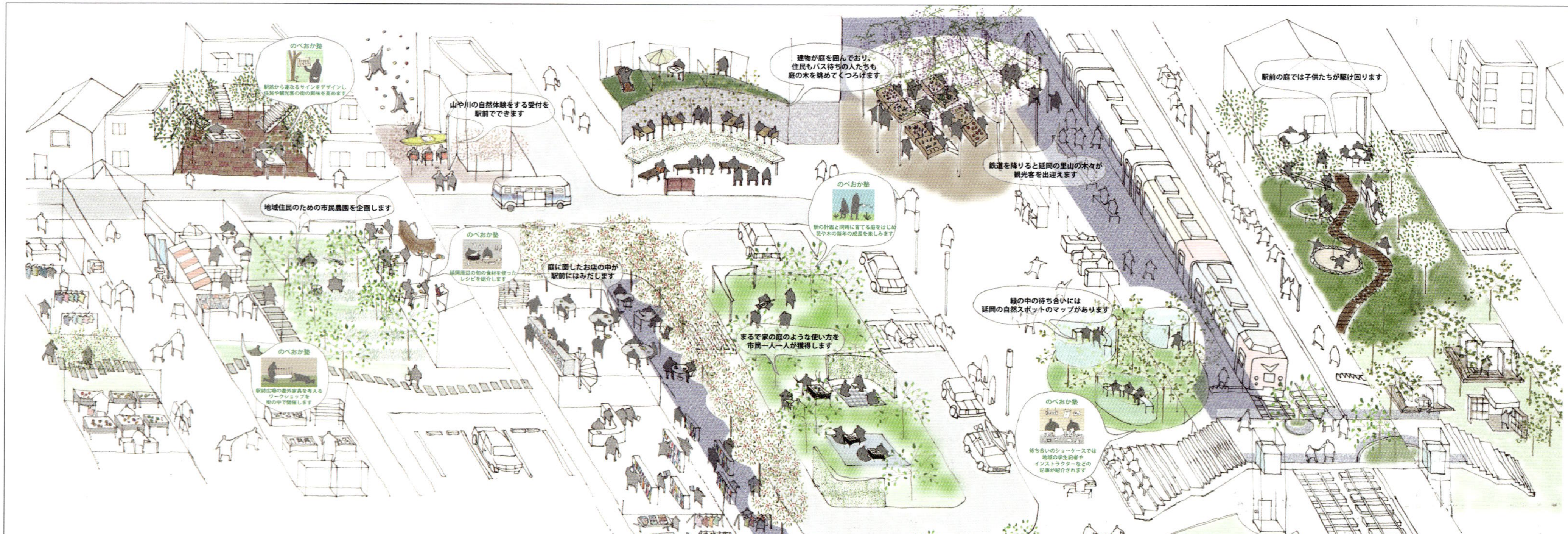

庭の駅 のべおか

西田司

【延岡駅前を自分の庭として捉える】

駅を自分事として語る事、それは駅を自分に引きつけることです。延岡には、たくさんの観光や人材や未来の産業があります。一つ一つはバラバラでも、それらを集積させ、小さな集合体としての駅と駅前を語ることが、今求められています。今回私たちは、そのツールとして「庭の駅」を提案します。

【駅の建設にあわせて市民のアクティビティを育てる】

駅の建設でもたらされるものは何でしょうか？
素晴らしいデザインがされた駅舎だけではありません。私たちは５年間のアクティビティがもたらされると考えます。５年間を、単なる「公共事業の工事期間」と捉えるのではなく、そこで行われるあらゆるアクティビティを外に向けて開いていきます。そしてそのアクティビティを育て、まわりの場所に波及させていきます。５年後には、素晴らしい駅舎とともに、「庭」の種を、あちこちの場に埋め込むことを目指します。

【延岡には価値ある場所が埋まっている】

いまや右肩上がりの時代ではないことは間違いありません。しかし、全ての場所が、一律に「右肩下がり」になるわけではありません。度が上がる場所、下がる場所がまだら状に生まれてきます。大切なのは、駅だけでなく、全ての場所に対して、その可能性をデザインし居住する市民や外から来る観光客との関係をブリッジすることです。
私たちは「右肩下がり」の時代をきちんとデザインしたいと考えています。

【「つなぎのプロ」を集めた強い結びつき】

これまで私が行ってたワークショップや活動では、「つなぎのプロ」の存在が不可欠だった。建築やデザインとは一見縁の切れた、「自然」や「マーケット」、「人」などは、自らが建築的な立場に立っていることで見えてこなかった部分だが、「つなぎのプロ」が私を補完をするようにチーム体勢を組んで来た事で、その先にいる今まで全く接点を持ち得なかった様々な人たちとつながり、建物というハードに納まらないワークショップやイベント、建物運用・活用が可能となってきた。

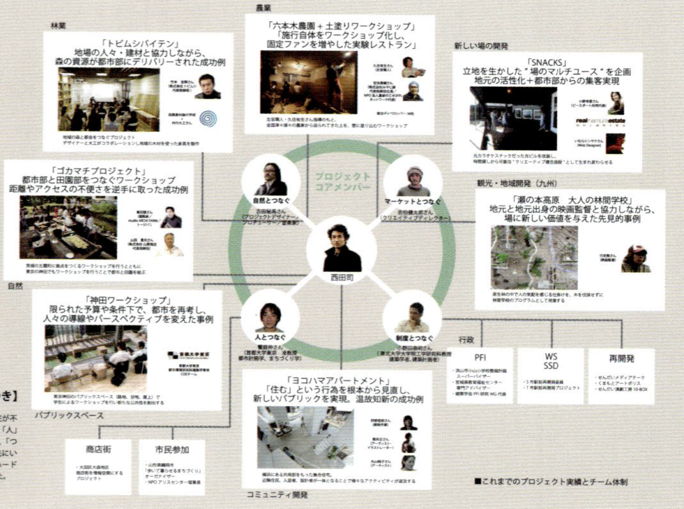

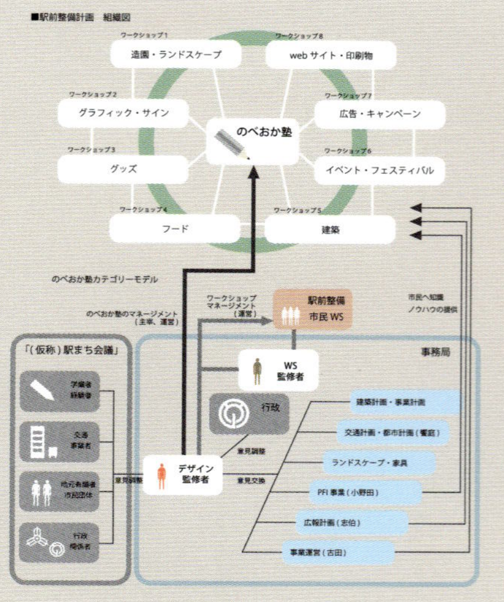

【駅前に延岡らしさを埋込み みんなの庭をつくる「のべおか塾」】

駅前整備事業と平行して、「のべおか塾」を主宰、運営する。「のべおか塾」とは、「事務局」に参加しているプロジェクトメンバーの知恵をワークショップで活用しながら、市民が参加し、延岡の観光資源、人的資源などと駅をつなぎ駅前の庭に活動のきっかけを与える仕組みである。工事期間中から工事現場や駅前にサービスを展開し、駅前をソフトの面から整備していくだけでなく、そこから得られた知識やノウハウを生かして、自ら事業を立ち上げたり、現在の仕事や街の活性化に生かす専門性を身につける事ができる。

1 年目	**プロジェクトメンバーによる「のべおか塾」の発足** まちづくりの予備軍を育成するために、市民が参加出来るスクールを開校
2 3 4 5 年目	**「のべおか塾」の運営・受講生による活動** 引き続き、市民が参加出来るスクールを開校し、様々な専門知識を身につけた受講生の新しい動きを、市民協働センターとも連携してサポート
6 年目以降	**市民の新しいアクティビティのサポート** スクールの卒業生の新しい活動が誕生 新しいアクティビティを、駅周辺の空き部屋や空き地などの場所に埋め込んでいく

【デザイン監修者を中心として 変容し続けるつながり】

駅前整備のフェーズは「整備前」、「整備中」、「整備後」と大きく３つに分けられた今後 10 年間を基本と考える。
整備前では、デザイン監修者を中心に「事務局」が形成されデザイン監修者を中心に整備の方針が取りまとめられる。同時に、「市民ワークショップ」が WS 監修者のもとに開催され、その内容がデザイン監修者によって「（仮称）駅まち会議」へ提案される。また、整備中では、「事務局」と同時に、「のべおか塾」が開催される。工事後は、「事務局」が解散されるが、「のべおか塾」はそのまま存続し、整備された駅前を中心に活動を続ける。

1 年目	**市民によるデザインの「共通の価値観」づくり** 市民ワークショップと協働し、ココレッタ、ジャスコ、日向駅といった延岡駅周辺の建物を調べ、それに対する市民評価を集約し、「共通の価値観」のたたき台をつくる 「共通の価値観」をベースにして、デザインの「基本方針」を合意 **全体ボリュームとデザイン調整ポイントの合意** 各事業者からこの時点で分かっている計画建物の情報を集約し、全体のボリュームと、どこがデザインの調整ポイントになるかについて、駅まち会議で合意を形成
2 3 4 5 年目	**個別プロジェクトのデザイン協議** 基本方針をもとに、段階的に動き出す個々のプロジェクトについてデザイン協議 **市民へのアウトリーチとフィードバック** デザイン協議の過程で、市民に情報を知らせ、フィードバックを得て協議に反映
6 年目以降	**出来上がった建物の「評価」** 完成したプロジェクトについて、市民が評価を行い、「共通の価値観」のバージョンアップをする **連歌のように連鎖させていく** 「共通の価値観」をふまえ、「基本方針」を書き換え、次々続くプロジェクトに適用 つまり、連歌のように、一つのプロジェクトの経験が次に活かされるように、協議を連鎖させていく

西田司案　「延岡駅前を自分の庭として捉える」というコンセプトでさまざまな場所に庭的な場所を提案した。その核となる概念が「のべおか塾」と呼ぶものでその内容は「旬の食材を使ったレシピの紹介」「屋外家具を考えるワークショップを開く」「花や木の成長を楽しむ」等、さまざまな人の集まる庭的な場とそれに相応しい専門家の登用となっている。

01 東九州の中心都市／コンパクトシティ 1

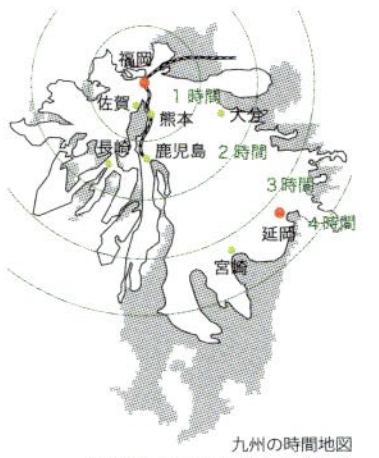

九州の時間地図
（九州データブック 2009 より作成）

九州新幹線の開業や東九州自動車道の開通後も，福岡から見て最も遠い街が，この延岡です。人口や商業が大都市に集中し，地方都市では中心市街地の衰退が叫ばれる今日，これは短所でしょうか？私たちは，この遠さこそ，延岡の伸ばすべき長所だと考えます。
昭和 29 年，吉田初三郎は戦後復興を目指す延岡の理想的な姿を描きました。この絵図には，東京や富士山から鹿児島まで広がり，高千穂や阿蘇を越えて熊本までつながる「東九州の中心都市」としての重要性と，山と海に囲まれ，3 つの川が流れる「コンパクトシティの豊かさ」が，魅力的に描かれています。さらに延岡は，近年の合併によって，近隣に海，山，川の豊かさも充実させました。このような「可能性」を活かすにはどうすればよいでしょうか？
そのためには，南北に立地する二つの工場によって発展し，ショッピングセンターと同じ仕組み（2 つのセンターと 1 つのモール）によって成り立つ「閉鎖性」を打ち破ることが必要だと考えます。そのキッカケが，延岡駅周辺整備なのです。

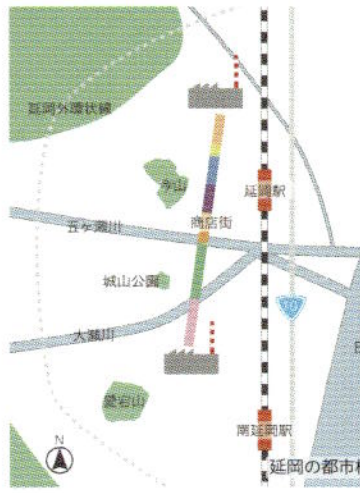

02 延岡駅周辺の特徴 1

延岡駅は，市民の努力で維持されている商店街に隣接していますが，全く連携していません。賑わいを見せる山下新天街門前市 (①) に，延岡駅から向かう人はいません。この理由は，旗竿敷地のように県道から奥まって立地し，街と一皮隔てられている (②) ことだと考えます。その結果，駅周辺はまるで裏町のようです。国道が走る東側とは，広大な鉄道用地 (⑤) で隔てられ，東側の駅前も，茫漠とした風景が広がっています (⑥)。しかし，駅前広場に面して，空きビルの一室を使った洋書店＆カフェ (③) が開店し，南側の通りは，今山への山アテとなり，商店街まで見通せる気持ちのいい眺め (④) となっています。居酒屋やクレープ店，コンビニが南側にあるのも，こちらを歩く人が多いからでしょう。駅周辺整備に求められるのは，見通しや流れを活かし，「ウラ」を「オモテ」に変えていく作法だと考えます。

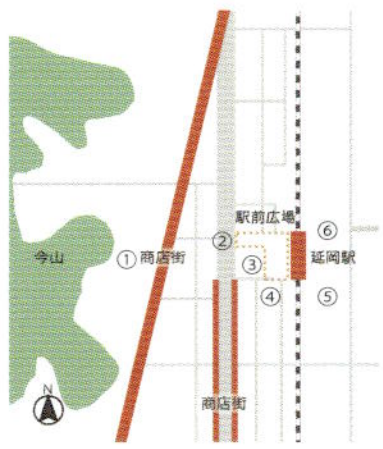

03 問題点を共有するための調査・分析（実績 D） 1 4

賑わいが生まれない典型的な理由を持つと考える例を示します。ココレッタ延岡です。豪華な中庭や利用頻度の高いコミュニティセンターを有するこの施設で，人の気配を感じることはわずかです。街路などの周辺に対して，全く閉じているからです。技巧をこらした劇的な空間も，その施設を目的とする人にだけ効果を持ちます。賑わいを生むためには，そこに目的のない人々を立ち寄らせたり，機能を複合させる必要があります。この中庭を近道に使ったり，キッズホームに目が届くところでお茶をしたり。これらは意匠の問題ではなく，プログラム・仕組みの問題です。

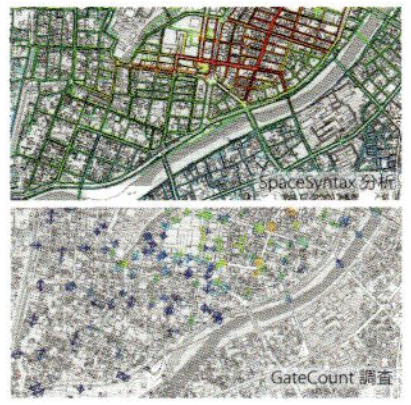
SpaceSyntax 分析
GateCount 調査

このような問題意識のもと，熊本において，街の構造と賑わいを，細かな道まで含めて網羅的に把握する調査を行いました。
SpaceSyntax 分析や GateCount 調査と呼ばれるものですが，これらの調査・分析によって，街の中で，どのように賑わいが分布しているのか，つながりの悪い街路はどこなのか，街のポテンシャルや問題点を総合的に把握し，わかりやすい表現によって示すことができます。デザイン監修や市民参加においては，延岡の街が持つ課題を明快に，市民と共有することが必要です。

04 デザイン監修と市民参加 ～ 熊本駅の経験から（実績 A） 2 3 4

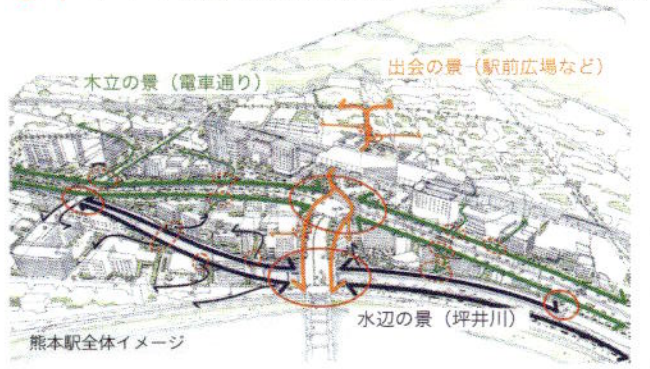

熊本駅全体イメージ

「木立の景」のイメージ

私たちは，この 3 月に新幹線開業を迎える熊本駅周辺の都市デザインにおいて，3 つの「景」というコンセプトを考えました。これは熊本らしさを実現するための工夫に「景」という分かりやすい言葉を与えたものです。特に重要な整備対象を「出会」「木立」「水辺」の「景」とし，それぞれの整備の考え方を展開していくことで全体をつくっていきます。整備範囲を超えた周辺の山や川までを考慮することで，人々がいつも見ている風景を大切にしながら，都市デザインを考えていきます。

「景」は市民目線（すなわちアイレベル）で都市空間をとらえ，見えている範囲を一体的に整備することを目指しています。まず，公共空間（歩道・車道・軌道など）と民有空間（建築物・空地など）ともに一体的に「景」を実現することが重要です。人に近い場所にある舗装・柵・街灯・サインなどのデザインをトータルに検討します。これら様々な管理区分を超えて整備を進めていきます。3 つの「景」のように特徴的な場所では，それぞれの個性を活かして，一体感を与えています。

全体模型を使った検討
「水辺の景」のスロープ
「木立の景」のつくり方

デザイン監修や市民参加においては，個別に進行する検討を一つにまとめるプラットフォームをつくることが重要です。この一つの方法として，大きな模型が力を発揮します。ここに示した模型は 63.2ha に及ぶ熊本駅周辺整備の約半分に当たります。各担当者がそれぞれの対象について議論をしながら，全体の調和を図っていく，このような場作りが重要だと考えます。

「水辺の景」の起点となる水辺広場で，最も重要なデザインは広々とゆるやかに水辺へと誘うスロープです。車椅子を利用する方の「本当は，降りられるだけじゃなくて，みんなと一緒に気持ち良く降りたいんだよね」という一言が，このデザインにつながりました。要望にはならないような，ちょっとしたつぶやきに対して，耳を傾けることが大切だと考えます。

「木立の景」では，樹々を三角形に配置するという簡単な論理をつくりました。この三角形が街全体に広がっていくことを望んだものです。

デザイン監修では，市民目線に立つことが重要で，市民参加は必須です。「デザイン監修＝市民参加」という枠組みでは，事業者や市民がともに参加できる分かり易い言葉と論理が大切です。

05 市民とともにつくる課題のイメージ 2 3

市民の声をデザインに結びつけていくには，個別の要望をとりまとめ図式化しくことが必要です。それらは，市民と「ともに取り組める課題」となるでしょう。以下にその課題のイメージを示します。

「まわりの魅力を引き込もう」

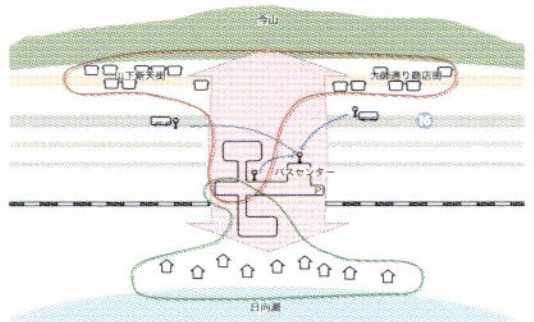

切り離された東西を駅でつなぎたい。そのためにまず，バス停や駐車場などの機能を駅前広場に集め，乗り換えやすくする。同時に，今山や日向灘などの資源を駅に引き込み，結び合わせるようなデザインが欲しい。

「歩いてどこでも行きやすくしよう」

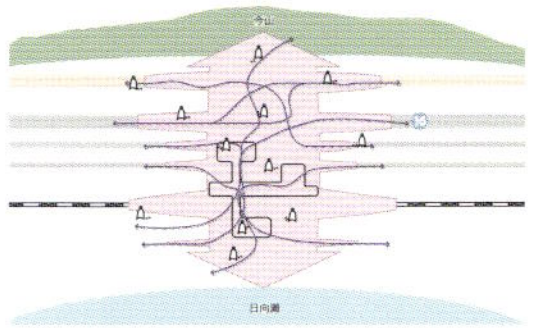

駅は，電車やバス，自動車などの「速い交通」だけのものではない。歩く人，障害を持った人の「遅い交通」のためでもあるはず。延岡駅は「遅い交通」を主役としよう。そうすれば自然に街と駅がつながり，賑わいが生まれてくるだろう。

「内と外をひとつに使おう」

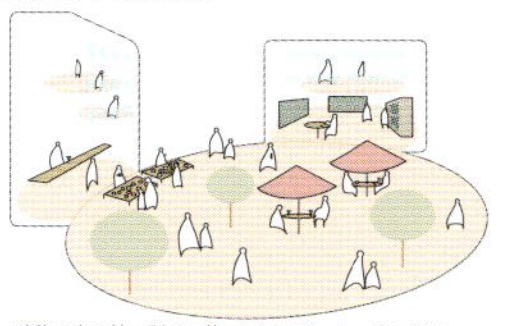

建物の内と外，別々に使っていては，もったいない。屋内で借りた本を，陽光の中で読む。室内でお酒を飲みつつ，外では夜市。うまく使えば公園のように気持ちよくて，いろいろな使い方ができる場所になる。

「通りを広場へ，広場を通りへ」

歩く人，休む人，いろんな人がひとつの場所を共有できるようにしたい。自由通路も，通るだけの場所なら，全然，自由じゃない。遠くの景色を眺めながら，ゆっくりしたい。広場だって，近道に使えたらもっといい。

06 延岡駅周辺整備のイメージ 1 2 3

市民との意見交換を通じて「ともに取り組める課題」を探る WS，各事業者と具体的な調整を図る駅まち会議，それらの成果を市民や世界に向けて発信する場。これらの 3 つの場をグルグルとめぐり歩き，様々な施設が統合された，使いやすく居心地の良い駅周辺をつくりだす。これが，デザイン監修者の役割です。この渦のようなプロセスは，やがて，まわりにも波及していき，空き店舗を活用したチャレンジショップの試みや隣接する商店街の賑わいを生みだしていくと考えます。

07 スケジュールのイメージ 2 3 4

延岡駅周辺整備における具体的な課題として，「事業者，関係者が多岐にわたる」，「供用しながらの施工（工程計画が難しい）」，「設計・施工の工期は，それほど長くない」，「市民にとって，平成27年度の完成は遠い」などがあげられます。これらの課題を効率的に解決し，市民感情を高めていくためには，プロセスのデザインが重要です。ここには，平成27年度までのスケジュールのイメージを示します。大切なことは，延岡市民も，日本中，世界中の人たちも，ともに参加できるプロセスを提供し続けることだと考えます。

平成 23 年度

基本計画を作成するにあたって，まず大学での研究と連動させた調査・分析を行います。これは，「延岡駅WS」での意見とともに，協議結果の精査や配置・動線計画，設計仕様の決定に対して，重要な根拠となります。

平成 24 年度

対話型プロポーザルなどを通じて，各施設に優秀な設計者を選定します。また，「学生まちづくりイベント」や「街まるごとWS」を通じて，より広い視点でまちづくりの議論を展開します。

平成 25 年度

「ユニバーサルデザインWS」を市民と行うことで，サインなどの共通要素や境界部の共有部分に関して『使い勝手の検証』を行います。個別な要素に関しては専門のデザイナーを招きます。

平成 26 年度

それぞれの設計者と詳細デザインの調整を行いながら，市民とともに整備の準備も始めていきます。街具などを市民とともにつくる「ものづくりWS」や世界中に参加を呼びかける「一口駅長募集」などが想定されます。

平成 27 年度

設計者たちと施工監理を徹底して行いながら，「みなまつり＠駅前」や「空き店舗活用イベント」の開催など，市民と完成にむけた準備を行っていきます。これらは，完成後の利活用に関するプレイベントとなるでしょう。

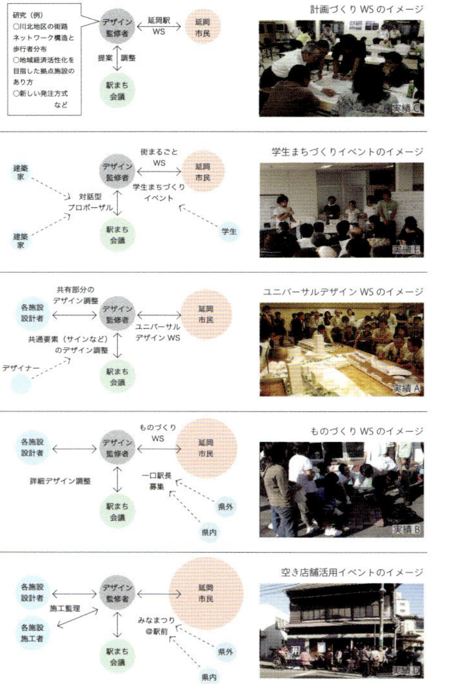

08 実績データ 4

A．熊本駅 / 駅周辺整備都市デザイン
○期間：平成17年度～30年度（事業完了予定）
○事業主体：熊本県・熊本市
○主な事業（整備範囲63.2ha）
新幹線事業，連立事業，区画整理，市街地再開発，合同庁舎，熊本駅駅舎，都市計画道路整備
○実績内容
WGを86回，本会議を12回，UDWSを4回開催し，関係者間でのデザインの検討・調整を行う。

B．小浜北有馬線 / 街路デザイン（長崎県）
○期間：平成17年度～21年度（事業完了）
○事業主体：長崎県
○主な事業（全体計画延長900m）
道路改良事業（道路拡幅，線形改良）
○実績内容
「長崎県公共事業等デザイン評価制度」によるデザインアドバイザーとして，全体の方向性から詳細形状までを監修。住民ら約30名が参加するWSを1年間で6回開催。

C．昭和通線・小戸之橋 / 橋上・街路景観デザイン（宮崎県）
○期間：平成21年度～35年度（事業完了予定）
○事業主体：宮崎市
○主な事業（橋長506m）
小戸之橋架替事業，取付道路拡幅事業
○実績内容
宮崎大学と協働し，橋梁，橋上，橋詰，街路などのデザインを検討。模型やCGを使って住民と意見交換をするWSを3回開催。

D．熊本市中心市街地 / 地域景観づくり緊急支援事業
○期間：平成21年度
○事業主体：熊本市
○主な事業
地域資源を発掘し地域活動と連携させた回遊行動創出への取り組み：「路上公園"Park on the Road"の社会実験に向けた基礎実験」，「旧城下町地区に現存する400棟の町屋の利活用に向けた景観学習」，「熊本市街地における<都市空間構成>と<人の活動>の現況把握」

E．九州デザインシャレット
○期間：平成17年度～
○主催：KL2（Kyushu Landscape League）
○協賛：風景デザイン研究会，社団法人　九州建設弘済会
○実績内容
唐津で2度，三角，門司，佐世保，別府で開催。九州大学，九州工業大学，福岡大学，熊本大学の景観デザインに携わる学生を中心とした組織（KL2）が主催。地元滞在型（約1週間）の設計演習プログラム。全国から応募した30名程度の学生が，地元に滞在し提案を行う。最終日は市民参加の講評会を開催。

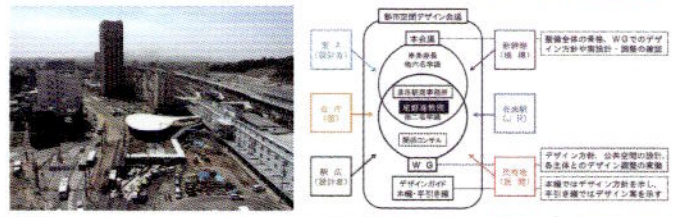

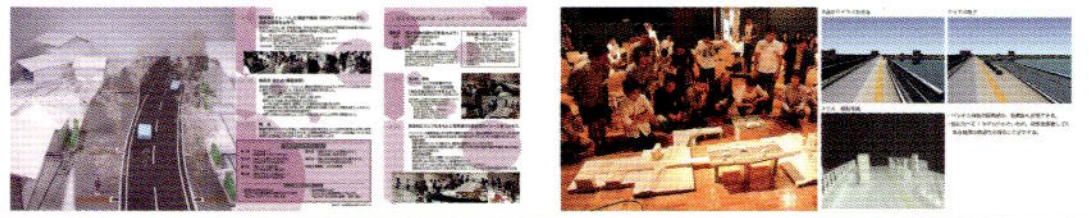

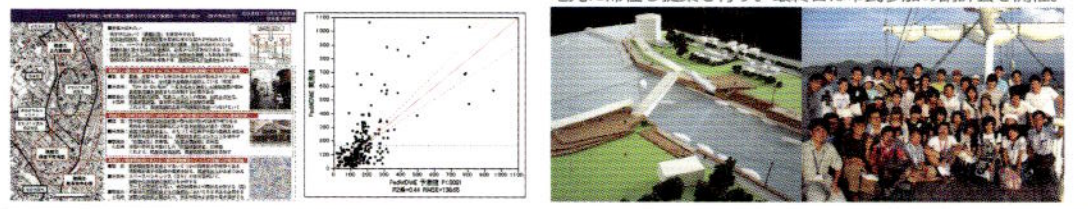

星野裕司案

これまでの実績をベースにこの場所でどのような調査分析を行うのが妥当かをまず提案している。次にそれらをもとに市民を交えた案のつくり方のスケジュールについて示し，その骨格に水辺，木立，駅前広場を置くことを提案している。比較的，案そのものよりも，案のつくり方を提示している点で乾案に近いものと言える。

（注）本書掲載に際し，当時の提案書を一部修正しています

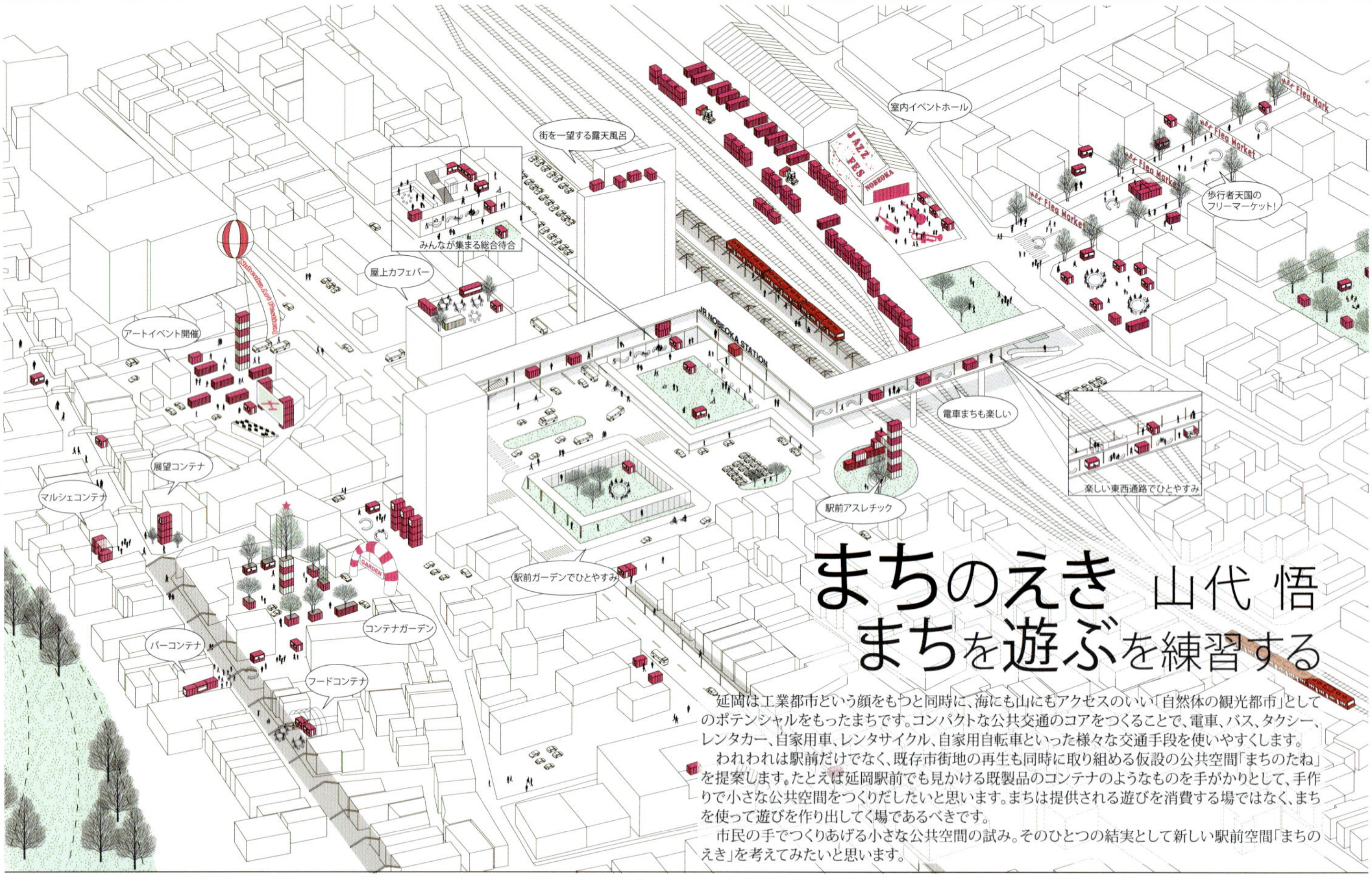

まちのえき　山代 悟
まちを遊ぶを練習する

延岡は工業都市という顔をもつと同時に、海にも山にもアクセスのいい「自然体の観光都市」としてのポテンシャルをもったまちです。コンパクトな公共交通のコアをつくることで、電車、バス、タクシー、レンタカー、自家用車、レンタサイクル、自家用自転車といった様々な交通手段を使いやすくします。

われわれは駅前だけでなく、既存市街地の再生も同時に取り組める仮設の公共空間「まちのたね」を提案します。たとえば延岡駅前でも見かける既製品のコンテナのようなものを手がかりとして、手作りで小さな公共空間をつくりだしたいと思います。まちは提供される遊びを消費する場ではなく、まちを使って遊びを作り出してく場であるべきです。

市民の手でつくりあげる小さな公共空間の試み。そのひとつの結実として新しい駅前空間「まちのえき」を考えてみたいと思います。

提案1－1.

まちを受けとめるN。

>>>自由通路と駅舎でつくるN型のえき

二階建ての駅舎の南端からは跨線橋と一体となった東西自由通路を東へのばし、一報北端からは市街への動線を西へとのばすことでN型のえきを構成します。このえきは各交通の車寄せの庇とともに二面を囲われた開放的でもあるいくつかの広場空間をつくり出します。

これら広場空間で行われるイベントがまちに波及していく一方で、まちで行われる活動をうけとめる拠点の一つとして考えています。駅前広場、駅舎、総合待合を歩行者のみの一体的な空間とし、これらに沿ってバス、乗用車、タクシーの乗降場を計画しました。この３つの空間を一体で利用することで、屋内外にわたる集まりやイベントを可能にします。

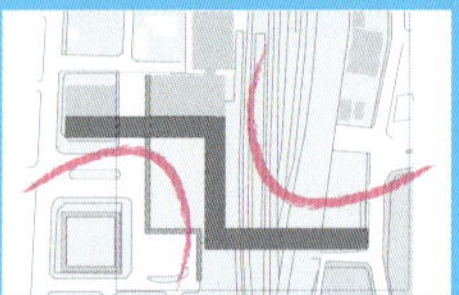

提案1－2.

まちのたねで、まちのえきをつくる。

>>>歩いて楽しいまちは、楽しく休めるまち

えきが良くなるためにはまちが良くなければなりません。楽しく休めるまちを、コンテナやストリートファニチャーでつくります。延岡駅の特徴である貨物に着目し、コンテナや地元にある素材を利用した提案を行います。

>>>駅のためのまちではなく、まちのためのえき

まちの中で試してきたまちを元気にする活動を、駅前広場や駅舎の中にも応用・展開します。

コンテナ＋地元にある素材を使います。

・からみ煉瓦
・杉
・竹
・繊維etc.

工業都市としてのアイデンティティーを表現します。

提案3.

まちの時間をデザインする。

>>>まず出来ることから。「まちを遊ぶ」方法を練習しましょう。

駅の再整備には時間がかかります。その間に、みんなで「まちを遊ぶ」ことを練習しましょう。

まちでいろいろな活動を実践し、駅や駅前広場の使い方のイメージをふくらませます。また、駅だけでなく、まち全体で考えることにより、駅と一体化したまちづくりを行います。

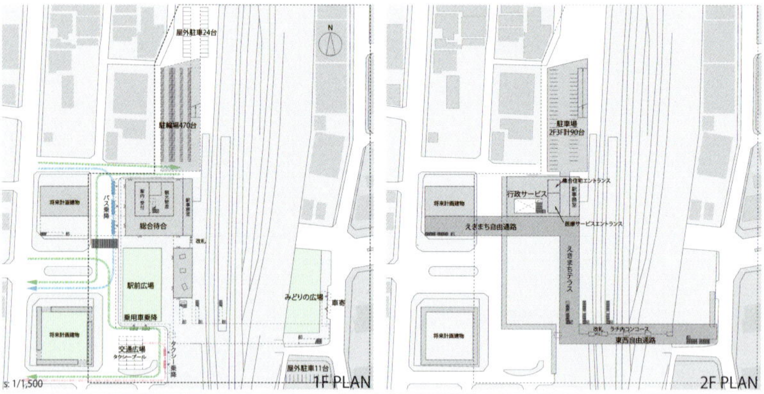

>>>交通・情報・活動の結節点としてのN。

駅舎と総合待合がつながることにより、えきからまちへ、あるいはその先の延岡の観光資源へのスムーズな移動が可能になります。バスやタクシーの他、レンタサイクルやレンタカーの施設も統合したいと考えています。

えきには延岡の各種情報が集まり、訪れる人々は容易にアクセスすることができます。

また、えきにはシャワーや風呂が用意され、ジョギングや広場での運動などまちでの活動を補完し、その後の活動へとつなげていきます。

まちのたね

「まちのたね」はコンテナやストリートファニチャーなどと組み合わせた「まちを遊ぶ」ための工夫です。

世界の学生たちと、そして延岡のまちのみなさんと、まちの可能性を発見し、のばしてあげるスペースをつくりあげます。

屋台コンテナ

展望コンテナ

山もお大師さんもよく見える展望コンテナ。

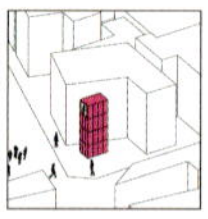

マルシェコンテナ

マルシェコンテナで楽しいお買い物。

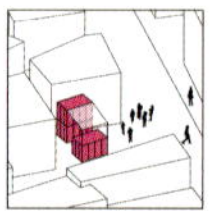

Bar コンテナ

まちの交流スポットとになるコンテナBar。

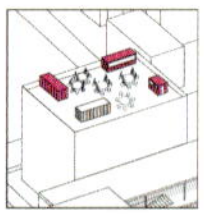

提案 2-1

>>>市民が体験できる空間、イベントをつくります。

大きな都市計画は、いくら図面や模型を見ても理解することは難しいものです。駅を使って、あるいは周辺のまちで、どんなことをしていきたいかを考え、それを体験してみることの出来る仮設の空間の製作やイベントの開催を行います。

まちを照らすキャンドルスタンドを自作する

町家をまちづくりセンターにするデモ

提案 2-2

>>>ビジュアル・ビデオを使ってわかりやすく楽しいワークショップをします。

アイディアによっては、すぐに体験できる実寸大の空間を作ることは難しいこともあります。そのときは、参加者自身ですばやくつくりあげるビデオがとても有効です。みんなで延岡の可能性をアピールするビデオをつくってみましょう。

スケッチをビデオで撮影する

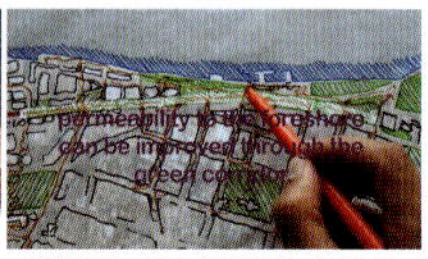

ビデオを使ったまちづくりのプレゼンテーション

提案 4-2

事例：CANDLENIGHT@LANDAGAWA

東京理科大学での課題として実施したCANDLE NIGHT @ 神田川（写真左）では、神田川沿いをキャンドルで彩り、川辺の風景を演出しました。

提案 4-3

事例：CitySwitch 出雲

2008年、2010年に島根県出雲市で開催したまちづくりの国際ワークショップCitySwitch出雲では、まちにある魅力的なものを探して、実際にその場でインスタレーションを行い、まちの人にプレゼンテーションを行いました。地元の人も自分たちの土地の魅力を再発見でき、今では地元の人主導のまちづくりが行われています。CitySwitch2010出雲（写真左上）においては、町家をアーバンデザインセンターにする提案をつくり、実際に軒先を飾り、まちへのプレゼンテーションとしました。

提案 4-4

事例：CitySwitchニューカッスル

2010年にオーストラリアニューカッスル市で開催した国際ワークショップCitySwitchNEWCASTLEでは、計画案を楽しいビデオに表現し、プレゼンテーションしました。製作期間は５日間です。

提案 4-1

事例：動的森林

2010年に大連理工大学で行った実践的プログラムの演習では、イベント「動的森林」を行いました。お披露目のパーティーには300人を動員しました。

山代悟案

「まちのえき　まちを遊ぶを練習する」と称してまちのたね（コンテナのような小さな構築物）を据え、そこを発信地として人々が集えるコトを提案している。それらは例えば、マルシェ、バー、展望台、等である。安く、手軽な素材で人々の行動を誘発しようとする提案である。

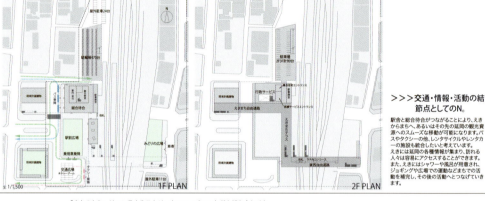

る社会資本をいかに活用するかは必須であるだろう。そしてまちづくりの方法として形式より内容、フローからストックという基礎的な見識が示されている。全体として地味だが着実な設計者の姿勢が感じられる。その誠実さ、真摯さが評価を獲得したと言えるのではないか。（坂牛）

3｜リレーションズ提案の卓越性：形を排し「関わり方」を宣言

このプロポーザルの特徴は、まず指名プロポーザルであるということ。そして要項の中の「2、デザイン監修者の業務内容」に「市民参加」という項目があり、「基本計画は市民参加型の手法を用いて取りまとめること」とされていること。それゆえに、各社からの提案はかならず「リレーションズ提案」が含まれており、指名プロポーザルゆえに顕名で提案がおこなわれているものもあった。

例えば、西田司案の「『つなぎのプロ』を集めた強い結びつき」という項目では、どのような体制で市民参加をおこなうのかを具体的な固有名とともに記している点は特徴的だ。対して田井幹夫案では、「提案2」として、市民参加型プロセスがタイムラインとともに提案されている。

「体制」「スケジュール」という、リレーションズ提案の雛形になるような提案方法が、この両者にあらわれているように感じられる。

一方、デザイン監修者として選定された乾久美子案は、他の4社と根本的な違いがある。他社が「どのような建築をつくるか」を提案しているのに対して、乾は「私がどのようにこの事業に関わるか」ということを提案している。市民参加型プロジェクトへの関わりも、「参加するにあたっての姿勢について」という項目を立てて、「アマチュア兼プロ」という立場で参加するという、いわば「宣言」をおこなっている。

要項で要求されているという条件はあろうが、基本的には本書冒頭（p.10）で述べたリレーションズ提案として定義する「①設計のためのリサーチ・設計プロセスの開示」「②市民とのコミュニケーション」「③活用・運営につながる仕組みづくり」の中では、どの提案も①が強調されており、一部その仕組みが③へと接続するように読めるものもある。

中でも乾案は、プロポーザルが人を選ぶものであるという点に誠実に向き合って意図的に「形」を排除して提案していると捉えることができた。（榊原）

4｜プレゼンテーションの卓越性：文章量の圧を減らす蛍光マークとイラスト

この指名プロポーザルでは、「鉄道駅周辺及び中心市街地の将来像」への提案の他は、「市民参加型プロジェクトへの参加姿勢」・「デザイン監修者業務への認識」・「ワークショップ実績」といった、プロポーザルの本来的な意味での人を選定するための資料としての提案書が求められていた。選定された乾久美子案ではまさに具体的な提案というより、提案書にも書かれているような「アマチュア兼プロという立場」での見解を、設計者自身の人物像であると思われるイラストとともにテキスト中心でまとめたものである。

選定案は、延岡市広域の地図を全体の背景とし、人物のイラストからマンガの吹き出しのようにそれぞれの項目が表現されている。01-1・01-2では延岡駅周辺についての状況とその展望についてひと括りのフレーム内に、01-3は整備の将来像について例示している。02-04はプロジェクトへの参加スタンスや実績をまとめている。吹き出しは角丸の長方形とすることで肉声型のナレーション的な表現としており、将来像の例示には矢印部分を連続する小さな楕円とすることで心のなかで思っていることを非肉声型のひとり言のように表現している。

レイアウトは、全体のマージンは14mm、吹き出し同士のマージンは7mm、中央の横帯の余白は49mmとおおよそ7mmの倍数で余白が制御されている印象を受ける。吹き出し幅にはあまり明確なルールはないが、人物のイラストから左に行くに従ってそれぞれ7mmずつ吹き出しが大きくなっているのは意図的なのかもしれない。それぞれの吹き出しは独立したコンテンツであり、背景には広域地図が「地」として設定されているため、吹き出しそれ自身が「図」となるような表現がなされている。テキストには近年よく使われる蛍光ペンでマークしたような表現とすることで、重要な部分を強調している。（平瀬）

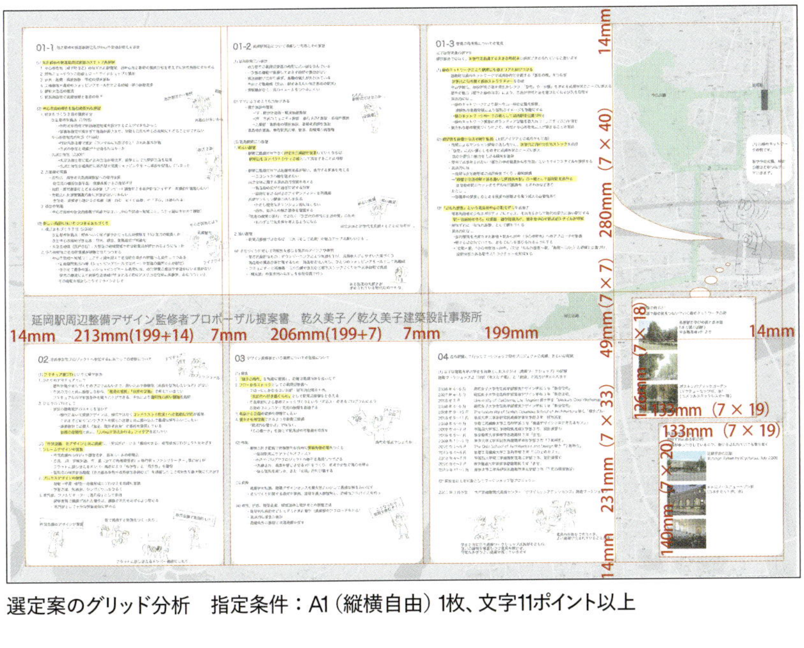

選定案のグリッド分析　指定条件：A1（縦横自由）1枚、文字11ポイント以上

対象敷地

©阿野太一

現況

竣工後の〈延岡駅周辺エリア〉©阿野太一

設計者インタビュー

乾久美子

Q｜要項はチーム内でどのように読まれ・分析されましたか?

A｜提案づくりからプレゼンまで全部一人でやったので、要項の共有もしませんでした。当時、スタッフが全員現場などで忙しかったからです。スタッフには「皆、忙しそうだから、一人でやりますわ」みたいなことを伝えたように記憶しています。もちろん、立ち話的に、こんなプロポだよ、みたいな話はしましたが。なお、他のプロポでは、全員が読み込みをします。多視点で読んだほうが気づきが多いからです。最初から、提案書提出の最後の最後まで、要項チェックは続けることが多いです。

Q｜本プロポーザルの募集要項の中で最も重視された点は何でしょうか?

A｜提案書は選ばれることを目指して一生懸命つくるわけですが、選定後の業務を円滑に進めるための意思表明としても重要なものだと思っています。

延岡のような範囲の広いプロジェクトは、多様な関係者が登場することが想像されたこともあり、まちづくりに関わる一般的な課題を紙面を借りてあらかじめリストアップしておくことで、選定後にフラットに議論できる素地をつくることができればと考えました。

Q｜案ではなく人を選ぶ、そのために必要以上の図を提案しないというプロポーザルの理念に向き合われた重要なお仕事だと認識しています。提案の方針についてはどのように検討されましたか?

A｜延岡の要項には具体的な与件がなく、事前にある程度の企画が設定されている通常のプロポーザルとは違ってプロジェクトのごく初期の段階なのだろうと想像しました。そのタイミングでは、発注側が具体的な提案を受け取ることにあまり意味がなさそうだと感じました。

また、なぜ、そうしたタイミングでプロポーザルを開催したのかという疑問や違和感を含めて、参加する場合の態度だけを伝えました。

Q｜他社が空間イメージを中心にプレゼンテーションボードを作成しているのに対し、乾さんのボードはテキストが中心ですが、どのような意図がありましたか?

A｜プロポーザルの要項通りに回答したまでであり、プレゼンテーション当日、他の応募者が具体的な提案を行なっていることを知り、逆に驚いていました。同時に、他の提案を見て、本人の立ち位置を狭めてしまっているように見え、審査員が望んでいることとは違いそうだなと想像していました。

Q｜プレゼンボードを作成される際、レイアウトや色調のルールは決めていますか? 色調はどのように決めておられますか?

A｜具体的な提案づくりをしなかったので、スタッフにお願いできる内容がなく、調査から提案書としてのテキスト起こし、レイアウト作業、パワポづくりまでの全てを私1人でやりました。

テキストだけで図がない提案書を少しでも明るい雰囲気にするべく、漫画を大量に散りばめることをしましたが、他のプロポーザルではこういうやり方はしません。レイアウトは、改めて見返すとめちゃくちゃだったなと思っています。

Q｜当初案から、完成までに変更された点はありますか?

A｜全体の枠組みづくりやボリュームスタディ、フィージビリティスタディ、そしてファシリテーションをする立場だと思っていたところ、結果として、「エンクロス」等の施設を設計・監理までやらせてもらったのが、プロポからの大きな変更点です。

また、唯一、プロポ段階で行った提案らしい提案として、緑のネットワークというものがありますが、これが実現できなかったのは残念だと思っています。

コラム

私が挑戦を続ける理由 ——もう1つのまえがき

平瀬有人

民間事業コンペを除いた公共建築のプロポーザル・コンペに、この15年で約50回応募してきた。年に換算すると3～4回／年のペースで応募している。国内外の前職等で応募に携わった経験から、提案の内容もさることながら、提案の魅力を伝えるためには提案書の表現方法もとても重要なのではないか、と応募を始めた頃から感じていた。このような意識もあり、また向学のため、2011年頃より公開されている主要なプロポーザル・コンペの提案書のアーカイブを収集してきた。2024年までに総数370件ほど集まっている。

結果として次点ではあったが、2014年に相当時間をかけて取り組んだ「福智町立図書館・歴史資料館設計業務者選定プロポーザル」は、今でも強く印象に残っている。このプロポーザルは、既存の旧庁舎を大規模改修して図書館・歴史資料館に整備するもので、私たちは既存建築のイメージを刷新するような大胆な増築の提案をした。この点は意欲的な提案として評価されたものの、地域のシンボルとなるような形の提案を強く押し出し過ぎて、図書館でありながら内部空間やヒューマンスケールな居場所の提案があまりできていなかったことが大きな敗因だったと思う。さまざまな図書館を視察し、相当力を入れて模型やパースをつくったので、この時は本当に悔しい思いをした。

この時の敗因を反省しつつ、その後も応募を続けたが次点や選外が続き、「もう応募はやめよう」と挫けそうになったこともあった。そんな中、2016年に「五ケ山ダム水源地域建築物基本・実施設計者選定プロポーザル」(2019年に五ケ山クロスベースとして竣工)で初めて選定された。ダム湖沿いの観光拠点のプロポーザルで、周辺環境との調和のほか観光振興の視点が求められていたことから、土木的スケールに呼応したシンボルとなるような形の提案が選定につながったのだと思う。建築・ランドスケープ・土木インフラストラクチャーを有機的につなぐ新たな地形とも呼べる空間の創出を試みたもので、この選定は本当に嬉しかった。

その後もプロポーザル・コンペは応募し続けたが、再び次点や選外が続く。またも挫けそうになった頃、2019年に「東峰村農家レストラン新築工事設計コンペ」で、2020年には本書で紹介した「御嶽山ビジターセンター(仮称)整備事業設計プロポーザル」で選定された。アイデアの蓄積が続き、おおよそ4年ごとのオリンピックイヤーに選定されるのでは？と期待して2024年も頑張ったが、全て敗退。今年こそは、と意気込んでいるが、打率は相当低い。

それでもなお応募し続けるのはなぜだろうか。それは、プロポーザル・コンペが自由にアイデアを提案できる貴重な場だからだと思う。思いっきりアイデアをフルスイングできる場であり、たとえ敗退したとしても「いつかあのアイデアを使おう」と引き出しを増やすことにつながっているのだと思う。福智町のプロポーザルでの既存建築のイメージを刷新する造形的なアイデアは、その後のプロジェクトで発展的に実現している。五ケ山のプロポーザルで考えた風景との関係は、近年考え続けている「風景のフレーミング」という思考を強く意識し始めるきっかけとなった。

最近敗退が続いているので、その要因を分析的に考えると、明晰なアイデアの勢いのなさが原因かもしれないと思っている。評価ポイントに満遍なく応えようと細かなアイデアを詰め込みすぎて、「○○案」とあだ名の付くような強い特徴が薄れているのではないだろうか。とは言え、応募の渦中は客観的に見ることが難しい。改めて自戒し、今後もフルスイングしていきたいと思う。

福智町立図書館・歴史資料館設計業務者選定プロポーザル
提案書（A3×2枚）

五ケ山ダム水源地域建築物基本・実施設計者選定プロポーザル
提案書（A3×2枚）

② (仮称)大阪新美術館公募型設計競技

美術館

要項の読み解き

- 大阪の文化芸術の拠点として都市戦略に寄与する建築
- 美術作品の保存・継承と防災的・環境的配慮の機能的両立
- 周辺遊歩道と接続するエントランス空間と大阪由来の芸術運動への配慮

コンペ概要

要項に示された規模

延床面積｜約15,000㎡
概算工事費｜130億円以内(諸経費・税込)

提案書の指定条件

A1・3枚以内(横)・文字14pt以上

2016
- 8月5日 公開設計競技の公告、質問受付・回答
- 9月30日 1次審査書類(設計構想提案書)受付
- 10月19日 1次審査(設計構想提案書)結果公表

2017
- 1月16日 2次審査書類(設計提案書)提出期限
- 2月2日 公開プレゼンテーション・ヒアリング、2次審査
- 2月9日 結果発表
- 2月13日 結果について【講評】を公表

審査評価会議(役職は当時のもの)
*審査委員長

山梨俊夫*
国立国際美術館館長

逢坂恵理子
横浜美術館館長

嘉名光市
大阪市立大学大学院工学研究科准教授

岸和郎
京都造形芸術大学大学院芸術研究科教授

相良和伸
大阪大学大学院工学研究科教授

髙田光雄
京都大学大学院工学研究科教授

竹山聖
京都大学大学院工学研究科教授

選定案の読み解き

文化・防災・環境の拠点化を巨大な立体エントランス空間で表現

選定された提案者

遠藤克彦建築研究所

ファイナリスト

- 日建設計大阪オフィス（次点）
- 梓設計・RUR ARCHITECTURE DPC共同企業体
- 佐藤総合計画
- 槇総合計画事務所

所在地

大阪市北区

さまざまな人と活動が交錯する都市のような美術館

この美術館は、誰もが気軽に訪れ、学び、くつろぎ、愉しみ、触発され、そして発信する、いわば「都市空間」のような美術館です。
マッスなボリュームは建物内に立体的に計画されたパッサージュによってくり抜かれ、計画された展示室はもちろんのこと、その大きな吹抜け空間も美術と触れ合うために計画されています。
この建物は浮力を持って都市に浮かび上がります。そしてアートデッキと一体化となって計画されたパッサージュは、昼夜問わず賑わうパブリックスペースとして人々を迎え入れます。

外観イメージ

外観イメージ

設計趣旨－新美術館の設計に対する考え方－

配置及び外構計画

コンパクトな建物ヴォリュームと広いオープンスペース：５層の建物ヴォリュームは約６０ｍ角のコンパクトな直方体として敷地中央に配置し、周辺に広いオープンスペースをつくります。周辺からの圧迫感がない配置計画とします。

公園の様なオープンスペース「アートデッキ」：アートを核とした公園の様なオープンスペース「アートデッキ」をつくります。デッキは周辺の高低差や人の流れを統合し、敷地の全方位と接続します。デッキ上では様々なイベントや屋外展示を行う事が可能です。デッキ上は緑化を行い、都市のオアシス空間として、来館者に限らず市民の休憩／滞在スペースとします。駐車場は船入遺構の形を残し、広場／水盤としての使用も可能とします。デッキの床レベルはＯＰ＋約７ｍを基本とし、周辺の避難場所／防災拠点として機能します。

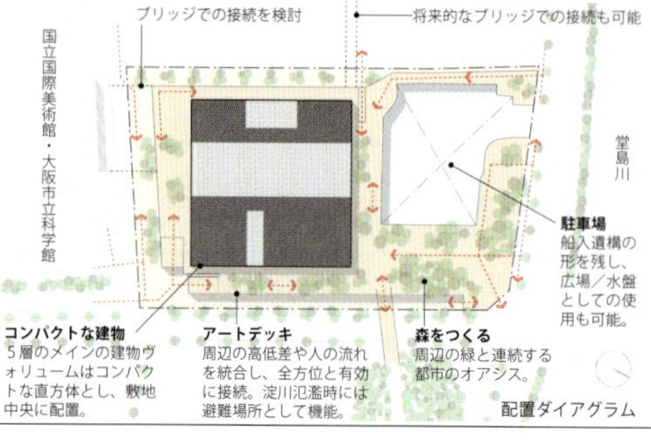

配置ダイアグラム

意匠計画

基本コンセプト：パッサージュを大阪新美術館のスパイン（ｓｐｉｎｅ＝背骨）とします。エントランスホール／屋外空間／ホワイエ／展示ホールもすべてパッサージュの一部であると考え、誰もが気軽に訪れ、学び、くつろぎ、楽しみ、発信し触発される、都市のような美術館を提案します。

基本構成：建物は５層とし、１階をカフェ／レストラン／講堂／事務エリア、２階をエントランスホールを中心としたコミュニケーションエリア、　　　　　　４階をコレクション展示室、５階を企画展示室とします。４～５階の展示室エリアへは、２階から直通のエスカレーターでアクセスします。３～５階のヴォリュームは浮力がかかったように都市の中で浮遊し、訪れる人をパッサージュを通して内部に引込みます。

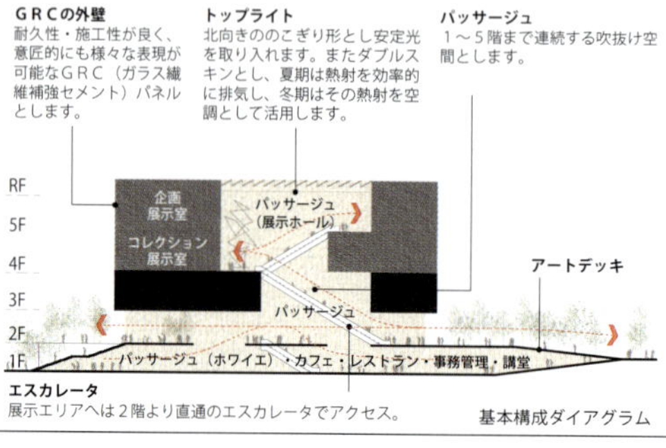

基本構成ダイアグラム

構造計画

パッサージュが支えるシンプルで軽快な構造計画：鉄骨
場所打ち杭／基礎免震を基本とします。柱のない「ワン
ム」の展示室と１～５階まで複雑に連続するパッサージ
吹抜けをつくるため、吹抜けに面して１～２層分のブレー
を設けます。パッサージュは空間的に大阪新美術館のス
ン（背骨）となるだけではなく、構造的にもスパインとし
機能します。上部躯体をシンプルで軽快な鉄骨造とする
、杭や基礎への負担も少なくなり、コスト／工期的にも
な構造計画とします。

柱の少ない自由な空間をつくる：４～５階共に展示室内
柱を設けず、平面計画の調整や展示計画の自由度を最大
保します。２階のパッサージュについてもピン柱（約５
）のみとし、見通しの良い開放的な空間をつくります。

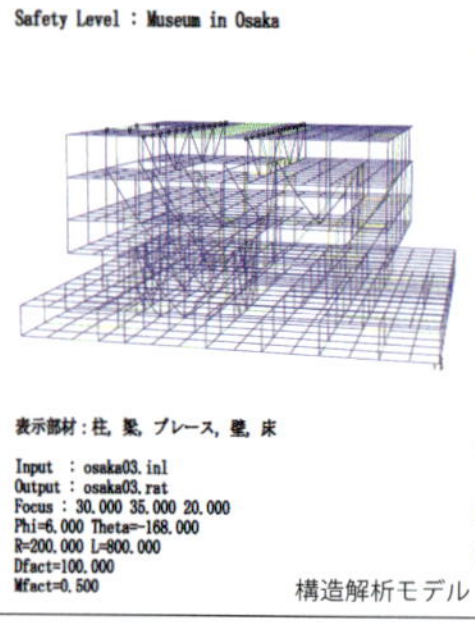

構造解析モデル

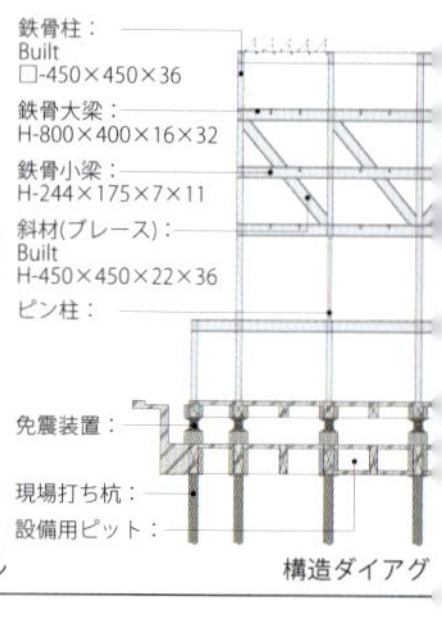

構造ダイアグ

外観パース

内観パース

内観パース

／環境計画

を活かす「エネルギーアース」：川に挟まれた本敷地は熱利用に最適です。地中熱ヒートポンプと地域冷暖房を熱システムとして活用し、省エネ・省コストな空調熱源現します。地中熱ヒートポンプは空冷切替式かつ冷水用水用の複数台とし、あるゆる空調状況に対応します。ま採熱はリーズナブルな水平ループコイルとします。複数源を持つことで、災害・故障などの空調停止リスクを回ます。

を活かす「エネルギールーフ、ダブルウォール」：５層物ヴォリュームの頂部はダブルルーフとし、排煙ファン熱ファンなどの設備スペースとして有効活用します。頂央はのこぎり型のトップライトです。トップライト南面至の太陽光も十分吸収するソーラーパネル、風下側の北自然排気チムニーと、屋根全体が自然採光・自然換気・の省エネ装置です。トップライトダブルスキン内の熱気房にも活用します。壁はGRCによる二重壁として、壁のルスキン効果で躯体熱負荷を縮減します。

的な設備ルート「エネルギーウォール」：「エネルギース」⇒水蓄熱槽⇒エネルギー機械室で構成される下部設「エネルギールーフ」⇒ダブルルーフ⇒マシンルームでされる上部設備はパッサージュを囲む「エネルギーウォ」で接続されます。エネルギーウォールは配管、配線、トなどの設備ルートを集約し、かつ、パッサージュの大を居住域のみ空調する省エネ装置として利用します。１設置する設備については止水壁で囲み、浸水レベル以上出入するなど万全の水害対策を講じます。

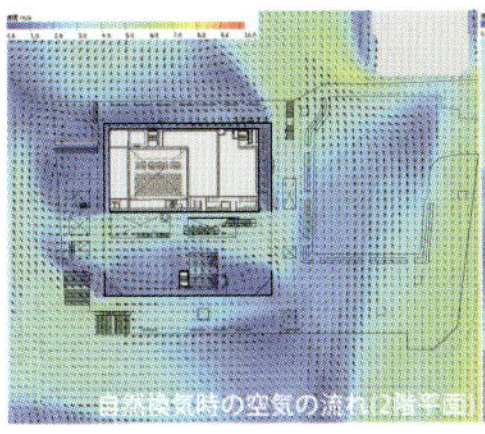

自然換気時の空気の流れ(2階平面)

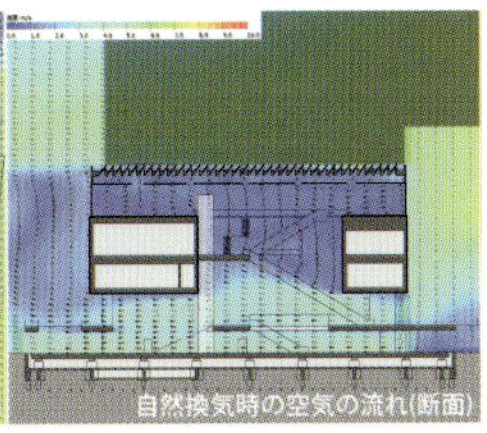

自然換気時の空気の流れ(断面)

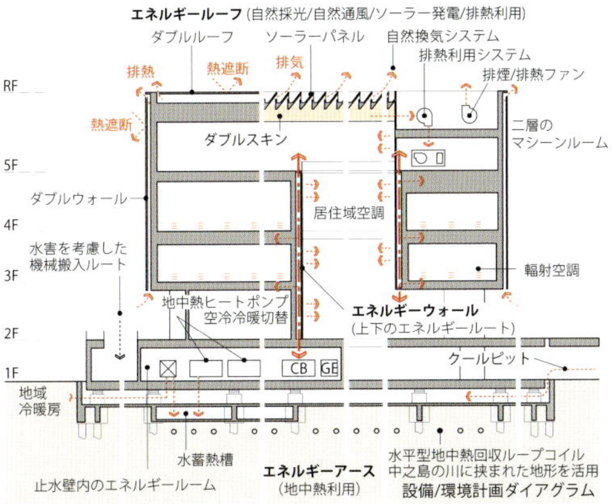

設備/環境計画ダイアグラム

災害対策

火災等災害時：最大８０００人／日の来館者が安全に避難しつつもパッサージュの立体的なつながりを確保するため、全館避難安全検証法を適用します。吹抜け内（パッサージュ）を通らずに避難可能な経路をつくり、吹抜け内→吹抜け外（展示室等）に逃込む事で、どの階にいても安全かつ落着いて避難可能な計画とします。

河川氾濫等水害時：２階デッキの床レベルはＯＰ＋約７ｍを基本とし、淀川氾濫時（ＯＰ＋５ｍ）にも周辺の避難場所／防災拠点として機能します。また機械室も機能を失わない計画とし、美術品の保護、防災拠点としての役割を担います。

マイクロアーキテクチャー：防災物資の備蓄倉庫としてだけではなく、災害時やイベント時の水／電気／ガス等のインフラ取出し口、仮設トイレ等の排水接続口として機能します。

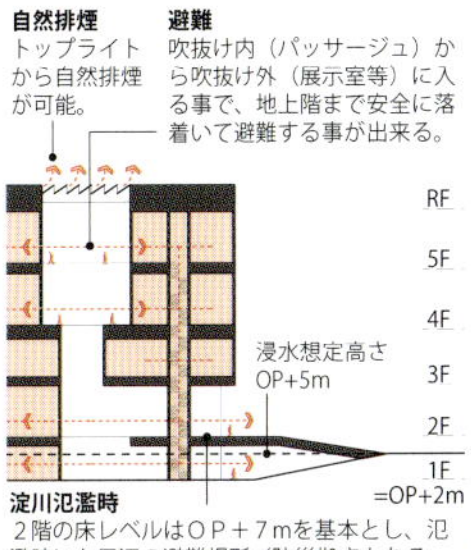

避難動線ダイアグラム

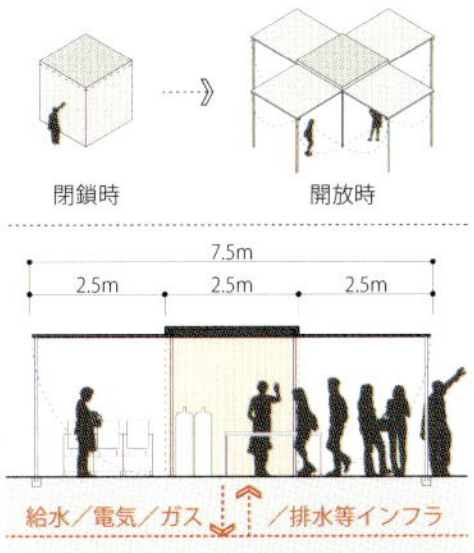

マイクロアーキテクチャーイメージ

遠藤克彦建築研究所案　（注）本書掲載に際し、当時の提案書を一部修正しています

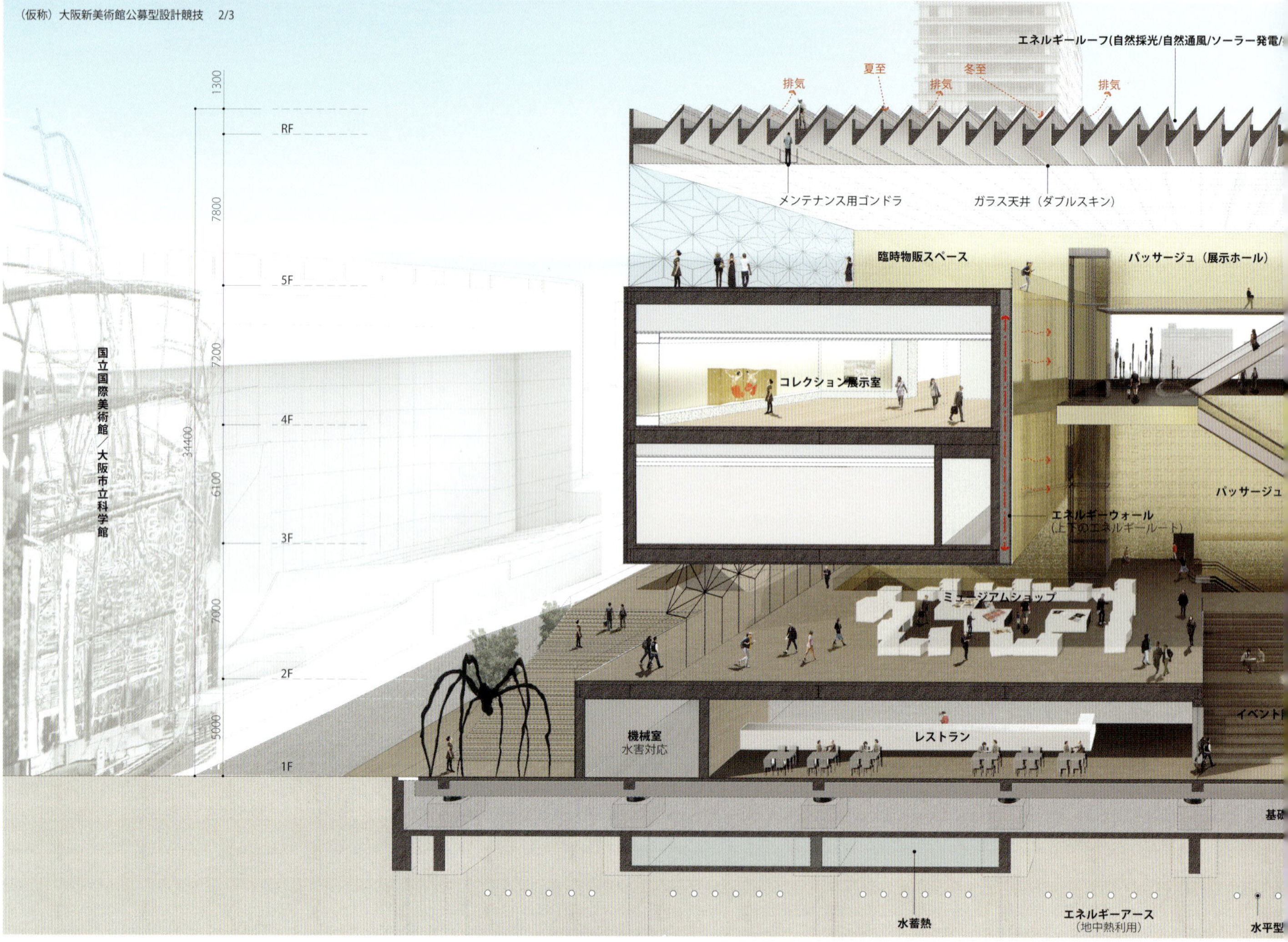

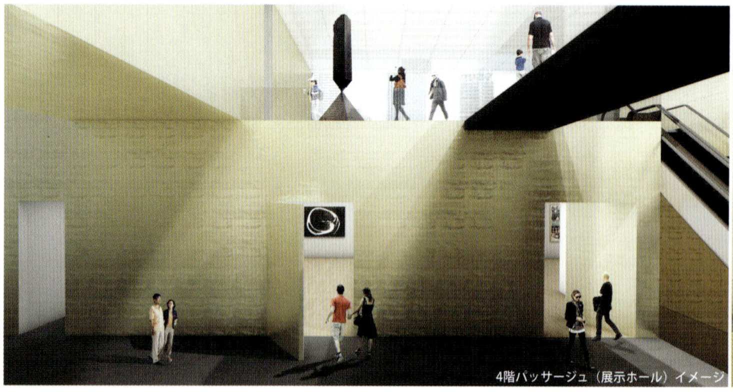
4階パッサージュ（展示ホール）イメージ

5階パッサージュ（展示ホール）

６つの特色

立体的につながるパッサージュ

直方体を切り欠いてつくるパッサージュ：直方体のヴォリュームを切り欠く事で建物全体を構成します。切り欠かれて残った部分（黒色）を展示室　　の「閉じた機能」として、切り欠いた部分（赤色）をエントランス／ホワイエ／ミュージアムショップ／展示ホール等の「開かれた機能＝パッサージュ」とします。

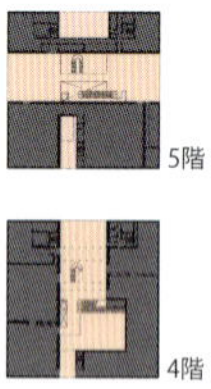

様々な活動と交流の場としてのパッサージュ：１階はミニコンサート等スペースとして、２階は市民が製作した作品の展示やレクチャー等のスペースとして、４～５階は大型作品を含めた現代アート作品等の一時的な展示スペースとして等、立体的なパッサージュでは様々な活動を同時に行う事が可能です。

都市の展望台としてのパッサージュ：４～５階のパッサージュは、東西南北方向に十字形に抜けており、各展示室をまわると同時に、展望台として都市（中之島）を俯瞰する場とします。

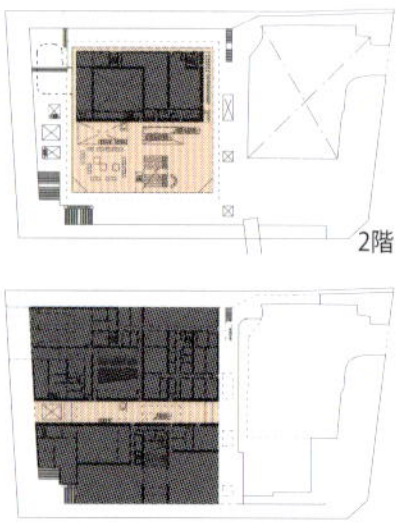

各階パッサージュ位置図：1階

シンプルかつフレキシブルな展示室

シンプルかつフレキシブルなホワイトキューブ：コレクション展示室／企画展示室共に、柱のないシンプルな「ワンルーム空間」とします。グリッド状にレールを配置した可動壁（可動間仕切り）／ライティングレール／光幕天井（共に調色調光）を基本とし、様々な展示レイアウトやライティングにフレキシブルに対応可能です。

様々な運用が可能な展示室：各展示室は、パッサージュ（展示ホール）と展示室間のそれぞれに出入口（どちらも必要のない時は閉鎖可能）を設けて数珠つなぎに配置します。展示室と展示ホールとの出入り、展示室同士の出入りが選択可能となります。展示室同士を順繰りに回遊する展示計画や、展示ホールからそれぞれの展示室に直接出入りする展示計画等、様々な展示計画にフレキシブルに対応可能です。

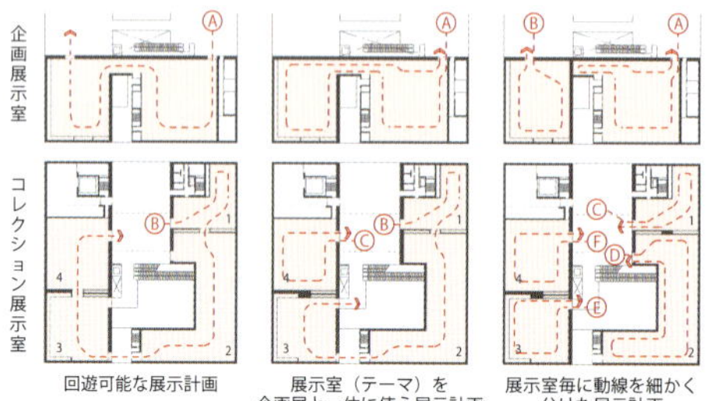

回遊可能な展示計画
展示室（テーマ）を企画展と一体に使う展示計画
展示室毎に動線を細かく分けた展示計画

1：グタイピナコテカルーム 3：日本近代
2：デザイン/西洋近代/現代 4：テーマ

運用例ダイアグラム

実現性の高い提案

敷地条件と機能を統合したシンプルな計画：敷地条件／事項に対して、意匠／構造／設備（環境）を統合した機でシンプルな計画とします。市民の方々の理解の下、確実現可能な提案です。

コスト順守：約５％の予備費を見込み、社会／経済情勢の変化による資材や労務費の高騰に対応します。既に積上げ方式による数量積算の上予算内である事は確認済です。

工期順守：直方体のシンプルな建物形状や内部プランニング／効率良い構造計画により、工期短縮を図るだけでなく人手不足や資材不足等による工事の遅延も防ぎます。

維持管理：シンプルな計画である事と適切な維持管理方法を検討する事で、実現後（完成後）の維持管理・運営コストも削減します。

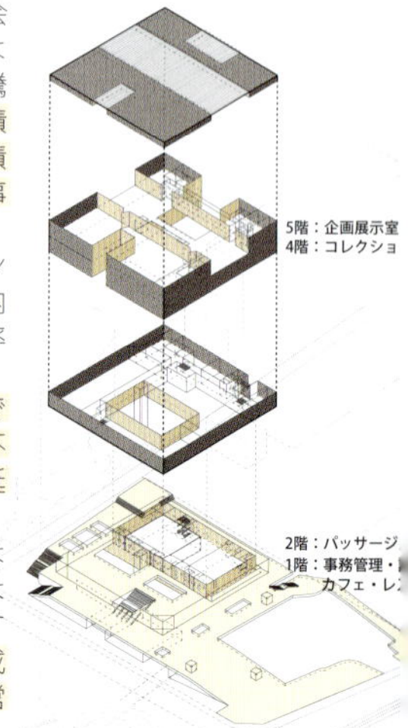

各階構成イ

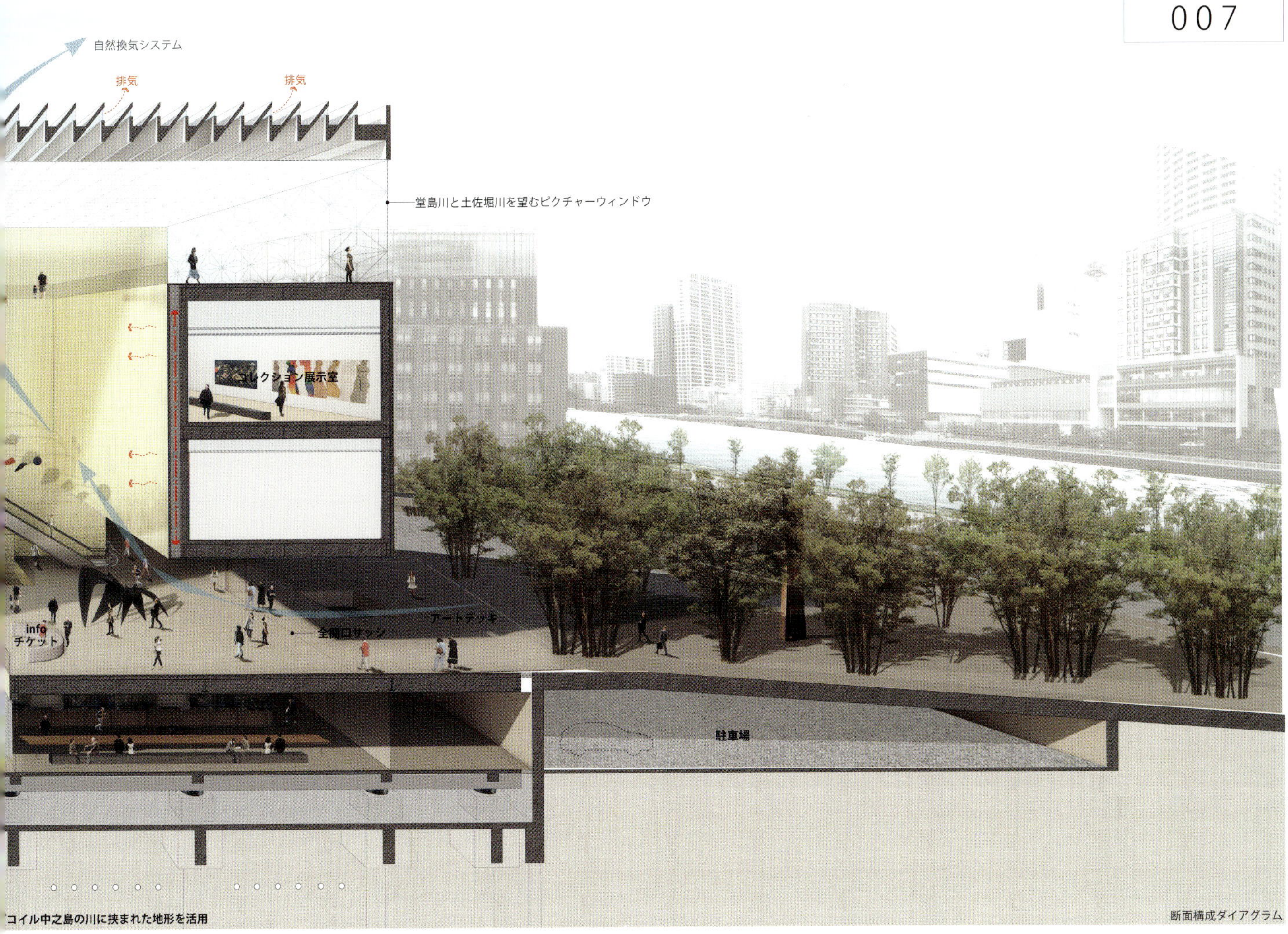

断面構成ダイアグラム

コレクション展示室イメージ

企画展示室イメージ

たわむれる

遺構を記憶として残す：船入遺構は現状通り地中埋設保しますが、その形状や役割を引継ぎ、広場としての使い可能な駐車場とします。最大水深１５０mm程度の水をるようにし、水を活かした演劇の開催、水を活かしたイタレーション等の展示、子供の水遊びの場として等、様活動に活用可能です。２階の「アートデッキ」には、広駐車場）を取囲む様にテーブルとしての使用も可能な段観客席を設け、円形劇場の様な使い方が可能です。

の風景を再生する：かつて各藩の蔵屋敷が並んでいた中の水辺の風景を、船入遺構の形状をした水盤とそれを活た様々な活動の風景として生まれ変わらせます。イベン一時的な風景ですが、水都大阪らしい水辺の風景の一つて、大阪の景観をかたちづくります。

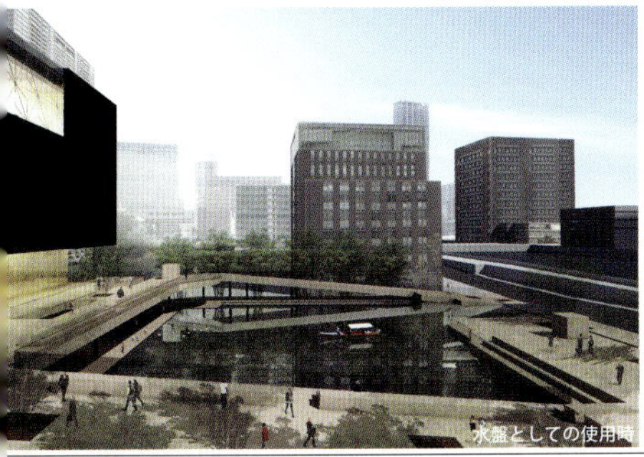
水盤としての使用時

光とたわむれる（照明計画）

外部照明：外観照明は控えめとし、直方体のボリュームに穿たれた開口部から、屋内の光が外部に溢れ出すデザインとします。外構及び２階パッサージュでは、手摺やベンチなど目線より低い位置に光を集める手法を用い、内外が境界なく連続する一体感のある計画とします。それは同時に２階のガラスファサードの存在を曖昧にし、新美術館が水上に浮かんでいるような特徴的な外観を創りだします。

内部照明：内部公共空間では、照明器具の存在感を排除した計画をします。大きな壁面からの反射光や光壁からの柔らかな光でベース照明を確保し、上質で快適な鑑賞空間を約束します。大空間には現代アートなどが置かれることを想定し、高天井内にキャットウォークからアクセスできる照明システムを随所に設置し、展示に対する高い柔軟性を確保します。

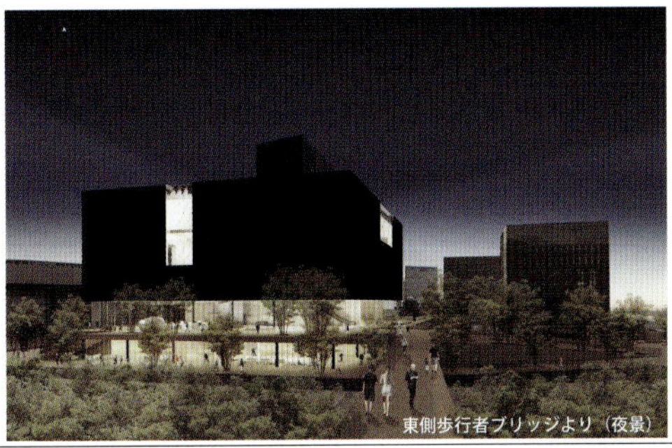
東側歩行者ブリッジより（夜景）

森をつくる

オアシスをつくる：敷地内／アートデッキは積極的に緑化をし、都市のオアシス空間として、来館者に限らず誰でも気軽に利用可能な滞在／休憩スペースとします。木漏れ日の下、デッキ上では様々なイベントや屋外展示を行う事も可能で、大阪新美術館を象徴する市民のためのオープンスペースとなります。敷地内の緑は、堂島川沿いの緑や中之島四季の丘の緑とも連続し、都市景観の形成にも寄与します。

植生を活かした緑化：地域固有の自然植生を基本とし、管理手間の少ない計画とします。建物に近い部分には落葉樹を、建物から遠い部分には常緑樹を植えます。夏はどちらも日差しを遮り、心地よい木陰をつくります。冬は内側の落葉樹が落葉する事で角度の浅い太陽光を建物内部に取り入れ、外側の常緑樹は防風林となり快適な外部空間をつくります。

広域配置図 S=1/5000

遠藤克彦建築研究所案　（注）本書掲載に際し、当時の提案書を一部修正しています

007

4～5階展示ホール
1～2階と連続する最高天井高さ約13mの展示ホール。北向きのハイサイドライトとピクチャーウィンドウを設けた明るく開放的な展示ホールでは、大型彫刻作品等の展示や公開製作を行う事も可能。4～5階を横断する一体的な展示計画にもフレキシブルに対応します。

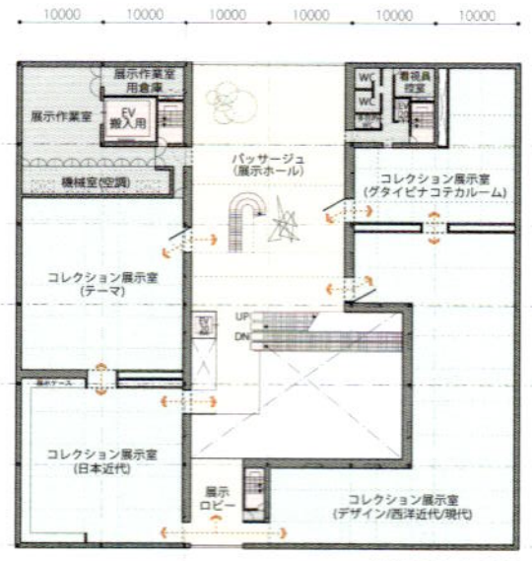

4階平面図　1：600

コレクション展示室／企画展示室
柱のない「ワンルーム空間」とし、可動壁（間仕切り）により可変性をもたせたシンプルなホワイトキューブとします（グタイピナコテカルームは当時の仕上を再現）。展示ホールに面した出入口を設けると共に、展示室同士の行き来も可能な計画とします。また、展示室毎に空調機の系統を分ける事で、作品借り入れ時の陳列室温度／湿度に合わせた管理が可能です。同時に二つ以上の美術館からの借り入れも可能です。

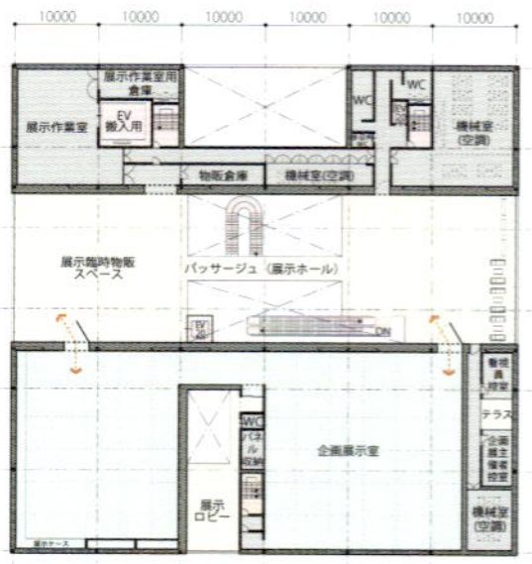

5階平面図　1：600

4～5展示ロビー
展示室の中間部分に休憩スペースとして展示ロビーをつくります。休憩ロビーは展望台とし、中之島の景色を望む事が可能です。
エネルギールーフ
自然採光／自然通風／ソーラー発電／排熱利用を行う事が可能です。屋外からかも屋内（天井裏ゴンドラ）からもメンテナンスが可能です。

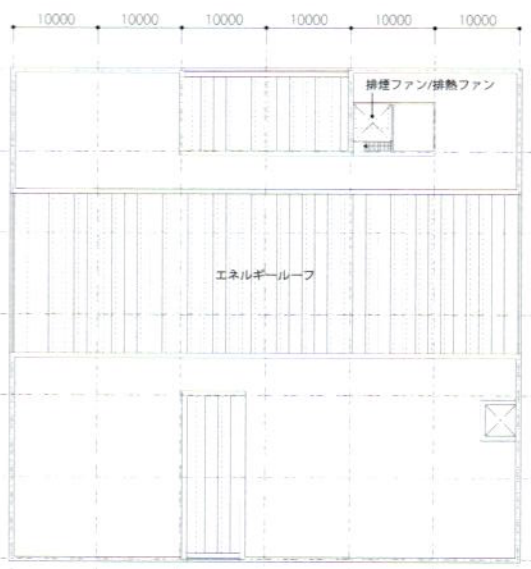

R階伏図　1：600

仕上表

外装	
外壁	GRCパネル
床	磁器質タイル(特注品)

内装	床	壁	天井
企画展示室	現場テラゾー(樹脂含有)	石膏ボードガラスクロス貼りEP	光幕天井
コレクション展示室	無垢フローリング	石膏ボードガラスクロス貼りEP	光幕天井、石膏ボードEP
パッサージュ	磁器質タイル(特注品)	鋼板パネル(特殊プリント、エンボス加工)	鋼板パネル(特殊プリント、エンボス加工)
講堂	無垢フローリング	木練り付け不燃化粧板	金属製長尺波型吸音材
収蔵庫	無垢フローリング	調湿板(h1200まで杉板腰壁貼り)	不透湿石膏ボードの上調湿板
展示ホール	磁器質タイル(特注品)	鋼板パネル(特殊プリント、エンボス加工)	鋼板パネル(特殊プリント、エンボス加工)

概略工程表

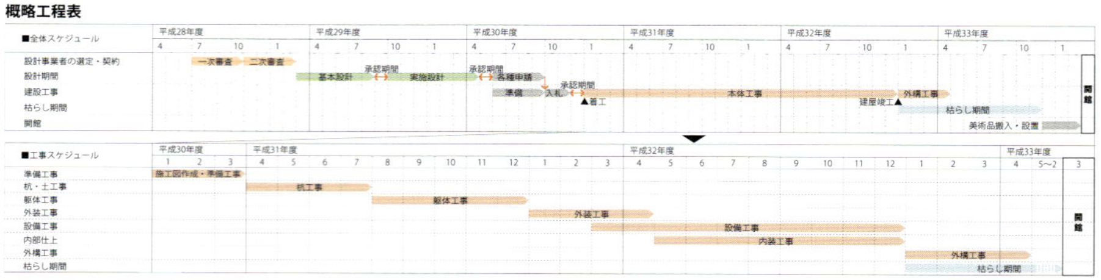

麻の葉模様スクリーン

開口部には、古くは平安時代から仏像の装飾などに使われてきた伝統的な和柄であり、フラクタルな幾何学模様でもある麻の葉模様のアルキャスト製スクリーンを設置します。密度を変える事で、各スペースに合わせて視線や光のコントロールが可能です。

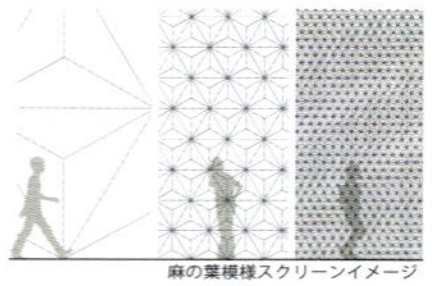
麻の葉模様スクリーンイメージ

動線計画図

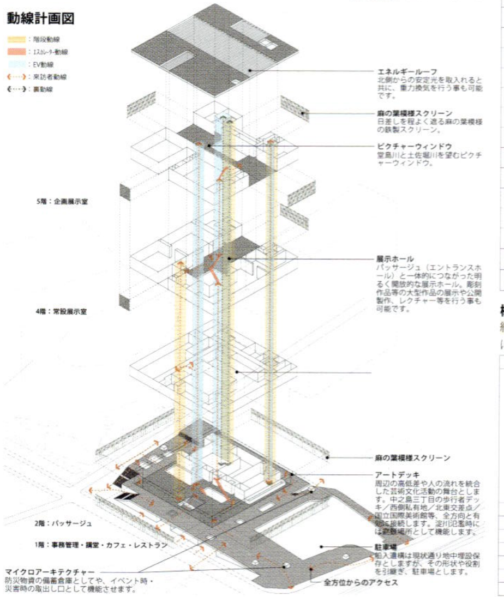

計画概要

建築面積	7,020㎡
構造	鉄骨造
階数	地上5階(一部6階)
階高	なし
1階	5.0m
2階	7.0m
3階	6.1m
4階	7.2m
5階	9.1m
最高の高さ	34.9m
駐車台数	77台
各階床面積	なし
1階(駐車駐輪場/車寄せ含)	6,480㎡
2階	2,540㎡
3階	3,030㎡
4階	3,165㎡
5階	3,020㎡
延床面積	18,235㎡
美術館部分	15,700㎡
サービス施設	995㎡
その他(駐車駐輪場/車寄せ)	1,540㎡

エリア/室名	面積（㎡）
展示エリア	**3,275**
企画展示室	1,275
コレクション展示室	2,000
コミュニケーションエリア	**2,640**
パッサージュ	1,300
講堂	730
研修室	130
キッズスペース	100
図書室	330
その他諸室	50
保存研究エリア	**2,395**
収蔵庫	2,055
調査研究室	100
一時保管庫	240
管理エリア	**5,085**
事務室関連	540
展示作業室	320
展覧会用倉庫	80
貴重資料保管庫	280
トラックヤード	205
荷解室	150
その他諸室	3,510
共用エリア	**2,305**
展示ホール	1,525
企画展主催者控室	30
その他	750
美術館部分合計	**15,700**
サービス施設	**995**
飲食部門	805
物販部門	190
その他	**1,540**
駐車場/駐輪場（車寄せ含）	1,540

概算工事費及び算定根拠

約5%の予備費を見込み、社会／経済情勢の変化による資材や労務費の高騰／仕様変更にも対応します。既に積上げ方式による数量積算の上、予算内である事は確認済です。

工事費構成				金額（円）	構成比率
工事費	建築工事［60.4%］	直接仮設		176,000,000	1.5%
		土工		437,000,000	3.9%
		地業		115,000,000	1.0%
		躯体		2,995,000,000	26.6%
		外部仕上		932,000,000	8.3%
		内部仕上		2,136,000,000	19.0%
	電気設備工事			866,000,000	7.7%
	機械設備工事			1,704,000,000	15.1%
	昇降機工事			226,000,000	2.0%
	外構工事			657,000,000	5.8%
諸経費（共通仮設費・現場管理費・一般管理費）				1,025,000,000	9.1%
			合計	11,269,000,000	100.0%
消費税相当額			8%	902,000,000	
地中埋設物の撤去費（諸経費・税込）				100,000,000	
予備費			5%	564,000,000	
			総合計	12,835,000,000	
＊数量積算の上、刊行物単価（実勢を考慮）、実績値を加味し算定しています。					

各スペースのイメージパース

①2階パッサージュ

②4階パッサージュより

③西側隣地より

④堂島川側より

⑤キッズスペース/テラス

⑤4～5階展示ロビー

⑤4階パッサージュ（展示ホール）

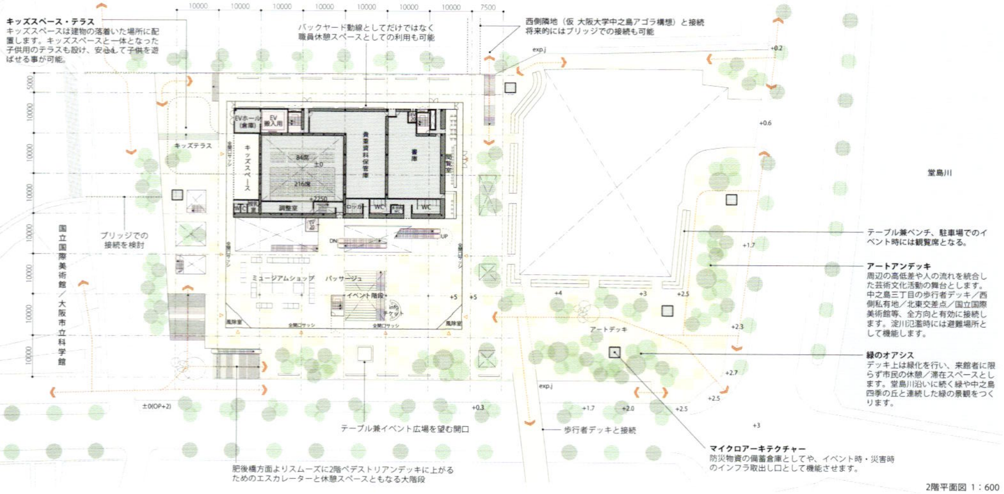

2階平面図　1：600

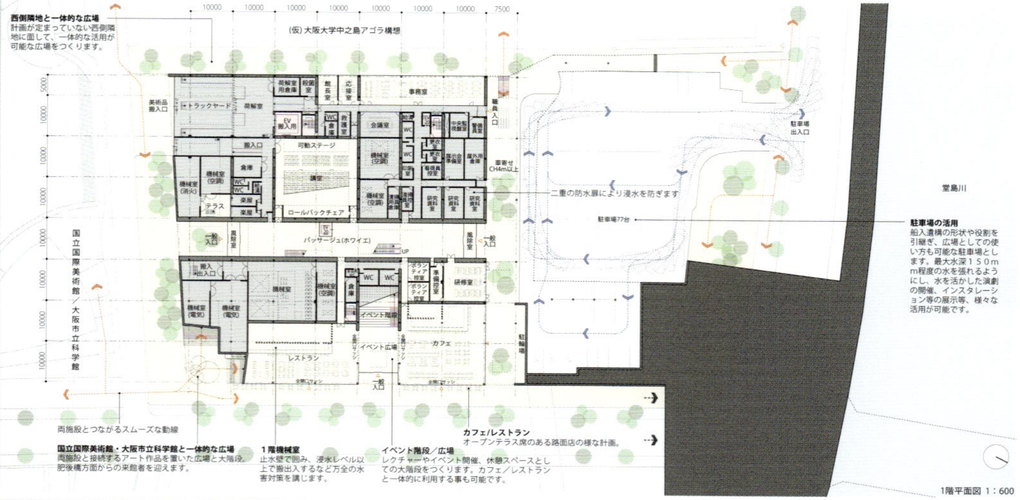

1階平面図　1：600

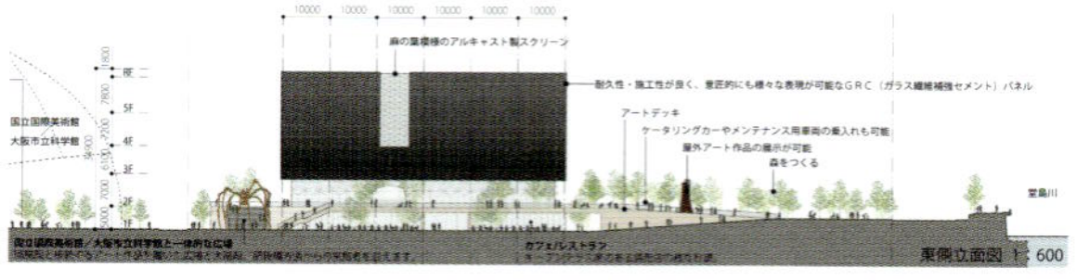

東側立面図　1：600

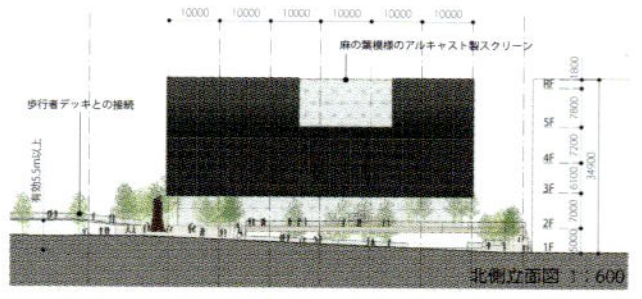

北側立面図　1：600

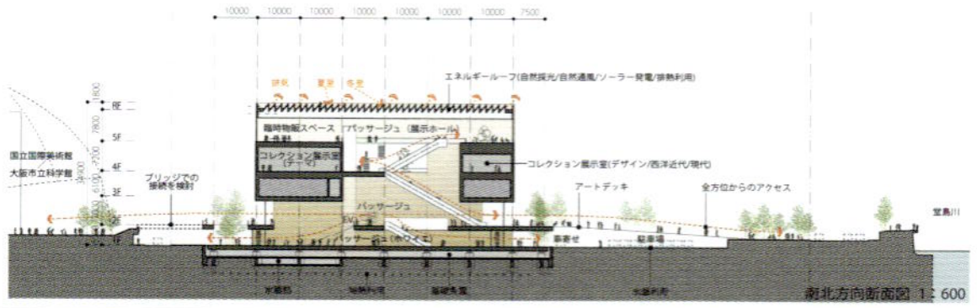

南北方向断面図　1：600

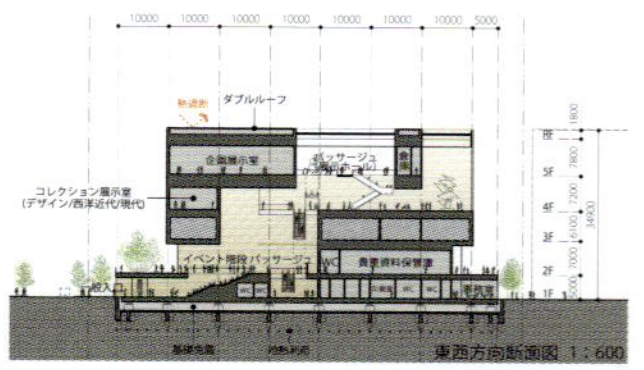

東西方向断面図　1：600

遠藤克彦建築研究所案　（注）本書掲載に際し、当時の提案書を一部修正しています

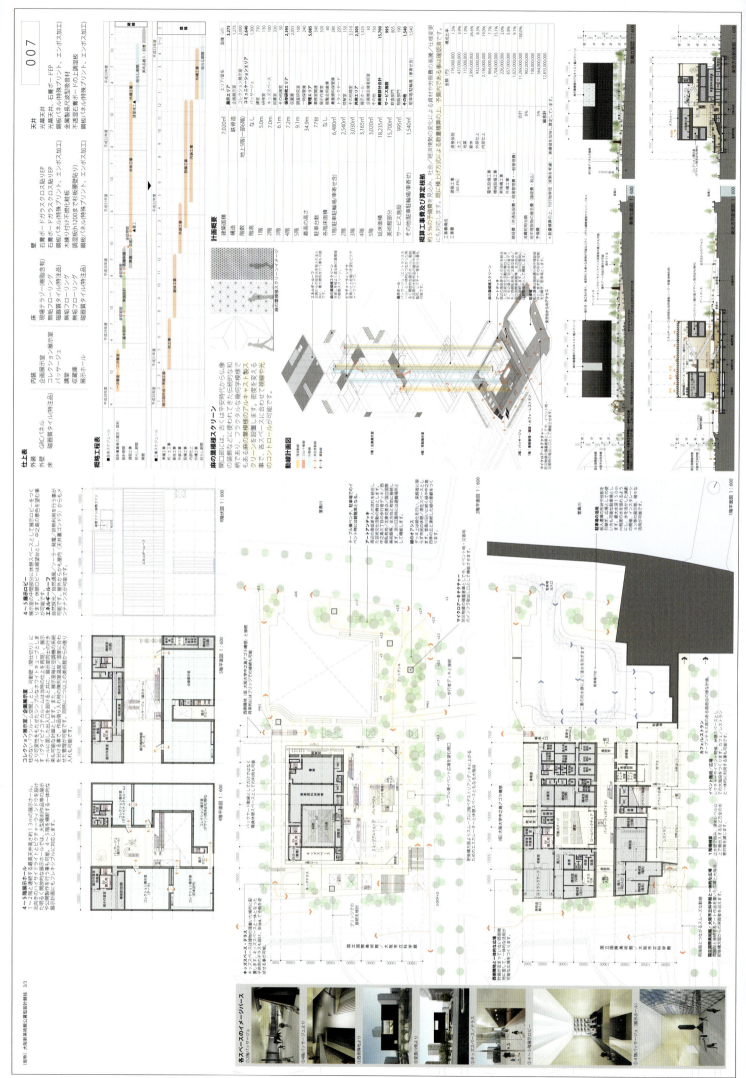

1｜要項の概要と特徴：都市機能の向上を目論み2つの空間を求めた美術館

大阪市が所有する近現代の美術作品を所蔵する新美術館の公開設計競技である。美術館は市政100周年の記念事業基本構想の1つとして1983年（昭和58）に構想が発表されたが、財政難による規模縮小や他館との統合が検討される等、紆余曲折を経た計画であった。最終的に2014年に「新美術館整備方針」が策定され、市が大阪大学および国から取得した中之島内の土地のうち、12,874㎡を敷地とし、延床面積15,000㎡の美術館と500〜1,000㎡のサービス施設を併設する文化芸術の拠点と位置づけられた。一帯は江戸時代の広島藩大坂蔵屋敷跡であり、埋蔵文化財の発掘調査も行われた。

また後述するようにPFI方式による運営を設計競技当初より見込んでいた。市はもともと設計・建設から維持管理・運営まで一括して民間事業者に任せるPFI方式を導入しようとした。しかし、市の関与が限定的となる懸念が議会で示されたため、建物と運営を切り分けた公設民営型の美術館として設計競技が実施された。

要項には大きく3点の美術館の建設趣旨が述べられている。まず佐伯祐三や吉原治良らの作品を始めとして長年培ってきたコレクションを鑑賞する機会とすること。大阪の経済・文化の中心地である中之島エリアのブランド力を生かす都市戦略的な拠点となること。そして美術作品の保存・継承と防災的・環境的配慮という2つの観点から将来を見越した美術館建築となることである。

その上で、与条件として通常の美術館建築の機能以外に2つのユニークな空間─「パッサージュ」と「グタイピナコテカルーム」─が求められた。いずれも敷地である中之島の特色に根ざしていると言える。まず中之島にはすでに遊歩道がめぐらされ、水辺空間として市民に親しまれてきた。ゆえに美術館にも既存の歩行者路との接続性が求められ、それが「パッサージュ」という、パリの自由な屋内歩行路をイメージさせるエントランス空間の設定につながったと考えられる。

また、コレクションの展示空間の1つとして求められた「グタイピナコテカルーム」は、1962年から1970年まで同じ中之島内に存在したグタイピナコテカという展示施設に由来する。これは大阪出身の吉原治良が興した具体美術協会（具体）が本拠地としたギャラリーを指し、吉原自身が所有する土蔵を改修したものだった。具体は戦後の日本を代表する芸術運動として国際的な評価をますます高めており、都市・大阪の文化戦略の拠点として美術館を位置づける上で、専用の展示空間の計画には説得力がある。歴史的文脈を空間化することをエリアのブランディングに結びつける意図をにじませた要項である。

審査委員には、美術と都市計画の専門家3名に加えて4名もの建築関係者が名を連ねた。プロジェクト当初に予定されていた、設計施工から運営まで一貫した事業体を選抜するPFI方式ではこのような布陣にはならなかっただろう。建築的な卓越性に振り切った、設計競技らしい編成である。1次審査には68者（うち海外3者）からエントリーがあり、2次審査に進んだ5者のプレゼンテーションとヒアリングは公開で実施された。（山崎）

2｜提案内容の卓越性：公共性の高い立体回遊動線と印象的な外観

○課題の捉え方

このコンペでは細かな要求が少なく、設計競技として設計それ自体の優劣を問うものである。しかし唯一示されている要求事項として「自由に通り抜けが可能なパッサージュを織り込むこと」という指示がある。そして5つのファイナル案の中で遠藤克彦建築研究所案（以下遠藤案）と梓+RUR ARCHITECTURE DPC共同企業体（以下梓案）案がその要求に真正面から答えを出している。他者はランドスケープ、水、パブリックスペース等に重点を置いており主催者の主眼点から外れている感がある。そしてパサージュを重視した2つの案のうち当案は、シンプルな空間性の強さを主張し、梓案は複雑、迷路的な特徴を持っている。

○パッサージュ

パッサージュを主題に掲げる2つの案（遠藤案、梓案）を比較すると、遠藤案は建物平面をコンパクトな60m角の正方形にまとめ、5階建としている。一方梓案は平面形を南北に長く取り3階建としている。そして遠藤案はパッサージュを1階では南北に、2階では東西南北に、4階では東西に、そして5階では再度南北に建物を貫通するように配置し、それらを中央吹き抜けで連続させることで立体パッサージュを構成している。一方梓案では建物中央にパサージュを集約している。この2つのパッサージュを比較すると遠藤案では建物を低層部においては南北に貫通するパッサージュが南北に敷地を横断したい人の交通路として有効に機能する。また上層階では大阪の東西南北全ての方向への視界が広がり、こちらも美術館利用客以外の人にとっても展望台として有効に機能する。その意味で遠藤案のパッサージュは本来の狙いである公共性の高さを持っており、主催者側の意向を具現化したものになっていると考えられる。

○コンパクトキューブ

5つの案を造形的な側面から比較すると、他の4案が

3階建あるいは4階建てなのに対して、選定案は5階建として平面形をコンパクトにまとめている。それによって建築面積が減少して緑地が増加して中之島の緑と水の歩行空間を豊かに確保することに成功している。また5階建のコンパクトキューブは、建物の輪郭線を敷地に明確に浮かび上がらせ、そのシンボル性を示すことに成功している。この2点（歩行空間、シンボル性）が相乗効果として遠藤案の魅力を高めたと言えるだろう。

○2面性

コンパクトキューブは1つの巨大な黒い岩山を削り出してつくったかのように見える。そしてその内側もパサージュを構成する立体空間が彫塑のごとく削り出されそしてその表面が金色に輝いて見える。その実体が何かはコンペ案では提示されていないが、外部の黒い岩山と内部の金色のパッサージュのコントラストはこの建物の強いヴィジュアルインパクトとして他の案にはみられない強い個性となって現れている。（坂牛）

3｜リレーションズ提案：民間事業者の施設運営について

大阪中之島美術館は、新たな手法として、民間事業者が経営に直接携わることで創意工夫が最大限発揮される、PFI法における公共施設等運営事業（コンセッション方式）を日本の美術館として初めて導入している。各プレゼンボードにリレーションズに関する提案を確認できなかったため、以下にその概要について説明してみたい。

「PFI」とは、Private Financial Initiativeの略で、民間事業者の知見やノウハウを活用した公共施設調達や運営のことを指す。1992年にイギリスで生まれ、日本ではPFI法（民間資金等の活用による公共施設等の整備等の促進に関する法律）の施行にあたる1999年以降活用され始めた。

従来型のPFIは建設の段階から民間事業者が担当するが、2011年6月に公布された改正PFI法によって、「公共施設等運営権」という権利が追加された。公共施設等運営権が設定されたうえで実施されるPFI事業の方式を「コンセッション方式」と呼び、建設や改築は自治体が実施する。

なお、「コンセッション」とは、公共施設等の所有権を発注者である自治体等に残したまま、運営権を民間事業者に売却すること。コンセッション型PFIでは運営期間の上限はないが、15年以上の長期で設定される。

ちなみに、近年公園の整備運営方式として注目される「Park-PFI」は都市公園法を根拠法とするのでPFIとはまた異なるものだが、公共的な施設に民間事業者の力を活用するという点では同じ目的を持っている。

民間事業者が施設の運営に関わる方式としては、他に「指定管理者制度」もある。2003年におこなわれた地方自治法の一部改正により導入された制度で、それまでの「管理委託制度」に比べて事業者が利用者から料金徴収できるようになった。公務員を減らし人件費を見直すことができるとされており、PFIとは異なる制度

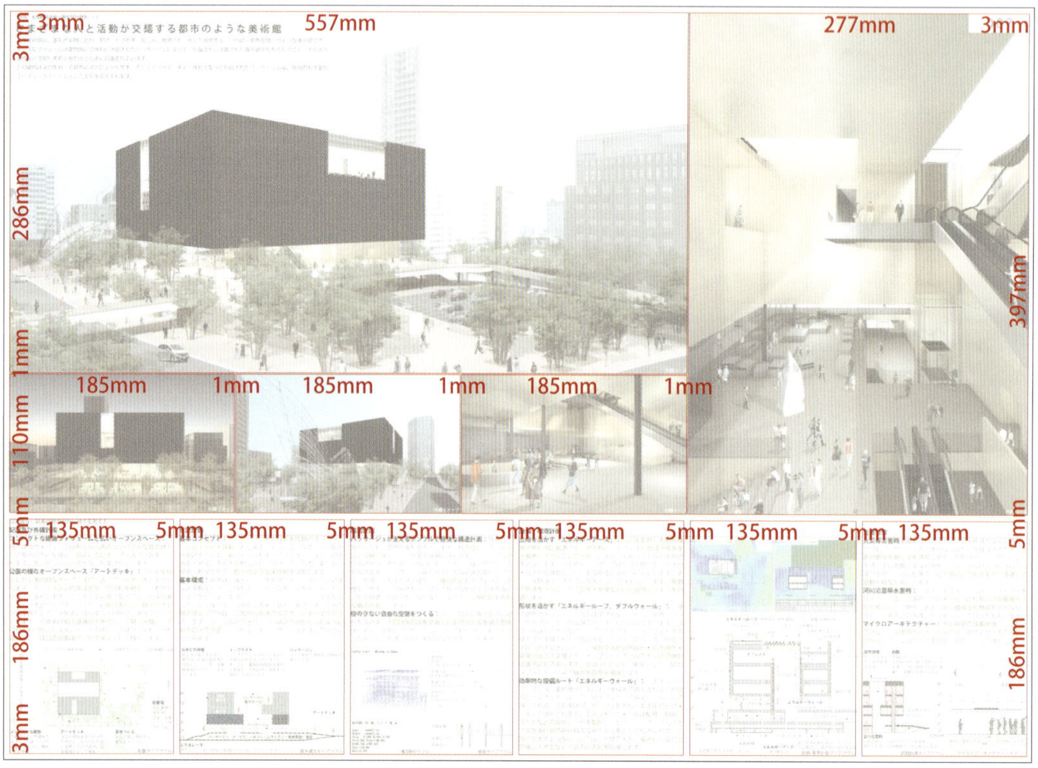

選定案のグリッド分析（1枚目）　指定条件：A1（横）3枚以内、文字14ポイント以上

MUSEUMS FOR GREATER OSAKA

大阪ブランドを世界に打ち出す「場」を創る

大阪新美術館の大きな目標は、3つの「場」*を創り出すことによってさまざまな連携と交流を織り込み、大阪市がロンドン、パリ、ニューヨークに伍する文化都市となることである。「アートが動くまち。 アートが動かす大阪。」

配置計画

敷地全体に100年を見据えたパブリックスペースを創る

- 展示収蔵棟を敷地いっぱい北に寄せて建てる。4丁目の核となる「彫刻広場」を創り、国際美術館、科学館、西に誘致される「中之島アゴラ」と、この新美術館をつなぐ。
- 遺構上部に展示収蔵棟を浮上させ、その下に多彩なイベントが開催可能な「舟入広場」を創り出す。
- 「彫刻広場」を、3丁目の「四季の丘」から、4丁目の「中之島アゴラ」を経て、5丁目へと延びゆく東西歩行者ネットワークの要とする。

*大阪新美術館が創り出す3つの「場」

A¹—世界に誇るコレクションを展示収蔵する「場」
A²—3つのミュージアム群を連携させる「場」
A³—中之島全体の相乗効果で発信力を強める「場」

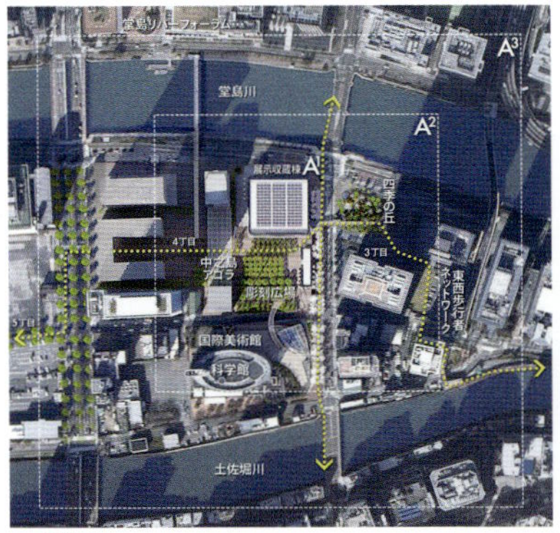

舟入の歴史を包み込み、未来へと力強く漕ぎ出して、大阪ブランドを世界に打ち出す新美術館

外構計画

季節を彩る「彫刻広場」の緑と南北の川をつなぐ桜並木

- 国際美術館と展示収蔵棟の間に85mの離隔をとり、「中之島アゴラ」ともつながる5,300㎡のオープンスペース「彫刻広場」を生み出す。高木105本の木漏れ日の下で散策を楽しめる。
- 「彫刻広場」を3つミュージアムに囲まれた中庭と位置づけ、新美術館と国際美術館、科学館の連携を強める。
- 「彫刻広場」に面してレストランとテイクアウトできるカフェを設置。テラス席に加え、緑陰のベンチが500人分の客席となる。
- 敷地東側には南北230mの桜の通り抜けを配置する。二列並木が堂島川と土佐堀川を結び、四季の丘と「彫刻広場」の広がりを連続させる。
- リバーフロントを臨む展示収蔵棟から、北は堂島川、東は四季の丘、南は「彫刻広場」へのパノラマ眺望が得られる。全方位に新美術館の存在を主張できる建物配置。

国際美術館、科学館、中之島アゴラをつなぎ、4丁目の核となる「彫刻広場」

意匠計画

周辺と調和し共鳴する、四方正面の外観

- 展示収蔵棟外壁の金属パイプは国際美術館の造形と呼応する。
- 「なみはや」の「浪」を想起させる外観は、新美術館から情報や文化の波を発信する様子を表す。
- 「彫刻広場」下の基壇デザインが国際美術館、科学館との連続感を生み出す。

四季折々の木漏れ日の下でアートを楽しめるパブリックスペース

土佐堀川と堂島川をつなぐ230mの桜並木

多機能天井からのプロジェクションによる舟入遺構の再現イベント

外部空間を活かした屋外展示イベント

「光の饗宴」の季節にはアイススケートリンクとして大阪の新名所が生まれる

美術館の枠を超えた「舟入広場」

- 3,200㎡、天井高さ10.8mの「舟入広場」は、イベント用吊物に対応できる多機能天井仕様とする。
- PFI事業者が、大型インスタレーションやプロジェクションマッピングなどを使った多彩な収益事業を一年を通じて企画・運営できる。
- 展覧会の入場待ち行列ができて、パッサージュの外に延びても、「舟入広場」でストレスなく待つことができる。
- 展示収蔵棟は大阪大学中之島センターと、16mの間隔をあけて、「舟入広場」西側の柱を無くし、「中之島アゴラ」までを面的につなげる。
- 将来「舟入広場」に命名権を導入することも可能。

最高クラスのホワイトキューブ

- 企画・コレクション展示室の移動展示壁は幅5.4mを標準とする。ジョイント目地の少ない展示壁面が理想的なホワイトキューブを創る。
- 展示ロビーは展示室と同じ高さのグリッド天井をシームレスに連続させ、ロビーを含めた展覧会計画が可能。
- 展示収蔵棟をサービス施設から独立させ、美術品の安全確保、防虫害対策に万全を期し、公開承認施設、美術品保障制度の要件を満たす。

テーマ展示室　展示ロビーにもグリッド天井が連続し、一体的に利用できる

日建設計大阪オフィス案

次点

隣接する国立国際美術館との間に広い彫刻広場を取っている。この引きは国際美術館の特徴的なエントランスモニュメントを眺める上でも実に効果的である。また建物を北側に寄せて正方形平面でコンパクトにまとめその1階を舟入広場と称してパサージュとつながる防災広場にも使える市民の憩いの場としているのが特徴的である。外観は細い円筒形のルーバーの構成でその軒先ラインも緩やかにカーブをつけて全体的に優しい印象を与える案である。

CRYSTAL PLATEAU（人と文化が出会うクリスタルパッサージュ）

大阪新美術館のデザインは**人々の流れとパブリックスペースでの活動を美術館に繋げる新奇でユニークな**ものです。美術館のイメージを**24時間公開するパブリックアートやイベント広場を様々な高さに構成**することで、国立国際美術館、河岸遊歩道、大阪大学新施設、近隣の街路や建物と断面的な繋がりを生みます。

［配置計画］敷地北側に展示エリアやサービス施設、南側に管理エリア・保存研究エリアを配置し、これらを繋ぐ中央部にコミュニケーションエリア<クリスタル・パッサージュ>を配置した明快な構成とします。地上レベルでは敷地北側と東側から、2階レベルでは東側歩行者デッキや大阪大学、国立国際美術館からと、多方向からアプローチを可能とし、**誰もが訪れやすいアートの拠点**として中之島全体のにぎわいに寄与します。

［外構計画］壮大な**クリスタル・パッサージュ**は美術館のシンボルであり、**自然光の降り注ぐ半屋外のアトリウム**を通して、来館者と展示室、サービス施設を繋ぐ役目を果たします。来館者は屋上のパブリックアート・イベント広場から展示ロビーや図書館、講堂、カフェ、ショップへと下り、パッサージュ内のイベントへと誘い込みます。東側歩道からも直接アクセスでき、北側河岸遊歩道からはリバービューカフェの広場を緩やかに登り、**パッサージュの催事を脇に展示ロビーへ歩く**ことができます。南北に広がる屋上広場からパッサージュ、地上の広場までの**一繋がりの広大な台地**は、緑化されたランドスケープ、現代アート、そして建築そのものに**同時に触れ合える広場**を生み出し、多様なライフスタイルをもつ人々が芸術に出会い楽しむ場を創り上げます。

梓設計・
RUR ARCHITECTURE DPC
共同企業体案

全体を2階建てにして敷地いっぱいに建物を広げて平面的な計画としている。しかし北側のヴォリュームは3階がキャンチレバーで空中に浮き、その下部を傾斜した広場としている。そのアクロバットな造形に呼応するようにクリスタルパッサージュと題し、建物の中央部の鉱物の結晶のような形をしたトップライトを設けその下にうねるようなパッサージュを設けている。複雑なヴォリュームの構成をシンボリックにまとめた案である。

©株式会社梓設計／統括: 外山博文、建築: 益田勝朗、松浦衣利子
RUR ARCHITECTURE DPC／統括：Jesse Reiser + Nanako Umemoto、
建築：Michael Overby Hilary Simon Ryosuke Imaeda Jasmine Lee

031
水の都に浮かぶ美術館 －芸術・人・環境との対話－
堂島川・土佐堀川それぞれの対岸からの一体的なつながりを大切にし、
さらに国立国際美術館・大阪市立科学館とも強く結ばれた
「縦横につながる橋」＝「パッサージュ」を提案します。
1.「みおつくし」－水の都にふさわしい、水、光、風、緑を取り込んだパッサージュ
2.「自由度」－使いやすい展示室（ホワイトキューブ）
3.「信頼」－維持管理しやすい整形な収蔵庫とスムーズな搬入
4.「安全」－あらゆる災害に強い美術館
5.「環境の石垣」－自然に寄り添い支えられたパッシブ美術館
外観：堂島川から見る
内観：パッサージュ
内観：展示エリア

佐藤総合計画案

全体のヴォリュームを比較的閉鎖的な展示空間あるいはオフィス部分と、透明で3層吹き抜けの巨大なアトリウム部分の2つに分割している。このアトリウム部分はパサージュとして構成し、吹き抜けの上部にエスカレーター等で上がることが可能となっている。この構成は東京の国立新美術館を想起させる。また「水の都に浮かぶ美術館」というタイトルで、建物北側の広場を水盤として水との親和性を強調し、中之島の水の文脈の上に建物を位置付けようと考えた案である。

（注）本書掲載に際し、当時の提案書を一部修正しています

のため、併用も可能となっている。近年こうした施設運営の新たなかたちを目にする機会も増えてきた。本書で定義する（p.10）リレーションズ提案の「③活用・運営につながるしくみづくり」にも関わる部分であるため、注目をしていきたい。（榊原）

4｜プレゼンテーションの卓越性：パッサージュ空間の印象を強く残す断面パース

遠藤案の設計提案書は3枚で構成され、1枚目はコンパクトな建物ボリュームを示す外観パース・主要なパッサージュ空間を示す内観パースをメインのコンテンツとし、設計提案書で求められている設計趣旨（配置及び外構計画・意匠計画・構造計画・設備／環境計画・災害対策）を下部に等価に並べている。2枚目はこの提案の大きな特徴であるパッサージュ空間を立体的に示す断面パースをメインのコンテンツとし、展示ホール・展示室の内観パースでそれぞれの機能的な空間を表現、下部には本提案の〈6つの特色〉をそれぞれ、「立体的につながるパッサージュ」・「シンプルかつフレキシブルな展示室」・「実現性の高い提案」・「水とたわむれる」・「光とたわむれる」・「森をつくる」として分かりやすく説明している。3枚目は求められている配置図・各階平面図・立面図・断面図・仕上表・概算工事費・概略工程表・計画概要を配置したプラグマティックな表現としている。

1・2枚目のレイアウトは、求められている設計趣旨の6項目や〈6つの特色〉にそれぞれ該当するよう135mm幅の6列を基本グリッドとして、上半分のグラフィカルな表現もそれに倣って分割している。1枚目の上半分は約2:1のアスペクト比のゾーンに内外観パースをまとめ、メインの外観パースも同様に約2:1のアスペクト比とすることでスムーズに視線の動くレイアウトとしている。縦長の内観パースも縦に立体的なつながりのあるパッサージュ空間を表現するには適したプロポーションである。2枚目も同じグリッドを用いながら、メインコンテンツの断面パースは用紙ワイド全体を使うことで、敷地の水平方向の広がりや流れを遮断しないようにしている。1枚目のパース同士のマージンは1mmと小さくすることでそれらが同種のコンテンツであることを表す一方、2枚目の断面パースと内観パースの間のマージンを他と同じ5mmとすることでそれらが別々のコンテンツであることを表している。3枚目は1・2枚目のグリッドに沿わず、求められているスケールの敷地周辺まで含めた配置図のサイズから必然的にレイアウトが決まっており、その周辺にヒエラルキーのあまりない実務的なコンテンツを説明的に並べている。（平瀬）

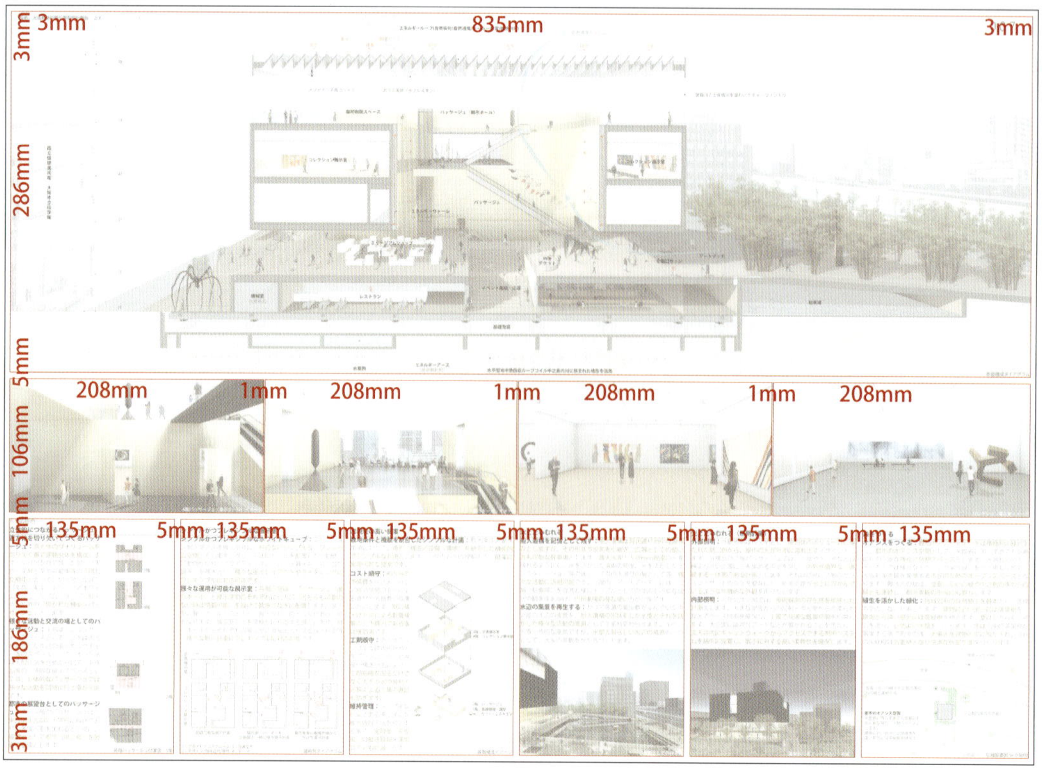

選定案のグリッド分析（2枚目）

対象
敷地

現況

竣工後の〈大阪中之島美術館〉©上田宏

設計者インタビュー

遠藤克彦

（遠藤克彦建築研究所）

Q｜要項はチーム内でどのように読まれ・分析されましたか？

A｜まず、担当者が要項を一通り読み、内容の概略をまとめます。その後、チーム全員でその概要を共有し、ディスカッションを行います。各自がさらに要項を深く読み込み、分析を進めた上で、再度ディスカッションを繰り返すプロセスを取っています。要項が公開されてから提案書を提出するまでの間、要項は何度も読み返し、常に手元に置いて過不足がないかを確認しながら分析を重ね、プロジェクトの理解を深めています。

Q｜本コンペの募集要項の中で最も重視された点は何でしょうか？

A｜コンペ要項は隅々まで練り上げられていたので、要項での要求事項には優先順位を設けず、求められている内容に対しては、全て見落としなく満たす事を最も重視しました。

その上で、要項で示された「パッサージュ」というキーワードは、その解釈と建築への落とし込み方について提案者に委ねられていました。「パッサージュ」の考えをどこまで拡張できるか、建築の骨格としてどの様に落とし込むか、その2点を重視し検討しました。

Q｜市民との接点について、どのように検討されていましたか？

A｜展示室は多目的な使い方ができるホワイトキューブが求められていた事もあり、パッサージュを市民のためのスペースとして設計しています。

パッサージュは、市民のための展示室、美術館のロビー空間、休憩スペース、ミュージアムショップ、ホールのホワイエ、通路等を兼ねており、1階と2階は誰でも無料で入る事ができます。屋外空間についても芝生広場を設け、いつでも利用できる公園のような空間として設えました。

Q｜プレゼンボードを作成される際、レイアウトや色調のルールは決めていますか？

A｜ルールは特に決めておらず、プロジェクトや担当者の考えによります。今回は、A1サイズ3枚でのレイアウトであった事から、ある程度大きな部屋に3枚のパネルが横方向に並べられる事を想定し、離れてみた時と近づいてみた時のその距離の違いとパネル間を視線が移動する事を考慮してレイアウトをしています。

色調については、イメージパースで主となる色の類似色を基本として用いて、強調すべき部分をその補色としています。

Q｜当初案から、完成までに変更された点はありますか？

A｜大きな変更は2点あります。1つ目は、大規模な展覧会を5階のワンフロアで開催するため、4階に配置していたテーマ系のコレクション展示室を5階へ移動しました。2つ目は、これから4・5階に展示を見に行く人と見終わって2階へ戻る人の動線が交錯しないように、エスカレーターの向きを変えました。

その結果として、来館者動線が一筆書きに整理されると共に、パッサージュの中でエスカレーター2台がクロスする構成となりました。

コラム

提案書のタイトルに関する一考察

——アイデアが言語化されたプレゼンボードの魅力

山崎泰寛

建築コンペのプレゼンボードは、言葉とビジュアルを駆使して提案のねらいや内容、進め方等を描き出す。その書類の形式はプロジェクトによってさまざまで、用紙のサイズや枚数も指定されている。場合によっては文字量と図版のボリュームのバランスに言及したものまである。その形式の中で、建築家は自らが生み出した提案の魅力がより伝わるように頭を捻り、工夫を凝らすわけだ。

実は、このプロセスは書籍や雑誌記事、またチラシやカタログ等でも同様だが、いわゆる編集作業によく似た面がある。一般的に編集には、読者に届けたいコンテンツを考える企画的な側面（アイデアの立案）と、そのアイデアを伝える素材の見せ方・伝え方を検討する側面がある。まだ誰も読んだことがない面白い企画を練り上げることも大事だし、それを本や雑誌というフォーマットに落とし込み、多くの読者を獲得する手法や戦略も欠かせない。そして一連の作業で編集者がもっとも心を砕くのは、タイトルである。大袈裟に聞こえるかもしれないが、本に関して言えば、タイトルが売れ行きを左右する、と言い切る編集者は少なくないはずだ。

プレゼンボードになぞらえてみよう。ボードの読者は誰だろうか？ まず第一に審査員である。審査員には多様な属性の人びとが含まれている。そしてその背後には実際に建築を利用する市民がいる。そういった読者に誤解なくアイデアを伝えるためには、情報の取捨選択と重みづけ（p.8）が重要である。案の良さを表現する図版の種類や表現、テキストの文体や分量、フォントの種類や大きさ、紙面上の配置、色彩の方針まで丁寧に吟味したい。

では、それらの中でもっとも重みのある情報とは何だろうか？ 筆者はアイデアの言語化、つまり、やはりタイトルではないかと考え、本書掲載の提案書を見直してみたい。

形と活動を表すタイトル

右頁の表1は、本書に収録した建築コンペのファイナリストの提案書タイトルである。どのタイトルも印象的な言葉で提案を表していることがわかる。多岐にわたる提案内容をひと言に集約するのは難しい作業であるにもかかわらず、一つひとつの建築に込めた願いがあふれ出すようなタイトルが並んでいる。また、はっきりとしたタイトルは設けずに、提案書全体の見出しとなったものもある。

さらにこれらを読み込んでみると、タイトルには概ね2つの傾向があることが見えてくる。1つはどのような形の建物であるのかを表現することに重きを置いたもの、もう1つは、そこでどのような活動が起きそうなのかを予感させるものである。そして誤解を恐れずに言えば、少なくとも最優秀案の提案書タイトルは、どちらかといえば形よりも活動が、あるいはその両者を取り込んだ文言で構成されていないだろうか。

たとえば、青木淳・昭和設計共同体の「敷地いっぱい使いたおせる活動の広場」〈松本平広域公園陸上競技場〉を見てみよう。このプロポーザルは、国民スポーツ大会の開催に合わせてすぐれた眺望を持つ広域公園と一体化した陸上競技場として企画され、スタンドは仮設を含めた2万人の建築を求めるものだ。青木らの案はイベント開催時はもちろん、それ以外の日常的な利用率の向上にフォーカスした点が特徴であり、このタイトルはまさに普段づかいのスタジアムとなることを明らかにした。他案が建築やランドスケープの形態の特徴を示した一方で、発注側の潜在的な要求を射抜く提案を端的に示したタイトルと言える。さらに、プレゼンボードの中でも、タイトルと平面的なダイアグラムを組み合わせ、A3・1枚の中で視線の基点となるビジュアルを構成した点も巧みである。

建築のテーマをひと言で表現しつくしたタイトルとして挙げたいのは、西澤徹夫建築事務所・タカバンスタジオ設計共同体の「八戸ラーニングセンター」〈八戸市新美術館〉である。サブタイトルの「まちと芸術文化を育てるファーム」は、要項にある、種としての人的資源を育てる畑（エデュケーション・ファーム）を表しており、このプロジェクトは美術館自体の役割を問い直そうとするものだった。提案者はのちに共同設計者となる森純平氏を巻き込んで、近代の美術館が求めてきた教育＝エデュケーションから、観客自身の学び＝ラーニングへと大きく舵を切る案とした[注1]。新しいタイプの活動を誘発する発明的な美術館建築の提案であることを高らかに宣言したタイトルだ。

一見説明的だが、その建築の強みをストレートに言い表したタイトルもある。遠藤克彦建築研究所の「さまざまな人と活動が交錯する都市のような美術館」〈大阪新美術館〉や畝森・teco設計共同体の「街とつながる交流の『まちいく広場』」〈北上市保健・子育て支援複合施設〉、乾・RING・フジワラボ・o+h・吉村設計共同体の「まちのように育まれる 水平につながっていくキャンパス」〈京芸・銅駝〉、若竹まちづくり研究所・STUDIO YY・ワークステーション設計共同体による「みんなでもてなす、まきのさんの道の駅」〈まきのさんの道の駅〉などがそれだ。これらは提案書の冒頭で印象的な図版を組み合わせることで、読者の想像をふくらませる点でも共通している。

遠藤は「人と活動が交錯する都市」という表現が示すパッサージュを、都市空間の中の黒いボリュームが際立つ引きを取った外観パースと、実際に起こる交錯の場となる内部空間のパースを並べて伝えようとしている。畝森・tecoは、建物の説明としてではなく、提案の核となる内部の提案と街と建築の連続性を強調し、建物外部の車道から透視する立面パースで補強した。乾らは、スラブの連続でテラスを表現するという提案の建築的要点を、断面パースで強調される水平性と、タイトルにある水平という言葉を結びつけて表現している。水平という文字列は敷地固有の歴史ともリンクしており、提案者のリサーチ力と読者に届ける編集力の高さに唸らされる。若竹まちづくり研究所らのタイトルはもてなしの諸相をパース内に散りばめることで、大きなまちづくりのストーリーの中に建築を位置づける表現に成功している。

それぞれのタイトルがどの段階でつけられたものなのかとつい想像してしまう。事務所内で提案を練る過程で、意識的に言語化を進めることで案が洗練されていったケースもあるのではないだろうか。

見出しの力

ちなみに畝森・tecoのシートは、見出しのつけ方にも特徴がある。要項に表された評価項目の文言を提案の方向性に合わせて再定義しているからだ。それぞれを①「すべての人に分かりやすい計画」、②「街の賑わいを生む多様な活動空間」、③「特殊諸室に対応した動線計画」、そして4つめとして「経験を生かした課題の早期明確化」(ミーティング風景のイラストを入れている!)と書き換え、①では提案の汎用性を、②は空間の多様性を、③が計画の機能性をすくい取り、4つめで会議体に関する提案を言語化した。この結果シート全体の要点かつ案の基点が明快になり、課題と提案の応答関係がはっきりした。このように、与えられた評価項目に引きずられるのではなく、評価項目を見出しとして読み替え、プレゼンのツールとして使うことは、案の見どころを瞬間的に伝えなければならない建築コンペでもっとも効果的な編集作業の1つだろう。

現代の建築コンペで主流となったプロポーザル方式では、建築的に尖った「作品」を見つけ出すだけではなく、これから先の数年間、さらには竣工後の長きにわたって協働できる仕事相手を探す場へと、設計者選定に寄せられる期待の重みが変化しているのだろう。だとすれば、建築家の提案と読者(市民)ののぞみの媒介となる提案書のタイトルには、一体どのような活動を促す場となる可能性を持つ建築なのか、その物語(ナラティブ)に踏み込むことが求められるのではないか。

筆者には、良いタイトルは建築的な専門性の見どころを伝えると同時に、のちに利用者となる読者の立場に立って考える姿勢がにじみ出ているように思われる。建築的なオリジナリティと、言語化(タイトル)のオリジナリティ、その両方によって提案の説得力が飛躍的に高まるのである。そのような利他的なあり方こそが、提案を考えた人間の人物像さえも、さまざまな立場の読者に響かせうるに違いない。

注1　西澤徹夫+浅子佳英「八戸市新美術館のプロポーザル-相互に学び合う『ラーニング』構想」10+1 website、2017年7月号(2025年2月18日閲覧)

表1　ファイナリストの提案書タイトル(筆者の判断による)

プロジェクト名	提案書タイトル　(マーキングしたものが選定案)
延岡駅周辺整備 (p.14)	延岡駅周辺整備デザイン監修者プロポーザル提案書(乾久美子)
	時(とき)の広場 延岡駅(田井幹夫)
	庭の駅 のべおか(西田司)
	延岡駅周辺整備デザイン監修者プロポーザル(星野裕司)
	まちのえき まちを遊ぶを練習する(山代悟)
大阪新美術館 (p.26)	さまざまな人と活動が交錯する都市のような美術館(遠藤克彦)
	MUSEUMS FOR GREATER OSAKA(日建設計大阪オフィス)
	CRYSTAL PLATEAU(人と文化が出会うクリスタルパッサージュ)(梓設計・RUR ARCHITECTURE　DPC 共同企業体)
	水の都に浮かぶ美術館 ― 芸術・人・環境との対話 ―(佐藤総合計画)
	建築とランドスケープが一体となった穏やかな姿と人々が交流する華やかな情景(槇総合計画事務所)
八戸市新美術館 (p.42)	八戸ラーニングセンター まちと芸術文化を育てるファーム(西澤徹夫建築事務所・タカバンスタジオ設計共同体)
	八戸市新美術館建設工事基本設計業務公募型プロポーザル(リライト・バウ設計共同体)
	大らかにつながり合う、みんなの美術館 ―アートを軸に市民活動が大らかに交錯する、まち中の立体公園“アートの畑”(UAo)
	八戸まちなか美術館 多文化都市八戸の新美術館(kwhg アーキテクツ)
	一緒に考え、造り、更新していける仕組をもった美術館(中村竜治建築設計事務所)
京芸・銅駝 (p.54)	まちのように育まれる水平につながっていくキャンパス ―大学と地域、芸術と社会の新しい関係性を生み出すフレーム―(乾・RING・フジワラボ・o + h・吉村設計共同体)
	未知なる技芸を育む“Terrace”(C + A・平田晃久・スキーマ・ティーハウス設計共同体)
	観光地にしよう!(山本・石本設計共同体)
	群雲テラス(kwhg・Tato・安井設計共同体)
	みちばた芸大、どこでもテラス(宮本・宮本・ドット・デネフェス・オンデザイン設計共同体)
	テーマに対する技術提案(槇総合計画事務所)
北上市保健・子育て支援複合施設 (p.70)	街とつながる交流の「まちいく広場」(畝森・teco 設計共同体)
	北上市に賑わいをもたらす、多世代が集う健康と子育ての活動拠点(横井創馬建築設計事務所)
	北上 CROSSING 子育て+健康　ケア+アート　世代+世代(土屋辰之助アトリエ)
	「こどもの元気」を見守り、「市民の元気」を支え、「まちの元気」を生み出す、市民が主役の“健康と子育て”の拠点施設(大宇根建築設計事務所)
	きたかみこみちパーク(アトリエ・アンド・アイ)
松本平広域公園陸上競技場 (p.84)	敷地いっぱい使いたおせる活動の広場(青木淳・昭和設計共同体)
	空中コンコース回廊競技場(環境デザイン・林魏・倉橋建築設計共同体)
	信州スカイパーク全体のランドスケープと一体となった競技場(槇総合計画事務所)
立田山憩いの森・お祭り広場公衆トイレ (p.96)	森と人の輪 ―森と人にやさしい休憩所―(曽根拓也・坂本達典・内村梓・前原竹二)
	立田山と呼応する屋根(占部将吾+佐藤元樹+西島要)
	Leafy Roof Laboratory ― 安らぎの屋根がつくるみんなの憩いの場 ―(幾留温)
	立田山の訪礼堂(岩崎裕樹)
	PRIMITIVE HUT 憩いの森の憩いの場(太田裕通・北村拓也)
	マチ山の教室(菊井悠央・本山真一朗)
	「森林ミュージアム」のレストルーム(葛島隆之)
	共生の光(佐河雄介・辻拓也)
	Birdhouse Toilet(松田裕介)
	木とコンクリートとガラスの積層フォリー(山田健太朗)
御嶽山ビジターセンター (p.110)	御嶽とともに生きる〈赤い屋根〉〈溶岩ウォール〉〈大階段〉(yHa architects)
	記憶をつなぐ、営みをつなぐ(千葉学建築計画事務所)
	山と里のマルシェ ― 御嶽山ビジターセンター(一級建築士事務所 ikmo)
	歴史・暮らし・つながりを、守りはぐくむ　山と里のビジターセンター(遠藤克彦建築研究所)
	山と里の潜在的な魅力を再発信する御嶽山ビジターセンター(キノアーキテクツ)
	場所を守る / 地域を守る　ビジターセンター(マル・アーキテクチャ)
まきのさんの道の駅・佐川 (p.128)	みんなでもてなす、まきのさんの道の駅(若竹まちづくり研究所・STUDIO YY・ワークステーション)
	さかわの「モノ」「ヒト」「コト」が編み込まれた発信拠点(ラーバンデザインオフィス・DKAA 共同企業体)
	植物を纏った自我の森 ―まきのさんの道の駅―(UAo)
	人と植物が集まる、コトとモノをつなぐ佐川の新しい中心(パシフィックコンサルタンツ・蘆田暢人建築設計事務所　設計共同企業体)
	不明(艸建築工房)
旧小千谷総合病院跡地整備 (p.146)	変化し続ける「小千谷のコト」を呼吸する、動的な場の棲み分けと情報システムの織物を提案します(平田晃久建築設計事務所)
	多様な「情報の入口」による活動のサイクルをつくる(マル・アーキテクチャ)
	〈わたし〉の図書館〈わたし〉とわたしの図書館(西澤徹夫建築事務所・タカバンスタジオ設計共同体)

3

美術館

八戸市新美術館建設工事設計者選定プロポーザル

要項の読み解き

- 人的資源（種）を発見する活動の場（畑）となる「アート・エデュケーション・ファーム」への建築的回答
- にぎわいと静寂が共存し周辺エリア・施設と連携する空間配置
- 新美術館の活動や運営にも積極的な提案ができる設計者であること

コンペ概要

要項に示された規模

延床面積｜最大 4,500㎡まで（3階建て程度まで）

概算工事費｜20億円程度

提案書の指定条件

A1・1枚（横）・文字14pt以上

2016 11月25日
プロポーザル説明書公表（公告）及び交付

12月19日
参加表明書提出期限

2017 1月27日
技術提案書提出期限

2月6日
第1次審査（書類審査）

2月26日
第2次審査（プレゼンテーション・ヒアリング）

3月2日
選定結果の通知・講評

審査委員（役職は当時のもの）

＊審査委員長

北原啓司＊
弘前大学大学院地域社会研究科長

佐藤慎也
日本大学理工学部建築学科教授

青木淳
青木淳建築計画事務所主宰

池田亨
青森県立美術館美術企画課長

志賀野桂一
白河文化交流館コミネス館長（プロデューサー）、
東北文化学園大学特任教授、
八戸市新美術館整備基本構想策定有識者会議メンバー

馬渡龍
八戸工業高等専門学校 産業システム工学科准教授

吉川由美
㈲ダ・ハ プランニング・ワーク代表取締役、
八戸市新美術館整備基本構想策定有識者会議メンバー

選定案の読み解き

地域の人的資源を掘り起こす
ラーニング施設として美術館を再定義

選定された提案者

西澤徹夫建築事務所・タカバンスタジオ設計共同体

ファイナリスト

- リライト・バウ設計共同体（優秀者）
- UAo
- kwhgアーキテクツ
- 中村竜治建築設計事務所

所在地

青森県
八戸市

1 八戸に、いま、どんな美術館が必要か

八戸には三社大祭、館鼻朝市、横丁、デコトラ、南郷プロジェクトを始めとする地域の風俗・民俗に根ざした深い文化があり、また、種差海岸や蕪島といった特異で美しい風景があります。一方で、すでにポータルミュージアムはっち、八戸ブックセンター、八戸市民会館といった施設があるものの、これらの間にはまだ、専門性を持った連携がありません。

わたしたちが提案するのは、**八戸にすでにある文化資源**を調査研究し、相対化し、他の都市の文化資産との距離を計り、それらをつなげ、新しく価値付けすることのできる専門性と、そのプロセスを市民や有志、スタッフの間で相互に学びあえる拠点＝**ラーニングセンター**が、いま、八戸に必要なのだと考えます。八戸市の文化資源をどのように活かしていくか、そこから市民の学びをどのように共有していくことができるか、ということに、公共性があるのだと考えます。

既設機能
八戸ラーニングセンター
(八戸市新美術館)
八戸市の市民・文化
八戸市
はっち
戸市公会堂
八戸ブックセンター
南部会館
マチニワ
是川縄文館
青森県
青森県立美術館
十和田市現代美術館
国際藝術センター青森
吉井煉瓦倉庫
県外
二戸シビックセンター
たざわこ芸術村
岩手県立美術館
いわてアートプロジェクト
館鼻朝市
横丁文化
三社大祭
デコトラ
南郷プロジェクト
フィールドミュージアム
本のまち構想
種差海岸
蕪島
ほか
美術館
アートセンター
エデュケーションセンター

設計・運営検討委員会の設置

八戸市、設計チーム、キュレーター、リサーチャー、大工、デザイナー、アーティスト、編集者、などからなる設計・運営検討委員会を設計段階から設置し、建築設計に反映させるとともに、竣工後のフィードバック、竣工後のセンターの運営や企画まで継続させていきます。このことによって、柔軟かつより持続性の高い施設運営を行っていくべきだと考えます。

2 ラーニングのプロセス

ラーニングセンターで行われる諸活動のサイクルはファーム＝農場のように段階的に育てていくこと、相互に学び合うことが重要です。はっちなどを通じて、すでに育まれてきている八戸の文化資源を元に八戸にしかできないラーニングセンターを創ります。

1：種を蒔く

誰もがアートに触れられる場
美術館機能

八戸市内にある市民活動の場に新たにラーニングセンターの展示室、市民ギャラリーが加わります。ここではあらゆる表現、研究の成果が展示され、より専門的なものや他美術館からの巡回展も開催されます。展覧会という形式を通して、さまざまなかたちでアートに誰もが触れられる場です。

2：実らせる

専用の機能に特化した制作の場
アートセンター

作品制作に必要なアトリエ、演劇や音響作品のためのスタジオといった質の高い展示をおこなうため専門性の高いゾーンを設けます。つくることのプロセスそれ自体が、相互に学び合うこと＝ラーニングの契機になると考えます。

3：成長を促す

世界と繋がり共有を担う場
エデュケーションセンター

市内学校やアウトリーチ・インリーチ活動によって企画意図、制作過程を学ぶことでさらに成長を促されます。それらを通じ八戸市の文化全体をどのような姿にしていくかを考え、共有していく場として機能します。

4：収穫する

作品とプロセスを収集する場
美術館

プロセスを記録、編集し、年鑑としてまとめ情報発信するとともに、作品の歴史的社会的背景の整理を行い、誰もがアクセスできる体系をつくります。ドキュメントを通じ郷土についてのシビックプライドを醸成します。

新な種を蒔く

文化資源を相対化し新しい価値付けする場へ
美術館

このサイクルを通じ、これまで不足していた専門性の高い、文化、歴史、社会とアートの関わりを調査研究し、展覧会の制作を通じて新たな種を蒔くことが重要だと考えます。すでにある文化資源を活かすことでラーニングセンター自体も既設施設と連携し成長していきます。

3 ラーニ

教える人と学ぶ人が
性に偶然に出会うこ
のふたつが重要だと
たつの特徴的な空間

1：ジャイアン

ジャイアントルームは
基幹となるオフィスと
スやプロ ジェクトル
保管場所です。ジャ
ンプログラムの授業
アーティストなどの

2：専門性の高

敷地南側の個室群は、
できる小さな部屋の
ホワイトキューブ、
場 の制作を担うアト
らは互いに隣接してい
示の連携をしたり、隣

市役所
まちなかギャラリー
はっち
マチニワ
八戸ブックセンター

シミュレーション：種差海岸を題材としたラーニングプログラムの場合

種差海岸写生大会の講評会が行われています。絵画作品・写真作品を鑑賞するだけでなく、自ら描くこと・つくることを重視するエデュケーションプログラムが行われます。
オフィス：
キュレーター、編集者、アートディレクター、ボランティアなどと柔軟にチームを組織化し、種差や関連作品についての調査、展覧会の企画・編集・制作を行います。プロジェクト全体が可視化されています。
八戸を鳥瞰で描いた吉田初三郎について、展示を含むミュージアムツアーの一環としてエデュケーションプログラムが行われています。
ライブラリー：
毎年発行する年鑑、他美術館のカタログなど、専門的な書籍や映像のアーカイブです。セキュリティコントロールします。
種差展のカタログの閲覧コーナーです。普段は閲覧コーナーとしても使用しますが、展覧会制作の佳境には作業スペースにもなります。
カッ
特別展
カフェ・ショップ：
ショップではアーティスト、市民の制作した作品の販売も行います。
打ち合わせを行います。

ジャイアントルーム：種差展の関連イベント、「吉田初三郎のミニレクチャー」「小学生の種差海岸写生大会の講評会」などが行われています。準備期間中には展覧会の企画・編集・制作がガラス張りのオフィスの
われています。この巨大な空間は、**寒い八戸においては屋内のパブリックスペースとして、室内化された広場**として機能します。夏季には西側大引き戸を開け放して外構と一体化して使用します。

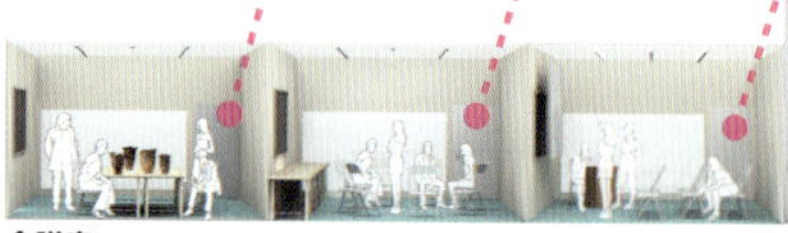

会議室：
種差に関わるエデュケーションプログラムについて、スタッフと教育関係者の企画打ち合わせをしています。普段は市民への貸出スペースとしても使用します。また、間仕切り壁を開ければ２室をひとつの部屋としても使えます。

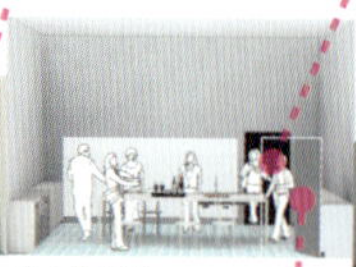

キッチン：
オープニングのケータリングの準備をしています。

ブラックキューブ：
東山魁夷の解説映像が上映されています。映像展示に適した部屋で、実験的な展示を行うことができます。

市民ギャラリー：
市民が撮影した種差海岸の写真展を関連企画として開催しています。展示作品は、たとえばコンペティションで選ばれます。貸しギャラリーとしてではなく、むしろ全館企画のひとつとしてさまざまな視点を導入し、八戸市全体を巻き込んでいくことが望ましいのではないかと考えます。
ホワイトキューブに準じた高さ 5m の展示室は、普段使いの端正な空間としての利用を想定しています。

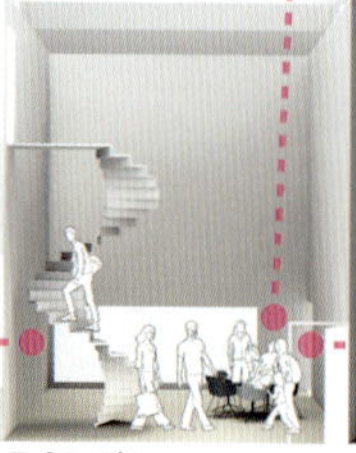

ラウンジ：
直接市民ギャラリーやスタジオへの入口となっているので、会期中や作業スタッフの裏動線として使用します。通りからはショーケースとしても機能します。

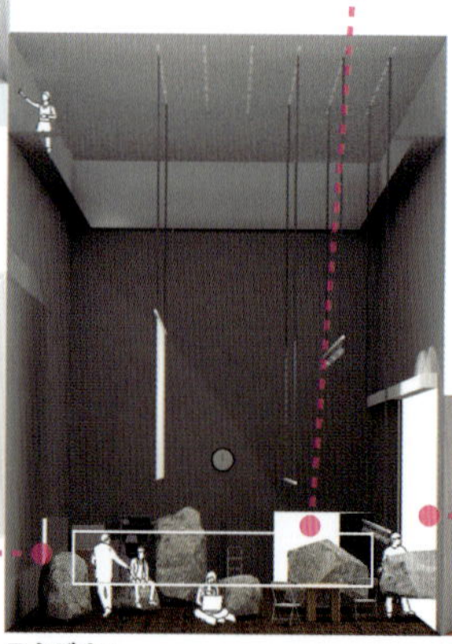

スタジオ：
種差海岸を題材にした演劇の舞台美術を準備中です。岩の模型を制作中しています。普段はアーティストの制作スペース、音響・映像制作の部屋として使用します。床は釘打ちが可能な仕様になっており、吸音 / 遮音性能も持っています。

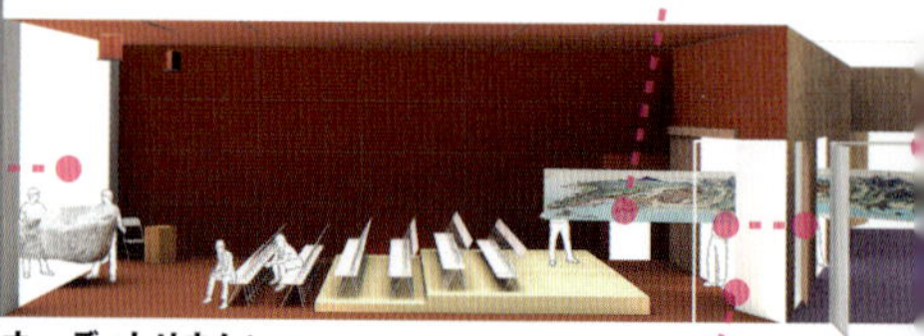

オーディトリウム：
種差海岸を題材にした演劇の観客席の準備が進められています。吸音 / 遮音性能を持った、鑑賞空間です。

ホワイエ
普段はオ
品や物品
作場とし

ワークシ
種差を題
行ってい

ンター　専門性を学び共有する場

すること。専門的に深く学び、さらに違う専門
グプロセスのサイクルを駆動させるためにはこ
してこのサイクルを実現するため、それぞれふ
す。

学ぶ人が同じ場を共有するラーニングセンターの
ーを含む巨大な空間です。オフィスはワークスペー
究室として使用し、ライブラリーは必要な資料の
ではそれらが可視化される他、エデュケーショ
ベントや簡単なミーティング、ミニレクチャー、
使われることを想定しています。

く学び、さらに違う専門性に偶然に出会うことが
ジェクトの制作ができるスタジオや企画展向きの
レーション向きのブラックキューブ、展示物や会
れぞれの活動に最適な設えになっています。これ
って、複数を同時に使用したり、企画と準備と展
とによって多様な使い方が可能になります。

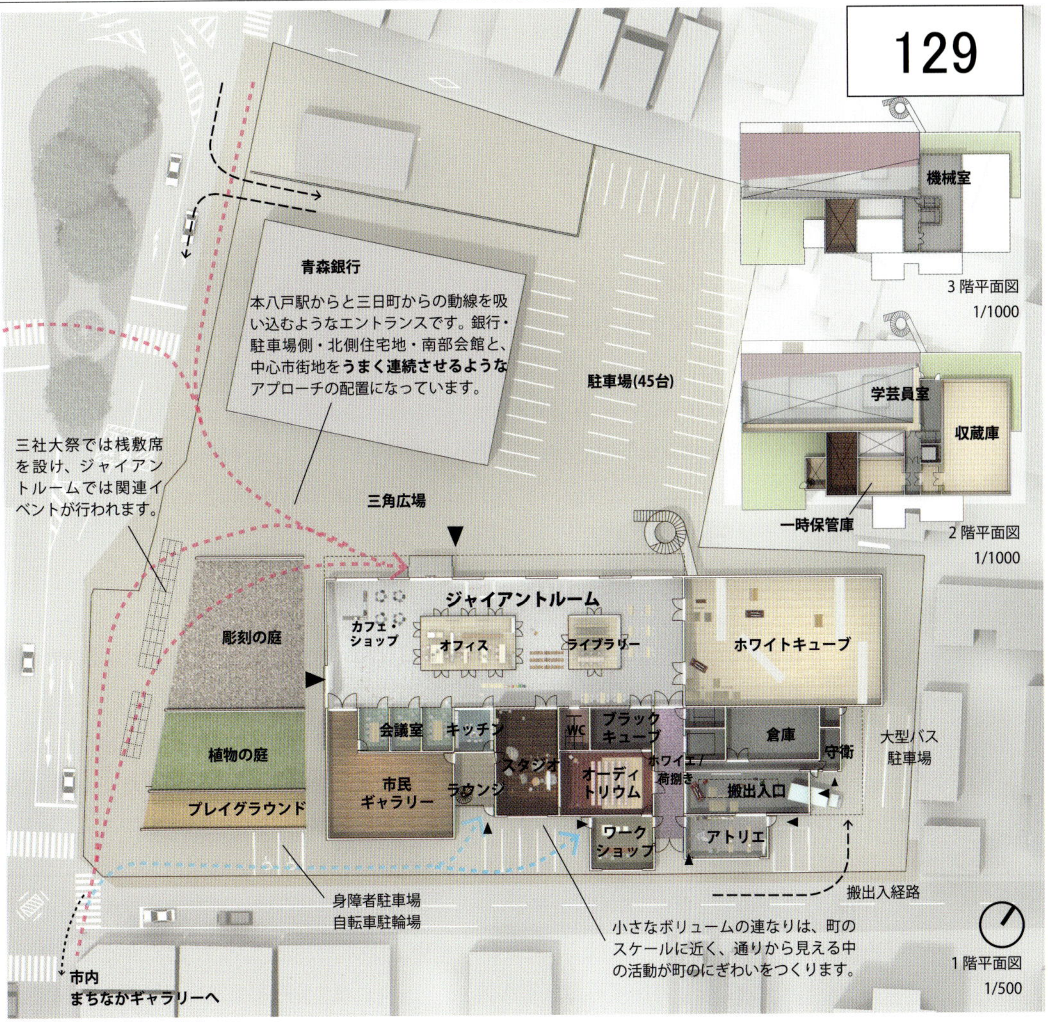

地域の核として

市内の空きスペースの活用しながら**まちなかギャラリー**を整備し、市内既存施設との補完関係を築きながら、文化芸術の拠点としてラーニングセンターを位置づけます。

八戸ラーニングセンター

まちと芸術文化を育てるファーム

蔵庫：
土作家の作品収蔵のみならず、アーティスト・イン・レジデンス企画での作品な
を収蔵することも考えられます。搬出入口から収蔵庫、ホワイトキューブ、学芸
室間の動線はコンパクトで、作品の安全な移動と調査が可能です。

ワイトキューブ：
差についての展覧会の会場設営をしています。可動の展示ケース壁を動かすことで
イアウトをつくることができ、ランニングコストを抑えることができます。
た、床は釘打ち可能な仕様となっています。大型巡回展にも対応します。

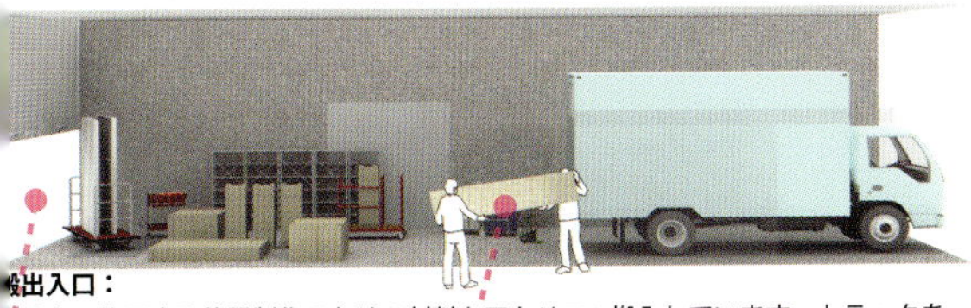

出入口：
覧会で使用する什器制作のための材料をアトリエへ搬入しています。トラックを
れての作業がない時は、アトリエの一部としても使用します。

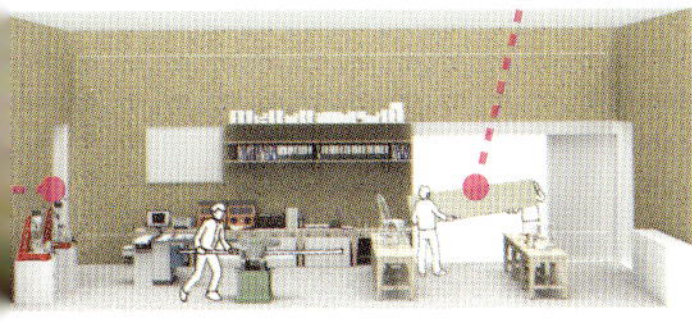

アトリエ：
展覧会の会場で使用する什器の制作を行っています。材料の移動は搬出入口から直接行うことが可能です。

ウムのホワイエとして使用していますが、作
も使用します。アトリエをアーティストの創
場合には、交流スペースとして利用します。

：
劇の舞台美術で使用する熊ノ林遺跡の土器模型を使って、演劇ワークショップを
ディトリウムとは直接つながっており、企画の連携が可能です。

面積表

	ジャイアントルーム	931.5
	ホワイトキューブ	513
	ブラックキューブ	54
	スタジオ	135
	オーディトリウム	121.5
	ホワイエ / 荷捌き	81
	ワークショップ	67.5
	アトリエ	72
	キッチン	36
	ラウンジ	27
	会議室	81
	搬出入口	108
	市民ギャラリー	243
	その他	229.5
1 階		**2700 ㎡**
	収蔵庫・一時保管庫他	727
	学芸員室	72
	その他	77
2 階		**876 ㎡**
	機械室	279
	その他	45
3 階		**324 ㎡**
合計		**3900 ㎡**

4 設備計画

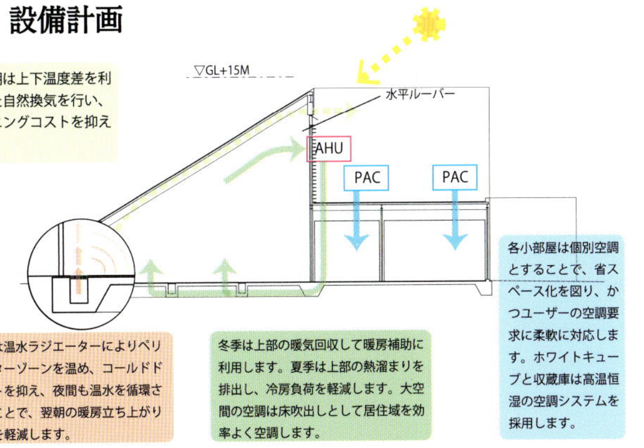

中間期は上下温度差を利用した自然換気を行い、ランニングコストを抑えます。

冬季は温水ラジエーターによりペリメーターゾーンを温め、コールドドラフトを抑え、夜間も温水を循環させることで、翌朝の暖房立ち上がり負荷を軽減します。

冬季は上部の暖気回収して暖房補助に利用します。夏季は上部の熱溜まりを排出し、冷房負荷を軽減します。大空間の空調は床吹出しとして居住域を効率よく空調します。

各小部屋は個別空調とすることで、省スペース化を図り、かつユーザーの空調要求に柔軟に対応します。ホワイトキューブと収蔵庫は高温恒湿の空調システムを採用します。

5 構造計画

ジャイアントルーム

専門性の高い個室群

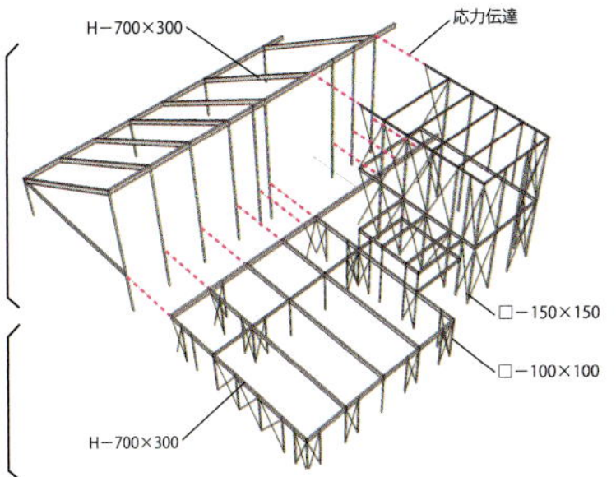

それぞれの小部屋は□-100 の細い柱にブレースを組み合わせたＬ字構造にすることで鉄骨量を減らし施工性の向上・コスト削減につながります。
小さな部屋の集まりが全体として水平力を担うことにより、無柱のジャイアントルームの大空間を実現します。

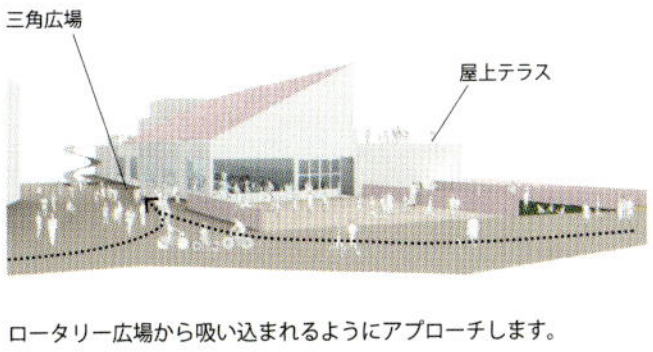

ロータリー広場から吸い込まれるようにアプローチします。

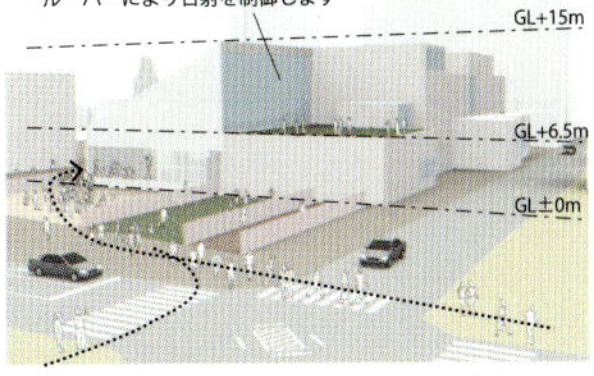

西澤徹夫建築事務所・タカバンスタジオ設計共同体案

1｜要項の概要と特徴：
美術館を軸に学び・育つまちづくり

「アートのまちづくり」を進める八戸市が、中核施設として計画した新美術館の技術提案を求める公募型プロポーザルである。市には1986年に開館した美術館があったが、建物は1969年に建てられた旧税務署庁舎のコンバージョンで機能的な課題もあり、建替えとなった。プロポーザルにおける敷地は6,700㎡、延床面積は最大で4,500㎡と定められた。

要項では、市民が多様な分野で活動する「多文化」を推進するため、伝統行事と現代文化の一体的な運営を模索してきたことが謳われ、特に、観光戦略としてその全域を「屋根がない大きな博物館に見立て」る「フィールドミュージアム八戸構想」を抱いてきたこと、そして新美術館の所在地となる中心市街地が、文字通りそのセンターとして機能してきたことが強調された。

特筆すべきは、「地域資源の再発見」を進めてきた八戸市が、2016年の八戸市新美術館整備基本構想において、100年先の八戸の礎となる「アート・エデュケーション・ファーム」として美術館を描いていることである。八戸では美術館に先立って既存の地域観光交流施設「八戸ポータルミュージアム「はっち」」や「八戸ブックセンター」といった文化施設が近隣に設置され、市民の文化活動の拠点となっていた。市は将来芽吹く「種」を蒔く「畑」として新美術館を位置づけ、人的資源の育ちの場としてアイデアを求めているのである。

	技術的課題	主な項目
1	中心街周辺施設との連携について	・他公共施設等との連携 ・中心街の回遊性　など。
2	青森銀行八戸支店を含めた敷地内のレイアウト、動線、駐車場の配置について	・新美術館の配置 ・駐車場の配置 ・自動車や人の動線　など。
3	「ワイガヤゾーン」と「シーンゾーン」のゾーニングについて	・Bゾーンの活用 ・各諸室の効率的な利用 ・来場者、展示　など。
4	ランニングコストの低減について	・運営、維持管理経費軽減など。

求められた4つの技術的課題
(出典：八戸市新美術館建設工事設計者選定プロポーザル説明書)

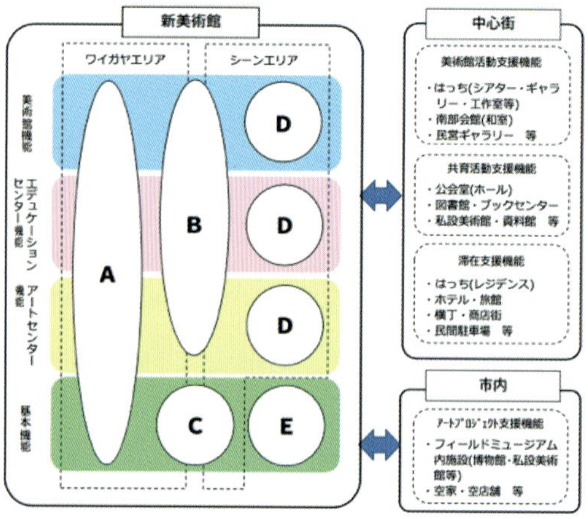

機能別のゾーニング図
(出典：八戸市新美術館建設工事設計者選定プロポーザル説明書)

近代の美術館は作品の展示・保存・研究に加えて、市民のための美術教育の場であることが期待されてきた。この要項ではその役割をさらに拡げ、市民の感性や創造力を育み、市民が共につくる「アートのまちづくり」の方向性が打ち出されたのである。

技術提案の課題は4点が明示され、提案すべき項目も具体的に挙げられている。八戸市が積み上げてきた実践をもとに、計画学的にも入念に準備された要項であることが伺える(下図)。

注目すべきは3である。「ワイガヤゾーン」とは交流のための空間を指し、無料で入場できるスペースである。要項内ではイベントや歓談、情報コーナーといった機能的な仮定だけではなく、「開放感」という言葉で空間の性質も表現された。一方の「シーンゾーン」は一般的な展示空間、すなわち静寂さが要求されている。別途、展示室となるDゾーンは500㎡程度であり、収蔵庫や搬入口等、諸室との位置関係や計画条件も具体的に示された。

つまりゾーニングの基礎的な要求にあらかじめ賑わいと静寂さを含めてあり、特に両者をつなぐエリア(Bゾーン)に対する提案が求められていることが分かる(図参照)。ゾーニングに関する説明でもBゾーンに関するテキストが一番充実しており、市民にもスタッフにも自由度の高いフレキシブルな利用場面を受け止める場であることが求められている。要項にあった市民活動をどのように受け止めてアートによるまちづくりを進めていくべきなのか。その建築的な提案を求める主催者の思いがひしひしと伝わってくる。

審査員はまちづくりの専門家である北原啓司氏を委員長として、副委員長に美術館の建築計画を専門とする佐藤慎也氏が、建築・デザイン分野では青森県立美術館を設計した建築家の青木淳氏が加わっている。(山崎)

2｜提案内容の卓越性：
巨大な一室空間と個室群による「ラーニング」の場

○課題の捉え方

このプロポーザルの募集要項を見ると農場のような美術館、「アート・エデュケーション・ファーム」を構想してほしいと書いてある。その意味は八戸の100年後を見据え、八戸文化をアートの力で結実させる。そのためにアートの種を蒔いて実を結ばせたいということである。これに対して、率直にその趣旨を汲んで方法を提案したのが選定案である西澤徹夫建築事務所・タカバンスタジオ設計共同体の提案であったと言える。そこで選定案では施設名として美術館を名乗ることをやめて、「八戸ラーニングセンター」と銘打った。そしてその内容

八戸市新美術館建設工事基本設計業務公募型プロポーザル

⓪日常性と非日常性そして祝祭性を併せ持つ『まちの拠点』

今日の芸術文化施設には、**非日常性とともに日常性が必要とされています。** 例えば、世界的なアーティストによる企画展や八戸の観光資源となる貴重な展示品にふれるといった非日常的なイベントの一方で、市民による日々の集いや学習・発表といった日常的な活動は、八戸のひと・まちにとって何よりも大切なものになるでしょう。また、地域のお祭りなどの**祝祭的な催しも地域文化を醸成する上で欠かす事ができません。** そこで、ホワイトキューブの展示室における非日常性と、研究スペース(ライブラリ)や市民ギャラリー、多目的スペースにおける日常性、そしてお祭りなどの祝祭性、**3つの面を併せ持つ『まちの拠点』**をつくり出します。

①周辺施設と相互連携する新美術館

中心市街地に位置する新美術館の周辺には、「八戸中心商店街」「八戸グランドホテル」そして「ブックセンター」や「はっち」など、地域の賑わいをバックアップする様々な施設が存在します。新美術館を**『地域への回遊拠点』**、**『地域活動の受け皿としての拠点』**、**『芸術文化活動の発信拠点』**として位置付け、**周辺施設との相互連携を図ります。** 相互連携の例として、『商店街と館内カフェのコラボレーションによる飲食メニュー』、『グランドホテルへの朝食サービス』、『商店街のおすすめ商品のセレクトショップ的なコーナーを設けたミュージアムショップ』、『ブックセンターと市民ギャラリーの連携によるブックカフェ』、『ギャラリーやアート活動団体による展示室を使ったイベント』などを想定します。

②新しい『ハチノヘホール』によるシンボル…【配置計画】

芸術文化の核となる展示室のなかで、もっとも天井の高い展示室である**『ハチノヘホール』を敷地中央に配置**し、交流の核となる市民ギャラリーやライブラリ群を建物外周部に配置することで、美術館としての**非日常性や風格を守り**つつ、ふらりと立ち寄れる**気軽さを保ちます。**『ハチノヘホール』を中心としたひな壇状の低層ボリュームとタワーから構成されるシルエットが**敷地に求心性を生み出し、周囲に回遊性を促します。** それは、まちなみに呼応した、交流と芸術文化を併せ持つ拠点にふさわしい、**新たな八戸のシンボル**となります。
青森銀行八戸支店の前には大きな空地を確保し、新美術館前の広場との一体的な利用を実現します。「八戸三社大祭」や「はちのへホコテン」といった特別な日には、八戸市庁前の広場との連携も可能です。

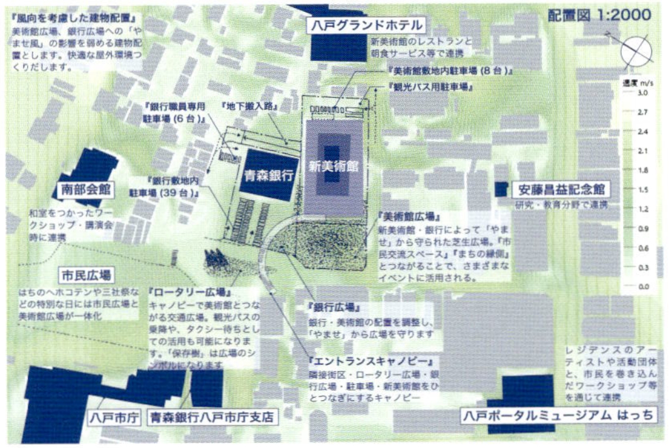

③「ワイガヤ／シーン」の区分けを調整する『区画リング』…【ゾーニング計画】

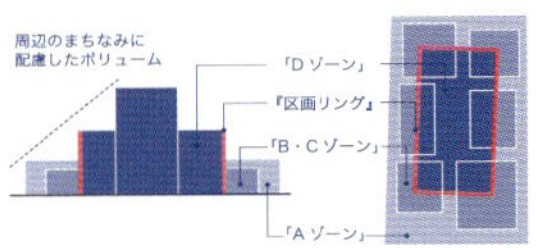

価値ある美術品に触れる非日常的な空間と、市民が主役で市民が賑わう日常的あるいは祝祭的な空間が無理なく同居するには、**両者の区分けが流動的で柔軟であることが必要です。** そこで本提案では、美術館としての機能を過不足無く求められる展示室エリア(Dゾーン)を敷地中心に配置し、**『区画リング』によって他の空間から切り離し独立性を担保します。**『区画リング』の外側に市民ギャラリーやプロジェクトルーム(Bゾーン)、カフェレストランやミュージアムショップ(Cゾーン)を展示室と背合わせ状に配置し、さらにその外側には市民がふらりと立ち寄れる縁側のような場所(Aゾーン)を充填させます。そして全てのゾーンに接触する『区画リング』の運用方法によって、裏と表が柔軟に切り替わり、多様な使われ方を許容する提案を行ないます。**基本骨格として設けられた『区画リング』によって要求される段階的な性能を満たしたうえで、「無料／有料」「ワイガヤ／シーン」の区分けを流動的に変質させる可能性を担保した新しい美術館を提案します。**

④『まちの拠点』となる新美術館…【外観イメージ】

『ハチノヘホール』から漏れる光。灯台のような求心性がシンボルとなり周囲に回遊を促します。

⑤通常時の使われ方の例とイベント時の風景イメージ…【平面計画】

『区画リング』の開口操作によって**段階的な抽象度の設定が可能な展示エリア**では、さまざまな展示計画が行なわれます。市民の催しによる賑わいと美術品の鑑賞というそれぞれ**別々の体験の同居度合いを調整できる平面構成**となっています。

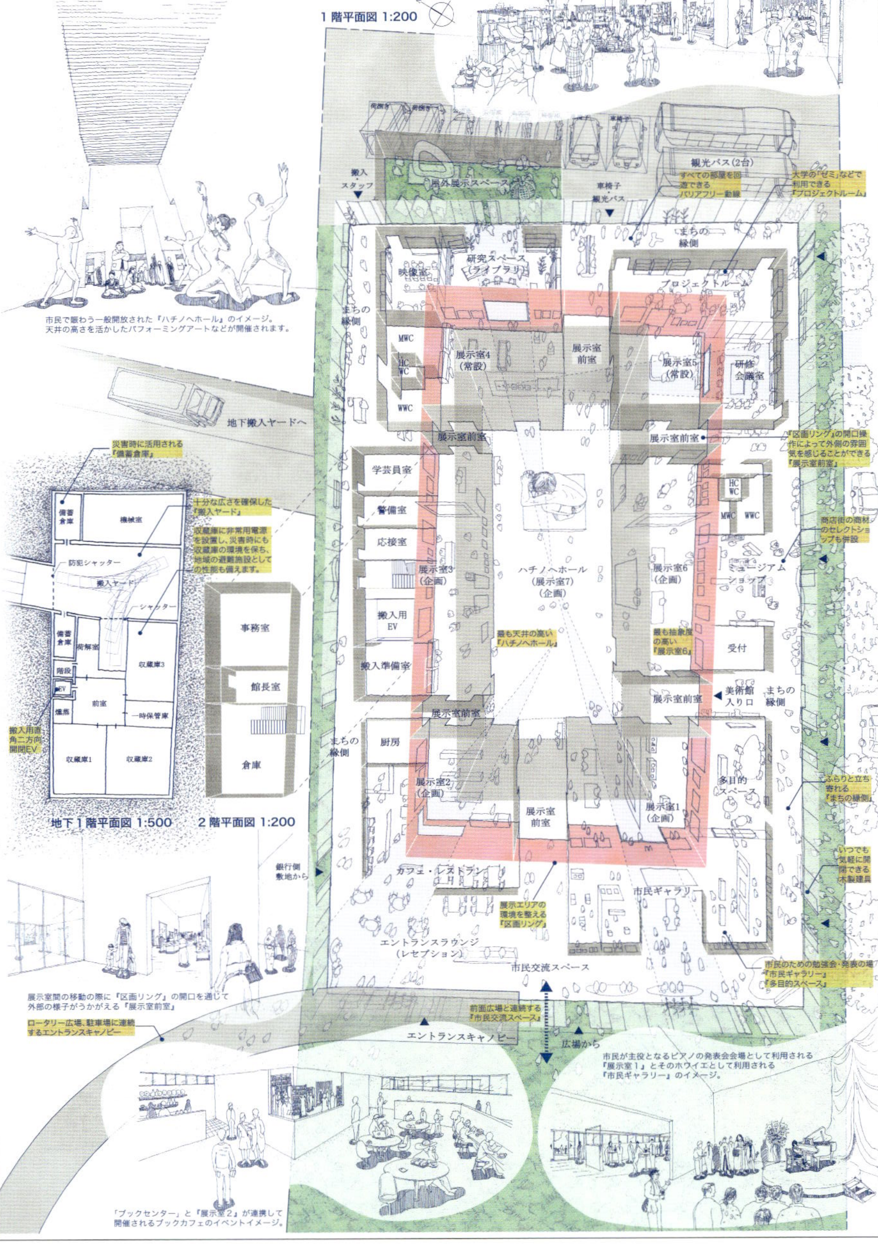

⑥通常時の展示室…【展示室内観イメージ】

もっとも天井の高い『ハチノヘホール』(展示室7)は、ハイサイドライトの安定した自然採光による、近・現代アートに適した展示空間

開口が制限された『展示室6』。光の入らない安定した展示空間

『区画リング』の開口部操作により展示室の外の雰囲気が感じ取ることができる『展示室2』

⑦互換性を持つ創造の場…【変化する使われ方の例】

現代の芸術表現にはジャンルと空間特性は一対一で対応しにくい為、**融通の効いた計画と運営が必要になります。** さまざまな要求へ柔軟に対応する為、展示エリアはホワイトキューブ、その他の空間はその場に応じた仕上げを施し、**異なる特性で計画します。**

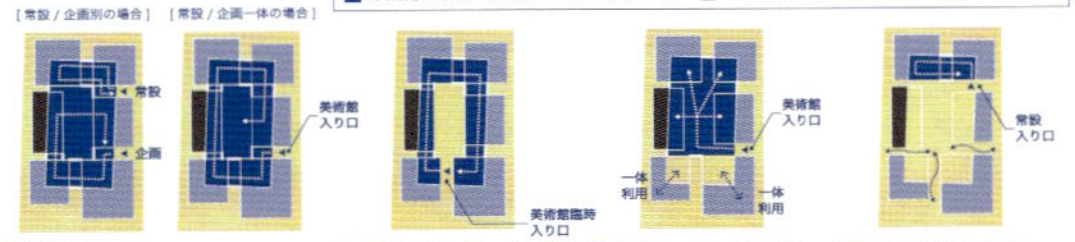

通常のとき
『区画リング』の内側に外界から独立した展示環境を実現します。展示室前室によって、さまざまな展示順路を設定できます。企画展と常設展のエントランスを別々に設定することも可能です。地下からの搬入用EVの前には十分な広さの搬入準備室を確保します。

『ハチノヘホール』を開放
もっとも天井の高い『展示室7』を一般開放し、市民の為の特別な催しが開かれます。その際、企画展示・常設展示という美術館としての基本的な機能はそのまま保つことができます。

『展示室1・2』を開放
前面の広場に近い2つの企画展示室を開放し、市民が主役の市民の為のイベントが開催されます。『カフェレストラン』と『市民ギャラリー』がホワイエとして活用され、外部との一体利用を可能とします。

常設展示室以外を開放
「はちのへホコテン」や「八戸三社大祭」などの特別な日には、館内全体をつかって催し物を企画することができます。その際でも、常設展示は通常通り営業することが可能です。

⑧『区画リング』が地震力を受け持つ経済合理性の高い鉄骨造…【構造計画】

最小限の地下を有する平屋による鉄骨トラス構造として計画します。**建物全体を軽量化**することで杭の不要な直接基礎とし、簡易な基礎施工を実現する経済性に配慮した構造計画とします。地震力を負担する鉄骨ワーレントラス(区画リング)を展示空間を囲うように配置し、**適切な強度・剛性を確保するとともに開放性も実現**します。建物周辺には鉛直力だけを負担する鉄骨ポスト柱を配置し、気軽に立ち寄れる縁側空間を計画します。最大スパン25mの展示空間を経済的に実現するため、『ハチノヘホール』を覆う壁面にもワーレントラスを配置し、**大きな気積をもつホールを最小限の構造部材でつくる**よう考えます。**鉄骨量の少ない経済合理性の高い鉄骨造**とし、安心で安全な美術館を目指します。**諸室を間仕切る壁面は非構造壁とする**ことで、設計段階において**様々な意見を反映**しながらプランニングすることが可能となります。また、将来的な**大規模修繕にも対応可能**です。

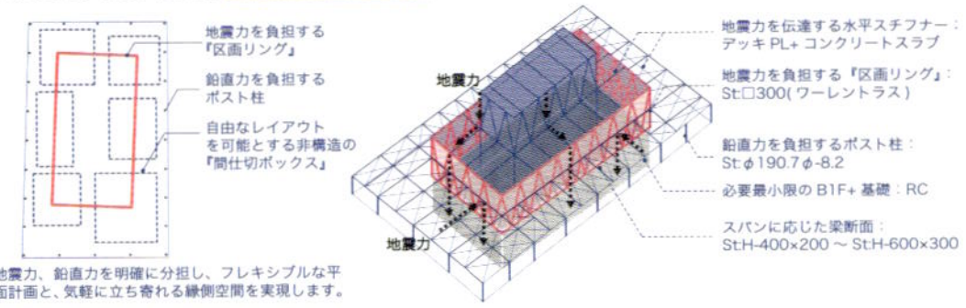

地震力、鉛直力を明確に分担し、フレキシブルな平面計画と、気軽に立ち寄れる縁側空間を実現します。

⑨入れ子状の平面構成が生きる光・熱・エネルギーのデザイン…【環境設備計画】

外側から中心に向かって、**室内環境にグラデーションをつける**ことで、**人にも作品にも低負荷な環境を実現**します。

[熱環境]：展示室は、温湿度や空気質を繊細に管理が出来るよう**外界から離れた中心に配置し、作品への負荷を低減**します。『区画リング』をチャンバー空間とし、**輻射式のベース空調を建物全体に配置**し、快適性と省エネを両立します。

[光環境]：『ハチノヘホール』は**自然採光と高演色LEDを併用**することで、**変動性、演色性、省エネ性に優れた空間**とします。その他の展示室は人工光によるコントロール性を重視します。居室は自然光やセンサーにより省エネを実現します。

[エネルギー]：**躯体の高断熱化**、**機器の高効率化**、**非空調と自然光をによる『まちの縁側』**を組合せ、省エネ法(H28)の基準値に比べ、**燃費を△50%に抑えます。**

[再生可能エネルギー]：低層屋根上に発電や太陽熱利用のパネルを設置できるようにし、**ZEBを目指せる基礎をつくります。**

[積雪対策]：敷地を最大限活かすため、屋根上への積雪により、雪下しの必要がない、**冬期も街に開かれた施設**をめざします。

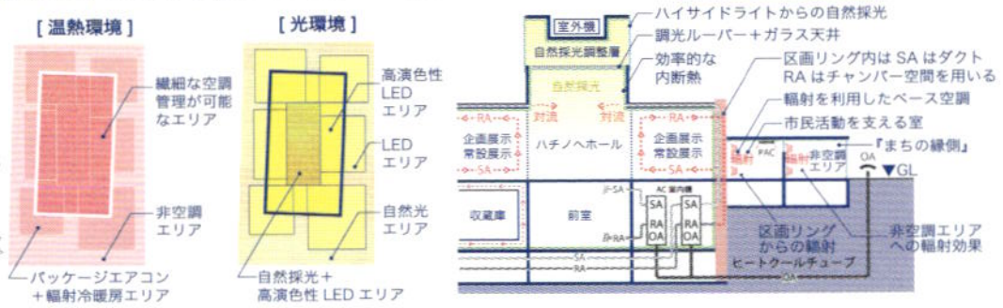

⑩ソフトとハードが密接にリンクするアート・エデュケーション・ファームの実現…【プロジェクトの全体スキーム】

「自分ごと」となる公共空間となるよう、施設運営に対して市民が参加できる枠組みを提案します。

ハード	基本設計	実施設計／工事監理	運営
ソフト	構想具現化	関係性構築フェーズ	コミュニティ運営フェーズ
各STEPの論点	STEP1 “八戸の美”に迫る美術館＝ハードづくり	STEP2 “八戸の人”を巻き込み育む＝きっかけづくり	STEP3 “八戸のまち”に波及する＝仕組みづくり
各STEPで目指す事	【八戸の文化的魅力を発信する美術館計画】【「フィールドミュージアム構想」実現に向けた、関連施設関連携スキーム検討】	【地域資源の掘り起こし】【周辺活動団体・地域イベントの巻き込み】	【市民始動イベントの実施】【生まれつつあるコミュニティの醸成】【アートエデュケーション・ファームの実現】
各STEPの検討事項	・キュレーターと共同し美術館計画の検討 ・美術館を活用した活動プログラム案の検討 ・プログラム実現に向けた機能・設備の洗出 ・基本設計への落とし込み	・連携施設との「新美術館活用会議」の始動 ・地域資源の掘り起こし施策検討 ・オープン後に向けた周辺団体との活動調整 ・地域イベント・プロジェクトとの連携検討	・地域住民への施設イベント参加促進 ・地域イベントとの連携促進 ・地域連携を深め、新たな地域活動を実施 ・「新美術館活用会議」に市民も参加開始

リライト・バウ設計共同体案

優秀者

非日常性＋日常性＋祝祭性を併せ持つまちの拠点を目指す。6つの機能の詰まった箱を横断するように「区画リング」と呼ぶ大きな矩形平面の壁を差し込み、6つの箱と区画リングが重なる部分を可変的に使用することで、互換性を持つ創造の場所を提案する。区画リング中央にはハチノヘホールと呼ぶ三層分の天井高の自由空間を設ける。それぞれの箱の周りにはガラスの壁が一周回り箱とガラス壁の間に街との接辺となる縁側状の空間を用意し市民が気軽に入れる居場所を提供する。外観上突出した「八戸ホール」の構造体にワーレントラスを採用し斜材が透けて見えるキュービックな象徴性を獲得しようとした。

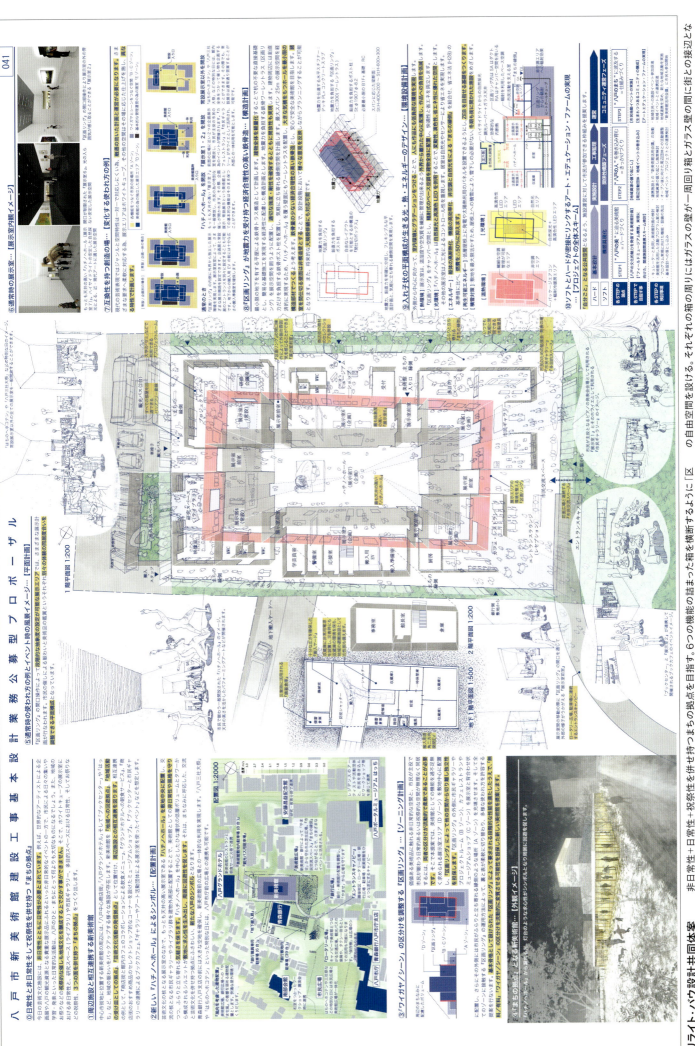

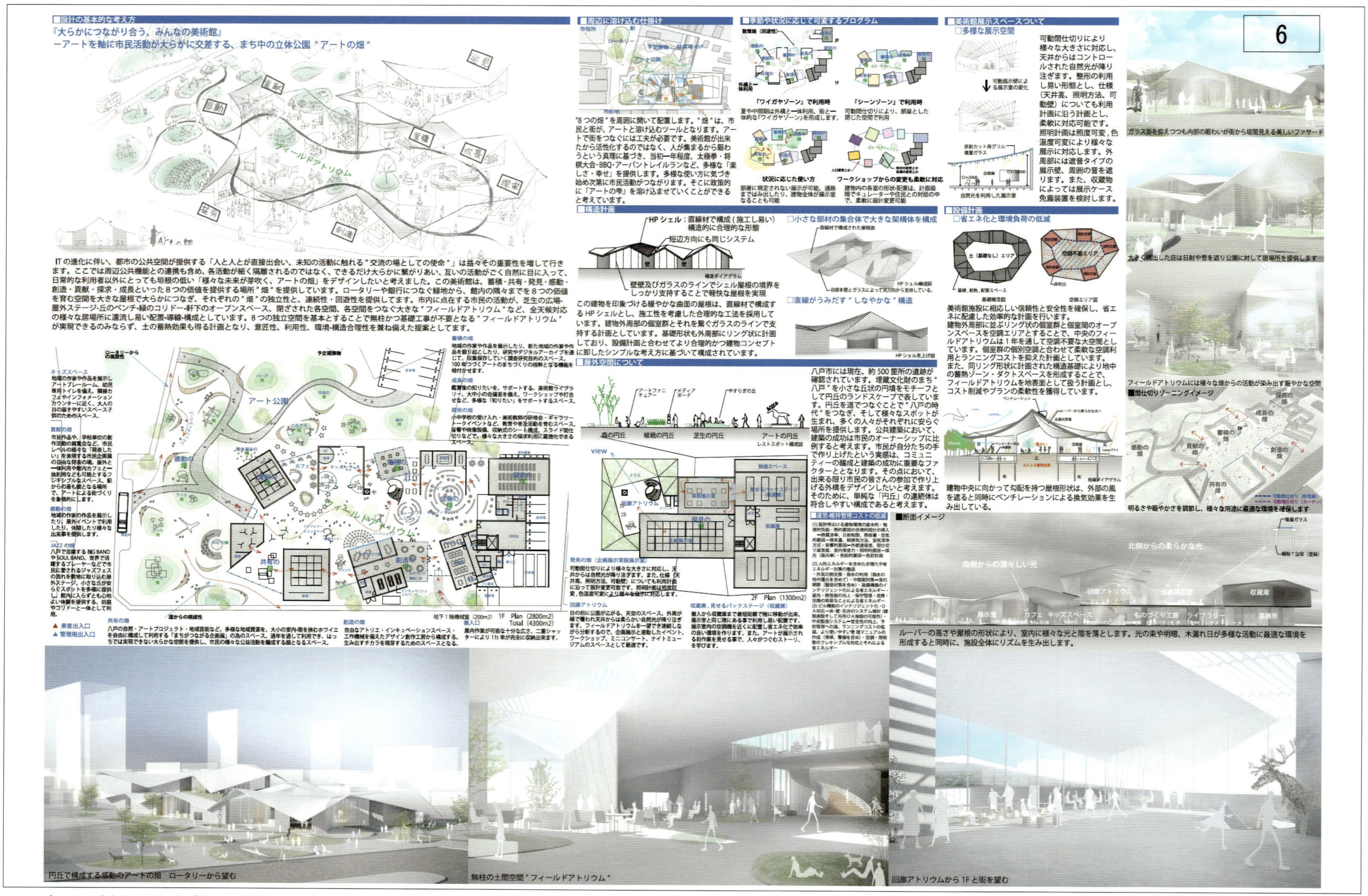

UAo案　大らかにつながり合うみんなの美術館をモットーに9個の矩形の箱を置く。それらは閉じたものも開いたものもある。これらには展示室等の諸機能が割り当てられている。これらの箱の間はフィールド・アトリウムと呼ばれる土間で空調をしない半外部空間となっている。箱とフィールド・アトリウムの上全体にはHPシェルの屋根が大らかにかかり、箱の隙間からフィールド・アトリウムが覗ける。内外部には8つのアートの畑が用意され、建物の外から人々にアートの雫を垂らし、建物内に引き込む狙いとなっている。

（様式11）

八戸まちなか美術館 多文化都市八戸の新美術館

01. 八戸の日常から生まれ出る非日常

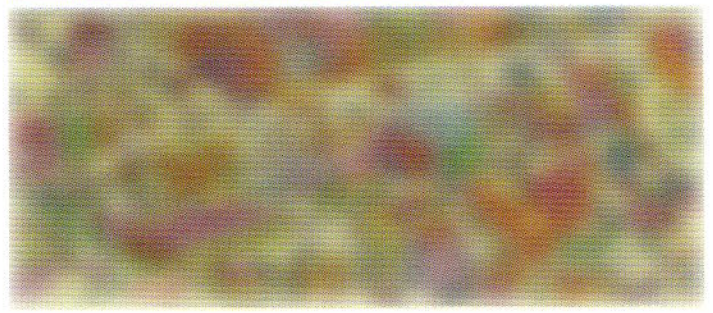

八戸の中心地としての敷地の特性を生かし、まわりの市街地に溶け込むようでいて、同時に少し異質でもあるという美術館、いわば八戸の日常から生まれる非日常ともいえるような美術館のあり方を提案します。匿名性の高いビルのようなかたちをしている一方で、震災で失われた第一漁市場（かつて八戸の誇りでもあった）を想起させるような屋根が合体し、八戸の時空が共鳴するかのような、八戸にふさわしいアートの場をつくり出したいと考えます。

02. 内と外が反転する空間

内部については、新美術館を訪れる人々は、あたかも市街地にある普通のビルに入っていくかのように建物を訪れます。そして見た目は3層のビルなのに、入った瞬間にビルごとひとつの大きな部屋になったかのような"コート"と名付けられたスペースに入ることになります。アートを引き立てる匿名性の高い空間という意味では、工場遺跡のような空間のあり方に近いクオリティをめざしています。

"コート"は、内部と外部の中間領域のようなスペースです。建物の中でありながらも、建物と建物の「あいだ」（街路）のような、両義的な雰囲気をもっています。あたかも建物が外界ごと内外反転して、外であった空間が内になったかのようなイメージです。（赤瀬川源平の「宇宙の缶詰」のビルごとバージョンのようなものということもできます。）

各層のすべての窓から光と緑の風景が取り込まれ、見上げると環境装置としての屋根を介して、空が斜めに幾筋もストライプ状に横断し、抜けのある気持ちのよい空間となります。

03. "コート"（中間領域）で囲まれる美術館

"コート"に囲まれた展示室は、天井高さがそろったユニバーサルなスペースとして、比較的少ないコストで最大のフレキシビリティが得られるように考慮し、プロフェッショナルからアマチュアに至るまで、さまざまな展示内容に対応しやすくなっています。

"コート"は大きさを変えながら、次々と連なって、建物を取り囲むようにして、ループ状につながっています。"コート"は通常はカフェやレストランやショップ、ラブラリー、ギャラリーなどとして、また八戸ブックセンターのアネックスなどを導入し、まちなかにつながるような、親しみやすく寛容で大らかな公共空間を形成していきます。

同時に、"コート"群は展示室の拡張性を担う空間として考えられています。"コート"が次々と連なる様子は、たとえばジュリオ・ロマーノのパラッツォ・デル・テのような空間形式にも近いといえます。オブジェとしての建物ではなく、あくまで展示のためのヴォイド（余白）。

さらには、それぞれの"コート"を直接外部と関係させることで、新美術館をあたかも幾つもの独立した建物として、別個に使用することも可能です。異なる団体が"コート"ひとつずつ借りて、それぞれ街路から直接アプローチするなど、多元的な可能性を開きます。

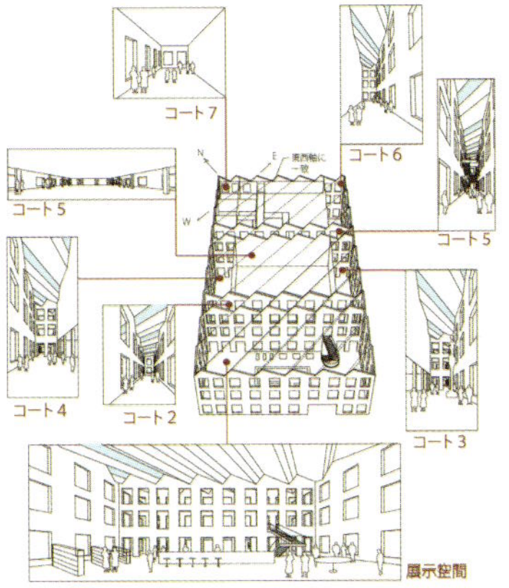

このような美術館のあり方は、「殿堂」的な今までの美術館とは異なり、街の中の複数のビルを出入りしながら使っていくような、多文化都市八戸の街中を遊歩していくためのネットワーク装置としてとらえることができます。

04. 市民の「たまり場」としての美術館

こうして日常に接続する非日常としての美術館とすることで、街路を遊歩するかのように、老若男女あらゆる世代が、わざわざ美術館を訪れるという敷居の高さを感じることもなく（意識の高い人たちだけが集まる場であることを越えて）、目的がなくても自由に出入りするような、八戸らしい大らかで寛容な公共性の高い場、多世代が集うパブリックスペースをつくり出したいと考えます。

このような公共空間のあり方は、近代市民社会のインキュベーター（孵卵器）として機能したロンドンのコーヒーハウスや近世江戸の銭湯に通じる、いわば「市民のたまり場」です。こういった流動性が高い場だからこそ面白いアートが生まれると考えます。

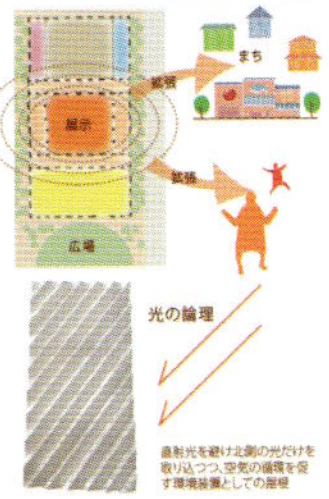

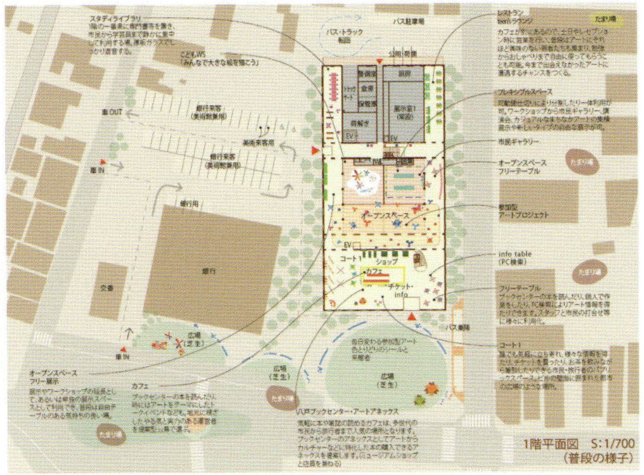

1階平面図 S:1/700（普段の様子）

05. ネットワークのハブ/コミュニティ・ハブとしての美術館のあり方

新美術館では、ネットワークのハブとして、コミュニティ・ハブとしての美術館のあり方を構築していきたいと考えます。

八戸を巡ると、思いもかけないようないろいろなものに出会うことができます。海まで迫る緑の海岸線、ブリッジ、朝市、横丁、祭りの山車や行列、魚市場、サイロ、コンテナ、工場、基地、…それらは住んでいる人から見れば日常の風景に過ぎないわけですが、それぞれは個別に魅力的であり、豊かな文化資源、文化資本としてとらえることができます。

このように八戸という「多文化的な場」をアートの地平からとらえ直し、その豊穣さを再発見・再認識し、展開可能なものとして取り上げること、従来的な美術館の機能に加えて、そのようなミッションを合わせもった新しい美術館として考えていきたいと考えます。

また、同時多発的に起こる八戸の文化活動をアートの視点からとらえ直し、誰もが参照可能なかたちでアーカイブする機能をもつことで、「記憶の劇場」としての美術館のあり方を提案したいと考えます。

さらには、県内の各美術館をはじめ関連する文化施設とのネットワークを築き、役割分担を明確にしながら、青森県全体のアートパワー/文化活動を盛り上げます。

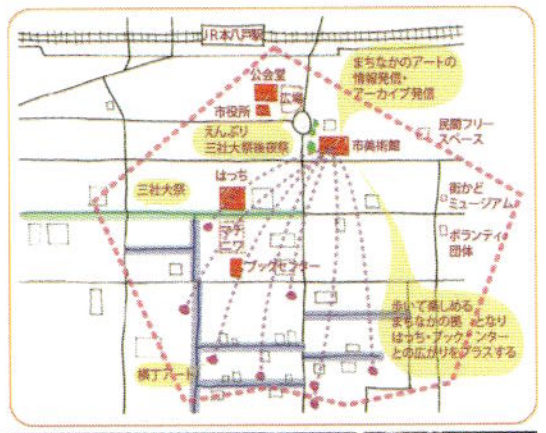

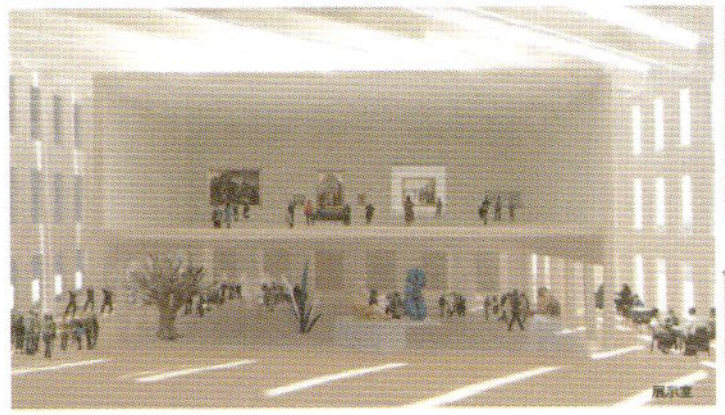

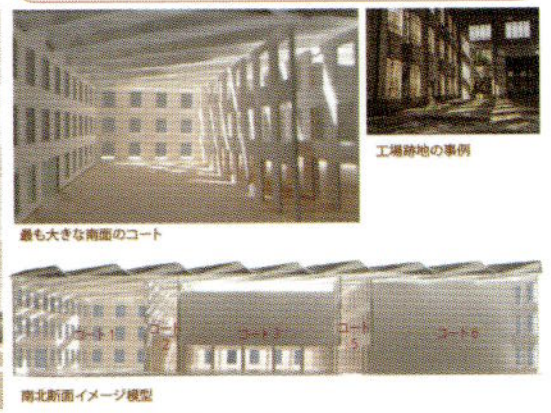

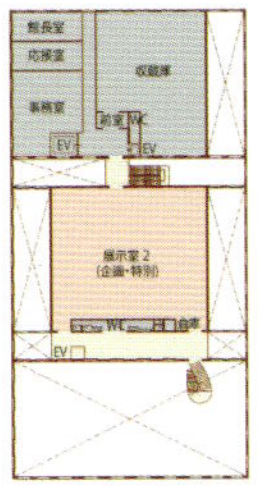

2階平面図 S:1/700

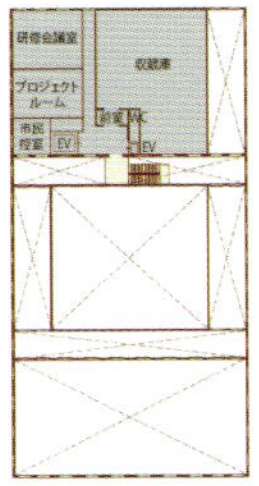

3階平面図 S:1/700

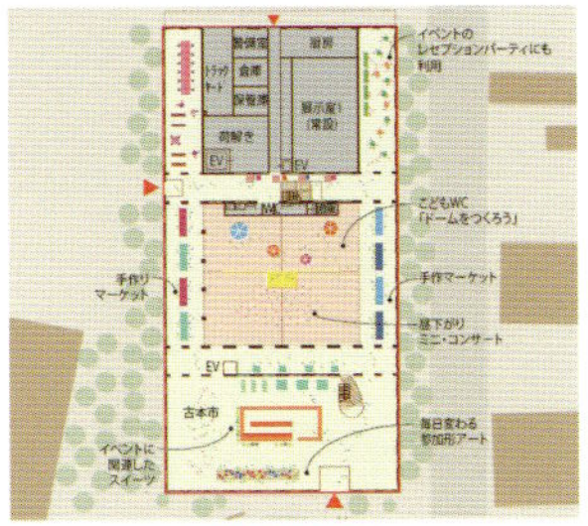

イベント時の1階の様子

06. 環境としての美術館建築 "The Art-Museum of the Well-Tempered Environment"

施設構成と音の計画

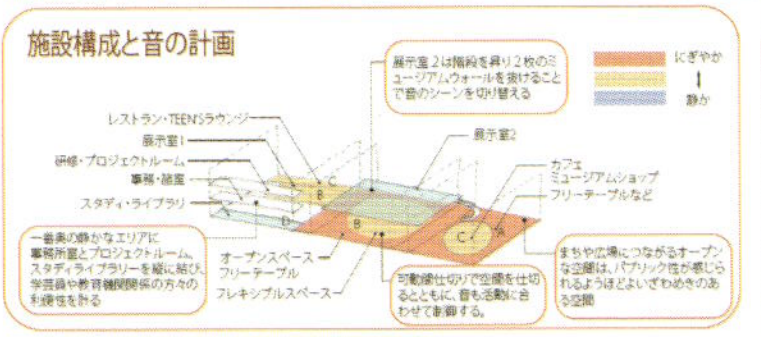

環境計画

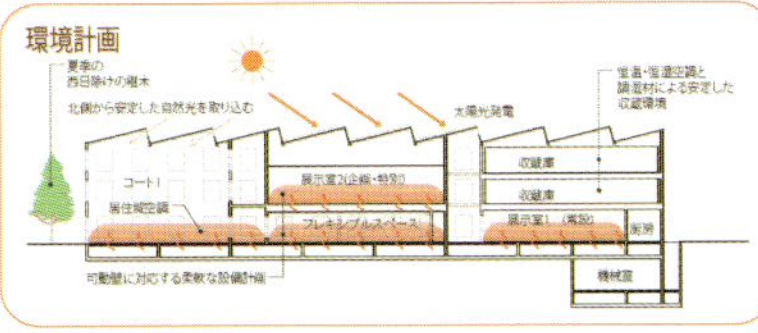

構造計画

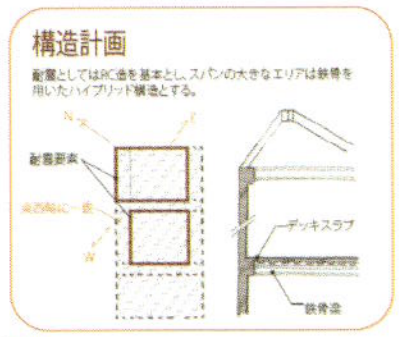

エネルギーをあまり消費しない環境建築

- 照明負荷の低減
  …ハイサイド・ライトの軸を東西にを合わせ、安定した北側自然採光による熱負荷と電気料金の低減
- 日射・外気負荷低減･･･日除けとして落葉高木を周囲に配置
- 外断熱の採用による十分な断熱と躯体蓄熱による冬の快適さと空調負荷の低減

その他のLCCの削減

- 都度、展示壁を構築せず、必要な可動壁を設けることで運営費を抑制
- 改修時に必要な設備予備スペースの確保による更新費用の低減
- シンプルな空間構成による変化に柔軟なフレキシビリティの確保
（サブシステム導入による空間分割も可能）

軽量化

- ハイブリッド構造による構造体の軽量化
  →基礎・土工事の低減にもつながる
  部材の平準化
- 長方形のシンプル形状と同一部材の繰り返しによるコスト削減

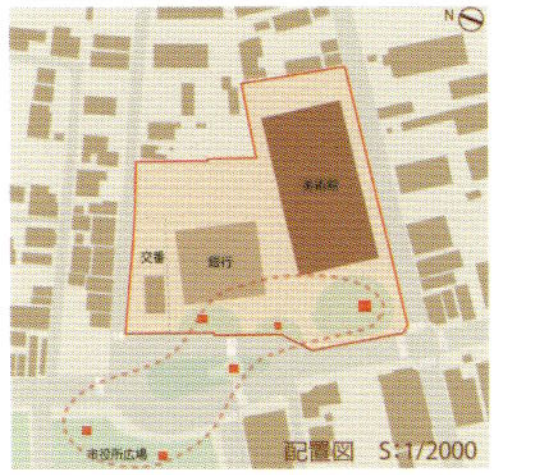

配置図 S:1/2000

市役所前広場に美術館・銀行前の3つの広場とロータリーが加わり、イベント時に連携してアートを展示するなど人の流れをつくる

八戸の全てをネットワークする美術館

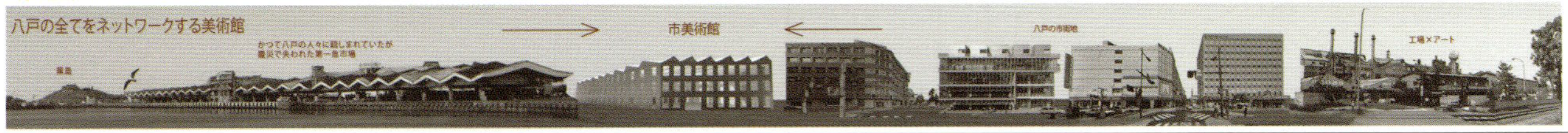

kwhgアーキテクツ案

日常から生まれる非日常を目指し、周りの市街地に溶け込みながら、少し異質な建物を目指す。シンプルな開口が規則的に開いた外壁で建物全体を包みかつての魚市場を彷彿とさせるギザギザ屋根をかけ渡す。屋根には規則的にトップライトを入れて建物内を外部のように明るくする。内部にはいくつかの入れ子の箱があり箱と外壁の間にコートと呼ばれる中間スペースを複数設ける。これらのコートは外部のような内部であり人々に中間領域を意識させる。そしてこれらコート群を自由に使いながら変化する美術館をつくり上げる。

（注）本書掲載に際し、当時の提案書を一部修正しています

（様式 11）技術提案書

一緒に考え、造り、更新していける仕組をもった美術館

□コンセプト
日本一賑わいがあり市民が使い甲斐のある美術館を目指します。特に市民の多様な表現活動と一体となった空間をつくるのために、皆で一緒に考え、造り、更新していける仕組を持った美術館を考えたいと思います。そして、多様な表現活動を許容できるように、従来のような白く抽象的なだけの場所ではなく、洋服で言えばジーンズ、建物で言えば倉庫や工場のようにラフに使える強くてしなやかな場所を合わせ持った空間を目指します。街への波及に対しては、中の様子が外から見えるファサード、通り抜けできるような動線計画、周囲を歩けるような歩廊等により、賑わい、入り易さ、回遊性、周辺施設との連携のし易さを高めます。

□中心施設との連携
機能的には、周辺施設に入念なヒアリングを行い、不足している機能を B ゾーンに積極的に取り入れていくと同時に、頼れる機能は頼り、過剰な施設にならないように連携をはかります。空間的には、建物の周囲に庇を回し、街に快適な歩行空間を提供し、外から中が良く見え建物内を通り抜けできるようにし、街との連携のし易さ、回遊性、賑わいを高めます。また、大通り側の広場に屋外展示や屋外ワークショップ等の屋外活動がし易い状況を整え、不足しがちな屋外での表現活動の場を補います。

□配置計画
美術館に関しては、敷地いっぱいに屋根をかけ、全体が活動の場となるようにします。美術館を建てることで周囲の道路がつながるように、通り抜けができる動線、外壁面の道路等からセットバックによる庇のある歩行空間等を街に提供することで回遊性を積極的につくります。駐車場は、できるだけ分散することで大きな駐車場にならないようにします。青森銀行に関しては、美術館と距離をとり、間の空間を植栽帯や駐車場とし、美術館のランドスケープと一体的にデザインすることで、相乗効果を高め隣接する 2 つの敷地を有効に使うことを提案します。

□ゾーニング
主にシーンエリアに属する閉じる必要のある機能を箱状の空間に納め、それらを配置し、その結果できた隙間をワイガヤエリアとします。箱のいくつかは、シーンエリアにもワイガヤエリアにもなれる配置や開口を考えます。逆に、配置によっては隙間の方がシーンエリア的な閉じた空間になりうることもあります。このように、従来のような壁で間仕切っていく平面的な方法ではなく、箱とその隙間という直感的に空間を捉え易い設計方法により、機能や使い勝手だけでなく、空間性も含め皆と一緒に場所をつくっていきます。B ゾーンは閉じた空間、開いた空間、その中間の空間の 3 種類の空間が適度に生まれるように工夫し、多種多様な活動を許容できるように考えていきます。

□ランニングコスト低減
厳密な温湿度管理の必要な収蔵庫と展示室を建物の中に入れ子状に設置することで、外部環境から守り空調負荷を最小限に押さえます。庇を建物の周囲に回すことで、外壁の耐久性を上げると同時に夏場の高い日差しを遮り、冬場の低い日差しを取り入れ、空調負荷を軽減します。西日に対しては、ロールスクリーン、高木、庇を利用した登坂もしくは下垂型のツタによる植栽スクリーン等できるだけ機械設備に頼らない方法で対処します。コスト、地域性、効果を勘案しながら、広い屋根面を利用した太陽光パネル、地熱ヒートポンプの設置を検討します。

□多様な活動と一体となるような場所のつくりかた

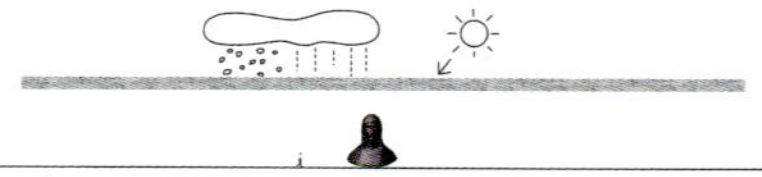

1　敷地いっぱいに大きな屋根を架けることで、展示物や収蔵品が日差しや風雨から守ると同時に屋根の下に人が集まり多種多様な活動の場所が生まれる。街の道路脇には昔の「こみせ」を思わせるような歩行空間も生まれ、回遊性や賑わいをつくりだす。

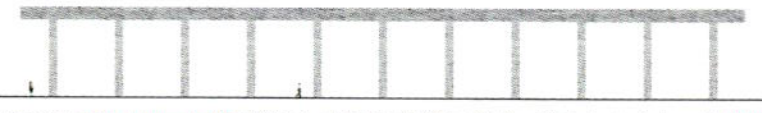

2　屋根を支えるコンクリート柱は約 7m 間隔で均等に並び、使われなくなった学校や造船場や市場、或いは、橋脚など土木構造部のような匿名的で使い甲斐のあるな空間を生み、アーティストや市民の創造力を喚起し、展示や創作の手がかりとなる。

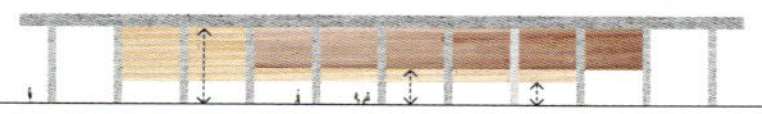

3　温湿度管理が必要な収蔵庫や展示室を木で包み柱を利用し吊ることで、1 階に天井の高い場所や低い場所が生まれる。地元のスギ、ケヤキ、サクラ、ヒバなどを積極的に使い展示室とは逆に質感や場所性があるここにしか無い空間によって市民の創造力を喚起する。

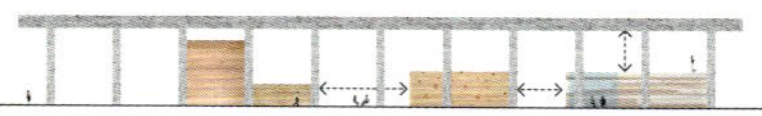

4　その他の閉じたい機能も木やガラスで包み床に置くことで、木箱の外側に滞留する場所や展示壁が生まれ、多様な活動を誘発する。木箱の素材、数、サイズ、配置など、周辺施設の連携を考えながら機能や空間を皆で一緒に考えていく。

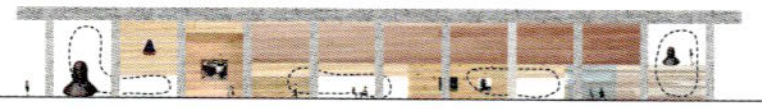

5　皆で考えた屋根の下の空間の様子は街から見え、それ自体が大きな常設展示作品となる。
高い、低い、広い、狭い、開放的、閉鎖的、硬い、柔らかい、冷たい、温かいなど様々な場所が多種多様な表現活動を支え、その活動は外に溢れ出し街に賑わいや高揚感を与える。

□空間のモチーフやイメージ

ずっと前からそこにあり使い込まれた工場や倉庫の様に匿名的な質をもった構造体によって創造的な場所をつくる。

外壁を後退しこみせのような庇のある歩行空間を街に提供し、回遊性を高める。

おもちゃ箱の様に多様な機能や活動が放り込まれ、その様子がガラスを通して街に溢れ出す。

電気の無い時代に湿気や動物から収蔵品を守った高床式倉庫の様に収蔵庫や展示室を木で包み吊る。

地元の様々な木々を不燃処理し、箱の仕上げに使うことで八戸の人々と美術館を強く結びつける。

ペンキに代わって、木パテや埋め木によって補修しながら使い込んでいくことで愛着をもってもらう。

□一緒に考えて、造り、更新していける仕組

1 「プラットフォーム」と「ソフト」

パソコンのハード、オペレーションシステム、ソフトの関係のように、建物の成り立ちを複数に分かり易く分けることで、設計の段階から市民が積極的に機能や空間に係わり易い仕組みをつくりあげる。また、使いながら変えていくことも視野に入れた柔軟な仕組みを考えることで、より活動と一体となった場所を目指す。

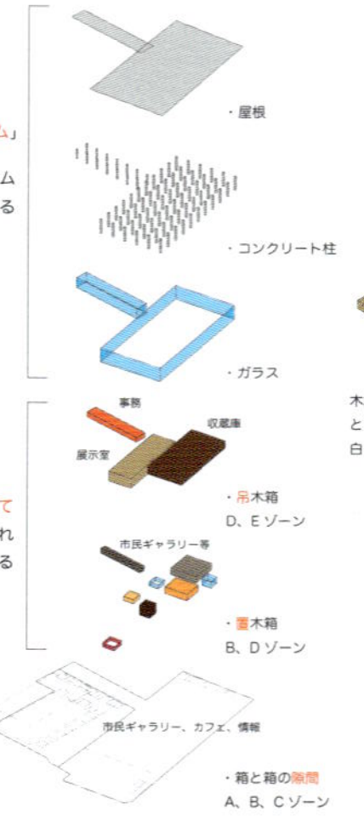

2 「箱」と「隙間」による場所の生成

おもちゃ箱に積木を放り込んでいくように、屋根の下に箱を放り込んで場所をつくっていく。木箱を 1 つ置くと、箱の中と外で 2 つの異なる質をもった場が生まれる。2 つの関係を同時に考えながら皆でシーンエリアとワイガヤエリアをデザインしていく。2 種類の質を持った空間によって創造力を喚起し多種多様な表現活動を支える。

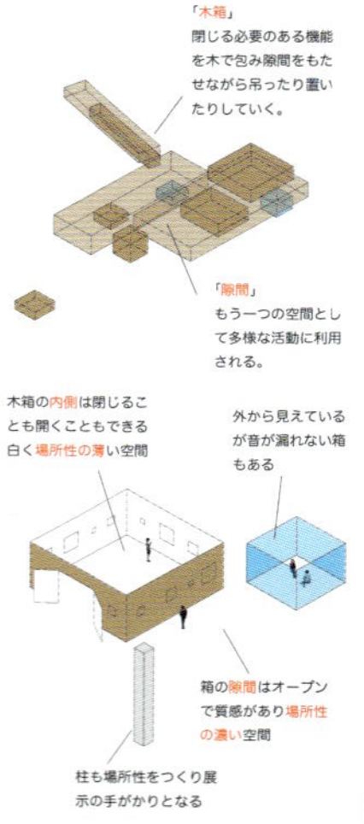

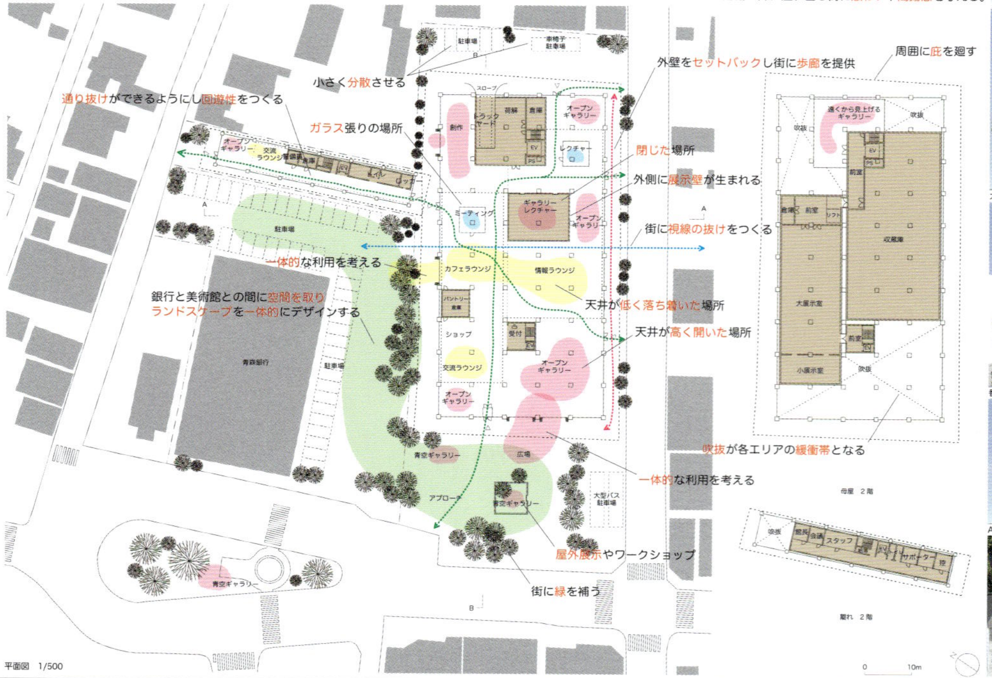

平面図　1/500

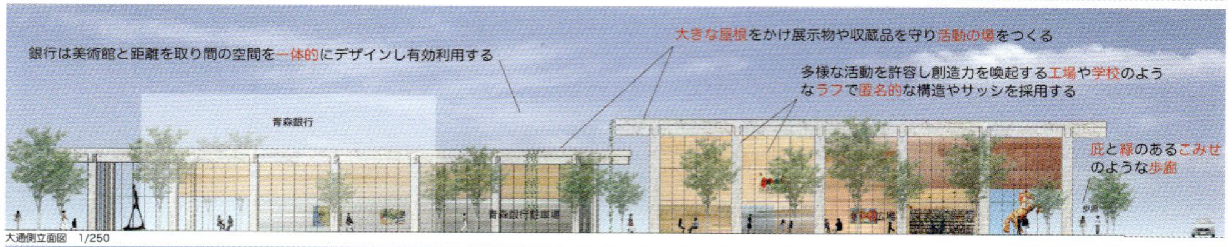

大通側立面図　1/250

番町側立面図　1/250

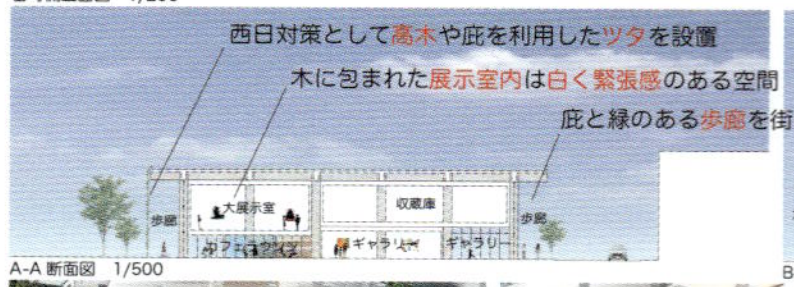

A-A 断面図　1/500

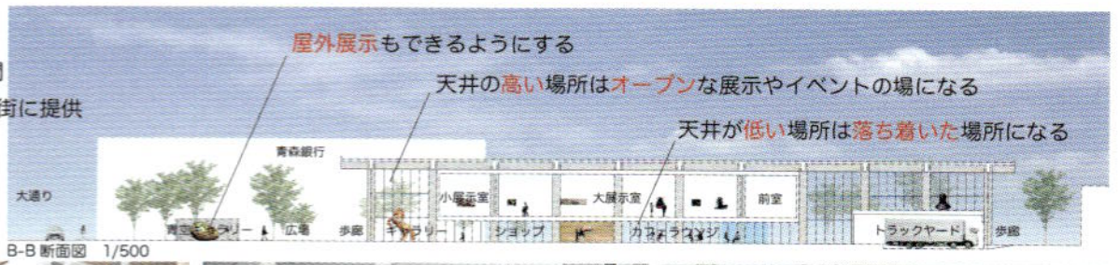

B-B 断面図　1/500

中村竜治建築設計事務所案

一緒に考え、造り、更新していける仕組みをモットーに、洋服ならジーンズ、建築なら倉庫工場のようなカジュアルな場所づくりを目指す。敷地いっぱいの屋根をかけシンプルなグリッド状にたてた柱群で屋根を支え、そこに展示と収蔵庫はもとより閉じるべき空間をいくつかの木で包んだ箱に収めその隙間をワイガヤエリアとする。そこは外から中が見え、通り抜けできる誰でも気軽に入れる空間とした。

（注）本書掲載に際し、当時の提案書を一部修正しています

は1) 学ぶための委員会をつくり、2) 学ぶプロセスを考え、3) それを公開し、4) その箱として誰でも学べる大きな部屋と、専門に特化した小さな部屋の対比を計画したのである。

これに対して他のファイナリストたちの案が最初に主張していることは概ね施設の地域への開き方でありそれは要項が要求した4つの設問：1) 周辺施設との連携、2) 敷地内レイアウト、3) 2つのゾーンのつくり方、4) ランニングコストの低減、への答えとして導き出されたものだったのである。

選定案の中心的主張は実はこの4つの設問への直接的な答えとして導き出されるものではなく、この施設に込められた大きなコンセプトを噛み砕いて得られたものである。つまり選定案を鮮明にしたのは課題の分析とそこから導いた問いの独創性にあったのである。

○ラーニングをする部屋

選定案が建築的に提案したものはジャイアントルームと個室群である。それらは美術館の目的的空間である展示室ではない。展示室は提案図に入っているけれどもそれはむしろ目的空間というよりはジャイアントルーム（学びの場）の付属施設のような記述のされ方をしている。つまりこの建物は名前の通り、美術館ではなく、「ラーニングセンター」として設計され、そのラーニングが究極的に将来的に美術（八戸の文化）を結実させるというストーリーの上に計画されているのである。だからプレゼンの大半はこのジャイアントルームと個室群がどのように使い得るかということに傾注されている。プレゼンボードにもラーニングがどのように行われるかが説明される。それを見るとこの体育館のようなホールに2つの箱（事務室、ライブラリー）が置かれ、その周りに自由に家具が配置されながらラーニングが展開されている様子が描かれているのである。

○非目的的

選定案の特徴はソフトでもハードでもこのように非目的的場所の重要性をうたい、それが将来的に目的的になり得ることを説得するものである。この非目的性を建築の中心に据える作法は、審査員の1人である青木淳氏に備わる資質である。当案はそんな審査員のツボを射抜いたものと思われる。（坂牛）

3｜リレーションズ提案の卓越性：充実したリサーチ結果をふまえコミュニケーションの仕組みを提示

最優秀賞に選ばれた西澤徹夫建築事務所・タカバンスタジオ設計共同体（および森純平）の提案書における特徴は、プロポーザル提案時点でのリサーチとその分析が充実している点にある。「審査結果報告書」における評で「中心街周辺施設との連携についても、「はっち」や「ブックセンター」等のリサーチを丁寧に行って、それらの施設の特徴を理解した上で、連携や差別化について考えられていることが伺えた。」とある通り、提案コンセプトの前提に現状調査と分析があることで、案のリアリティをより高めている。これは周辺施設との連携をうたうリライト・バウ設計共同体案にもあてはまる。

こうしたリサーチを、本書でリレーションズ提案と定義する（p.10参照）中でも、「①設計のためのリサーチ」や、「②市民とのコミュニケーション」のために実施するという提案例もある。本プロポーザルではこうしたコミュニケーションについての要求はなされていないが、選定案においては「設計・運営検討委員会の設置」とし、体制を備えておくというかたちでリレーションズ提案をおこなっていると見ることができる。

選評で「市民やスタッフ、有識者等とのコミュニケーションを積極的に図る仕組み」と言及されており、こうした体制の表明によって、具体的なワークショップやプログラムを提示するのではない、柔軟なコミュニケーションへの意思をアピールすることができる。たとえば、コロナ禍によってこれまで通りの説明会やワークショップ等の実施が困難になる状況においては、具体的なプログラムよりは体制の表明の方が望まれるかもしれない。

選定案において、必要なリサーチはプロポーザルの提案時点である程度おこなってしまい、設計中は住民や関係者とのコミュニケーションに集中するという方針がとられているようにも感じられた。

なお、必要なリサーチの成果としては、周辺施設との連携や差別化の提案のみならず、ラーニングセンターにおける具体的なアクティビティを「シミュレーション」というかたちで具体的に示している点もあてはまるだろう。完成したあとに、どんな日常の風景が展開するのかを示すことによって、提案にさらなるリアリティを付与することができている。（榊原）

4｜プレゼンテーションの卓越性：諸室の関係性を表現して利用イメージを喚起

このプロポーザルでは、「周辺施設との連携」・「敷地内の配置計画」・「ワイガヤゾーンとシーンゾーンのゾーニング」・「ランニングコストの低減」の4つの技術的課題への提案が求められていた。選定案の最も重要なコンセプトは、基本構想で掲げている「アート・エデュケーション・ファーム」というテーマに対して、相互に学びあえる拠点＝「ラーニングセンター」をつくる、という提案にある。「ラーニングセンター」は、「ジャイアントルーム」と呼ばれる人々が活動を行うための空間を中心に設け、それ以外の諸室を「専門性の高い個室群」として機能的に配置していることが大きな特徴である。

技術提案書では、その2つの特徴的な空間を示す内観パース群を紙面の左下を大きく使って表現している。同スケールの内観パース群によって、「ジャイアントルーム」が重要なスペースであることを示し、それ以外の諸室群が並置されていることを明快に伝えている。これらの内観パースは消失点を中心に正対した一点透視図とし、点景の人がいなければまるでトーマス・デマンドの写真を思い出させるようなマットな単一の質感で抽象化された表現である。ここでは新美術館で想定される活動を具体的に一連のプログラムとしてシミュレーションできるよう、人びとのアクティビティを白抜きの点景で表現している。あくまで建築は背景のような存在として描くことで、求められている「ワイガヤゾーンとシーンゾーンのゾーニング」を分かりやすく伝えている。

レイアウトは、87.5mm幅の4列と55mm幅の1列とし、4列を使って2つ目の技術的課題「敷地内の配置計画」以外の技術的課題に対して提案している。1つ目の技術的課題「周辺施設との連携」を〈1 八戸に、いま、どんな美術館が必要か〉として、3つ目の技術的課題「ワイガヤゾーンとシーンゾーンのゾーニング」を〈2 ラーニングのプロセス〉・〈3 ラーニングセンター〉として、左上の3列にテキストとダイアグラムで簡潔に伝えている。〈3 ラーニングセンター〉のダイアグラムでは、粒子状に諸室群を表現することで、市内既存施設との補完関係によって地域の核となるように「ラーニングセンター」を位置づけていることが分かりやすく表現されている。4つ目の技術的課題「ランニングコストの低減」への提案は右下の1列に〈4 設備計画〉・〈5 構造計画〉として、ややサブ的にまとめている。

2つ目の技術的課題「敷地内の配置計画」は紙面右上に内観パースに次いで大きいスペースに配置図兼平面図で示している。平面図は内観パースと色調を合わせ、また内観パースの方向を平面図と合わせることで、視線は紙面の右上・左下を行ったり来たりしながらも、立体的に全体の空間構成が想起される。

外観は右下に小さなパースが2枚あるのみで、三角広場によって中心市街地から吸い込まれるようなアプローチとまちのスケールに近い小さなボリュームの連なりであることを示し、殊更に外観デザインそれ自体を主張していないのもこの案の特徴である。（平瀬）

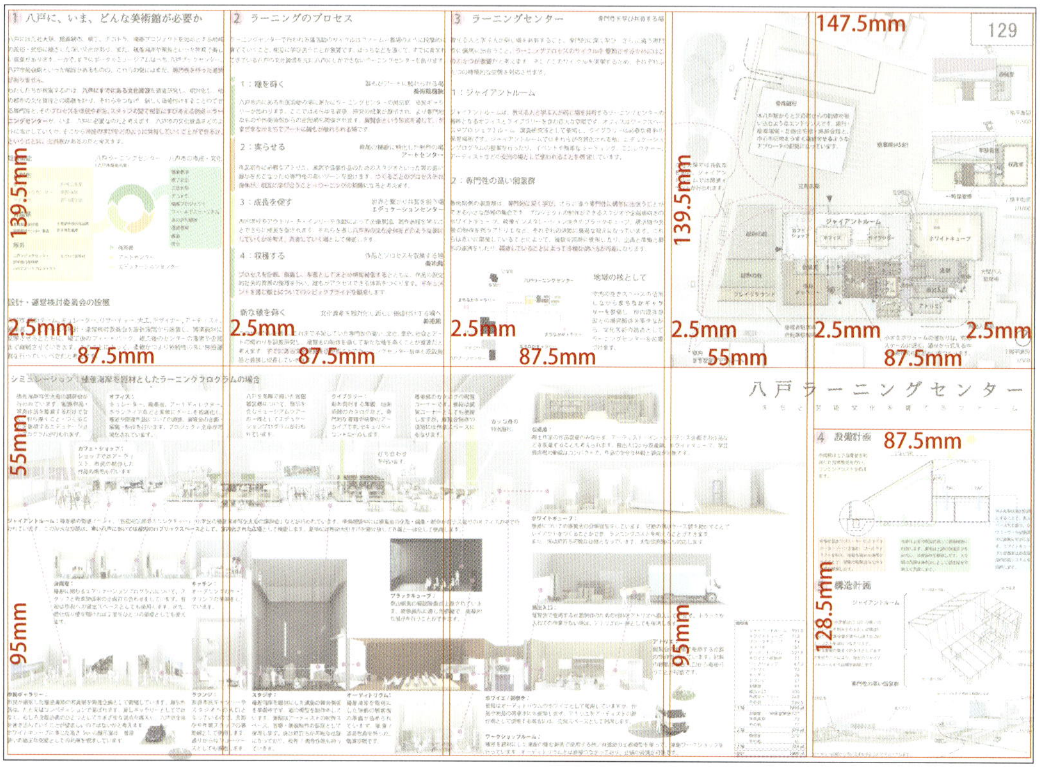

選定案のグリッド分析　指定条件：A1（横）1枚、文字14ポイント以上

設計者インタビュー

西澤徹夫

（西澤徹夫建築事務所・
タカバンスタジオ設計共同体・森純平）

竣工後の〈八戸市美術館〉

Q｜要項はチーム内でどのように読まれ・分析されましたか？

A｜要項は全員で時間をかけて読みます。ワイガヤ、シーンエリアについて想定されている空間や、基本構想の方向性から、まず美術館がどうありたいかを考えます。そしてそれに対してのカウンタープロポーザルがどのようにあり得るのかを考えます。特に、エデュケーションのありかたはラーニングというワードで置き換えたほうがいいのではという仮説を立て、次にそれが要項の内容を包含しているか、展開可能かを検討しました。

Q｜本プロポーザルの募集要項の中で最も重視された点は何でしょうか？

A｜要項では、地域の文化を掘り下げながら、種を蒔いて人を育むことが望まれており、エデュケーション機能とアートセンター機能を整備することで、従来的な美術館のあり方を拡大しようとする姿勢が読み取れました。

これらはふつう、運営に関わるものであって、建築計画的な回答とリンクしてきませんでした。そこで新しい美術館をラーニング・セン ターと位置づけなおし、建築計画として回答することを目指しました。

Q｜自らリサーチすること、市民とともに明らかにすることをどう線引きしていましたか？ プロポーザルから設計の過程でその線引きは変化しているでしょうか？

A｜国内外の美術館やアートセンターの新しい動向についてや、現役のキュレーター、アーティスト、インストーラー、建築実務者等に広くインタビューしたりリサーチを行いましたが、あくまで徹底的にプロ視点からであり、市民へのリサーチは行っていません。

それはまず全く新しいタイプの美術館を運営側が使いこなす側の視点を重視したためであり、プロポーザル時点からその姿勢は変わっていません。

Q｜プレゼンボードを作成される際、レイアウトや色調のルールは決めていますか？

A｜レイアウト・色のルールは特に決めていません。冒頭に、課題の投げかけと、中段に架空の展覧会をベースに全館を説明する方法だけ先に決めて、読みやすさと理解しやすさを最優先としてレイアウトのスタディを繰り返しました。

Q｜一点透視図を並置した内観パースの表現が特徴的ですが、この表現をなぜ採用したのでしょうか？

A｜美術館は観客だけでなく、スタッフやボランティア、インストーラーやアーティスト、搬入業者等さまざまな人々が使って初めていきいきとした空間となる、という考え方を示すには、主要な部屋を等価に扱いつつ全体像が理解できる表現が必要でした。

そこで、各室を断面パースにして平面図との関連をもたせながら配置し、架空の展覧会へむけて全館で準備中である、という設定を用いたんです。

Q｜当初案から、完成までに変更された点はありますか？

A｜ジャイアントルームはその形状を片流れから凸型に変更して、採光と無方向性をつくったこと、プロジェクトルームをさらに可変性のある移動棚とカーテンで仕切る方法に変えたことです。個室群ではオーディトリアムを廃してスタジオに統合し、市民ギャラリーの脇に会議室を並べてギャラリー・スタジオの控室としても使えるようにしたことです。

外構は街 に属する性格のマエニワと、すこし美術館の活動が溢れ出るオクニワとに分けて整備したことが変更点です。

④

大学・高校

京都市立芸術大学及び京都市立銅駝美術工
設計業務委託に係る公募型プロポーザル

要項の読み解き

- 芸術教育・研究を育む「エクストラオーディナリー」なキャンパス
- 非日常的な視点と既成概念からの開放を両立する「テラス」となること
- 市民や利用者との対話を重ねる設計プロセス・体制の提案

コンペ概要

要項に示された規模

延床面積｜約63,000㎡
概算工事費｜280億円

提案書の指定条件

A3・6枚以内・文字10pt以上

2017
5月8日
公募開始

6月19日
参加表明書・1次審査技術提案書提出期限

7月5日
1次審査

7月10日-8月14日
2次審査技術提案書提出期限

8月30日
2次審査（ヒアリング）

9月11日
選定結果通知

審査委員（役職は当時のもの）
*審査委員長

奥田正治*
崇仁自治連合会会長

奥美里
京都市行財政局参事、文化市民局参事

木下庸子
工学院大学教授、設計組織ADH代表

妹島和世
横浜国立大学大学院Y-GSA教授、
㈱妹島和世建築設計事務所代表

坂東幸輔
京都市立芸術大学環境デザイン専攻講師

門内輝行*
京都大学名誉教授、大阪芸術大学建築学科長・教授

鷲田清一
京都市立芸術大学学長

芸高等学校移転整備工事

選定案の読み解き

チーム編成のきめ細やかさを前面化し、対話重視の課題に応える

選定された提案者

乾・RING・フジワラボ・o+h・吉村設計共同体

ファイナリスト

- C+A・平田晃久・スキーマ・ティーハウス設計共同体（2位）
- 山本・石本設計共同体（3位）
- kwhg・Tato・安井設計共同体
- 槇総合計画事務所
- 宮本・宮本・ドット・デネフェス・オンデザイン設計共同体

所在地

京都市
下京区

まちのように育まれる 水平につながっていくキャンパス

ー 大学と地域、芸術と社会の新しい関係性を生み出すフレーム ー

基本姿勢を具現化するための 3 つの方針に基づくフレーム

新しいキャンパスでは、京都市立芸術大学の基本姿勢〔芸術であること・大学であること・地域にあること〕を設計を通して考え、発展させていく使命があると私たちは考えました。その使命を「まちのようにつくり・成長する」「つくる・つかう・のこすを融合させる」「地域の生活とともにある」という 3 つの方針に基づくフレームによって具現化します。

フレーム①

ひとつのまちが生まれ成長するように大学をつくる

①-1 マトリクスフロア（M.F.）とフレキシブルストラクチャー（F.S.）

条坊制を人々が住みこなすことにより多様で豊かな京都が生まれてきたように、基盤となる M.F. と、柔軟な F.S. というふたつの構造の仕組みを設定します。

※マトリクスフロア（M.F.）の柔軟性

M.F. の数と高さは各街区の特性に合わせて自由に設定できます。

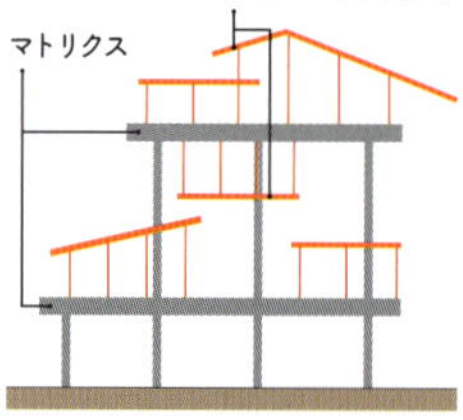

①-2 活動の中心となる立体化した通り

京都の活動や文化が通りを中心に発展してきたことを引き継ぎ、立体化した様々なスケールの道を大学活動の中心として位置付けます。

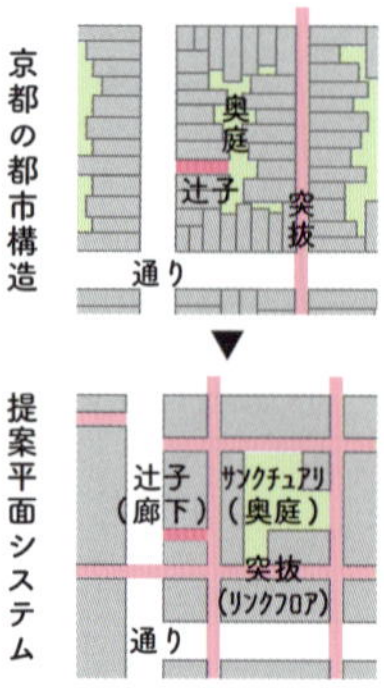

①-3 奥庭による親密なサンクチュアリ

各棟に奥庭をもつことで、学内のサンクチュアリ空間を確保します。奥庭を介して部屋が向き合うことで、科を超えた親密な出会いの場になります。

▶（結果生まれるもの）M.F. と F.S. による自由な構造システムは、関係者との対話を通して両側町や桟敷空間、川床のような都市的な魅力を生み出していく新しい建築のデザインフレームです。

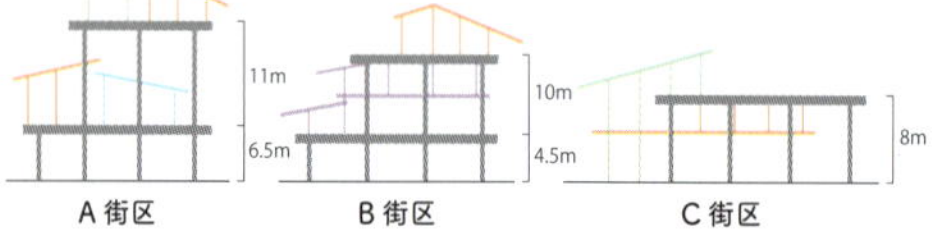

フレーム②

「つくる」「つかう」「のこす」が融合したプロセ

②-1 活動の風景が現れる立面計画

研究室に占有されるバルコニー、各科を超えて大勢が行き
共有廊下が、通りに向かってランダムに現れる計画とするこ
で、キャンパスの活動風景がそのまま立面となります。

人々の暮らしが多
立面となって現れ

出典：高橋康夫
『京町屋・千年のあゆみ
いきづく住まいの原型』
学芸出版社 p.42図1・4

②-2 対話のためのナレッジマネジメント（情報・知識の共有と活

「スケッチ・ランゲージ」や「巨大模型」、「インクルーシブデ
イン」、「既存校舎でのシミュレーション」など、視覚的・身体
社会包摂的・空間的な独自の対話ツールを開発します。言葉で
共有ではこぼれ落ちてしまう大切なことも、より多くの使い手
ちと共有できる新たなデザインの対話を提案します。

②-3 あらゆるアーカイブズが新たな地域資源となる仕組み構築

新たな住民として参画する大学・高校関係者が、柳原銀行記念
料館をはじめ地域で長きにわたって培われてきた「自分たちの
ちを自分たちでつくる」自治の精神を引き継ぎ、新たなまちの
域資源を創出 / 蓄積できる仕組みを構築します。

フレーム③

地域の生活空間とともにある有機的なキャンパス

③-1 高瀬川沿いに展開するリサーチ・マネジメント（新機構）

高瀬川（旧河道含む）に沿ってギャラリーアクアや講堂、図書
共通工房をはじめ、まちの古材循環センターや銭湯といった機能
展開し、フォーマルな発表の場から地域との日常の交流の場まで
ひとつながりのものとします。

③-2 地域に編み込まれる 7 つの軸と 5 つの十字路

崇仁地区をはじめ、京都のまちに寄り添うキャンパスとして、「暮ら
働く・創造する」が一体となった計画を、全地区を横断する 7 つの
5 つの十字路により体現します。

活動の中心となる通り

サンクチュアリとしての奥庭

的な対話から設計を実現していく実施体制を構築

計チームの特徴

多様な対話プロセスを実現する、**確実性と柔軟性を兼ね備えた実施体制**を構築。在校生・OB、移転プレ事業にも参画する研究者が伴走し、**現在進行中のさまざまな移転プロジェクトと融合した設計プロセスを実現**します。

ンダーワンルーフ
豊富で多様な専門家が
する組織をとりまとめ
ンダーワンルーフの責
制、組織の垣根を越え
業分担としていきます。

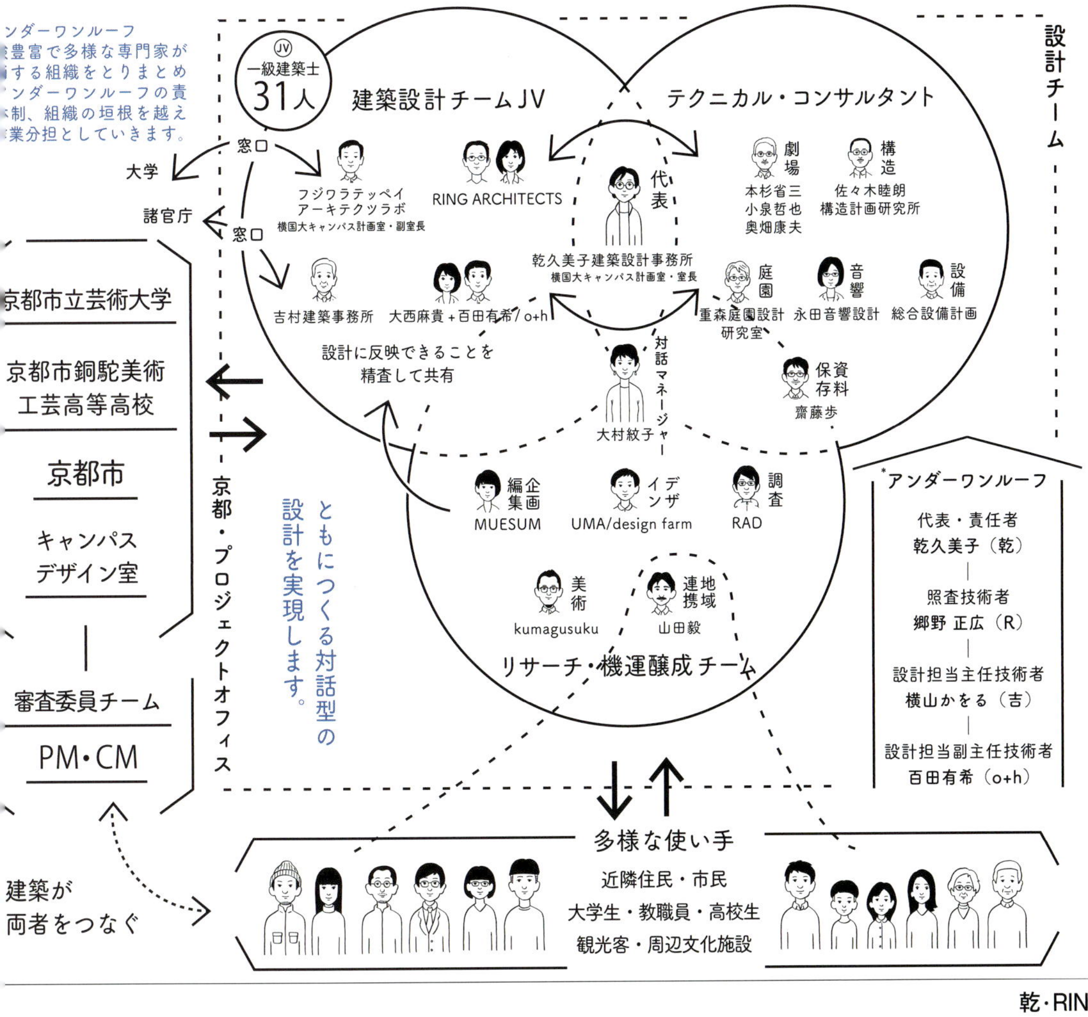

多様な使い手との協働

フィールドワーク

市民にプロセスを公開

地域マテリアルリサーチ

アンダーワンルーフな議論

地域との対話を実現するための新機構軸

地域に編み込まれるキャンパスを体現する新機構軸

かつて京都の生活を支えるインフラであった高瀬川に沿って、新機構を再編します。地域の暮らしや働く風景、共通工房での創作、図書館・資料館での研究、講堂やギャラリーでの発表などがひとつながりになることで、これまで無縁だった人たちがばったり出会う「無縁の縁」が起こるバリアフリーな対話の場の創出を促します。

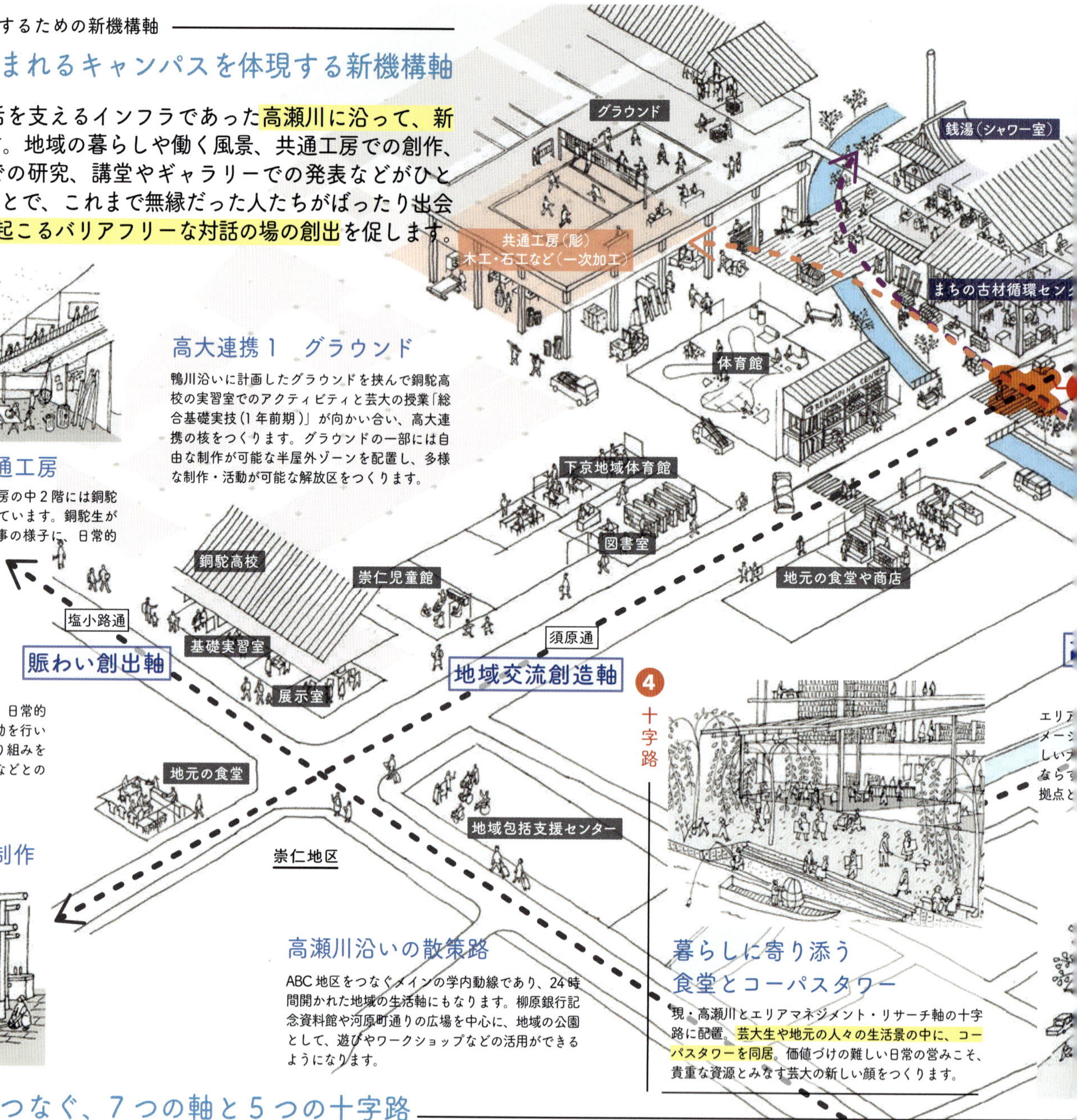

高大連携１　グラウンド

鴨川沿いに計画したグラウンドを挟んで銅駝高校の実習室でのアクティビティと芸大の授業「総合基礎実技（1年前期）」が向かい合い、高大連携の核をつくります。グラウンドの一部には自由な制作が可能な半屋外ゾーンを配置し、多様な制作・活動が可能な解放区をつくります。

高大連携２　共通工房

グラウンド下にある共通工房の中２階には銅駝高校の実習演習室室が浮いています。銅駝生が教授（プロ）や大学生の仕事の様子に、日常的に触れることができます。

設計・建設プロセスの中で、日常的に地域のリサーチや芸術活動を行います。still moving などの取り組みを進めるギャラリー＠KCUA などとの連携も行います。

地域の生活に寄り添う調査や制作

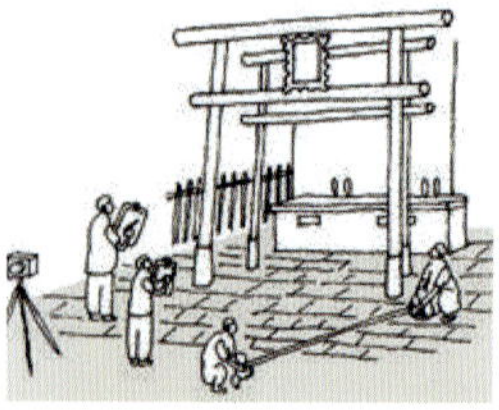

高瀬川沿いの散策路

ABC 地区をつなぐメインの学内動線であり、24時間開かれた地域の生活軸にもなります。柳原銀行記念資料館や河原町通りの広場を中心に、地域の公園として、遊びやワークショップなどの活用ができるようになります。

暮らしに寄り添う食堂とコーパスタワー

現・高瀬川とエリアマネジメント・リサーチ軸の十字路に配置。芸大生や地元の人々の生活景の中に、コーパスタワーを同居。価値づけの難しい日常の営みこそ、貴重な資源とみなす芸大の新しい顔をつくります。

大学と地域をつなぐ、７つの軸と５つの十字路

高瀬川沿いに生まれる２つの創造軸

学内外の接点をとなる高瀬川沿いに連なる新動線

エリアマネジメント・リサーチ軸［新機構軸］

芸能が発祥した鴨川河川敷から、京都駅方面へと高瀬川の流れに沿い、新機構の機能と大学会館の要素を配置し、大学と地域、来訪者との接点をつくります。

共通工房を再編し、学科を超えた運動を生み出す動

共通工房軸

エリアマネジメント・リサーチ軸と伴走
るように、共通工房を分散配置し、制作
ロセスや搬入出に配慮することで、多様
創作活動を柔軟に支えます。

地域に存在する５つの生活軸

京都の玄関口と文化ゾーン東山を結ぶ動線

賑わい創出軸［塩小路通］

市民や国内外の観光客が数多く行き交う、塩小路通に面し、講堂や複数のギャラリー、インフォメーションセンターなどパブリックな機能を配置し賑わいを生み出します。

地域住民と学生との協働のきっかけを生む動線

地域交流創造軸［須原通］

地域商店や体育館と再編された大学会館（
湯やまちの古材循環センターなど）が並
須原通には、地域住民と学生が日常的に
流し創造性を発揮する状況が生まれます。

地域で培ってきたアイデンティティを感じる動線

地域文化軸［河原町通］

「自分たちのまちを自分たちでつくる」自治の精神が培われてきた証である地域発信型人権資料館、地域のお祭り広場など、ここに根づく共同価値に触れる軸を生み出します。

学生による創造性を行き交う新動線

学び発見軸［芸大通（新設）］

芸術学部、音楽学部の学生が最も多く集う新設の芸大通では、学生たちの学びの機会が、来訪者にとっての発見の機会へとつながるような状況を生み出します。

崇仁地域の暮らしが溢れる動線

高瀬川沿い居住軸［南北高瀬川沿いの道

新旧の市営住宅、うるおい館、デイサー
スセンターが並び、新設の橋とともに地
の日常にある南北高瀬川沿いの道の先に
たに橋をかけ、大学と地域とをつなぎます

受付番号：

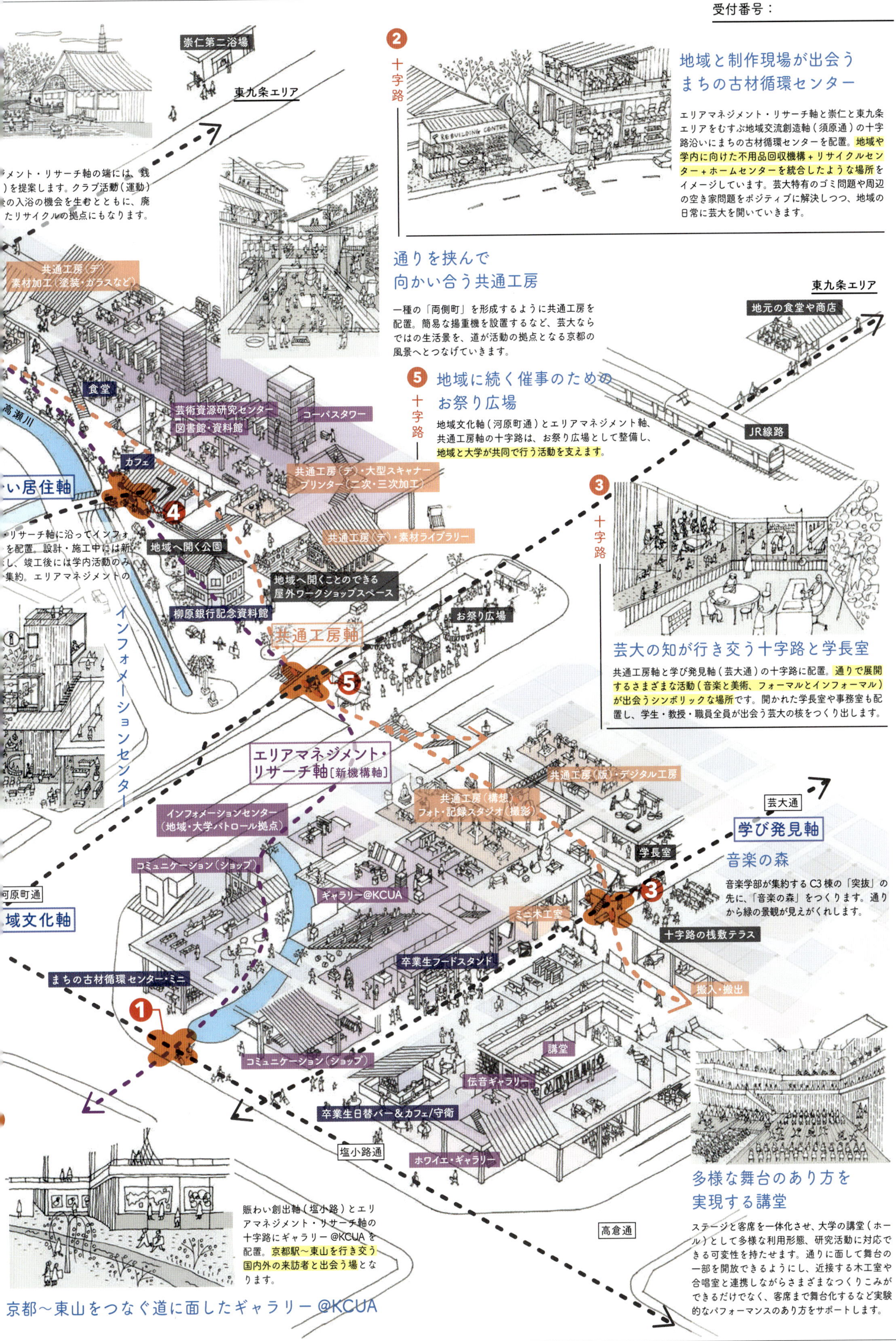

メント・リサーチ軸の端には、銭
）を提案します。クラブ活動（運動）
の入浴の機会を生むとともに、廃
たリサイクルの拠点にもなります。

2 十字路

地域と制作現場が出会う まちの古材循環センター

エリアマネジメント・リサーチ軸と崇仁と東九条エリアをむすぶ地域交流創造軸（須原通）の十字路沿いにまちの古材循環センターを配置。地域や学内に向けた不用品回収機構＋リサイクルセンター＋ホームセンターを統合したような場所をイメージしています。芸大特有のゴミ問題や周辺の空き家問題をポジティブに解決しつつ、地域の日常に芸大を開いていきます。

通りを挟んで 向かい合う共通工房

一種の「両側町」を形成するように共通工房を配置。簡易な揚重機を設置するなど、芸大ならではの生活景を、道が活動の拠点となる京都の風景へとつなげていきます。

5 十字路

地域に続く催事のための お祭り広場

地域文化軸（河原町通）とエリアマネジメント軸、共通工房軸の十字路は、お祭り広場として整備し、地域と大学が共同で行う活動を支えます。

・リサーチ軸に沿ってインフォ
を配置。設計・施工中には新
し、竣工後には学内活動のみ
集約。エリアマネジメントの

3 十字路

芸大の知が行き交う十字路と学長室

共通工房軸と学び発見軸（芸大通）の十字路に配置。通りで展開するさまざまな活動（音楽と美術、フォーマルとインフォーマル）が出会うシンボリックな場所です。開かれた学長室や事務室も配置し、学生・教授・職員全員が出会う芸大の核をつくり出します。

音楽の森

音楽学部が集約するC3棟の「突抜」の先に、「音楽の森」をつくります。通りから緑の景観が見えがくれします。

脈わい創出軸（塩小路）とエリアマネジメント・リサーチ軸の十字路にギャラリー@KCUAを配置。京都駅〜東山を行き交う国内外の来訪者と出会う場となります。

京都〜東山をつなぐ道に面したギャラリー @KCUA

多様な舞台のあり方を 実現する講堂

ステージと客席を一体化させ、大学の講堂（ホール）として多様な利用形態、研究活動に対応できる可変性を持たせます。通りに面して舞台の一部を開放できるようにし、近接する木工室や合唱室と連携しながらさまざまなつくりこみができるだけでなく、客席まで舞台化するなど実験的なパフォーマンスのあり方をサポートします。

第８号様式③

受付番号：

1F 配置図

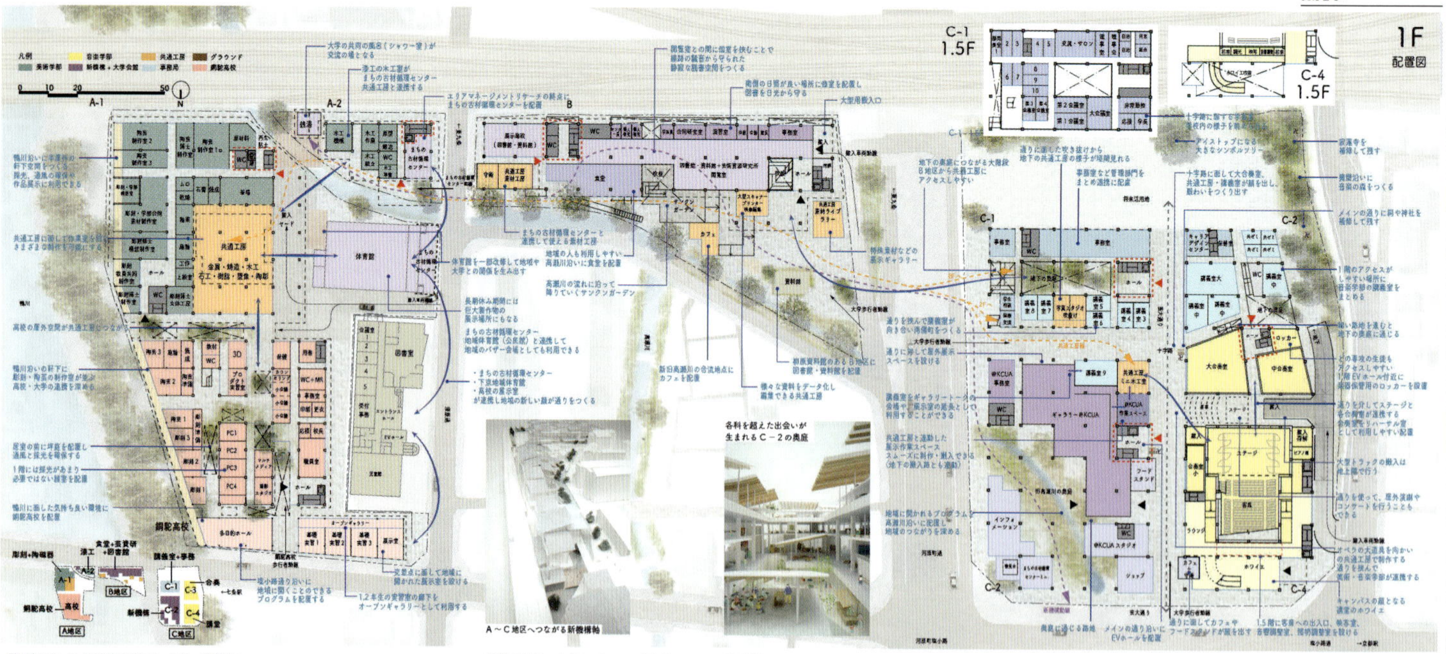

開放的なキャンパスのためのセキュリティデザイン

新機構軸＝24時間開放エリアを可能にする計画

・多様で自由な活動をサポートするため、昼間は室単位のセキュリティを基本とし、**夜間は地域に開く施設を配置するエリアマネジメント・リサーチ軸（高瀬川沿い）のみ開放**としながら、そのほかはゲートで各街区の夜間のセキュリティラインを形成します。さらに各棟の夜間出入り口は1箇所に絞り込みます。

・セキュリティレベル４が求められる収蔵庫は図書館・資料館に入れ子状に配置します。

・安全性が求められる共通工房は、ガラスなどを利用して視覚的につながりつつ物理的な隔たりをつくる箇所を設けます。セキュリティレベル４が求められる工房は研究室などを通ってアクセスする配置とします。

・**学生証＝ICカードを活用**し、学生の自由な出入りとセキュリティを両立させます。

・地域に開かれつつ安全な学校を実現するために、**地域と連携しながら大学・周辺エリアのパトロール**を行う仕組みをつくります。

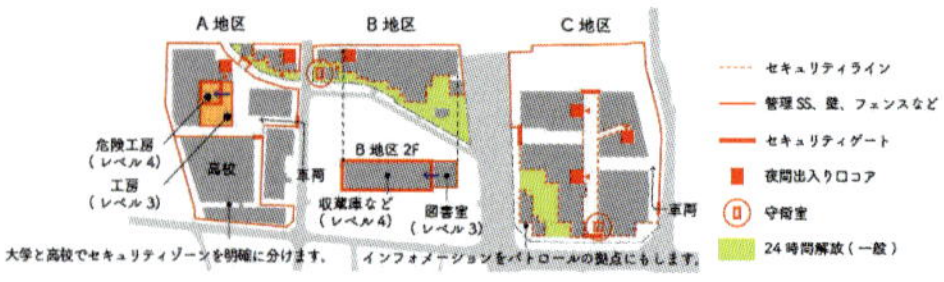

環境と芸術をつなぐランドスケープデザイン

芸術と環境のパサージュ

京都の歴史的作庭に精通したコンサルタントの意見を聞きながら、風景をつくるだけでなく、砂紋の庭のように人の関わりによって美しさが生まれ、**人工物・自然物が融合したランドスケープデザイン**とします。

防災対策

防災拠点としてのキャンパス

免震され浸水被害の少ないＣ地区地下にエネルギーセンター、備蓄庫を設け、非常時のエネルギーバックアップ、地域防災拠点機能を担います。Ａ、Ｂは、浸水に備え２階以上に電気室、発電機を設置。太陽光発電パネルを分散設置し蓄電池を置くほか、個別空調方式を併用し常時負荷への分散対応や非常時の各地区の防災機能の向上を図ります。また雨水流出抑制を図ります。

書庫や資料収蔵庫は浸水予想レベルよりも上のＢ地区２階に配置します。

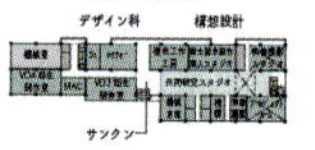

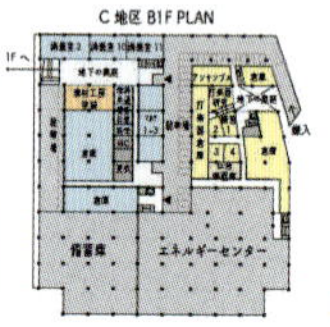

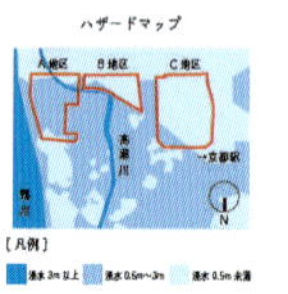

京都の新しい顔となる新幹線側からの立面

新幹線沿いに京都らしいルーフスケープが展開

各地区の特性にあわせてボリュームや高さが変わっていきます。また、東九条エリアに向かって開かれた立面とすることで、互いに影響し合い新しい京都のまちの風景をつくっていくきっかけとなります。

音楽と美術が通りを挟み、向かい合う様子が見える

力強い M.F. と、軽い F.S. の対比が立面にリズムをつくる

川床フロアにより鴨川へ活動が水平につながっていく

第８号様式④

受付番号：

2F

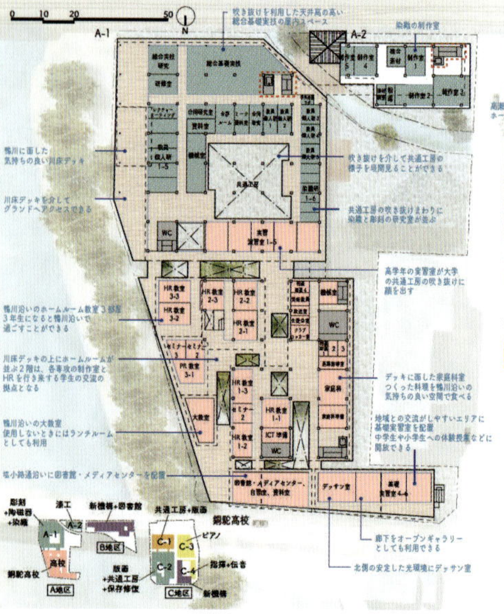

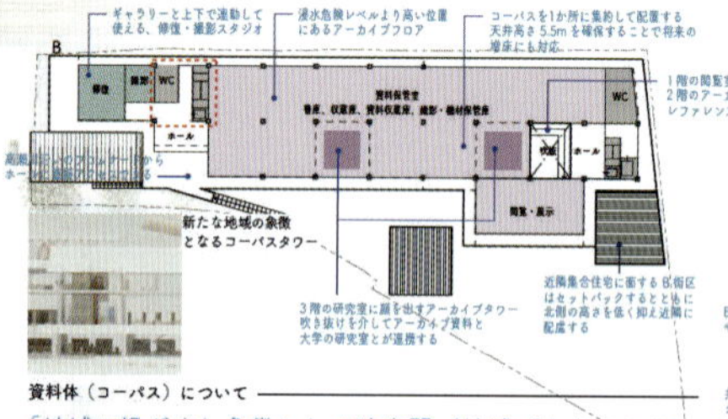

資料体（コーパス）について

「地域に根ざす」象徴として時空間／地域／人をつなぐ

・時を超えた地域アーカイブズへ

崇仁地域を舞台にした教育・創作から生まれる「資料体」は、**芸術活動の記録であり、いずれ地域活動の記録として地域資源となりえます**。このアーカイブズも地域と大学をつなぐ新機構軸においても重要な要素です。

・十字路におけるアーカイブズの活用

アーカイブズの活用を重視し、**各十字路で、京都の伝統技術、卒業生の素材／技術を利用した高大連携プログラム、市内他施設やアーカイブズとの連携、市民アーキビストによる資料体収集・整理活動などを促進**します。

「資料体」関係図

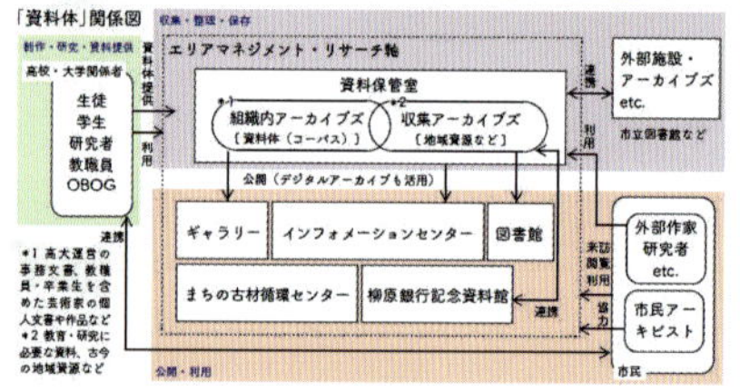

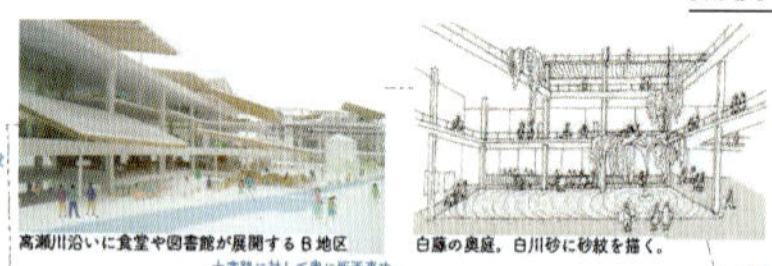

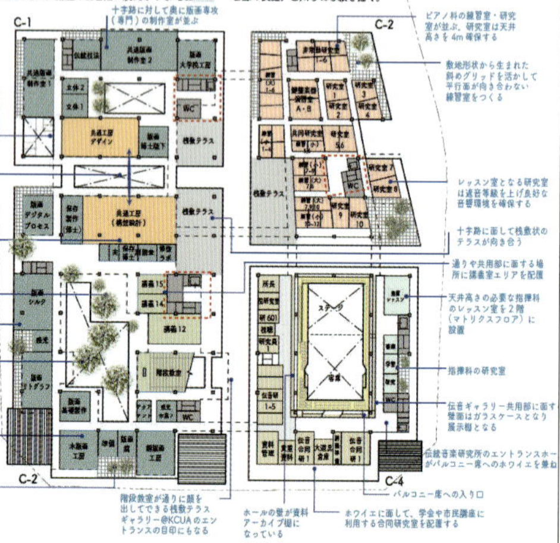

音楽のラーニングコモンズとしての講堂

アコースティックな音響に優れ、実験的な使い方が可能な講堂

・室内楽演奏に最も相応しく、オペラ公演や映像などマルチメディアホールとしても機能する大学講堂を提案します。

・**優れた音響性能を保証するシューボックスの室形状**とし、音響性能に優れた反射板を舞台周りに設置します。

・コンサートとオペラを両立する**軸回転式の舞台側面大型音響反射板を設置**します。

・アンサンブル編成に応じて**舞台奥行・天井高さを可変できる音響反射板**を配置します。

・客席内で**舞台まで自由に移動できる客席構造**とし、使い方の自由度を高めます。

・演出的な要求に応える道具および照明バトン、迫り・奈落設備を備えます。

・職員・学生でも安全に操作できる**シンプルな舞台設備**とします。

・**1階ステージは、外部からも関連諸室からも搬出入しやすい**配置とします。またバルコニー席は、隣接諸室からの出入り可能な、音楽学部と一体となった講堂をつくります。

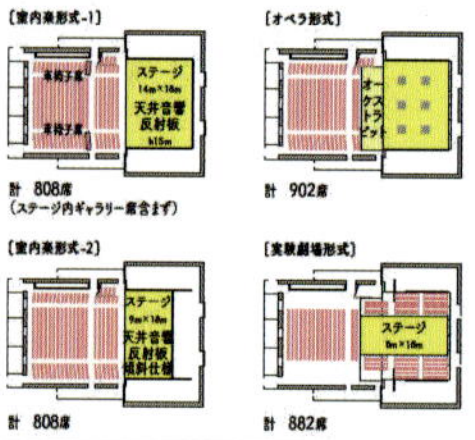

内装材に「みやこ杣木」を使用し、カーテンで残響調整ができる実験的な講堂

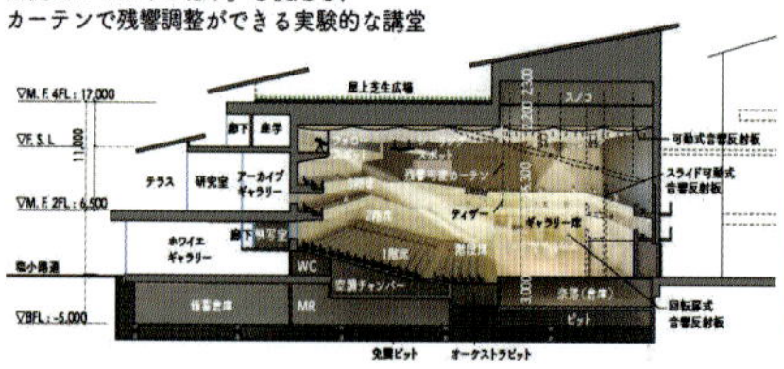

水平につながっていく断面計画

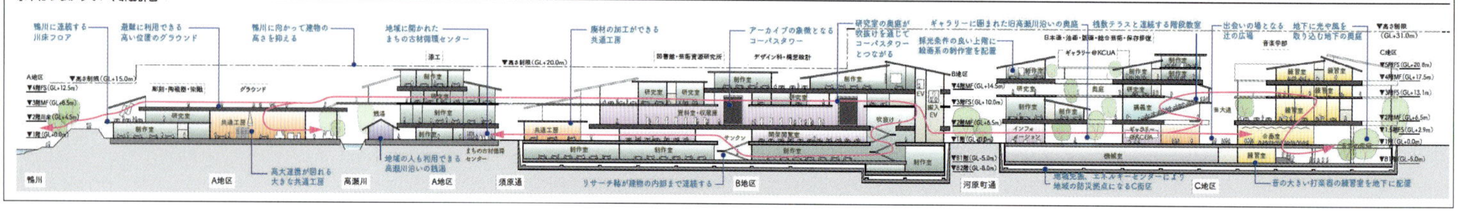

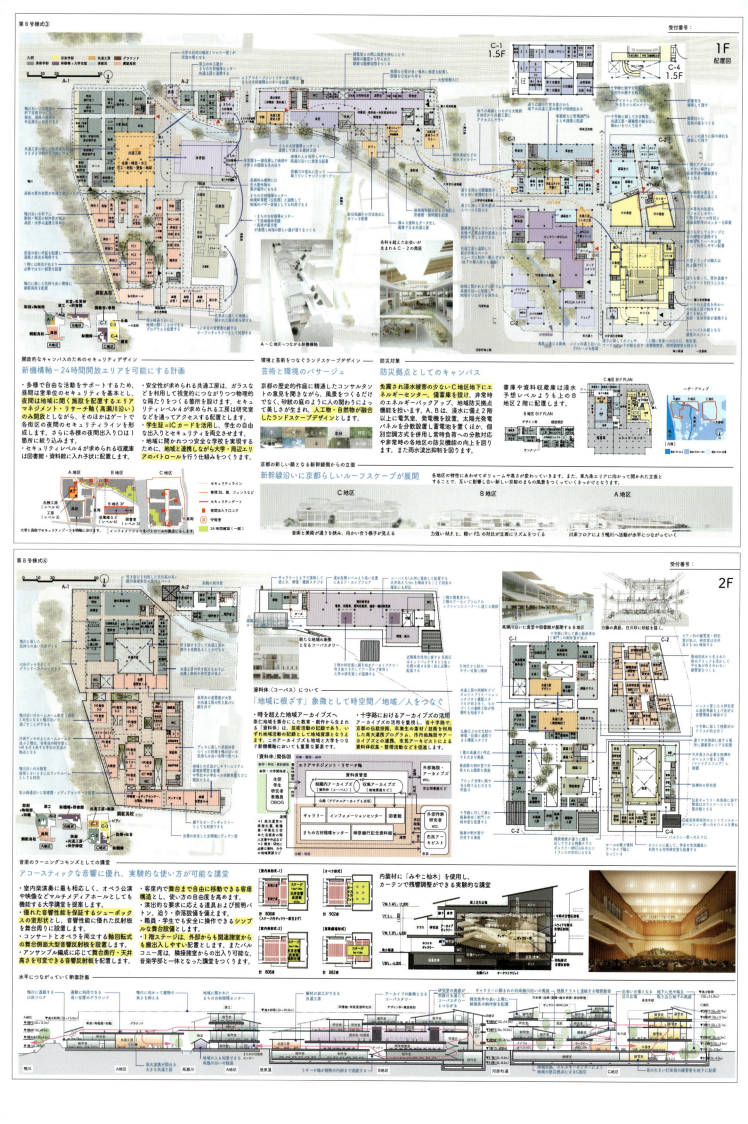

第8号様式⑤

受付番号：

3F

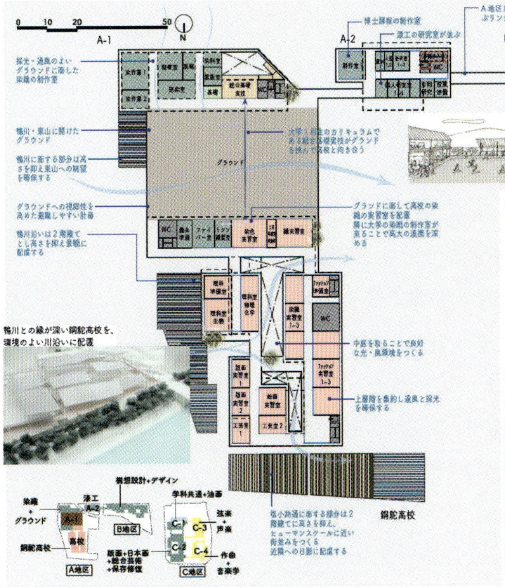

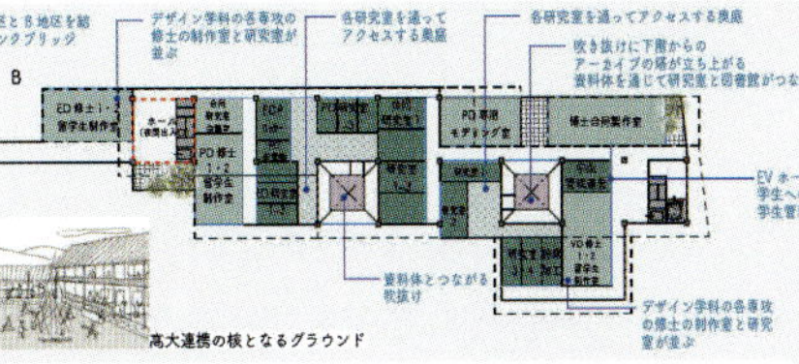

高大連携の核となるグラウンド

町家から学ぶ快適性の創出

「建具替え」による季節に応じた環境づくり

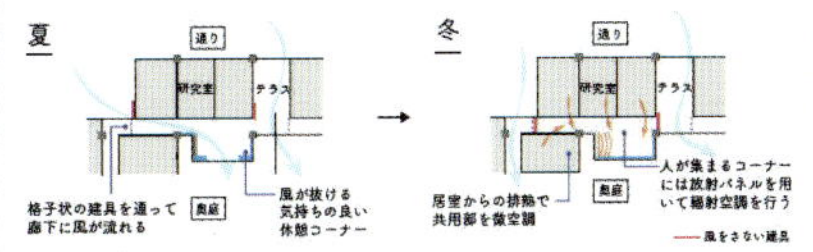

近隣への配慮

周辺環境に配慮し、地域と共存していく建築計画

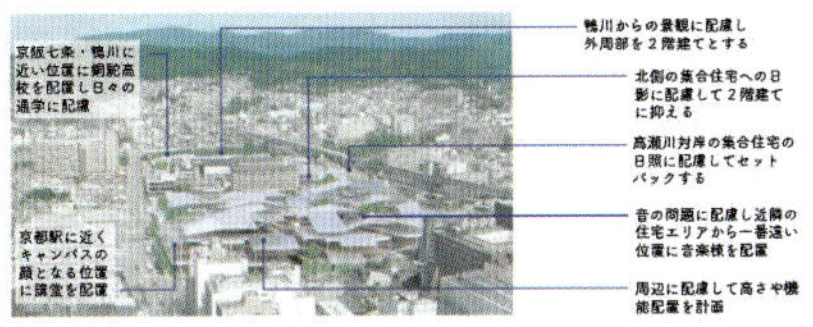

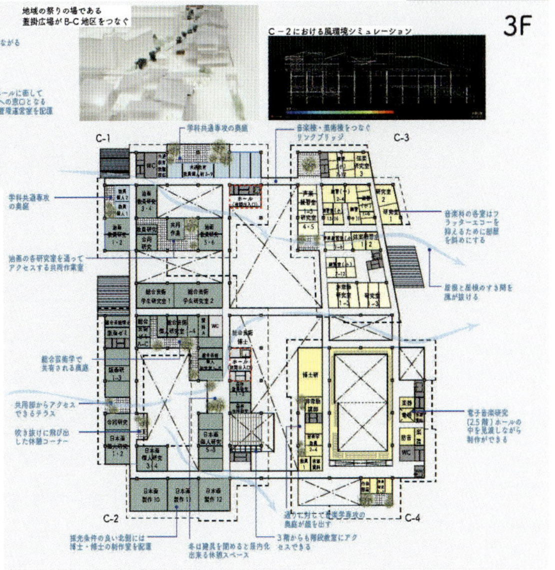

フレームのアイデアを具現化する構造デザイン

マトリクスとフレキシブル、秩序と柔軟の統合的計画

メジャーとマイナーのふたつの構造原理

・C,B地区において2階と4階にインフラとなる人工地盤階（マトリクス階）を設け、不変的な主体構造としてSRCラーメン構造によるメジャー・ストラクチャーを構成。その上部、中間階は可変的な入れ子構造として鉄骨造や木造によるマイナー・ストラクチャーとすることにより、建築計画に適合する柔軟で合理的な構造システムとしています。

・これらの均質な大架構と多様な小架構を最適に実現するために基礎免震を採用し、同時に地震時の地域防災拠点あるいは重要な収蔵品の保護に対応できます。鉄道に配慮し杭無しで、阪神大震災級の直下型大地震に耐える構造とします。

設備ルートとしての構造スラブ

・マトリクス階の構造は逆梁型のSRC大梁と鉄骨フィーレンデール梁による基本床組み構造とし、上下のマイナー階の柱を自由に支持する基盤となるだけではなく、下面のRCスラブと上面のスパンクリートスラブの間は設備的にも利用可能とします。

※A地区においても基本的な構成は同様とし，規模や構成に応じて耐震構造としている。

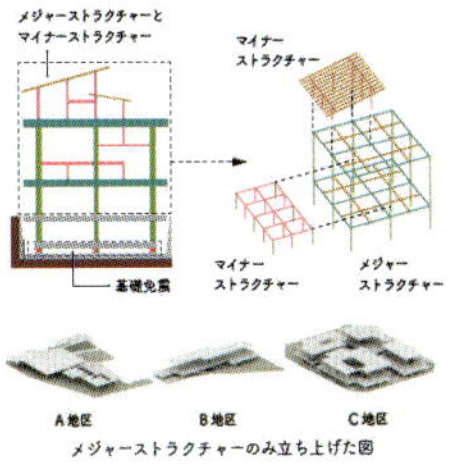

メジャーストラクチャーのみ立ち上げた図

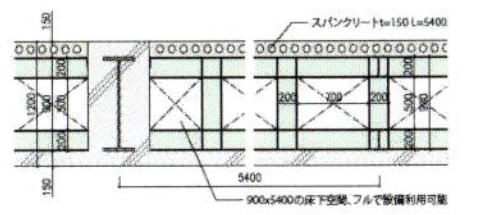

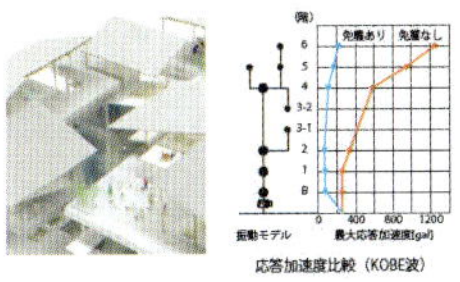

応答加速度比較（KOBE波）

建築・構造と連環したフレキシビリティの高い環境設備デザイン

光や風や熱のパッシブデザインと合理的設備システムの融合

マトリクスフロア（M.F.）を活用した革新的な設備システム

・地区の設備メインルートから分散配置される縦設備シャフトに連結し、さらに各階でマトリクスフロアを利用して設備を展開します。外気給気ダクト、排気ダクト、冷媒配管、電源系、通信系ケーブルなどを展開し、機器や器具に供給します。

・日常の保守点検スペースの確保、更新時の搬出・搬入ルートの確保、将来の増設スペースなどを検討し、適正なスペース計画やアクセスルートを確保します。

防災拠点として、更新性の高いキャンパス

・最も安全なC地区地下のエネルギーセンターは防災の拠点になります。

・避難安全検証法によらない一般法規での防災設備設計とし、将来的な増改築を容易にします。

エネルギーのベストミックスとマネジメント、環境負荷削減の両立

・井水・地中熱・コジェネ・ヒートポンプ・太陽光等、多様な再生可能エネルギー源を活用するとともに、熱源の分散化により、高効率で災害に強いシステムを実現します。

・省エネ、省ランニングコストとなる高効率システムとし、エネルギー消費量・温暖化ガス排出量を削減します。井水の水温をカスケード利用し、水温利用後は"みち"への打ち水やミスト、奥庭への灌水などに再利用します。

・コジェネの熱源は、耐震性の高い中圧ガスを利用し、「非常用発電機兼用ガスコージェネレーションシステム」として利用を検討します。※今後協議の上、実施

・BEMSを活用し、地区ごとに熱・水・電気・情報などをネットワーク化し、エネルギー運用の総合的なシステムを構築します。また、見える化・予防保全・劣化診断などを行います。

※今後、関係者との協議を行い、地区間のエネルギー相互融通システムの実現も図ります。

立体化された半屋外空間を活用した風・光・水のパッシブ環境デザイン

・自然エネルギーを最大活用し、通りや中庭、奥庭といった、光や熱や風が流れる空間の身体感覚としての心地良さを可視化・数値化して把握し、パッシブな環境設備デザインを実現します。

・屋根庇やマトリクスフロアによる日陰の形成、外装の高断熱化を徹底し、設備機器のスペック、エネルギー消費量の大幅な削減を図ります。建具替えによる通風の制御、地中熱による床冷房、日照の蓄熱、ミスト、井戸からの打ち水、保水性舗装や緑化などを重視して設計します。

・京都市公共建築物低炭素仕様を踏まえ、CASBEE京都のSランクを目指します。

芸術系大学施設特有のスペックへの対応

・資料館、漆芸、日本画、楽器保管庫など、厳重な温湿度管理の必要な諸室においては、独立での設備を配備し、適切な環境を確保します。

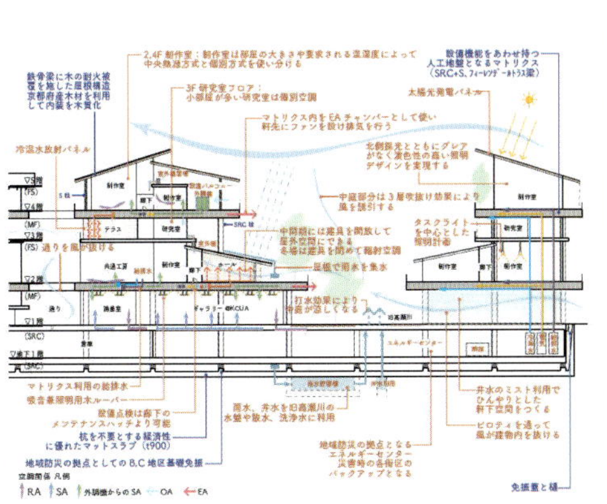

第8号様式⑥

受付番号：

4F

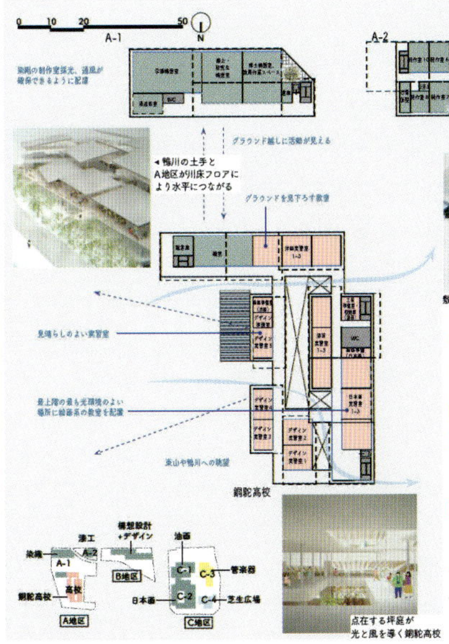

点在する坪庭が
光と風を導く銅駝高校

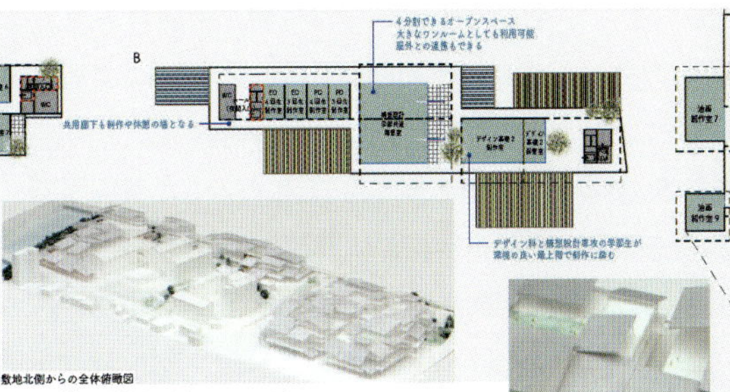
敷地北側からの全体俯瞰図

周辺と応答し、景観をつくるキャンパスデザイン

鴨川や東山、通りに応答するルーフスケープ

屋根の高さ、架け方、勾配などによって、鴨川や東山との調和といった都市スケールの景観と、通りへの賑わいを生み出すヒューマンスケールの景観の双方に応答します。

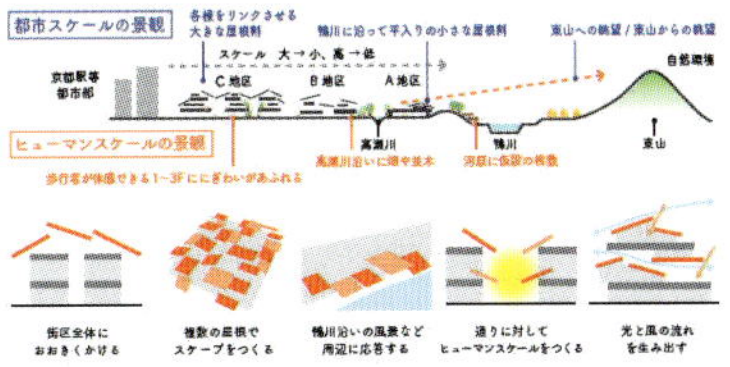

C地区中央の桟敷テラス

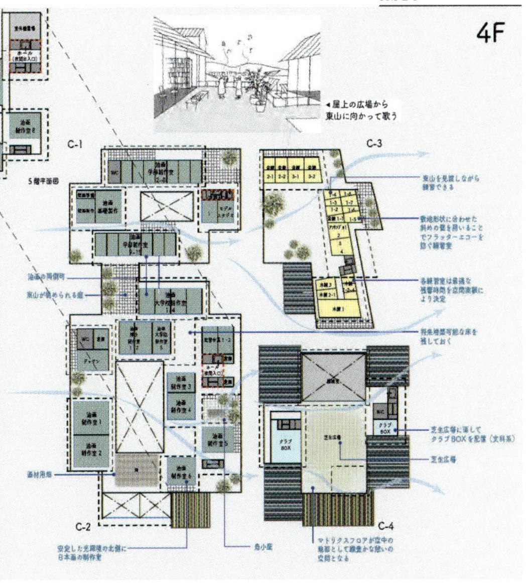

コスト管理について

対話型のプロセスで品質の維持と低コスト化の両立を図る

・丁寧な対話を通じた必要床面積・将来増改築余地の精査

大学の移転計画策定経験者を中心に、大学・高校関係者と協議して必要諸室面積を見直し、重複する室の複合利用や半戸外廊下部分の活動利用など、当初施工床面積の絞り込み、将来増改築余地を確保します。

・現況エネルギー使用状況の分析による最適化した設備システムの検討

大学・高校の過去のエネルギー使用実績を把握し、関係者に利用形態の調査を行い、センサースイッチや可視化によってユーザーのエネルギー使用状況を改善できるシステムを提案していきます。大空間は、居住域空調を採用し設備機器の導入コストの低減を図ります。

・構造体の合理化、短工期化、性能向上の検討

技術力に富んだ施工関連コンサルタントなどを参画させ、M.S.を中心にSRC構造部分の合理化、モジュール化、中性化対策などの品質とコストのバランスの検討をします。同時にプレファブ化や複数階の同時施工などの新しい工法も検証し、短工期化などによるコストダウンの方策も検討します。

・モックアップによる性能・コスト検証

仕上げ材の性能とコストのバランスをモックアップ（実物模型）によって検証し、ユーザーと対話しながらスペックの過剰化を防いでいきます。

・発注パッケージの検討によるコストダウン

関係者と街区全体の工程を協議し、適切な相互の工程、工区割、工種別を検討します。今回採用される分離発注による最大のメリット化を計ります。

・BIMの導入

BIMを早期に導入し、対話によるデザインをコスト管理と連動させていきます。建設シミュレーションを併行させながら品質・コスト管理のみならず、将来更新性のチェックを行います。

・メリハリのあるコストコントロール

用途・部位別にシビアに仕様を設定し、メリハリのあるコスト配分を行い、コストコントロールを行っていきます。

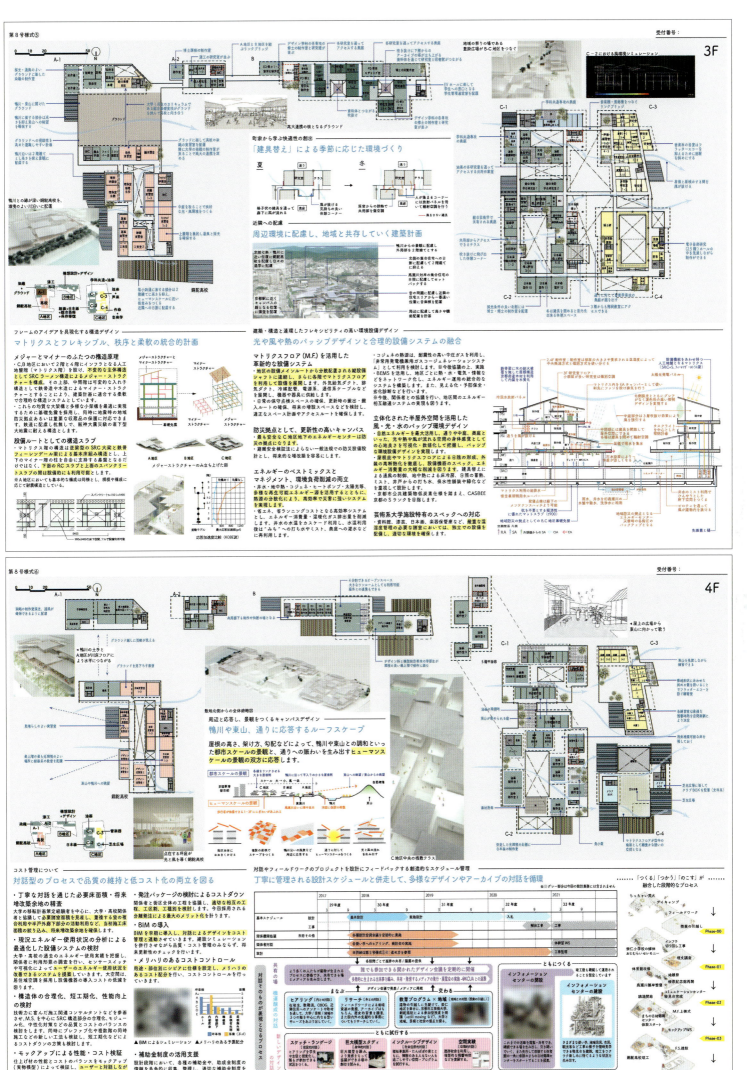

▲BIMによるシュミレーション　▲メリハリのある予算配分

・補助金制度の活用支援

設計段階において、各種の補助金や、助成金制度の情報を多角的に収集、整理し、適切な補助金制度を活用できるように支援を行います。

対話やフィールドワークのプロジェクトを設計にフィードバックする創造的なスケジュール管理

丁寧に管理される設計スケジュールと併走して、多様なデザインやアーカイブの対話を循環

※グレー部分は今回の設計業務には含まれません

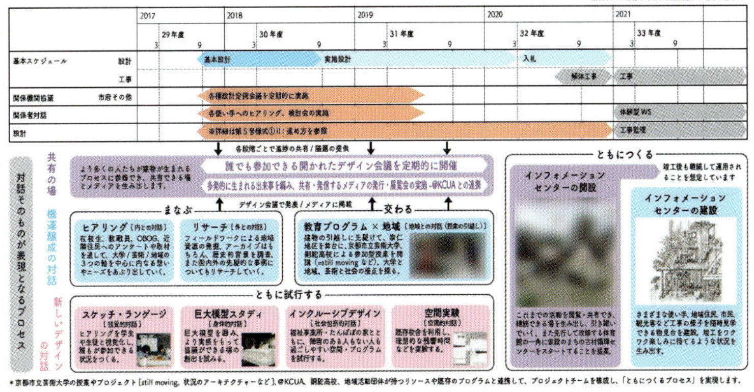

＊京都市立芸術大学の授業やプロジェクト［still moving、状況のアーキテクチャーなど］、@KCUA、銅駝高校、地域活動団体が持つリソースや既存のプログラムと連携して、プロジェクトチームを構成し、「ともにつくるプロセス」を実現します。

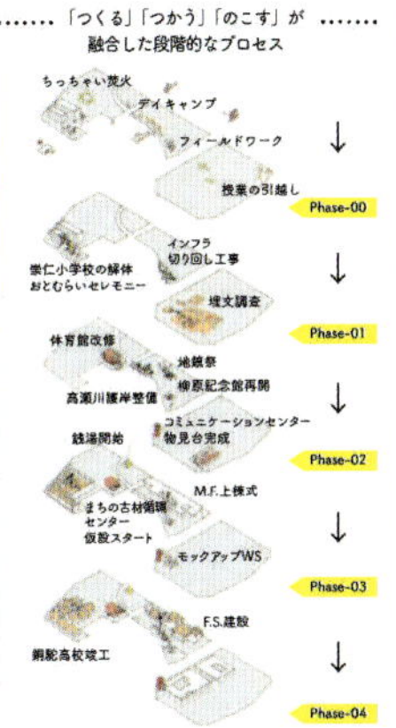

乾久美子・RING・フジワラボ・o+h・吉村設計共同体案　（注）本書掲載に際し、当時の提案書を一部修正しています

1｜要項の概要と特徴：
日常と非日常を空間的に結合する芸術校

京都市立芸術大学（以下京都芸大）と京都市立銅駝美術工芸高校（銅駝美工）の移転整備事業にかかる設計プロポーザルで2023年に竣工している。京都駅東部に敷地面積34,500㎡もの土地を確保しての大事業で、京都芸大は郊外の西京区から43年ぶりに、銅駝美工は市内中心部から初めての移転となる。延床面積は74,000㎡で、京都芸大が65,000㎡、銅駝美工が9,000㎡である。京都の玄関口に近接した都市型キャンパスとして、また新しい芸術拠点として構想されたといえる。

まず募集要項の趣旨文には、キャンパスの役割を表現した「Terrace」というコンセプトが謳われるとともに、「エクストラオーディナリー（時代に支配的な価値観の外に軸足を置く思考と表現）」な場としての大学・高校を目指すこと、そして利用者像の多様さが見込まれるがゆえに発生する課題を設計の推進力とすべく、「対話型の設計プロセス」による着実な業務遂行体制の構築が求められている。大学・高校を中心とした芸術教育・研究の拠点として提案対象の性格を明らかにしつつ、実効力の高い設計組織づくりを始めから求めたプロポーザルだ。

趣旨をふまえ、要項ではあらかじめ3つのテーマが明示されている。まずキャンパス計画における統一感と多様性、変化を両立させるフレーム提案（①）、後述する基本コンセプト＝Terraceを踏まえた提案（②）、そしてそれらを遂行する対話型のチーム編成（③）である。①で要求に対する理念的な提案を、②でコンセプトを理解した空間の提案を求めるのは一般的とも言えるが、③のチーム編成について「多様な才能を有した設計事務所によるチームや、キャンパスの大半を自ら設計し、ギャラリー等、一部を新鋭建築家に担わせるチーム、複数の設計者がデザイン調整しながら設計するチームなど」と、具体的に言及した点に大きな特徴がある。それもランドスケープや音響、設備といった設計上の共同体制の構築の項目とは別に、意匠設計者間だけのチームにここまで言及された例は珍しい。裏返せば、どのようなコラボレーションの仕組みを目指し、そのチームメイクが建築設計に与える影響がどれほどのものかを、当の提案者自身が客観的に理解できているのかが問われているとも読める。

事実、審査方法の配点を見ても、1次審査（書面審査）では③にあたる業務実施体制の提案についてのウェイトが120点中60点と過半を占め、2次審査でも③と対話能力の合計が180点中70点で、②の空間の提案と同じ点数が充てられている。

さて、テーマ①と②に戻ると、これらは前述のTerraceとエクストラオーディナリーな場という趣旨文のポイントに近接していることが分かる。募集時に公表された資料の1つ、当時の鷲田清一学長のコメントが掲載された「移転基本コンセプト」を読んでみよう。鷲田氏は、大学のミッションは市民生活が危機に陥った時に対案（オルタナティブ）を示すことだと断言し、エクストラオーディナリーな自由を保持せよというのである。

その場こそがTerraceと表現され、コンセプトのなかでも張り出したスラブが立体的に関連づく断面ダイアグラムで描かれた。さらに、Terraceのイメージとして、地域の市民に開かれた「庭」、教育研究の場である「床」、先端的な基盤研究を行う「房」の3つのレイヤーが、図書館・展示館機能やホール等、付帯施設とともに図示される。コンセプチュアルな3層のレイヤーと、Terraceという具体的な空間のイメージを統合する提案が求められたのである。

最後に、全ての前提となる敷地について触れておこう。敷地である崇仁地区は戦後に住宅改良事業が進められたエリアで、明治時代に日本で唯一被差別部落の住民が設立した柳原銀行記念資料館が敷地内に残る、京都にとって歴史的な都市空間である。また、プロポーザルに先立つ2015年には、今回の移転を見込んだ展覧会Still Movingがエリア内の元崇仁小学校で催され、現代アートの作家らが地域の歴史に向き合った作品展示が好評を博した。当地に芸術拠点ができることの地ならし以上に、芸術作品がエリア一帯の潜在的な文脈の掘り起こしに寄与した事実が残った。資料館と元小学校の体育館は要項のなかで「存置」と言及され、敷地が地域性の色濃いエリアに内包されていることをはっきりと示している。つまり、設計チームはさまざまな事情を切り捨てない、いわば歴史との「対話」に取り組むこともまた、求められていたに違いない。（山崎）

2｜提案内容の卓越性：
勾配屋根の連なりと各棟の連続性で生むテラス

本プロポーザルは3つの敷地に大学と高校を挿入し、芸術、大学、地域という3つのテーマをTerraceという概念を軸に建築化せよというものである。さらにホール、ランドスケープ、街づくり、水景（高瀬川、鴨川に接する敷地である）、多くのステークホルダーとの対話等その手の専門家を集結してことにあたることが要請されている。さらに要項で要求されている回答すべき項目は1）考え方のフレーム2）具現化の方法3）実施体制や専門性の担保。A1・2枚の2次資料は6社とも漏れなく主催者側の要求検討事項への答えを提示している。であるからここでは選定された乾・RING・フジワラボ・o+h・吉村設計共同体（以下乾チーム）が一歩、他に抜きん出受付番号：

未知なる技芸《アルス》を育む “Terrace”《テラス》

芸術における創造は、未知なる技芸(Ars)を生み出し、歴史・文化を継承していく行為です。私たちは新しいキャンパスをつくるプロセスを、様々な人々の想像力を導き入れ、京都が世界に向けてオルタナティブを発信する機会と考えます。私たちが提案する3つの位相(Box/Terra/Interface)によるキャンパス設計のフレームは、多くの人々の合流を喚起し、未だかつてない「文化の火床」を生み出すでしょう。そしてTerraceとしての芸術大学は、人と人、人と自然との未知なる関係を発見するこのプロセスにおいてすでにはじまっているのです。

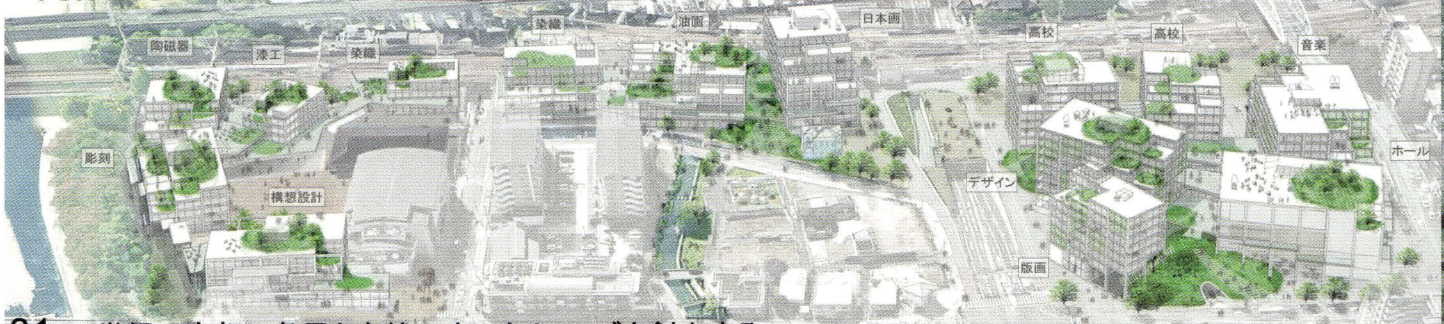

01 21世紀の京都に条里と自然のオルタナティブを創出する。

坪庭、借景、懸造り、高瀬川、御土居など、長い歴史の中で京都は条里と自然との対話において、いくつもの力強い関係を生み出してきました。新しい芸術大学のキャンパスに鴨川、高瀬川から自然を立体的に引き込み、浮き隔たれた条里と自然の多層的な場を生み出し、21世紀の京都に人と自然の新しい関係を創出します。

02 地域の風景を癒す十字路

新しい高瀬川がつくる地域の自然軸と芸術大学が更新する京都の文化軸とが出会う十字路において、地域とキャンパスが結ばれた新しい景観を創り出します。

03 自然と都市の関係を問い直す場を作る：B-T-Iシステム

提案を実現するための基本的な枠組みとして、3人の建築家がそれぞれに別々の建築を担当するのではなく、全体を都市と自然と人に対応する3つの位相(Box, Terra, Interface)に分けてそれぞれに責任を持つB-T-Iシステムを提案します。そこにコミュニケーションを得意とするオーガナイザーが加わり、全体の統合性を保ちながらも、常に3つの位相が創造的な対話を通して各所に最適な空間を生み出します。

実績

赤松佳珠子
アクティビティを設計するというアプローチにより、イキイキとした空間づくりを目指しています。学校建築の豊富な実績、複合公共建築の多様な関係主体との対話の経験を活かします。

平田晃久
生きている世界とからまり合う建築の理論と実践に取り組みます。太田市美術館・図書館では市民と協働した設計プロセスによって閑散とした駅前に人の流れを取り戻す拠点をつくりました

長坂常
家具は家具らしく、建築は建築らしくという気持ちから家具から建築を多様なジャンルで活動します。京都芸大移転プロジェクトの一環である、still moving展の会場構成も担当した。

棚橋修
模型を使ったワークショップなど地域と一緒につくる活動を数多く行ってきました。

B-T-Iシステムは次の3つの位相で、設計時の対話と将来的な変化の双方に対する柔軟さを持ちます。

+フレキシブルなBox配置
分棟Boxは様々に配置可能です。設計時の自由度があるだけでなく、将来的なBoxの増築によっても全体のアイデンティティが失われません。

+間仕切×Terraの更新性
Box内の非耐力壁の配置は自由に変更可能です。学科再編にあわせてTerraの配置も変更可能です。

+Interfaceの可変性
可変的システムが時事刻々と変化する活動を可能にします。特にArs-Grottaが持つ余白との組合わせによって高い流動性が担保されます。

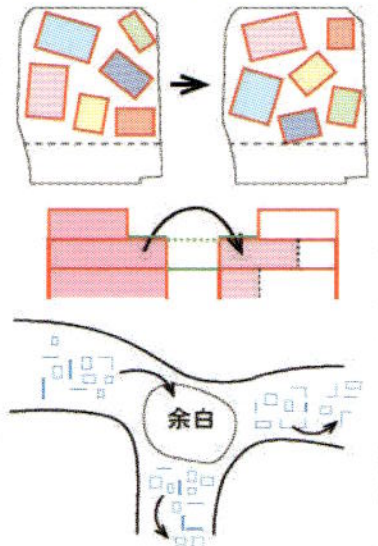

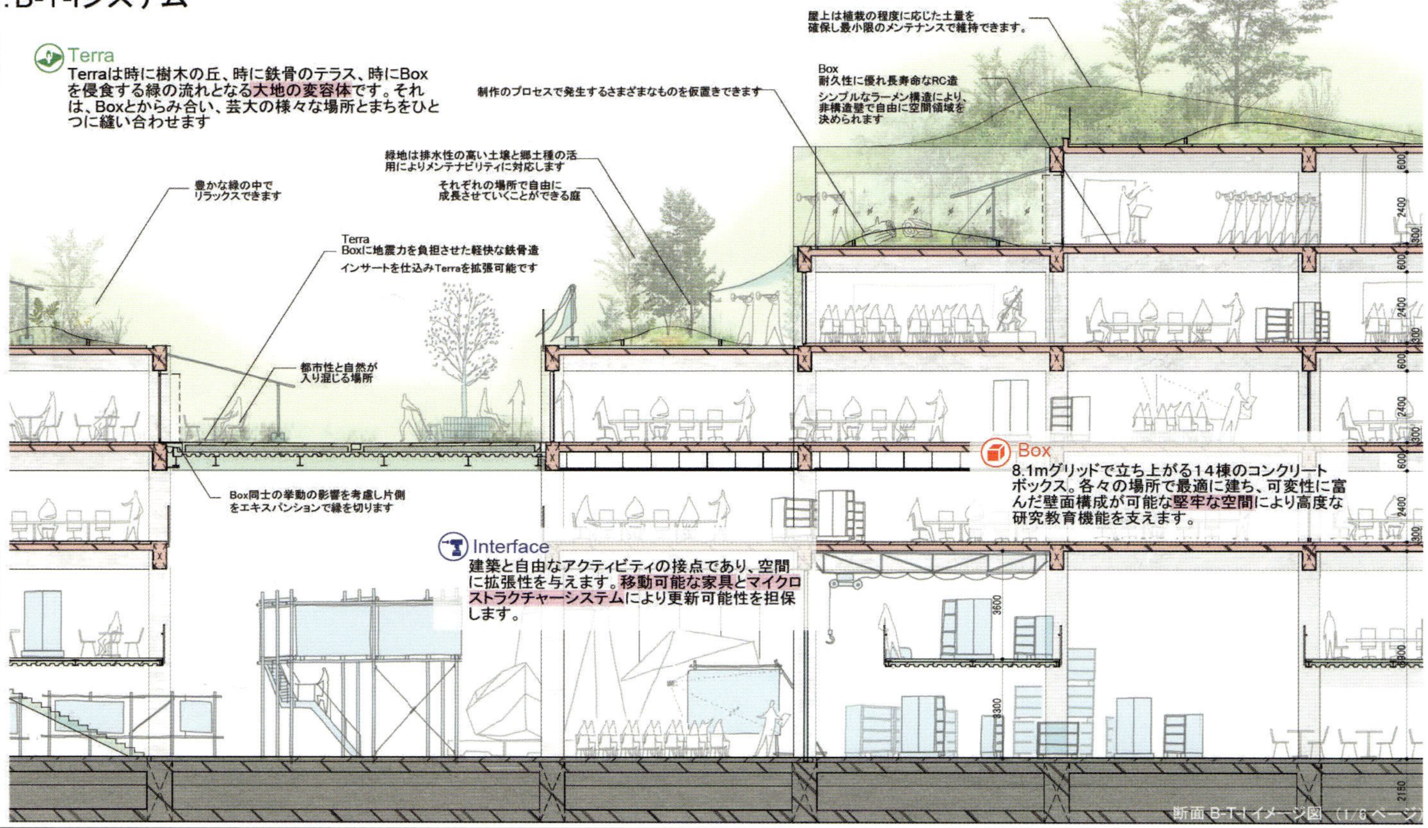

断面B-T-Iイメージ図（1/6ページ）

C+A・平田晃久・スキーマ・ティーハウス設計共同体案

2位

芸術大学として建築自体も想像力を掻き立てるものとして位置付け、ボックス、テラ、インターフェイスという3つの提案をした。ボックスとは分棟配置された箱状の建物群。テラとはボックスと絡む緑や土という大地の変容体。インターフェイスは建築とアクティビティの接点としての移動可能な家具やストラクチャーである。ボックスは京都の条里制から自由に置かれ、余白をつくり、そこに高瀬川、鴨川の自然が侵入融合する。京都の歴史に自然と合体したオルタナティブを提案している。

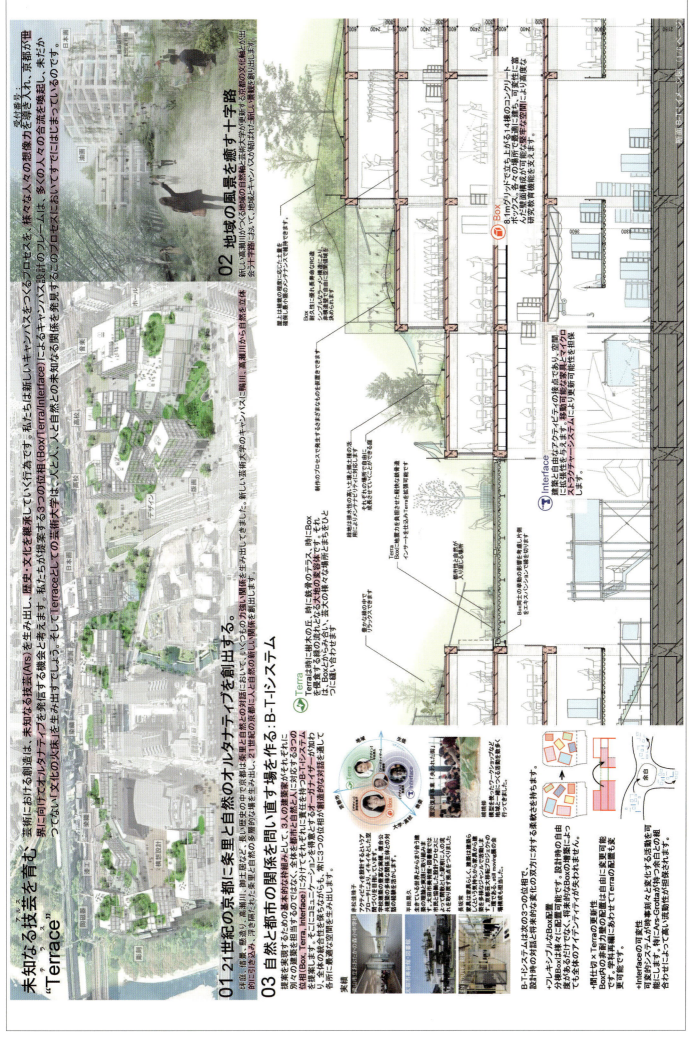

テーマ①キャンパス計画のフレームについて

京都芸大を中心にした新たな町づくり

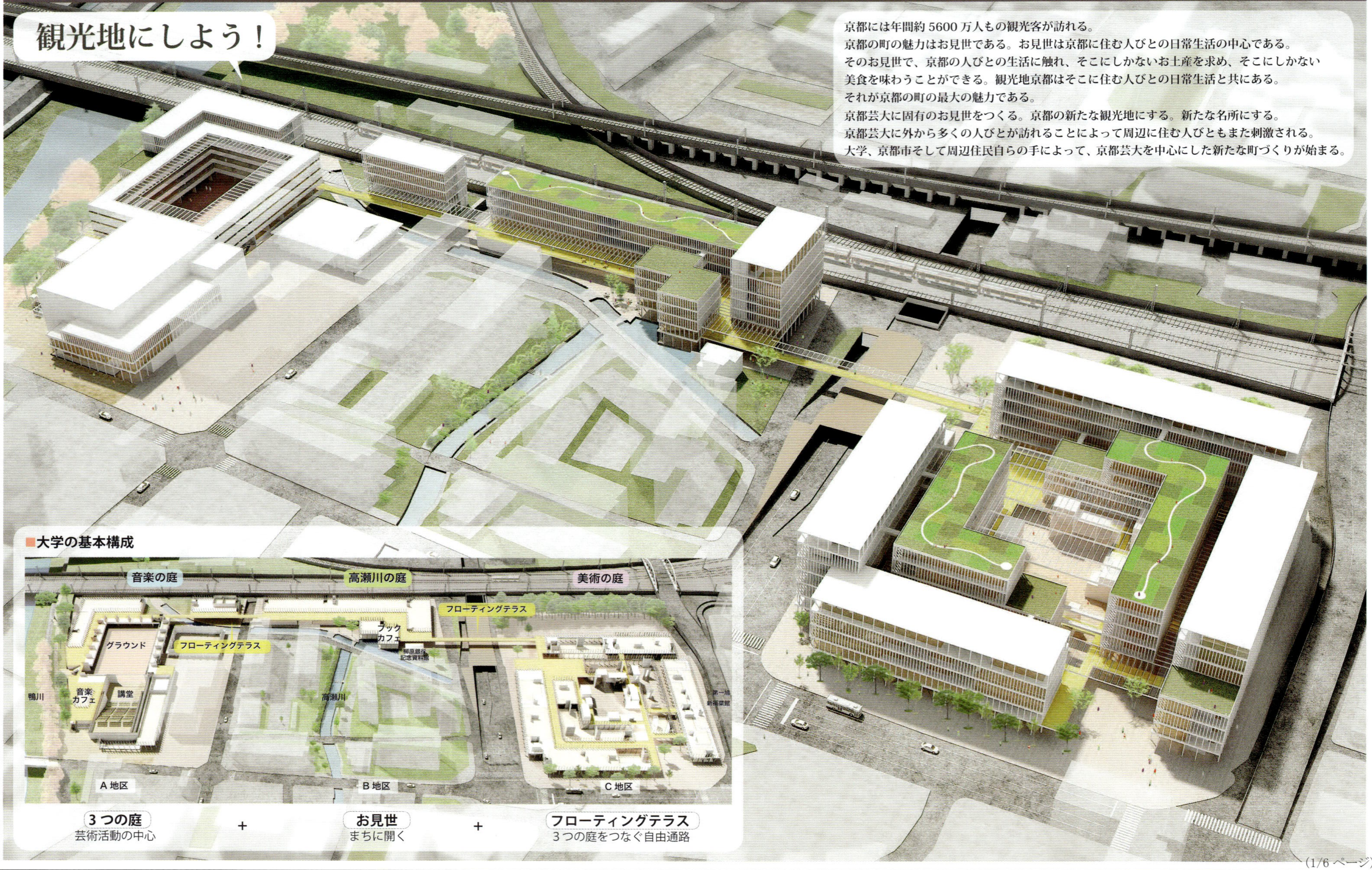
観光地にしよう！
京都には年間約 5600 万人もの観光客が訪れる。
京都の町の魅力はお見世である。お見世は京都に住む人びとの日常生活の中心である。
そのお見世で、京都の人びとの生活に触れ、そこにしかないお土産を求め、そこにしかない
美食を味わうことができる。観光地京都はそこに住む人びとの日常生活と共にある。
それが京都の町の最大の魅力である。
京都芸大に固有のお見世をつくる。京都の新たな観光地にする。新たな名所にする。
京都芸大に外から多くの人びとが訪れることによって周辺に住む人びともまた刺激される。
大学、京都市そして周辺住民自らの手によって、京都芸大を中心にした新たな町づくりが始まる。
大学の基本構成
音楽の庭
高瀬川の庭
美術の庭
フローティングテラス
ブック
カフェ
柳原銀行
記念資料館
グラウンド
フローティングテラス
鴨川
音楽
カフェ
講堂
高瀬川
第一旭
新福菜館
A 地区
B 地区
C 地区
3 つの庭
芸術活動の中心
+
お見世
まちに開く
+
フローティングテラス
3 つの庭をつなぐ自由通路

山本・石本設計共同体案

3位

京都文化の魅力を見世と捉え、大学も知の見世という考え方で地元を始め世界中からの来訪者が訪れることで知の交流が生まれることを期待する計画である。A地区を音楽の庭、B地区を高瀬川の庭、C地区を美術の庭として3つの庭を自由通路でつなぎながら街に開いた見世にする。造形的には京都の街並みに調和する狙いの縦線を強調したリズムのあるエレベーションで全体を包みながら部分的にショーケースのようなガラス張りのキューブを組み込み、内部のアクティビティを外部に露出している。

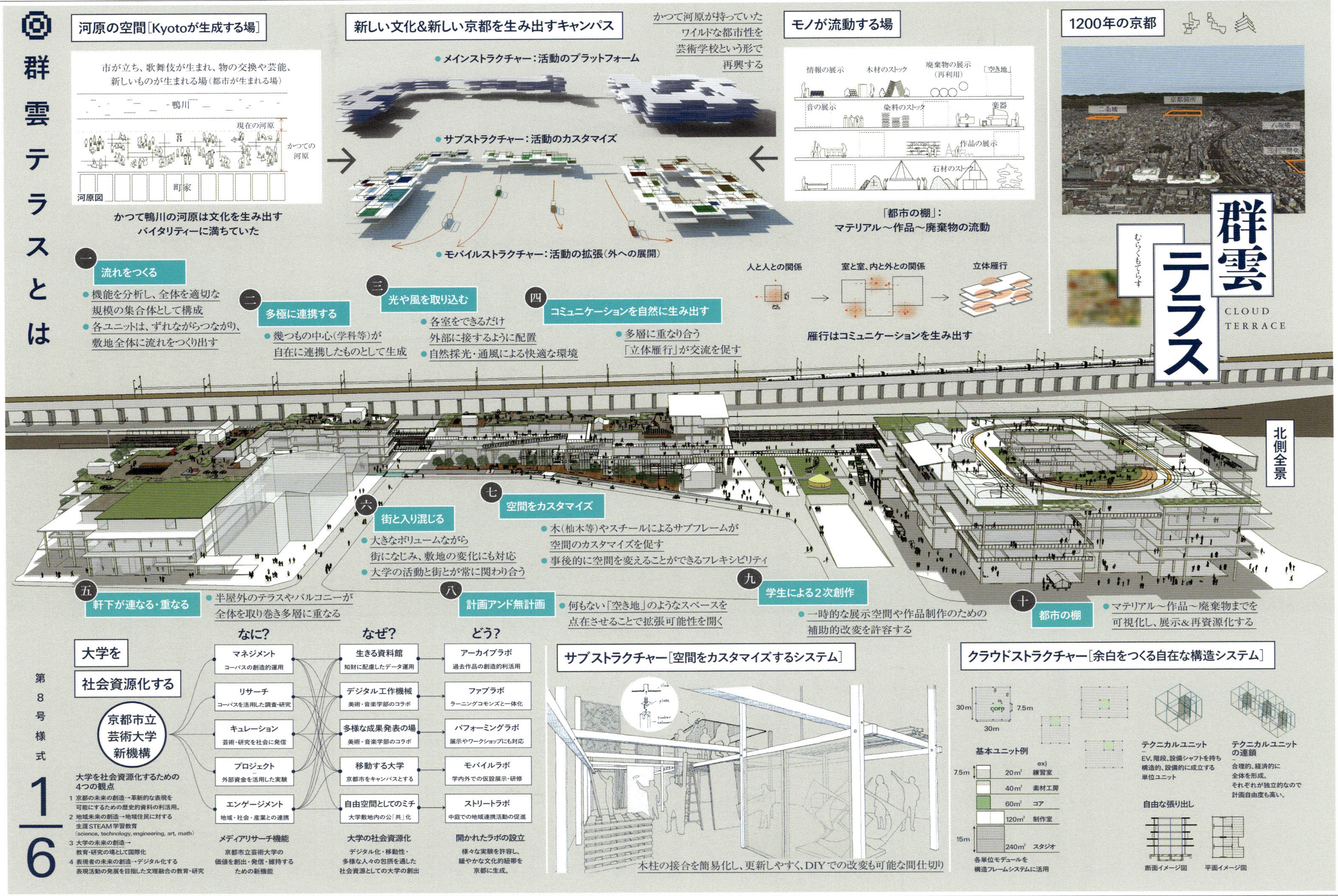

kwhg・Tato・安井設計 共同体案

群雲(むらくも)テラスと題して、さまざまな施設がずれながらつながり、敷地全体につながりをつくっている。流れは、光、風、コミュニケーション、人が粒子となり、全体を連ねるテラスを中心に運動することで生まれる。

そのテラスは場所によって中庭を囲み、建物上部に上り全体を統合する。美術学部のギャラリー、図書館前のオープンスペース、高瀬川の親水空間等、周辺と連結する仕組みがつくられている。

(注)本書掲載に際し、当時の提案書を一部修正しています

ていたと思われることについて以下指摘しておこうと思う。

まず1）考え方のフレームで重視されていることは建物のフレキシビリティと対話型の設計方法の提示である。これに対して、乾チーム案は他社に比して最も具体的でそのフレキシビリティを生み出す構造が容易に想像できるものであった。堅固なストラクチャーをマトリクスフロアと呼び、それに対して柔軟なストラクチャーをフレキシブルストラクチャーとしてその組み合わせで、将来の改築、増築の可能性を技術的に担保していた。また対話型の設計プロセスの確立については、乾チームのダイアグラムは一目瞭然でとても分かりやすいものであった。それはチームを3つに分けて1つを建築設計チームＪＶ、2つ目は構造設備等のテクニカル・コンサルタント、3つ目は地域連携等のリサーチや具体的対応をするリサーチ・機運醸成チームである。そこに各人の似顔絵と役割が書かれているので一目瞭然である。

さて2つ目の具体化の方法について重視されていることは、テラスという概念を、この場所の特徴である2つの川と関係させてどのようにつくるかという点である。乾チームは高瀬川沿いを地域とつながる1本の糸として丁寧にその関係性を建築的に築くアクソメ図を提示した。Terraceという言葉を一字も使わずに、ビジュアルで最もTerraceが意識された案であることが見て取れる案に仕上がっており、主催者の意向に最もフィットした提案をしていたように思う。また音響、構造、設備についても丁寧な説明がなされ、それらは連なる屋根デザインとマッチしていて無理がない印象である。最後の実施体制についてはどのチームも入念なプレゼンがされていた。さてこれらの質問事項への答えとは別に乾チームの特徴としてあげるべきは他の提案の全てが陸屋根主体なのに対して乾チーム案は唯一勾配屋根の連なりでつくっている点である。これは京都の家並みを考えた時には重要な景観上のポイントではないかと思えた。また京都のグリッドシステムの中に生まれる奥庭の静謐で親密な場所を平面に取り入れたアイデアも見逃せないだろう。（坂牛）

3｜リレーションズ提案の卓越性：
提案者と使い手の対話イメージをふくらませる

本プロポーザルでは、その要領で「長く、快適に、創造活動を行うことができるキャンパスを整備するためには、設計段階において、大学・高校の教職員や学生・生徒、地域住民等、多様な使い手と設計者が密にコミュニケーションを図り、設計を練り上げ、カタチにしていただくことも重要であると考えています。」と書かれている通り、「対話」が重視されている。

具体的に、技術提案のテーマとしても、「多様な関係主体（大学・高校の教職員や学生・生徒、地域住民等）と、キャンパス及び周辺環境における学びと創造、交流と発信のあり方について、対話による合意形成を重ね、キャンパスを進化させることができる設計プロセスや組織体制に関わる柔軟なフレームを提案すること。」が求められている。あらかじめ、本書がリレーションズ提案として定義している（p.10）「②市民とのコミュニケーション」が発注側から強く要求された状態でのプロポーザルと言える。

ゆえに、リレーションズに関する体制図とスケジュール、その2つは基本的にどの提案書にも掲載されている。筆者もそのメンバーの一人である、選定された乾・RING・フジワラボ・o+h・吉村設計共同体案に特徴的なのは、体制図をイラストとして完結させている点、そしてそれを提案書の1枚目に持ってきている、という点にある。そして「対話そのものが表現となるプロセス」と題し、「共有の場」「機運醸成の対話」「新しいデザインの対話」に分けてリレーションズ提案における「①設計のためのリサーチ・設計プロセスの開示」「②市民とのコミュニケーション」に当てはまる提案をなしている。具体よりもねらいを優先し、展開しやすいフレームワークをつくろうと試みている。

リレーションズに関して他案も見ていこう。kw+hg・Tato・安井設計共同体案では、チームを「群雲・つくるチーム」「群雲・つかうチーム」に分け、前者が担当する「メインストラクチャWS」「サブストラクチャWS」「モバイルストラクチャWS」や「学生・卒業生コンペティション」に対して、後者が担当する「使い方WS」「防災環境WS」「COPASSFAB活用WS」「社会実験」と、具体的に対話の提案がなされている（「WS」とはワークショップの略）。同案は「竣工後も関わり、大学をそだてるチーム」として、リレーションズ提案と定義する「③活用・運営につながる仕組みづくり」にあたる提案もおこなっているところが特徴的だ。

山本・石本設計共同体案は提案書6枚目の大きな紙幅を割いてワークショップの提案をおこなっている。「美術の庭」「音楽の庭」「お見世WS」「高瀬川の庭WS」という4区分をおこない、対話のみならず「プロジェクト冊子を発行」等、「①設計のためのリサーチ・設計プロセスの開示」のような情報発信にも力を入れている。「既存建物お別れ会」まで提案し、地域との対話にもしっかりと注力する意識が読み取れる。

その他の提案を見ていくと、横総合計画事務所案は有識者と連携する体制と比較的オーソドックスなスケジュールで対話を重ねていくことをアピールしている。宮本・宮本・ドット・デネフェス・オンデザイン設計共

テーマに対する技術提案

みちはた芸大、どこでもテラス

"キャンパスづくり"は"まちづくり"

"みち"を媒介にして大学内外の様々な人々が参加して変化し続ける、小さな場が連続した有機的ネットワークのようなキャンパスを提案します。

高瀬川から始まる、キャンパスづくり＝まちづくりのフレーム

第ゼロ期 設計をひらく まちと世界につながる

第Ⅰ期 大学へ取り込む

第Ⅱ期 まちに出て行く

[大学と協働して設計をひらく]

リコンストラクションセンターを立ち上げる

- ①大学ですでに実践されているまちづくりのアイデアやリサーチ活動と協働します。
- ②大学建設にともない激変するまちのあろう、現在のまちのアーカイブを大学アーティスト、地域住民と協働で構築します。
- ③地域とつながる、世界とつながる。国内外様々なゲストを招聘したイベント等の開催により、大学の設計をひらいていきます。
- ④大学教員と学生と共に社会実験を行う。まちなかに点在する場所で健築を舞台とした実験的な試みを通じて、まちの使い方を徐々に拡張していきます。
- 京芸の卒業生がアトリエとして利用できる場所づくりなど、卒業後も継続的にまちへ参画できる仕組みをつくります。

[まちなかの活動を大学へ取り込む]

"SUHJIN & global Lab"
〜積極的にまちと連携しながら、世界へ発信する拠点づくり

地域での活動や情報を収集し発信する拠点として、ゼロ期で継続してきたまちなかでの活動を引き継ぎます。

[大学での活動をまちに還元する]

"みちはた"での活動をまちなかへ展開する

宮本・宮下・ドット・デネス・オンデザイン／設計共同体案

田・・・蔵（お地蔵さん） 卍・・・神社 卍・・・鉄

（1/6ページ）

同体案も提案は具体的だが、「リコンストラクションセンター」「まちのオープンストレージ」「まちの寺子屋」等、物理的な場所をつくり運営することで対話をおこなっていくという方針が特徴的だろう。C+A・平田晃久・スキーマ・ティーハウス設計共同体案も具体的なスケジュールというよりは体制によって「柔軟に対話をおこなっていく」ということをアピールしているように感じられる。（榊原）

4｜プレゼンテーションの卓越性：大量の提案書に統一感を与える水平性の演出

A・B・C街区と広範囲での提案になることもあり、技術提案書はA3×6枚以内と通常よりも分量が多く設定されている。

乾チームの技術提案書のレイアウトは全体を65mm幅6列×50mm幅5段を基本グリッドとして、1枚目の上段にはコンセプトを体現する印象的な模型写真を、下段には技術提案のテーマで求められている、〈テーマ1：キャンパス計画のフレーム〉と〈テーマ3：実施体制・進め方〉をまとめている。2枚目は用紙全体に描かれたアイソメトリック図を下敷きに、〈テーマ2：新たなキャンパスの具現化〉のための大学と地域をつなぐアイデアを添景とともに表現している。3〜6枚目には上段の6列×3段にA・B・C街区全体の1〜4階の平面図を、下段の6列×2段にセキュリティ・防災・音響・構造・環境設備・コスト・スケジュールといった〈テーマ3：品質・コスト・スケジュール管理〉の内容と、周辺環境との関係や断面計画を複合させてレイアウトしている。

1・2枚目に求められている3つのテーマへの提案を集約させることで、まず始めにコンセプトを明確に伝え、その後3枚目以降に図面・テキストを併用して具体的に示すことで提案の趣旨が分かりやすくまとめられている。グリッドのマージンは列同士の幅3mmに対し、段同士の幅7mmとしている。さらに、テーマごとに罫線で領域を水平に分割することで、より水平性の高いレイアウトグリッドとなっている。これは6枚と通常よりも分量が多い提案書全体に水平の連続性を演出する役割を果たしている。

平面図は機能ごとのまとまりが分かりやすくなるよう、ゾーニングごとで色を変えて着彩している。特に体育館・図書館・資料館・ギャラリー・インフォメーション等のゾーンは紫色に着彩されており、2枚目のアイソメトリック図においても同じ紫色で強調されることで学内外の接点となる機能群が明快に示されている。これらのゾーンは水色に着彩された高瀬川沿いの2つの創造軸に沿って配置されており、技術提案書全体のタイトル等にも近似の水色が使われることで、全体的に川の納涼さを感じられる爽やかな色調となっている。また、テキストには近年よく使われる黄色の蛍光ペンでマークしたような表現とすることで、重要な部分を強調している。色相環でおおよそ補色関係にある水色と黄色によって、くっきりとしたコントラストも相まって爽やかな印象となっている。（平瀬）

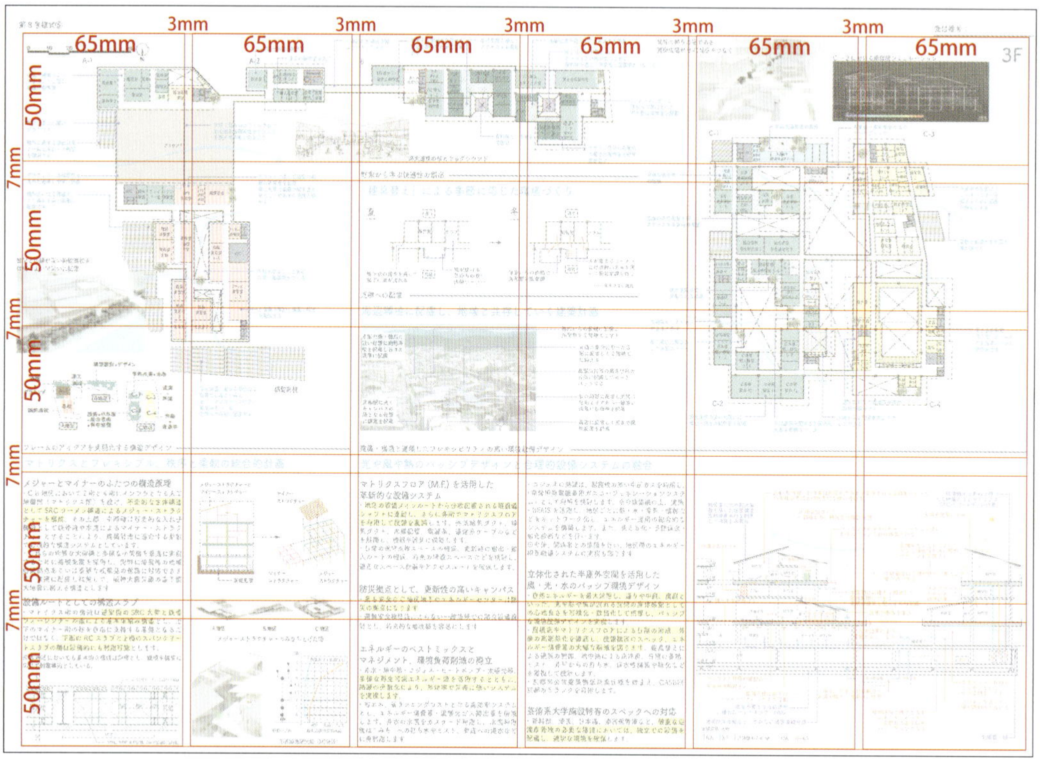

選定案のグリッド分析（5枚目）　指定条件：A3、6枚以内、文字10ポイント以上

竣工後の〈京都市立芸術大学・京都市立美術工芸高等学校〉©ToLoLo

設計者インタビュー

乾久美子
(乾・RING・フジワラボ・o+h・吉村設計共同体)

Q | 要項はチーム内でどのように読まれ・分析されましたか?

A | JVのどの事務所の所長もスタッフもそれぞれが相当に読み込みをしました。ただ、要項の読解が事務所によって異なるのが面白かったです。私はひたすら面積分析をしていましたし、大西さんや百田さんは要項の言葉の中に抽象的な意味を読み取ろうとする。藤原さんは発注者の心理をつかむような読み方をし、郷野さんは別の視点で巨大プロジェクトで求められる水準を探るような読み方をしていたように記憶しています。

Q | 本プロポーザルの募集要項の中で最も重視された点は何でしょうか?

A | 京都であり崇仁地区であるという強い場所性を引き受けることや、キャンパスが地域に根付いた存在になるべきだという思いと、世間から少し浮いた存在でありたいという京都芸大ならではの思いを形にすることを大切にしました。また3つの地区をつなぐべく、「水平につながっていく」という言葉に表したような流れのある機能配置や、形態的な一体感を生み出すことも重視しながら検討しました。

Q | 要項の趣旨文で謳われた、京都芸大の役割を表現した「Terrace」というコンセプトをご提案ではどのように解釈されましたか?

A | 芸術の創造の場としての先進性や、社会から「浮いた」視点がある場所という意味が込められていると解釈しました。構造の佐々木睦朗氏から提案されたマトリクスフロアは第二の大地として、構造的にも計画的にも全体を組織化する要素ですが、浮いているという点で「Terrace」という概念が物質化したものとも言え、大学が求める姿を的確に提示できると考えました。

Q | チーム内にグラフィックデザイナーと編集者が参加することで、提案にどのような影響が生まれましたか?

A | チームの中には、リサーチチームとしてデザイナーや編集者だけでなく、リサーチャーや研究者、アーキビスト、京都芸大の博士課程の学生等、さまざまな立場のメンバーが参加していました。崇仁地区に京都芸大・銅駝美工が来ることの社会的意味を誰よりも深く考え、設計チームをつなぐリサーチやまちづくり会議への参加の他、京都芸大の学生との対話の機会の創出等を通して、設計に伴走していただきました。

Q | 当初案から、これまでに変更された点はありますか?

A | CPCと呼んでいた図書館などを中心とする複合的な組織体の位置がB地区からC地区に変わったことが最も大きな変更です。また、設計がスタートした後に、学外連携・政策連携に取り組む学外連携ラボと呼ばれるスペースが追加で要求されたことも大きな変更点でした。学外連携ラボの1つは、公益財団法人世界人権問題研究センターとして使われることになり、崇仁地区に移転したことの意味が強化されたと考えています。

Q | 当プロジェクトや設計チームのマネジメントにおいて、乾さんご自身の役割はどのようなものと考えておられますか?

A | 事務所の隔てなくメンバーが集って作業できる作業所をつくり、「アンダーワンルーフ」と呼ぶ一体的な体制をつくりました。棟ごとに事務所を振り分けず、全員で全部の場所を考え続けました。マネジメントする立場としてできる限りフラットな組織にすることと、あらゆる決定ができるかぎりフェアに行われることに注力しました。巨大であり、設計が一種のまちづくりのような側面があったため、私の立場としてファシリテーターをやっていたようなところがあります。

5

複合施設

北上市保健・子育て支援複合施設基本設計業務委託公募型プロポーザル

要項の読み解き

- 健康増進・保健衛生施設と子育て支援施設の複合施設の提案
- 北上市中心部をショッピングモールのコンバージョンにより活性化
- 全天候型の遊び場を「室内公園」として建築化

コンペ概要

要項に示された規模

延床面積｜3176,60㎡
予定工事費｜約9.4億円

提案書の指定条件

A3・2枚以内（文字サイズの指定なし）

2018
- 10月5日
  公募開始
- 10月26日-11月14日
  技術提案書提出
- 11月19日
  1次審査
- 11月22日
  1次審査結果通知
- 11月29日
  2次審査（プレゼンテーションを公開）
- 12月3日
  2次審査結果通知

審査委員（役職は当時のもの）
＊審査委員長

狩野徹＊
岩手県立大学

三宅諭
岩手大学

木内千晶
岩手保健医療大学

岩渕光子
岩手県立大学

平野太基
建築士

選定案の読み解き

立地の特性を生かし、保健・子育て支援複合施設をまちに開くコンバージョン

選定された提案者

畝森・teco設計共同体

ファイナリスト

- 横井創馬建築設計事務所（次点）
- 土屋辰之助アトリエ（3位）
- 大宇根建築設計事務所（4位）
- アトリエ・アンド・アイ（5位）

所在地

岩手県
北上市

街とつながる交流の「まちいく広場」

私たちは北上のみなさんが出会い、交流し、まちの魅力を発見することのできる大きな屋内広場を提案します。こどもからお年寄り、子育て世代や学生まで様々な人が集い、助け合う場。まちを育て、まちに育てられる「まちいく広場」によって一人一人が主役になり、誇りをもてる施設づくり、まちづくりを目指します。

内観イ

■ 街のハブになる〔評価テーマ②〕

周辺の様々な施設や活動のハブになる施設を目指します。ハードとソフトの両方の連
よって、市民のみなさんが多様な情報や人、活動と出会う機会をつくることを検討し

【様々な周辺施設と連携する具体例】

①大通り保育園地域子育て支援センター
子育てコンシェルジュと地域情報を共有。

②北上諏訪神社（みちのく芸能祭）
みちのく芸能祭の屋内イベントやポスターコンテストを「まちいく広場」で開催。

③新道稲荷神社（新道稲荷宵宮祭）
新道稲荷宵宮祭の屋内イベントを「まちいく広場」で開催。

④北上市役所
情報掲示板や、コンシェルジュで市の雇用情報やボランティア情報を提供。

⑤高校（専修大学北上高校，黒沢尻北高校）
普段の勉強場所に加え、高校生地域探求やまち育て卒論発表会などを開催。

⑥公園（詩歌の森公園，橋本児童公園
公園のイベントや遊び場の情報発信。

⑦近隣医院・薬局
各種健診や健康相談を開催。

⑧近隣小学校（黒沢尻西小学校ほか
小学生の帰り道、保護者との待合せや
見守り場所。

⑨コナミスポーツクラブ 北上
軽スポーツのイベント会場や情報発信。

⑩新穀町商店街
商店の販売・セール情報を掲示。「まちいく
にトラックを乗り入れてマルシェも可能。

⑪北上市中央図書館
ブックスタートなどのイベント開催。

■ 実績をもとに様々な声を形にするチーム体制〔業務の実施方針（取組体制、設計チームの特徴）〕

利用者と同じ目線で考える

子育て支援や屋内遊具などの十分な設計実績をもつ管理技術者と福祉関係施設を多く手掛ける総合主任技術者がチームを組みます。チーム内に女性や子育て世代も多く、利用者と同じ目線になって施設を考えつつ、専門家として適格な業務に当たります。

共に見て聞いて考える

管理技術者はワークショップの経験が十分あり、その知見を活かしてデザイン会議など様々な意見を取り入れて設計に反映します。また先進事例を市担当課とともに確認し、目標を共有しながら業務を進めます。

■ 厳しいスケジュールに基づいた

タイトな実施設計期間を補完する先

見積、確認申請、公告を考慮すると実施

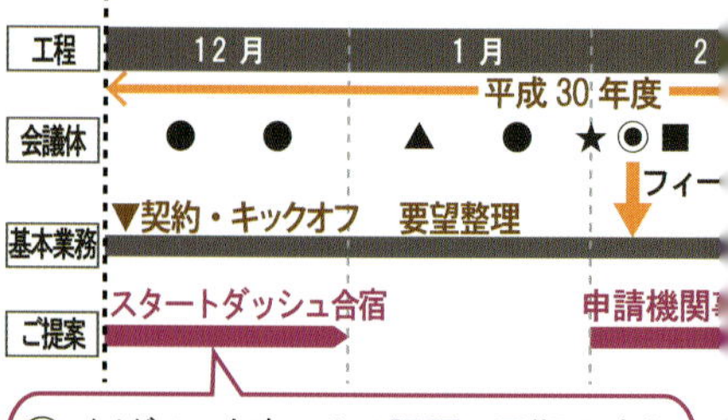

①スタートダッシュ合宿による課題の早期明確化

数日北上市に泊まり込み、設計チームと市担当課、関係者で集中的に話し合うことで、課題の早期明確化と条件の共有を行います。

ちいく広場」を中心に様々な機能と活動が溢れ出す

【評価項目の明確化】

実施要領に記載されている「評価テーマ①②③」および「業務の実施方針」を下記のように再定義しました。

評価テーマ①:
すべての人に分かりやすい計画

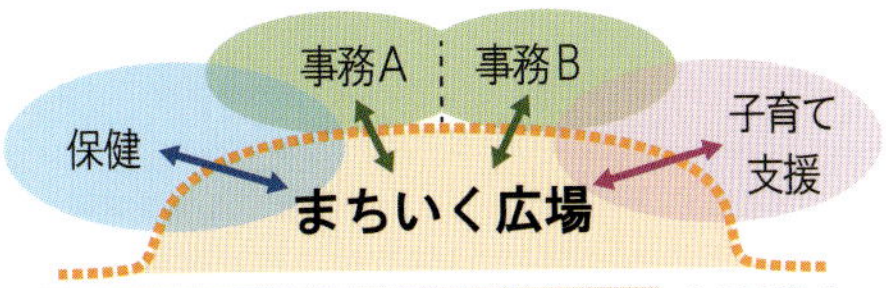

建物の中心に「まちいく広場」を配置し、施設全体のエントランス兼交流スペースとします。「まちいく大広場」に諸機能が面することで、誰にとっても分かりやすく利用しやすい計画です。

評価テーマ②:
街の賑わいを生む多様な活動空間

「まちいく広場」では様々な活動が可能です。カフェや待合い、相談、情報発信や各種イベントなど様々な活動によって賑わいを生み、街の魅力を高めます。

評価テーマ③:
特殊諸室に対応した動線計画

【動線計画の例】

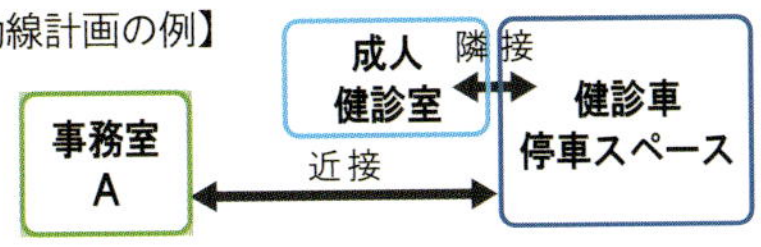

施設全体を、明快なプランとします。健診車の停車スペースや室内遊び場の安全領域など十分なスペースを確保し、また明快な管理動線とします。

業務の実施方針:
経験を活かした課題の早期明確化

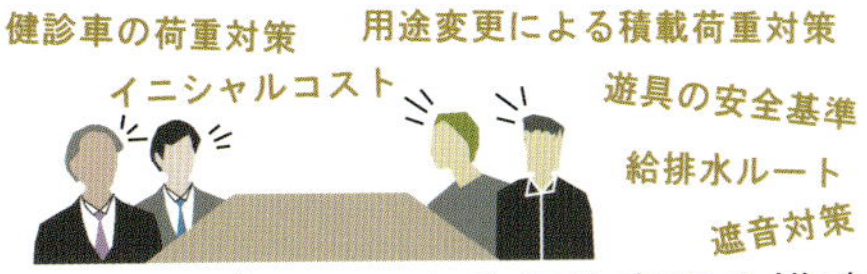

コンバージョンによる用途変更や構造計画などの課題を早期に明確化します。各分野のプロフェッショナルの知見を活かし、課題を事前に共有することで限られたスケジュールに対応します。

街に開いた魅力あるファサード 〔評価テーマ②〕

るく開放的なファサード

穀町商店街に面してたくさんの窓をけます。諸室の採光面積を確保しつつ、部の様子が見える明るいファサードをくります。

街を彩る多様な活動

窓側に様々な機能を配置します。子どもたちが遊ぶ姿やお年寄りが休憩する様子、親子の読み聞かせなど活動が街に現れます。窓際にお知らせや展示ができる設えも検討します。

建物と街をつなぐ大きな建具

「まちいく広場」に面した建具を開閉可能な折戸にします。建具を大きく開けることで、中間期は心地よい風が流れ、イベント時は街とつながり賑わいを生み出します。

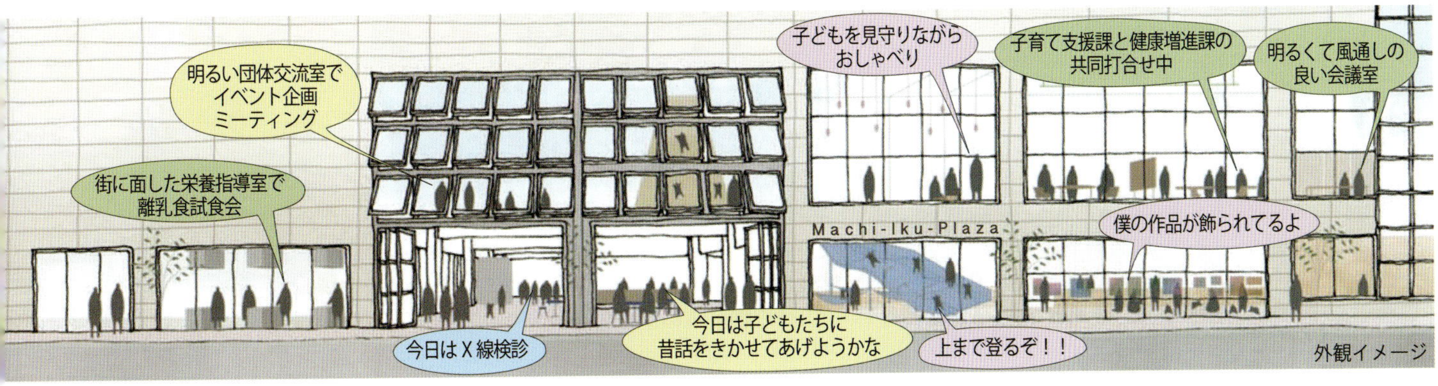

外観イメージ

計画 〔業務の実施方針（特に重視する設計上の配慮事項等）〕

本設計

は非常にタイトです。基本設計中に概算見積、申請機関との事前相談を行うなど、実施設計時の後戻りを少なくする工程計画とします。

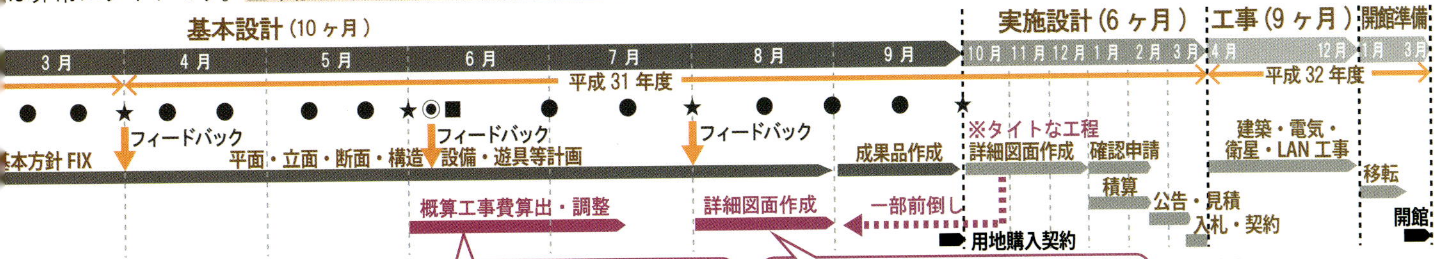

上の課題点の事前確認
更にかかる条件や構造の荷重、確認申請機関に事前確認をとにより実施設計時の後戻りクを軽減します。

③手戻りの少ないコスト管理
基本設計中に概算見積りを行い、コスト状況を早めに確認します。減額案の検討時期を早めることにより、実施設計時の手戻りを軽減します。

④実施設計作業を前倒しする計画
・各部屋の諸元表を随時作成、共有
・特殊な諸室の早期仕様検討
・仕上げ表や機器配置の早期検討
・構造、電気、機械との取合検討

【凡例】
● 設計定例会議
★ デザイン会議
◉ 市民・利用者ワーキング
■ 職員・スタッフワーキング
▲ 視察

畝森・teco設計共同体案

各機能が連携する使いやすい全体計画〔評価テーマ①③〕

基本計画を元に各諸室の位置関係を整理し、関係する機能同士が連携を取りやすい配置とします。また行政施設と一般開放施設を区画分離しやすい計画です。

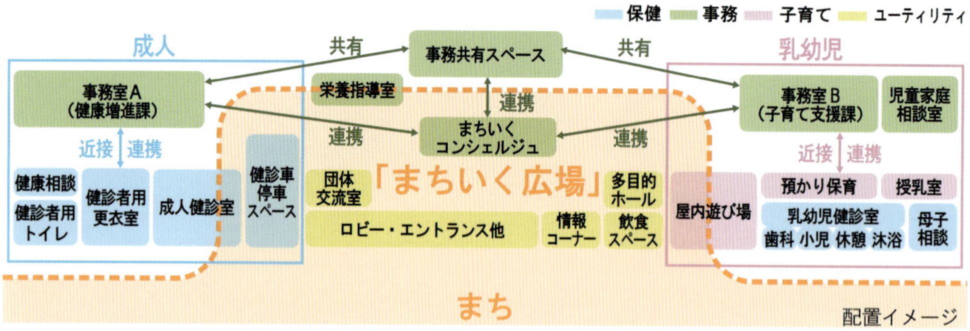

配置イメージ

連携①:「まちいく広場」を中心に各機能の連携や共有を図ります。
連携②: 事務室A（健康増進課）は保健機能（成人）と近接し、また健康づくり部門と健診者の動線に配慮します。
連携③: 事務室B（子育て支援課）は保健機能（乳幼児）および子育て機能と近接し、またユーティリティと連携しやすい配置とします。
連携④:「事務共有スペース」を別途配置することで事務室同士の連携を図ります。
連携⑤:「まちいくコンシェルジュ」を配置し、各事務室および地域との連携を図ります。

地域と一緒にサポートする「まちいくコンシェルジュ」〔評価テーマ①〕

「まちいく広場」の中央に「まちいくコンシェルジュ」の相談カウンターを配置します。地域のボランティアや職員によるコンシェルジュが定期的に相談を受け、各々の専門分野に応じた地域の資源や人を繋ぐことで、住民の豊かなくらしのサポートを目指します。

【まちいくコンシェルジュの具体例】

子育て：母子の継続的なサポートおよび関係施設の情報提供など（フィンランドのネウボラを参照）
健康　：医師や看護師による健康相談やイベント、関連書籍などの案内
食育　：農家や栄養士による食生活相談、食文化の案内
郷土　：民話、民謡の伝承と地域のキーパーソンの紹介
介護　：介護予防の情報や、介護に関する相談、関連サービスの紹介
遊び　：昔遊びの紹介やおもちゃ修理、地域のイベントの情報提供

様々なコンシェルジュ

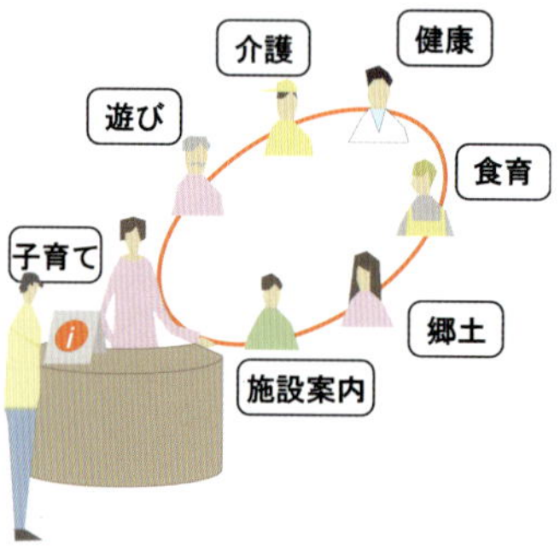

遊びと学びの キタカミネイチャーパーク〔評価テーマ③〕

立体的に広がる子どもの遊び場

遊び場を街路沿いからまちいく広場の吹抜け沿いへと、L 字型に計画します。立体的に広がる遊び場は交流の起点となるとともに、一室空間でありながらさまざまな年齢層、遊び方に対応した場となります。

北上市の歴史を伝える立体遊具

大きな階高と吹抜けを生かした立体的な遊具を設置します。「銀河鉄道の夜」の天の川のモチーフにもなった北上川を主題としたキタカミリバーウェイや弓弭の泉伝説をモチーフとしたゆはずクライムとアローブリッジなど、北上市のゆたかな伝承を生かし、世代を超えた地域の学びの場ともなる遊び場とします。

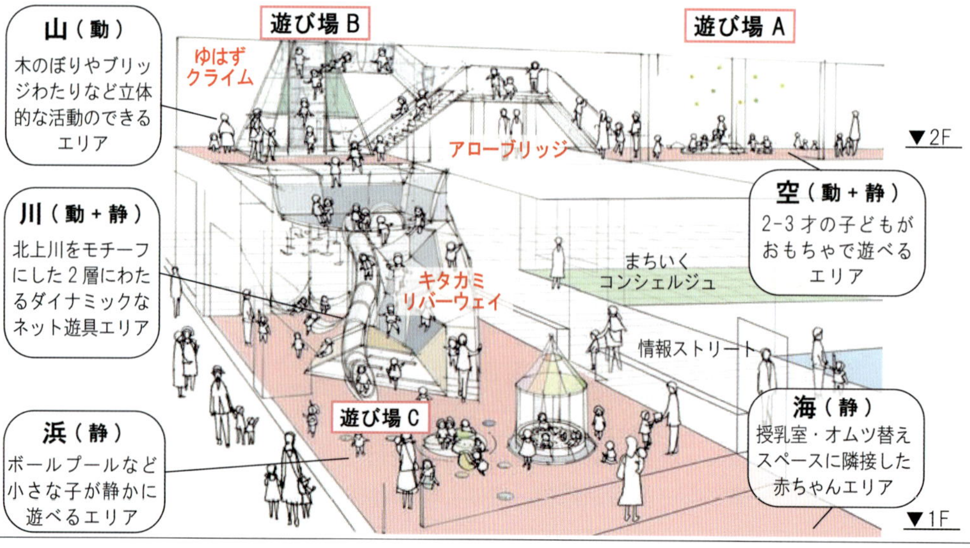

機能的かつ立体的につながるプラ

市民交流プラザとの一体利用

開閉可能で動的な多目的ホールに対し、市民交流プラザを閉じられるフォーマルなホールとすることで、双方の利用のすみ分けをします。

遮音性能に配慮した子供スペース

子どもの遊び場は、動線や事務スペースと遮音性能の高いガラス壁で仕切られ、互いの活動が見えながらも静かな環境を保ちます。

事務
預

預か
室か
容易

既存部と合わせ伸縮する団体交流室

既存フリースペースと隣接させ、壁をとりやめることで一体利用も可能です。

フレキシブルな成人健診室

成人検診が行われていない日は、ヨガやエクササイズなど健康づくりの拠点となります。

5 台駐車可能な健診車停車スペース

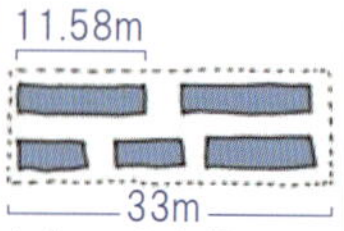

まちいく広場には、最大サイズ L:11.58m / W:2.5m / H:3.6m の健診車を含む、5 台を停車することができる計画とします。

飲食スペース＋ブックモビール

まちいく広場に来たブックモビールは、カフェや遊び場と連動します。また、北上・江釣子図書館と連携し本の団体貸出も検討します。

書架
よみき

初めて
クス
み聞
まれ
しま

〔…テーマ①②③〕

使い方によって伸縮する「まちいく広場」〔評価テーマ②③〕

日常時

「まちいく広場」を中心に各機能が隣接したわかりやすい配置。

イベント時

成人検診室や多目的ホールと一体利用したイベントの開催が可能。

巡回健診時

「まちいく広場」と健診車スペースを建具で分節。

災害時

「まちいく広場」が災害時の情報発信や一時避難所に。栄養指導室で炊出しも可能。

様々な連携を促すフレキシブルなオフィス〔評価テーマ③〕

多様な事務スペース

「事務室A（健康増進課）」「事務室B（子育て支援課）」と施設全体の窓口となる「まちいくコンシェルジュ」および「事務共有スペース」を配置します。「事務共有スペース」によってコンシェルジュや職員同士のコミュニケーションを促し、様々な連携を図ります。

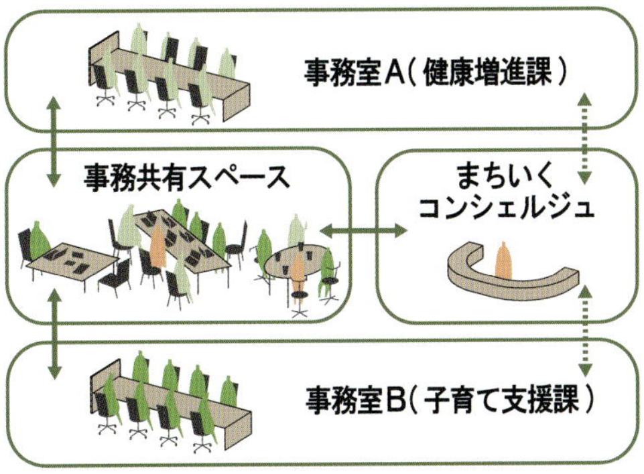

様々な利用が可能な「事務共有スペース」

事務室A,Bの職員およびコンシェルジュの共有スペースを2階南側に設けます。既存躯体レベルを利用した天井の高い開放的なスペースで会議や休憩、作業ができます。

職員数の変化に対応する島状テーブル

事務室 A、B の執務テーブルは大きなテーブルで島状にレイアウトします。1人1台の事務机に比べ、流動的な職員数や働き方に柔軟に対応できます。

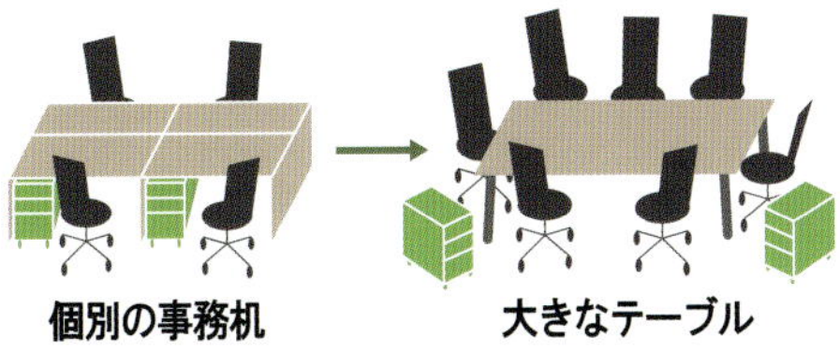

什器で分けるオープンなオフィス

事務室内の各課は、家具やパーテーションなどの簡易的な什器で仕切ります。固定的な壁をなくすことで、コミュニケーションを図りやすくなり、また事務室から屋内遊び場なども見え安全性・防犯性を高めます。

法規条件とコストを考慮した設計〔業務の実施方針（特に重視する設計上の配慮事項等）〕

外壁の軽量化による耐震性の向上

道路側の主な外壁を ALC パネルからガラス面に変更することで建物重量の軽量化を図ります。地震時の負荷を軽減し、耐震性および安全性を向上させます。

既存躯体の継続使用と最低限の補強

多目的ホール等の新設によって荷重負荷が増えることを想定して計画します。壁、床仕上げの重量軽減や、吹き抜けの設置、車路部分の簡易な地盤改良等の工夫により構造補強を最低限に抑え、工事費と工期を適切にコントロールします。

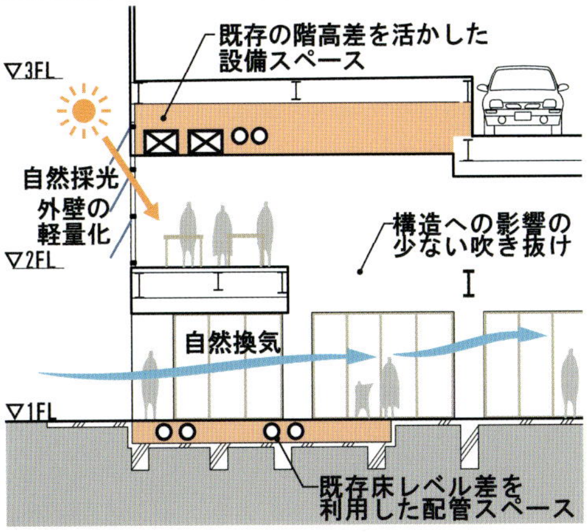

ランニングコストを抑えるパッシブデザイン

自然エネルギーを利用するパッシブデザインを積極的に取り入れます。中間期は「まちいく広場」の建具を開放し外気を取り込むことで、「まちいく広場」に面した各諸室の空調負荷低減を図ります。

Low-E ペアガラスでつくる断熱性の高い外壁

南面外壁は高断熱の Low-E ペアガラスを新設し、また既存ガラス部も既存の性能を確認のうえ断熱性を確保します。日射取得により冬場の暖房負荷低減を図り、また遊び場等に自然採光を取り入れることで消耗電力を抑えます。

既存の建物を活用した無理のない配管計画

新設予定の水廻りは、既存のスラブレベルが低い部分や壁際など配管しやすい位置に配置し無理のない計画を目指します。また 2 階水廻り配管用には 1 階天井フトコロをしっかり確保し、パイプスペースを要所に設けます。

既存設備の活用と適正な設備の採用

既存電気、空調換気設備の容量と設備システムは十分なものが設えられています。その設備を活用し、イニシャルコストの軽減や省エネルギーになる装置を採用することでランニングコストの削減を図ります。また新設するエレベーターはバリアフリーに対応した小規模建物用エレベーターとするなど、適正な規模の設備機器を取り入れます。

1｜要項の概要と特徴：
市街地の中核を未来に向けコンバージョン

岩手県北上市で実施された、保健・子育て支援のための複合施設のプロポーザルである。既存の保健衛生関連施設の老朽化と、子育て支援関連施設の新設を目論み、2018年10月から12月にかけて進められた。健診等を実施する保健施設、一時保育や相談事業等の子育て支援機能、虐待防止・保護の支援機能、子どもの室内遊び場機能、行政事務機能、多世代交流機能を一体化した複合施設である。

プロポーザルは、市の「デザイン会議」で策定された基本計画に則って進められた。デザイン会議は2017年度の基礎調査を踏まえ、18年4月に学識経験者、建築・助産の専門家、市民、市職員で構成された会議体である。デザイン会議は当初から、プロポーザル終了後も全体構想に関わり、設計者との議論を継続するポジションであると明記されていた。実施要項にも、設計者の業務としてデザイン会議への参加が求められている。また、審査配点のうち5%が女性技術者の配置率にあてられ、子育て支援を含めた複合施設を多様な視点から立ち上げたい市の意向が伺える。要項策定までに基礎調査、基本計画と並行してそれぞれ3度ずつの市民ワークショップと職員ワークショップが、また、ユーザーを対象とした2度のアンケート調査が行われた。

基本計画には新施設の7つの役割が謳われている。⑴ 保健と健康づくりの拠点、⑵ 子育て世代に対して切れ目のない支援を行う、⑶ 市民の生命に関わる諸課題に取り組む、⑷ 天候に関わらず子どもが思い切り遊べる、⑸ 多世代が利用するコミュニケーション施設である、⑹ まちの魅力を高める、⑺ 公共施設として高い性能を確保する（一部略）。健康・子育て支援の空間を、荒天でも利用できる室内公園型の遊び場とともに建築化するコンセプトとしたのが特徴的である。

その上で3つの評価テーマが明示され、「高齢者、子育て世代やこどもの利用に配慮した提案となっているか」（利用者像）「多世代の利用者が交流する魅力的な居場所空間として、まちの魅力を高める提案となっているか」（建築的提案）「健診実施時の検診車の停車スペース等、特殊な諸室の整備を考慮した提案となっているか」（機能性）が問われた。基本計画でも幅広い年齢層にアプローチするデザインとするための指針に1章が割かれ、単に機能を満たすだけではないユニークな空間が求められていることが分かる。

事業の背景の1つが、プロポーザルと同年3月に策定された北上市立地適正化計画から透けて見える。北上市は盛岡市と一関市の中間地点に位置する中核都市で、2021年の人口はおよそ92,000人。地勢的に古くから交通の要衝として栄え、近代以降は鉄道網と高速自動車道の整備が進んだことから利便性の高い工業都市として発達したまちである。だが人口減少と高齢化の進行は他の地方都市同様に予期され、多くの市民が利用する医療や保健衛生、子育てを担う施設をアクセスの良い場所へと誘導することが図られた。市が既存のショッピングモールの一部のコンバージョンを伴うリノベーションに踏み切ったのは、従来親しまれてきた既存施設の立地の優位性を生かす試みでもあっただろう。本プロジェクトの基本計画ではコンバージョンのメリットについて、建物数の過剰な増加を抑え利用率の向上が見込まれること、環境負荷の低減、建物の価値向上、建設コストの低廉化としてまとめられている。基本計画内では特に子育てに関する「切れ目のない支援」が強調されており、機能の集約化・複合化を通じて、世代をまたいだ利用者像とその空間のイメージを具現化しようという意思が伝わってくる。（山崎）

2｜提案内容の卓越性：
コンセプトを支えるボランティアと居場所の明確化

本プロポーザルは既存の建物（ツインモールプラザ西館1階及び2階）の約3,000㎡をコンバージョンする計画であり、地方都市中心部の活性化を狙うケースとして今後さらに増加しそうなプロジェクトタイプである。こうしたコンバージョンでは躯体を大きく変更できないので、建築的（物理的）にできることは限られる。ハード的な提案は提案者によってそう大きな差が出にくい。実際、選定された畝森・teco設計共同体（以下畝森・teco案）とファイナリストの案を比較しても大筋のところは類似している。その点を先ず概観してみたい。

本プロポーザルでは3つの評価テーマがあるのでそれぞれのテーマについてそれぞれの案の特徴を記してみよう。

○**評価項目1**：高齢者、子育て世代、子どもの利用に配慮

畝森・teco案：各機能が連携する使いやすい全体計画、*それらが立体的につながる、まちいくコンシェルジュ*の相談カウンター

横井案：子どもからお年寄りまで使いやすい建築計画

アトリエ・アンド・アイ案：奥州街道と地域をつなぎ、新たな賑わいと交流を生む、まちの公園としての2つの道空間

土屋案・大宇根案：2層にわたりバランスよく配置

○**評価項目2**：多世代のための居場所

畝森・teco案：街のハブになる、街に開いた魅力あるファサード、使い方によって*伸縮する「まちいく広場」*

業務の理解度及び取り組み意欲　及び　業務実施方針

北上市に賑わいをもたらす、多世代が集う健康と子育ての活動拠点

【業務内容、業務背景、業務の全体計画の理解度と積極性】

ライフステージを飛び越える「賑わいターミナル」をつくる

女性の働き方が変化してゆき、夫婦共働きが推進される中、女性活躍推進法と同時期の H28 の母子保健法の改正により、子育て支援への新しい考え方が示されました。市民にとって子育て世代に対する施設整備は急務です。

また、少子高齢化が進む日本において、健康維持やコンパクトな街づくりに応えるべく、市の中核である商業施設のコンバージョンを行う本計画は、事例のほとんどないチャレンジであり、これからの公共施設の代表的な事例となります。社会的注目が高まるプロジェクトであることを念頭に置き、誠心誠意、全力で取り組みます。

そして、子供たち、子育て世代、高齢者と様々なライフステージの人々が行き交い、交流と活動、自分の居場所探しを実現する"賑わいターミナル"を作り出すことで、周辺の地域社会に新たな人々の賑わいを生み出します。

屋内公園のような「まんなかひろば」イメージ

【業務実施方針】

「賑わいターミナル」の基本方針

基本方針として、利用者である市民の視点を基に、新しい施設の方針を考えることで、「北上市が好きな理由」に挙げられるようなまちの魅力を高める施設を実現します。

■市民の視点

- その場所にいることに誇りが持てる場所
- 公園にいくような感覚の場所
- あらゆる世代が交流できる場所
- 赤ちゃんを連れてこれる安心できる場所
- 学生がおしゃべり、勉強できる場所
- 思いっきり遊べる場所
- 大きなソファがあるような場所
- きれいなトイレと授乳室がある場所
- お弁当が食べられるような場所
- 暇なときにフラっと来られる場所

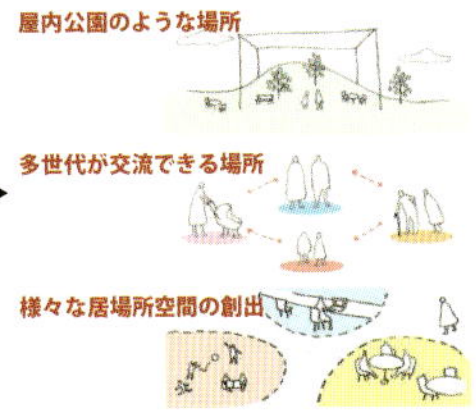

■公共施設としての性能を担保する

意見集約だけでなく、市民の目に見えない「環境性能」「防災性能」「コスト削減」「機能性」などの性能を担保することで、業務継続性を高め、公共施設として長く愛される施設を実現します。

【特に重視する設計上の配慮事項】

基本方針を実現するシンプルなストーリー

■屋内公園を実現する大きな吹き抜け

建物の中心に大きな吹き抜けの「まんなかひろば」を設けます。「まんなかひろば」によって、建物内を明るく開放的な場所とします。

■多世代が交流する「まんなかひろば」

「まんなかひろば」の周りに各機能を並べることによって、広場を中心に多世代が交流しあい、ハードとソフトの両面で、多世代の交流を誘起します。

■様々な居場所空間を作るカーブした空間

いわゆるカチッとした公共施設ではなく、緩やかにカーブした空間によって、様々な居場所空間を創出します。明るい場所、静かな場所、ちょっと高い場所、広い場所など、様々な年代が様々な場所を選び、利用できます。

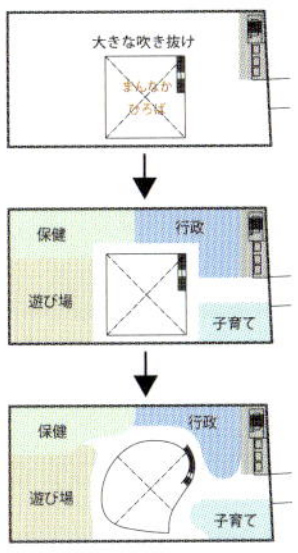

独創的で魅力的なハードとソフトをもつ空間

【業務実施手法】

デザイン会議との協力体制をつくりあげる

デザイン会議の部会と横断的に協力し合いプロジェクトを進めていきます。
情報デザイン部会と協力し、デザインプロセスを SNS 等で市民にも周知していきます。

細かいヒアリングで各室の面積や利用法について再認識します

「まんなかひろば」の周りの機能配置を決めていきます

壁面をカーブさせ、さまざまな居場所について議論します

家具や遊具など諸室の細かいデザインについて確認します

【業務実施スケジュール】

短期スケジュールと高品質を可能とするプロセス

■シンプルに考え、シンプルに決めてゆく

本件は設計期間が短いことも特徴です。この短期スケジュールを円滑に進めるため、「まんなかひろば」と周りの各機能というシンプルなルールにより、デザイン会議での意思決定をスムーズに行い、スケジュールを遵守します。

■計画の初期段階を円滑に進めます。

計画の初期段階で建物やコストの方針がほとんど決定します。基本設計の初期に意見統合の期間を集中的に設けることで、基本設計後半に丁寧な設計の期間を確保し、子供や高齢者が使用する施設として品質の高い設計を行います。

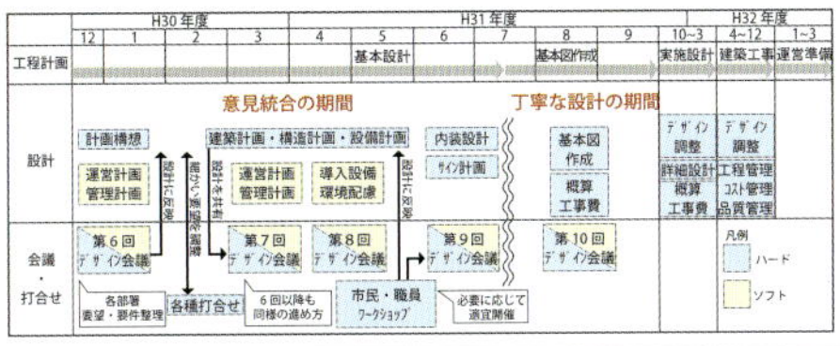

【取組体制】

コミュニケーションの円滑化を重視

■デザイン会議とワークショップ

デザイン会議が有意義なものとなるよう、重要な検討項目をロードマップとレジュメによって決定事項と決定までの期間を可視化します。また、市民の居場所空間や利用空間については、市民の方々とも一緒に考えてゆけるワークショップを開催し、市民にとってより良い施設を作り上げてゆきます。

■コミュニケーションとスピード対応

多岐にわたる世代を内包する施設であるため、デザイン会議などでの様々な要望を速やかに吸い上げるためのコミュニケーションに長けた人材の配置とスピード対応を実現させる集中的な人員の配置を行います。

■分かりやすいコミュニケーションツールを活用

弊社の CG チームによる内部イメージパースにより、空間のイメージや仕上げを分かりやすく説明するとともに、模型なども活用し、ゴールを共有して決めてゆける仕組みとします。

【設計チームの特徴】

実績のある多世代で構成した設計プロジェクトチーム

■大規模コンバージョン施設への高い技術力と管理能力

新築とコンバージョンでは、設計の方法や申請業務内容も全く異なります。大規模コンバージョン施設の設計経験の豊富な主任技術者を中心に的確な提案を行います。
他にも、子育て施設設計経験者、オフィス設計経験者等、経験のある人材を適宜配置します。

■子育て世代の女性建築家を有した実感に基づいた設計

子育てを経験した女性主任技術者にとって、この施設は他人事ではありません。
その知見、経験を活かし、細かい部分まで行き届いた配慮と子供たちの安全管理、施設の使い心地に最大の配慮を行います。

■様々な世代を有するチーム編成

20 代〜 60 代まで、設計者であると同時に様々な世代だから感じることができる設計の良し悪しを全体の建築計画から細部のサイン計画まで反映させるチーム体制です。

評価テーマに対する技術提案

様々な利用者の居場所が見つかる、屋内公園のような保健・子育て支援施設

【評価テーマ1：高齢者、子育て世代やこどもの利用に配慮した提案】

子どもからお年寄りまで使いやすい建築計画

■分かりやすい動線計画と視認性の確保

「まんなかひろば」により、ユーティリティから施設の全体像を把握しやすい構成とし、様々な活動を視認することができます。

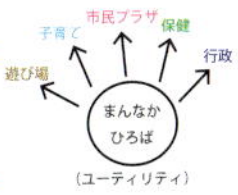

ひろばからアクセスする

■1 階：成人利用と多世代交流、2 階：子育て利用と遊び場

1 階と 2 階の機能を明確に分節することで、子供たちは安全に思い切り遊べる施設、子育て世代は安心してくつろげる施設、高齢者は検診利用と多世代交流施設をバリアフリーで利用できる施設となっています。

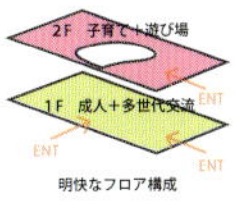

明快なフロア構成

■「カーブした壁」による角のないデザイン

子供たちやお年寄りが利用する施設として、壁面に角がないデザインとすることで、ケガや壁面の傷を防止すると共に、壁に手をついても良いよう、手触りの良い素材を選定します。

■階段の段差や手摺、サインなどのユニバーサルデザイン

サイン計画は高齢の方に分かりやすく、子供たちにとっては絵やひらがなを入れたサイン計画を行います。階段の段差は小学校の基準を採用し、両側手摺、段差の視認性確保を行います。

ユニバーサルなデザイン

■多様な年代の遊び場つくる

乳幼児、1~3 歳、4~6 歳、また静かな場所、賑やかな場所をそれぞれ設けながら、それらを緩やかにつなげるデザインを行います。

遊具や遊び場の細やかな計画については、子供の発達や発育などの手助けとなるよう、専門家の意見を反映させて決定していきます。

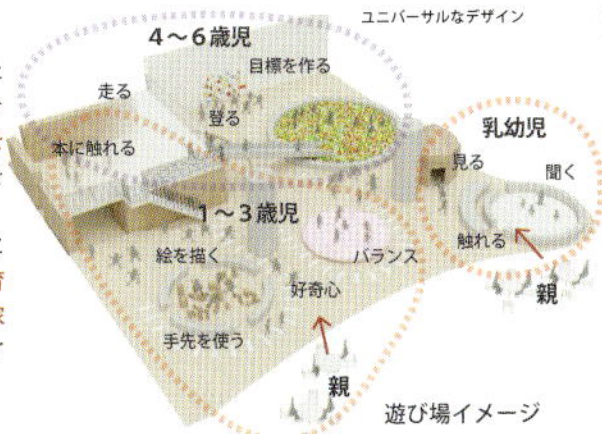

遊び場イメージ

【評価テーマ2：多世代の利用者が交流する魅力的な居場所空間として、まちの魅力を高める提案】

さまざまな世代が利用できる空間と仕組み

■様々な居場所空間の創出

飲食スペースや交流スペースを分散的に配置することで、様々なしつらえの居場所空間を創出しています。カウンター席やテーブル席、ソファ席など、様々な世代を受けいれます。

吹抜に面するカウンター　　中 2 階のテーブル席　　通路沿いのソファ席

■多世代が交流する仕組みづくり

市民交流プラザを 1 階に設けることで、「まんなかひろば」からのアクセスを容易にし、大人が子供に工作を教えたり、先輩ママのアドバイス会など、市民が主体的に利用・活用することで、世代を超えた活動を街に開放していきます。

■「まんなかひろば」をマルシェに

検診車が訪れる頻度が少ないため、日頃はテーブルや植栽を設置し、キッチンカーや移動パン屋、移動図書館などの利用によって、「まんなかひろば」をマルシェのように活用します。室内に樹木や車が並び、まるで屋外にいるような空間は、様々な人々を呼び込むまちの魅力となります。

■広場をひらくファサード計画

健康や子育て、命の大切さの発信拠点となるため、商業とは違った公共施設としてのファサードを計画します。

「まんなかひろば」を都市に十分に開放し、活動が都市に見え、利用を促進するファサード計画としています。

また、検診車用シャッターはガラスシャッターとします。

外観イメージ

【評価テーマ3：健診実施時の検診車の停車スペース等、特殊な諸室の整備を考慮した提案】

フレキシブルに活用できる諸室の計画

■検診車の停車スペースと成人健診の有効利用

検診車停車スペースや成人健診室の利用頻度は年間を通して少なく、日頃の利用として「まんなかひろば」と健康維持促進のための卓球やダンスやヨガ教室などが行えるスペースとして利用を推進します。

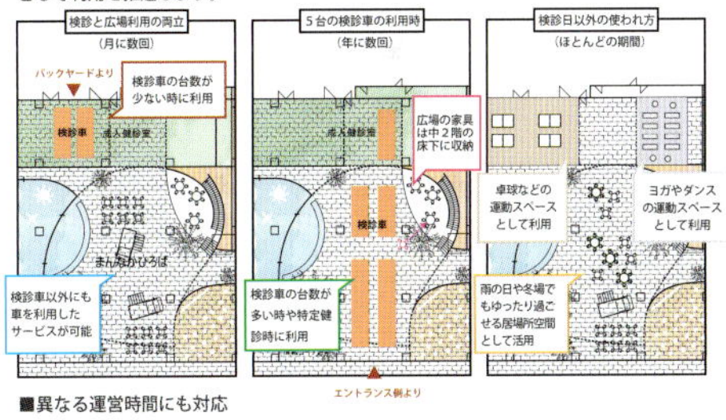

■異なる運営時間にも対応

複合した用途ごとに運営時間が異なるため、中心の吹抜けからのアクセスにより、異なる運営時間にも対応することができる建築計画です。とくに交流プラザは 21 時まで開館時間が長く、1 階に移設することで利用を円滑化します。

■防犯と快適さに配慮した事務スペース

1，2階にエントランスのある本施設では、防犯上も上下に事務室を分ける計画とし、施設を常に見渡せる計画としています。また、事務室はフルオープンではなく、オープンとクローズをあわせ持つ計画とすることで、働く人々にとって快適な空間を作り出します。

■諸室はできるだけシンプルに計画

中心部以外の諸室をできるだけシンプルな形状、特殊な工事や設備のない合理的な計画とすることで、コストを抑えながら、施設の楽しさと経済性の両立を実現します。

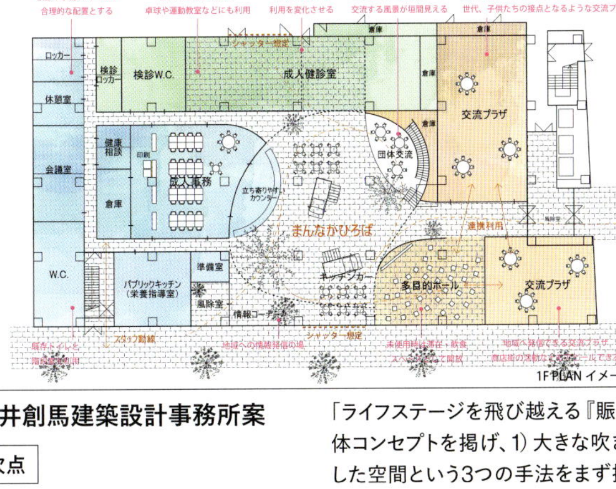

1F PLAN イメージ

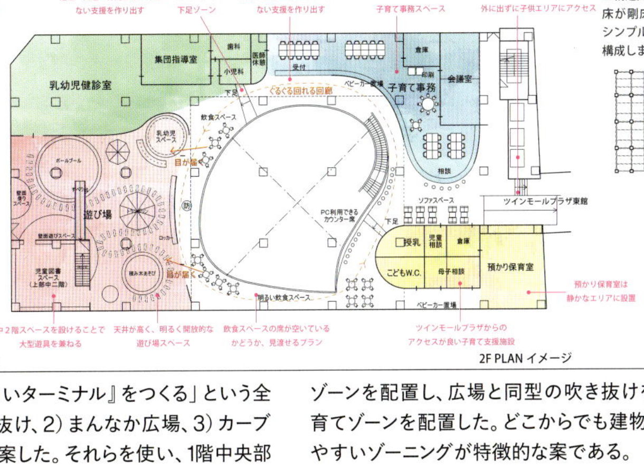

2F PLAN イメージ

■構造計画

床が剛床ではないため、吹き抜け部分はシンプルな直線による梁の架け替えのみで構成します。

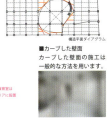

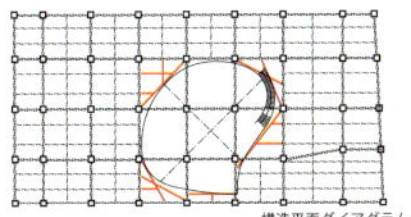

構造平面ダイアグラム

■カーブした壁面

カーブした壁面の施工は一般的な方法を用います。

横井創馬建築設計事務所案

次点

「ライフステージを飛び越える『賑わいターミナル』をつくる」という全体コンセプトを掲げ、1) 大きな吹き抜け、2) まんなか広場、3) カーブした空間という3つの手法をまず提案した。それらを使い、1階中央部に柔らかい曲線のまんなか広場をつくりそこを中心に主として保健ゾーンを配置し、広場と同型の吹き抜けを設け、2階には主として子育てゾーンを配置した。どこからでも建物機能が一望できる、分かりやすいゾーニングが特徴的な案である。

（注）本書掲載に際し、当時の提案書を一部修正しています

横井案：子どもからお年寄りまで使いやすい建築計画、さまざまな世代が利用できる空間と仕組み
アトリエ・アンド・アイ案：多様な居場所をつくることで街に賑わいと交流を創出する
土屋案・大宇根案：多様な交流空間の創出
○**評価項目3**：健診実施時の検診車の停車スペース等、特殊な諸室の整備を考慮した提案
畝森・teco案：さまざまな連携を促すフレキシブルなオフィス
横井案：フレキシブルに活用できる諸室の計画
アトリエ・アンド・アイ案：機能的なゾーニングと工夫
土屋案・大宇根案：ドマストリートをつくり対応

以上のように選定案とファイナリスト案の評価項目への回答の大筋は極めて近いのである。しかし、上記斜体で示した選定案の「まちいく」というコンセプトを下支えする、コンシェルジュと呼ばれる地域ボランティアの提案とそれらの居場所の設定、またそんな彼らのいるコンシェルジュゾーンと他のオフィスとのフレキシブルな関係性の具体的な提案、さらに遊び場を1階に配置して立体的に吹き抜けを介して2階へつなげ、全体的に有機的な関連性をつくっている点、これらは他の案には見られない特色である。加えて、選定案はチームづくりやスケジュール等においても他のファイナリストに比較して、具体性、と積極性のある提案を行っている。それらの点が選定案に採択された要因と言えると思う。（坂牛）

3｜リレーションズ提案の卓越性：関係者との積極的な連携をデザインする

まず特徴的なのは自治体側の対応にある。プロポーザルの参考資料となる「北上市の新たな保健施設と子育て支援施設の一体的整備に関する基本計画」中に「デザイン会議の設置と検討」の項目で示されている「デザイン会議」の存在だ。

プロポーザルが公表された2018年10月までに、すでにデザイン会議という会議体による基本計画の検討会議が5回開催されている。構成要員に自治体、市民、そして外部有識者が含まれるこの会議体自体が、ある種本書の定義するリレーションズ提案（p.10）における「②市民とのコミュニケーション」にあたり、また「③活用・運営につながる仕組みづくり」につながるものと捉えることができる。

基本計画のために市民向けのワークショップを開催する事例はかつてから多く見られるものの、基本設計の実施者プロポーザルに際して、その前提を検討するための会議体の組成からおこなう自治体の取り組みはあまり見たことがなく、興味深い。

当該会議では、主に新施設に整備すべき機能、機能に対応した諸室、当該諸室間の連携や配置に関すること、諸室の要求面積及び要求面積を足し合わせた整備規模（床面積）、整備予定地をツインモールプラザ西館とすること及び基本計画事業費、基本設計の設計者選定手法等、北上市の新たな保健施設と子育て支援施設の一体的整備に関する基本計画（以下「基本計画」という。）に記載すべき事項を検討、協議しているようだ。

上記のような内容を考えると、いわば基本設計時におこなうべき関係者や住民とのコミュニケーションをすでに実施した状態から応募者は提案をおこなうことができる、と捉えることもできる。

デザイン会議は、基本計画の策定を終え、以後、基本設計・実施設計期間にわたり、建築・事務事業・情報デザイン等の部会制に移行し、設計者との設計協議を含め、新施設整備事業の全体を構想・協議していくものとされている。

実際に仕様書の中にも「デザイン会議への出席、説明、協議（計10回（日）程度）」が業務内容として指示されている。こうした自治体側の会議体と設計者とが連携しながら設計をおこなうことができるのは理想的であるものの、他方設計者側でデザイン会議との連携をいかにおこなうかという体制が問われているプロポーザルであるとも読める。

ここで、受託者に選ばれた畝森・teco設計共同体の提案書を見ると、体制図として、このデザイン会議との連携を前提に、「ワークショップの経験が十分あり、その知見を活かしてデザイン会議等、さまざまな意見を取り入れて設計に反映」できる管理技術者の存在を1枚目に明確に打ち出している。次点の横井創馬建築設計事務所案はこの点はより明確に、取組体制としてコミュニケーションの円滑化を重視と記載し、「デザイン会議とのワークショップ」を提案書1枚目でしっかりとアピールしている。

土屋辰之助アトリエ案は、市内に拠点をつくり、対話的設計をおこなうという点が特徴的だ。プロセスに誰とどんな会を持つかが具体的に示されている。大宇根建築設計事務所はスケジュール内にワークショップを提案するという明解な提案だった。

畝森・teco設計共同体案に特有の工夫として、業務工程計画の最初期にあたる契約からキックオフの期間に「スタートダッシュ合宿」という期間を設けている点をあげたい。明確には示されてはいないが、デザイン会議のようにすでに議論がなされている組織体とのすり合わせのために最初にしっかりと時間を取って情報共有や交換をおこなう姿勢は、自治体側としては信頼しやすい段取りと言えるのではないだろうか。

一方で、先に挙げたリレーションズ提案の①に含ま

北上CROSSING《クロッシング》

子育て ＋ 健康
ケア ＋ アート
世代 ＋ 世代

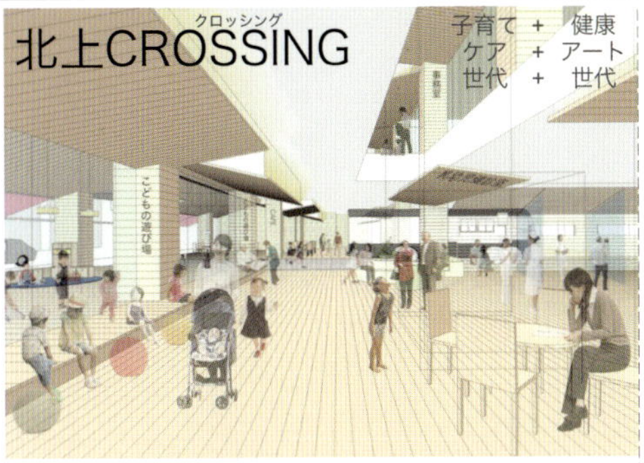

□高齢者、子育て世代やこどもの利用に配慮した提案

やさしくて、わかりやすい「ピースフル」な建築空間

目的地に向かうためのわかりやすい動線、サイン、インテリア

・高齢者やこどもにもわかりやすく目的地に辿り着ける明快な動線計画とします。
・サインや色彩計画およびインテリアの素材に気を使い、利用者視点で計画します。
・見渡しがよく、わかりやすい、明快な配置計画とします。

内部を歩いて楽しく、やさしく迎い入れる建築的仕掛け

・目的地に向かう途中にも、様々な交流が生まれる仕掛けをつくります。
　個性的な椅子やベンチが並び至るところに座りたくなるような仕掛けをつくります。
・まちの通りや広場を歩いているような楽しい空間をつくります。
　地元作家のハンドメイド作品などアートを散りばめ、心を豊かにする空間とします。

バリアフリーの徹底と広めな子育て関連スペース

・利用者動線をシミュレーションして、スムーズに移動できる連続空間とします。
・エレベーターやベビーカー置場、トイレ授乳室などは広めにゆったり設定します。
・高齢者や子育て世代の利用がストレスフリーとなるようヒアリングも重ねます。

□多世代の利用者が交流する魅力的な居場所空間として まちの魅力を高める提案

多様な交流空間、まちの活気を生み出す建築エレメント

□2つのストリート
ドマ・ストリート（検診車スペース）
インナー・ストリート
２つの動線の骨格が交差することで、
様々な活動と交流を生み出します。

□木の壁／天井ユニット
ストリートや空間に賑わいを生み出すユニット
壁や天井に展示／照明／視線のコントロール
などの機能を必要に応じて付加することができる
仕掛けとします。

□アクティビティ・ウインドウ
現在の閉じた壁面に開ける開口
単なる開口ではなく、オーニング庇や
窓際ベンチなどの機能を持ちながら
アクティビティを外部にも発信する窓です。

□クロッシング・コーナー
内部だけでなく、実際の交差点に位置する
建物の特徴を活かして、建築のコーナーを強
調し発信するデザインへと転換します。

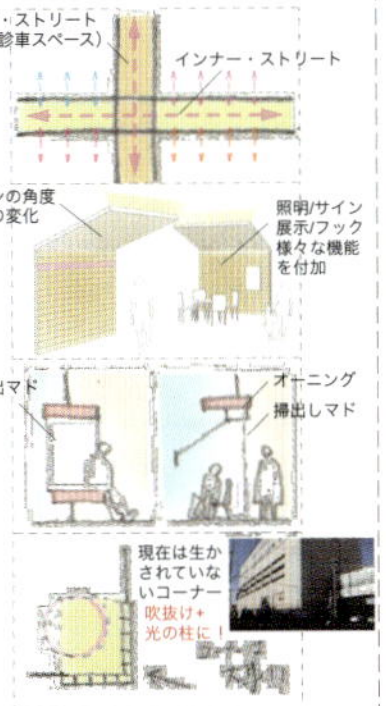

□健診実施時の検診車の停車スペースなど、特殊な諸室の整備を考慮した提案

プログラムと既存建物の特徴を最大限に活かした明快な諸室配置計画

「北東北の十字路」と呼ばれる北上
ならではのクロッシング交流施設

歩いていける範囲で市役所や学校
保育所などが集まる好立地を活用

マチに向かって活動が見える
外観にもアクティビティが表出する

検診車使用が無い時にも子どもの遊び場や
キッチンカーなどでマルシェとなるドマ

子どもの活気が内部を歩く様々な世代の人
々にも伝わりみんな元気になる

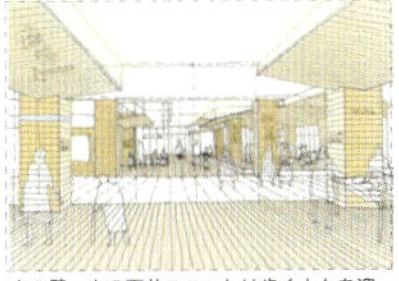

木の壁・木の天井ユニットは歩く人々を迎
い入れ、事務室なども気軽に立ち寄れる

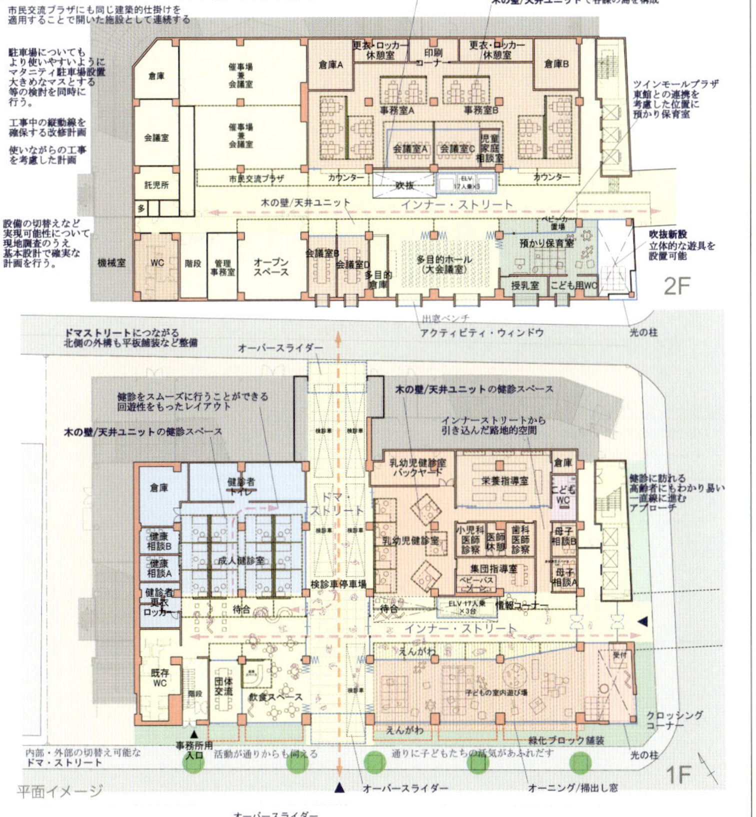

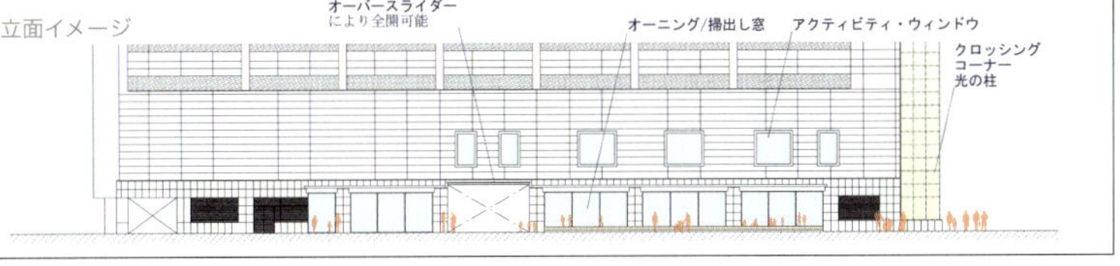

□特に重視する設計上の配慮事項

地域の人材・素材を活用する

設計期間中に多くの人材に接触し、施設への期待と愛着を育てます

・公共施設の運営は市民の支えなくしては有りえません。設計の時から多くの人材に触れ合い、施設を考え、期待と愛着をもってもらうことが永く愛される公共施設をつくるポイントとなります。もちろん私達も設計して終わりではなく、ずっとこの建築を見守るつもりでこの業務に臨みます。

地域ならではの素材を活用し、何度も訪れたくなる地元施設とします

・その土地土地の素材は市民の誇りであり愛着も湧くものです。
　その代表格である「木材」だけでなく「合板」「パルプ/ペーパー」など地域産業にまつわる「工業立市」ならではの素材の活用に挑戦します。

省エネ改修によるライフサイクルコストの低減

省エネ化メニューを実行することでエネルギー消費を低減します

・LED器具によるタスクアンドアンビエント照明とし心地よい環境をつくります。
　全室照度センサーにより、適正照度を維持することで電力消費を低減します。
　子ども利用主体の空間は調光・調色・シーン設定により可変可能な光空間とします。
・各諸室は高効率機器により空調+共用部へフローして間接的な空調環境とします。
　吹き抜けを利用し、空気の流れをつくりだし、空調期間の短縮を図ります。
・健診室は輻射冷暖房機器により体に優しい環境を確保します。
・専門技術者が不要な空調システムとし、運転管理が容易な機器構成とします。

保健・子育て支援施設として安心+安全な構造および構法

既存の構造の検証と改修後の耐震性能の確保+２次部材の安全確保

・既存構造をしっかりと把握し、改修により足し引きされた後の耐震性能も確保する（=安全）とともに天井や照明器具、ガラス面などの2次部材や建材も地震で落下しない性能や機構(=安心)を確保します。

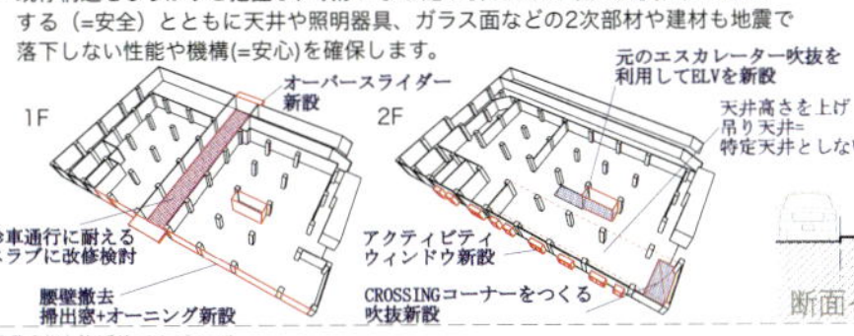

永く使うことができる維持管理が容易な公共施設

・既存の純ラーメン構造を活かし、構造壁のない将来間仕切り変更可能な空間としつつ改修後の安全性・災害時の安全性を確保します。
・外壁やサッシ、重要な部分の素材は耐久性の高い素材とする一方、内装や設備などは補修や修繕が安価で容易な建材等を採用し、ライフサイクルコストを低減します。
　また、木材の活用は皆が愛着をもち、長持ちする施設づくりにつながります。
・インフラ設備を共用部に集約展開し、将来対応を容易とし、道連れ工事を予防します。
　また事務室中心にOAフロアとし、工期短縮、レイアウトフリー性能を確保します。
・災害時、避難施設としての指定はないとしても、事業継続性(BCP)についてはなるべく高い基準で確保し、市民の健康や子育てに支障がないような計画とします。

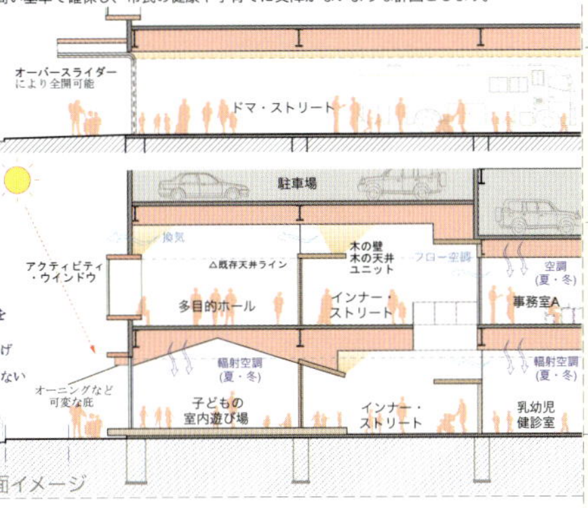

業務実施方針/手法/スケジュール

北上CROSSINGを実現する最適な業務実施体制をつくります

1）多様な視点をもつ多世代による実施体制

管理技術者である土屋辰之助は公共建築の実績の多い建築家です。
また、新築・改修を問わず様々なプロジェクトを実現してきました。
42歳である現在、小学生の子ども2人をもつ、まさに子育て世代の建築家です。
親は高齢者世代となり、ダブルケアの状況下で本プロジェクトに直接的に関わる問題意識と現実的に直面している経験を活かし業務に向き合います。

意匠主任技術者である寺岡克子は取締役として土屋辰之助アトリエを支えてきた女性技術者です。55歳である現在、3人の子ども達は皆成人し「子育て」もほぼ終わりの状況。本プロジェクトでは建築に限らないこれまでの経験と女性ならではの感性を活かしてこれからの北上市にあるべき施設の実現に努めます。

管理技術者と大学同期の構造主任(40代)、これまでのプロジェクトの殆どを協同してきたベテランの電気および機械設備主任(50代)、その他技術者は20代・30代の土屋辰之助アトリエのスタッフを配置し、まさに**本プロジェクトにふさわしい、多世代による設計チームによる実施体制**です。

改修プロジェクト実績例
・伊勢神宮内宮参集殿改修(三重県伊勢市)
・国立科学博物館上野本館改修(東京都台東区) ※
他多数

新築プロジェクト実績例
・陸前高田市立気仙小学校新築(岩手県陸前高田市)
・世界遺産熊野本宮館(和歌山県田辺市) ※
他多数　※：香山壽夫建築研究所での管理技術者の実績

2）対話型の業務遂行手法による設計進行

市民のための施設をつくりあげるためには対話を繰り返す必要があります。
そのために基本設計期間に北上市内に設計拠点をつくります。空き家や空き店舗等を利用することが望ましいですが、設計スタート前に市内を回り検討します。
限られた期間内で「共通認識」を築き上げることは簡単ではありませんが、これまでの様々な地域での公共建築に携わった経験を最大限に活用し、**「対話型の業務遂行手法」**によって庁内、市民の声を聞きながら建築としてのバランスを重要視し、コストおよび市民生活向上、すべての人に開かれたデザインを効率よく実現する設計を行います。

3）「自らもユーザーである」意識で設計に取り組む

「自らもユーザーである」立場で考え、自分たちの子育て、健康福祉などの実体験もフィードバックして設計を行います。
例えば、土屋の妻の実家は群馬県前橋市にあり、帰省した際には「前橋プラザ元気21」で子ども達を遊ばせることが多いです。この施設はデパートをリノベーションしたもので、プレイルームを含んだ「子育てひろば」「こども図書館」の他、行政機能や公民館機能もある施設です。人気があり、かなりの人が訪れますが、デパートであった積層空間そのままで各機能のつながりはあまりありません。

前橋プラザ元気21
プレイルームは元気いっぱいの子どもたちで溢れています。もっとマチに開きたい空間です。

北上市さくらホールなども見学しました。市内既存施設との連携や関係、使われ方にも留意し計画を行います。

そういった実例と実体験をもとに、より各機能がつながり、よりマチにつながり活気を生み出す建築として今回の改修プロジェクトに取り組みます。

業務実施方針/手法/スケジュール

地域の人々の拠り所となり、地域活動の核となる施設の設計プロセス

1. 大人から子どもまで様々な世代の拠り所となり、地域活動の中心を創出する施設とするため市民、地域住民や行政と協同して、様々な使われ方の可能性を徹底して掘り起こします。
2. 建築の専門家である設計チームが各分野の専門家と連携し、設計プロセスを進行します。保健・子育て支援施設としての機能、地域活動の中心施設としての機能、市内他施設との連携機能などについて議論し、多角的な視点で意見を出し合い、集約します。
3. 「デザイン会議」や「利用者アンケート」等で抽出した意見、頂いた助言を専門家として具体的な形に膨らませ、地域住民・関係者とイメージを常に共有しながら進めます。

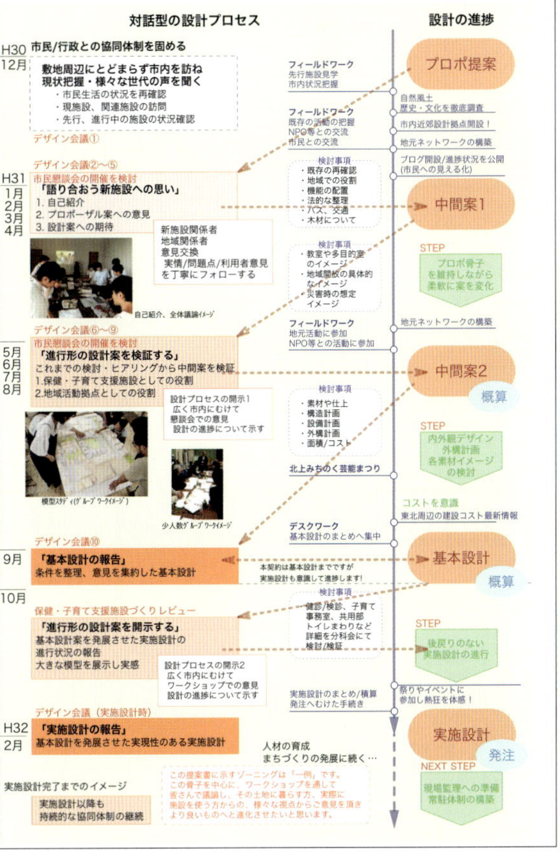

土屋辰之助アトリエ案

3位

ワンスパン分の幅を持った2本の道を建物内部に十字に交差させることで分かりやすい計画となっている。北上CROSSINGと名付けたこの道はさらにサイン、色彩計画等で使い勝手が良い。また南北の道は健診車が停車できるように、東西の道は待合用にベンチが置かれ、子どもの室内遊び場が隣接し、その前には縁側が設けられている。交流の輪が広がりそうな案である。

「こどもの元気」を見守り、「市民の元気」を支え、「まちの元気」を生み出す、市民が主役の“健康と子育て”の拠点施設

「こどもの元気」を見守る

…こどもスペースを中心に据えた平面プラン

…危険な段差や出隅がなく
大人の目が行き届く、安心·安全なつくり

…陽当りがよく、無垢の木に包まれた
温かなインテリア

「市民の元気」を支える

…市民が利用しやすく職員が活き活きと働く
シンプルで明快な施設構成

…充実したサービスを提供する
機能的で柔軟性の高い室配置

…誰もが気軽に立ち寄りたくなる
バリアフリーで居心地のよい空間

「まちの元気」を生み出す

…地元の集会やイベントに利用でき
多くの市民で賑わう交流ステーション

…活動の様子が外からも見える
開放的で親しみやすいファサード

…世代を超えて受け継がれる
長寿命で愛着の湧く施設

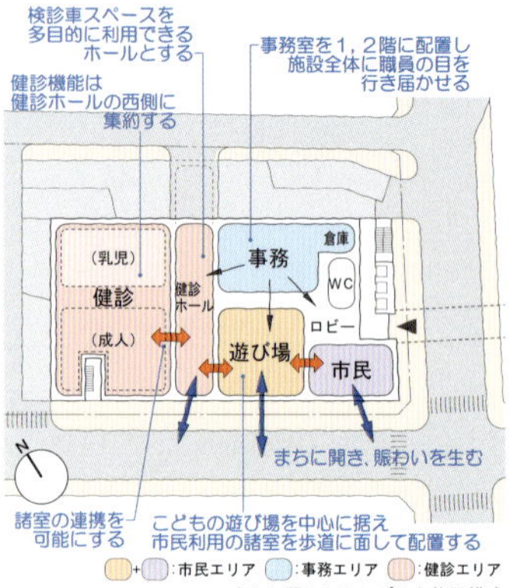

まちに開いたシンプルな施設構成

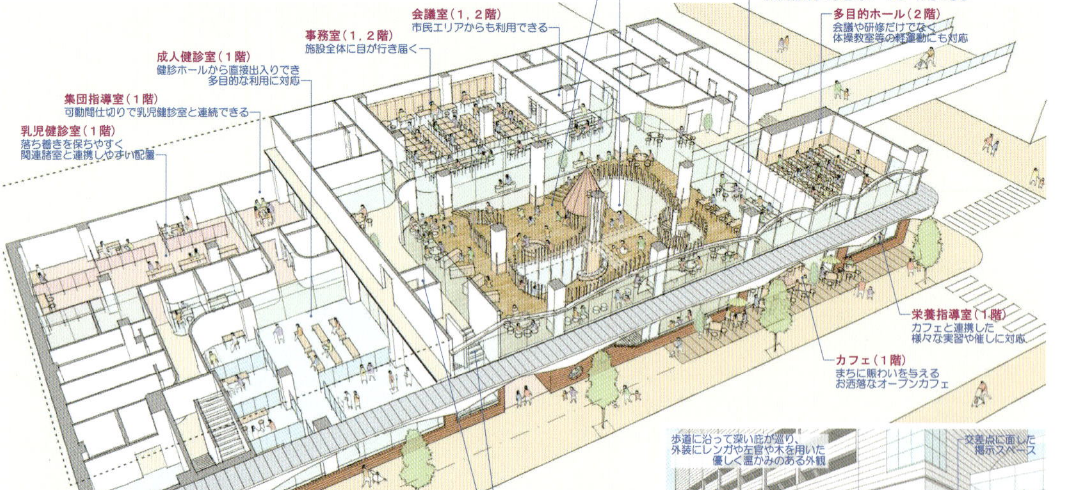

大きく吹抜けたこどもの遊び場を中心に諸室を機能的に配置する

歩道に面した大きな窓から様々な活動がまちに伝わる

業務への取組体制

公共施設の実績が豊富で連携のよい設計体制

- 庁舎や福祉施設、学校などの公共施設を継続して担当する**ベテランスタッフを中心とした経験豊富な設計体制**で業務に取り組みます。
- 構造と設備の協力事務所は協働経験が長く、本業務でも全体打合せを定期的に行うことで**設計の質を高め**、様々な要望や課題に対して幅広い知見を活かして**最適な解決**を導きます。

合意形成を重視した設計プロセス

- よい施設の実現には計画の背景や実際の使われ方、地域特性などの深い理解が不可欠です。行政担当者や市民、維持管理者と意見交換を繰り返し、CGや模型を用いたわかりやすい**対話型の設計プロセス**により**合意形成を徹底**して、皆が納得できる施設を実現します。

設計チームの特徴

長寿命な建築を追求するチーム

- 日本の近現代建築は汚れやすく、傷みやすく、短命です。そのことが街の景色を落ち着きのないものにしています。当事務所は設立以来35年以上、その問題の解決に取り組んでいます。適切な材料の選択と堅実な納まりの徹底により、**風雪に耐えてなお美しく、愛着を持って長く使い続けられる建築**を実現します。

サスティナブルな建築づくりを実践するチーム

- 外断熱などの省エネ手法を長年実践する管理技術者、CASBEE評価員資格を持つ総合主任、先端省エネ技術や自然エネルギー利用に長けた電気・機械設備主任により、長持ちすると共に、**省エネルギーで快適に過ごせる、地球環境に優しい施設**を実現します。

特に重視する設計上の配慮事項等

きめ細かく丁寧な建築づくり

- 設計には基本となる思想や構想が重要ですが、同時に建築は細部の積み重ねから成り立っており、その一つ一つが使いやすさや快適さ、美しさ、寿命までをも左右します。そのことに注意を払い、**隅々にまで配慮の行き届いた丁寧な設計**を行います。
- 北海道や東北、北陸での様々な実績を活かし、**積雪や寒さ対策を十分考慮**した計画とします。

適正なコストコントロール

- 改修範囲や工法、設備システム等を合理的に計画し、**現実的な工事費**で設計をまとめます。
- 設計の進捗に合せた**段階的なコストチェック**を行うことで、設計終盤での予算調整のための手戻りをなくします。

業務実施スケジュール

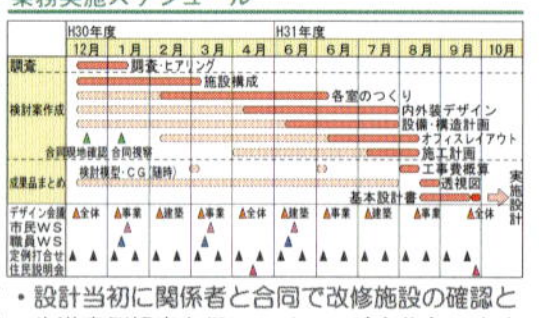

- 設計当初に関係者と合同で改修施設の確認と先進事例視察を行い、**イメージを共有**します。
- デザイン会議と並行して**市民WS**（ワークショップ）と**職員WS**を行います。市民WSは市民エリア、職員WSは事務エリアを中心に検討します。
- WSは基本条件や案の長短等、検討の土台を明確にし、**具体的な意見を出しやすく**します。
- 密な定例打合せで**市との連携**を強く築きます。

評価テーマに対する技術提案

高齢者、子育て世代やこどもの利用に配慮した提案

- **平面プランをシンプルにわかりやすく**まとめた上で、メイン廊下の幅員を広く確保し、コーナーを曲面とする等、**見通しがよく危険のないつくり**とします。
- 健診ホールのサブ玄関近くにエレベーターと階段を増設し、施設全体の**上下階の移動を容易**にします。
- **多目的トイレやこどもトイレを適切に配置**し、一般男女トイレ内にも車椅子やベビーカーと一緒に利用でき、おむつ替えもできる**広めのブース**を設けます。
- 内装に**地元のスギやヒノキの無垢材**を用い、誰もがくつろげる温かで居心地のよいインテリアとします。

多世代の利用者が交流する魅力的な居場所空間としてまちの魅力を高める提案

- 交差点に近いメイン玄関からすぐの場所に気持ちのよいカフェを設けます。歩道と連続できるお洒落な**オープンカフェ**として、**まちの賑わいを演出**します。カフェから遊び場がよく見え、隣接する栄養指導室と連携して試食会や親子料理教室も行えます。
- 玄関に面して案内カウンターと情報コーナーを設け、**立ち寄るだけで様々な情報が得られる**ようにします。隣のカフェにはくつろいで情報を収集できるよう、子育てや健康づくりの専門誌を置く書棚を設けます。

メイン玄関に面した案内カウンターと情報コーナー

- **多目的ホール**も市民エリアに設け、可動間仕切りで**団体交流室とも一体化**できるつくりとします。床は高弾性シートとして健康体操やダンス等の軽運動も可能にします。専用の広い備品倉庫を隣接させます。
- **健診ホール**は検診車が使わない時は、成人健診室や集団指導室、こどもの遊び場と連携し、**様々な事業や地域の催しに柔軟に利用**できるつくりとします。
- **成人健診室**は健康教室等に**多目的に利用**できるよう、サブ玄関の近くに健診ホールに面して配置します。

様々な催しに柔軟に利用できる健診ホール

- 歩道に面した外周に深い庇を巡らせ、**雨や雪の日も車椅子やベビーカーが行き来しやすく**します。
- 外周の窓や庇を親しみやすくデザインし、レンガや左官、木などの自然素材で仕上げ、**街並みに馴染み、いつまでも愛着を持って利用できる**施設とします。

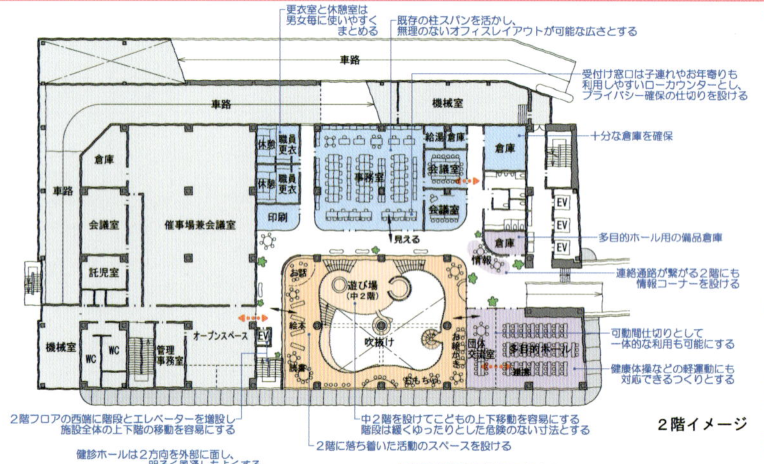

2階イメージ

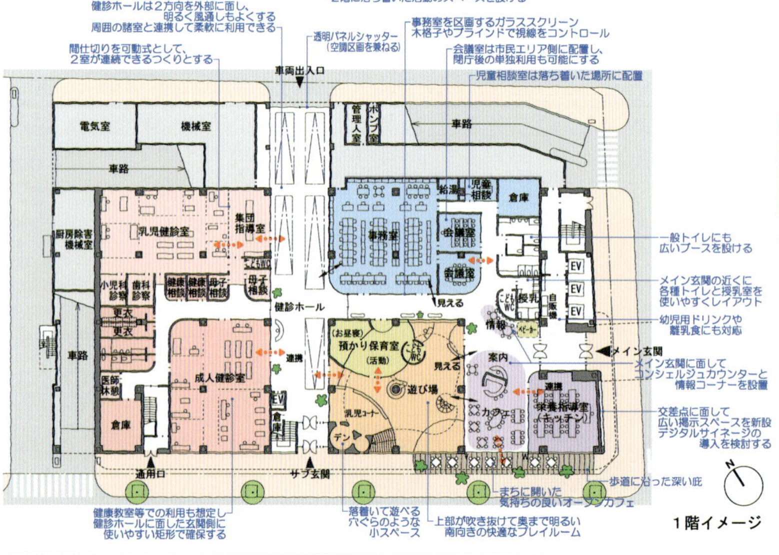

1階イメージ

健診実施時の検診車の停車スペースなど、特殊な諸室の整備を考慮した提案

- **健診ホール**は耐摩耗性のよい塗床と埃が付きにくい内装パネルで仕上げ、**2方向が外部に面した明るく風通しのよい空間**とします。
- **成人健診室**は**使いやすい矩形のスペース**を確保し、**乳児健診室**は**集団指導室と連続**できるようにします。
- **事務室**は全体をガラススクリーンで囲み、**閉庁日の管理区画を明確**にします。**会議室**は市民エリア側に隣接させて、**時間外の単独利用も可能**にします。
- **遊び場**は大梁がない今のエスカレーター部分に階高を抑えた保育室を設け、上部を中2階として**こどもが上下階を楽しく安全に行き来できる**つくりとします。乳児や絵本のコーナーは**動き回るスペースと区画**し、**吹抜けまわりは落下防止**の縦格子で安全に囲みます。

吹抜けを囲んで明るく見通しのよい遊び場

その他の技術提案

木に包まれた温かな空間

- **こどもの遊び場**は床をフローリングとし、吹抜けの手摺格子や大型遊具も木を用い、家具やおもちゃも木製として、**優しく木に包まれた空間**とします。
- **事務室**は目に留まりやすい窓口カウンターの隔て板や案内サイン、照明ボックス等に**効果的に木を使用**し、**温かみがあり気軽に訪ねられる雰囲気**とします。

木に包まれた空間（当事務所事例）

木の窓口カウンター（当事務所事例）

風雪に耐え、長寿命で愛着の湧く施設

- 1階の外壁は吸水率が低くて凍害がなく、色の明るいレンガを積み、2階は丈夫な左官仕上げとします。更に改修部分の外壁や窓の上部にしっかりと水切を設け、全体を**汚れにくく傷みにくいつくり**とします。
- 外壁は湿式外断熱工法による**断熱補強**を施し、窓は高性能ペアガラスサッシで**空調負荷を抑制**します。
- 外周の庇は金属板で覆い、軒裏は不燃処理した木で仕上げ、レンガや左官と一緒に**親しみを演出**します。

誰にも優しく快適な設備システム

- 健診エリアは**放射整流空調**を採用し、気流を感じず湿度も適正に保てる、**快適で衛生的な温湿度環境**をつくります。**既存熱源を使う合理的な計画**とします。
- 吹抜けを囲む遊び場は既存熱源利用の**ラジエター型放射冷暖房**を用い、室温が安定して上下の温度差が少なく、**こどもに優しい良好な温湿度環境**とします。
- 事務室や会議室等は**既存のファンコイルユニットを移設利用**します。既存の冷温水配管や外気調和機も劣化状況を確認の上、**再利用し工事費を縮減**します。

大宇根建築設計事務所案

4位

「こどもの元気」「市民の元気」「まちの元気」という3つの元気に着目した案である。そこで平面はこどもスペースを中心にかつ大人の目が行き届くように市民が利用しやすく、充実したサービスを提供しやすく、まちの人が気軽に立ち寄れてにぎわいを生み出す工夫がなされている。

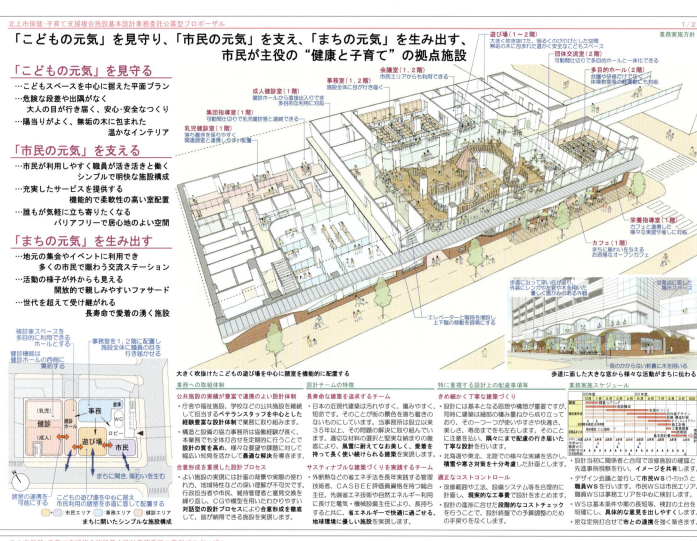

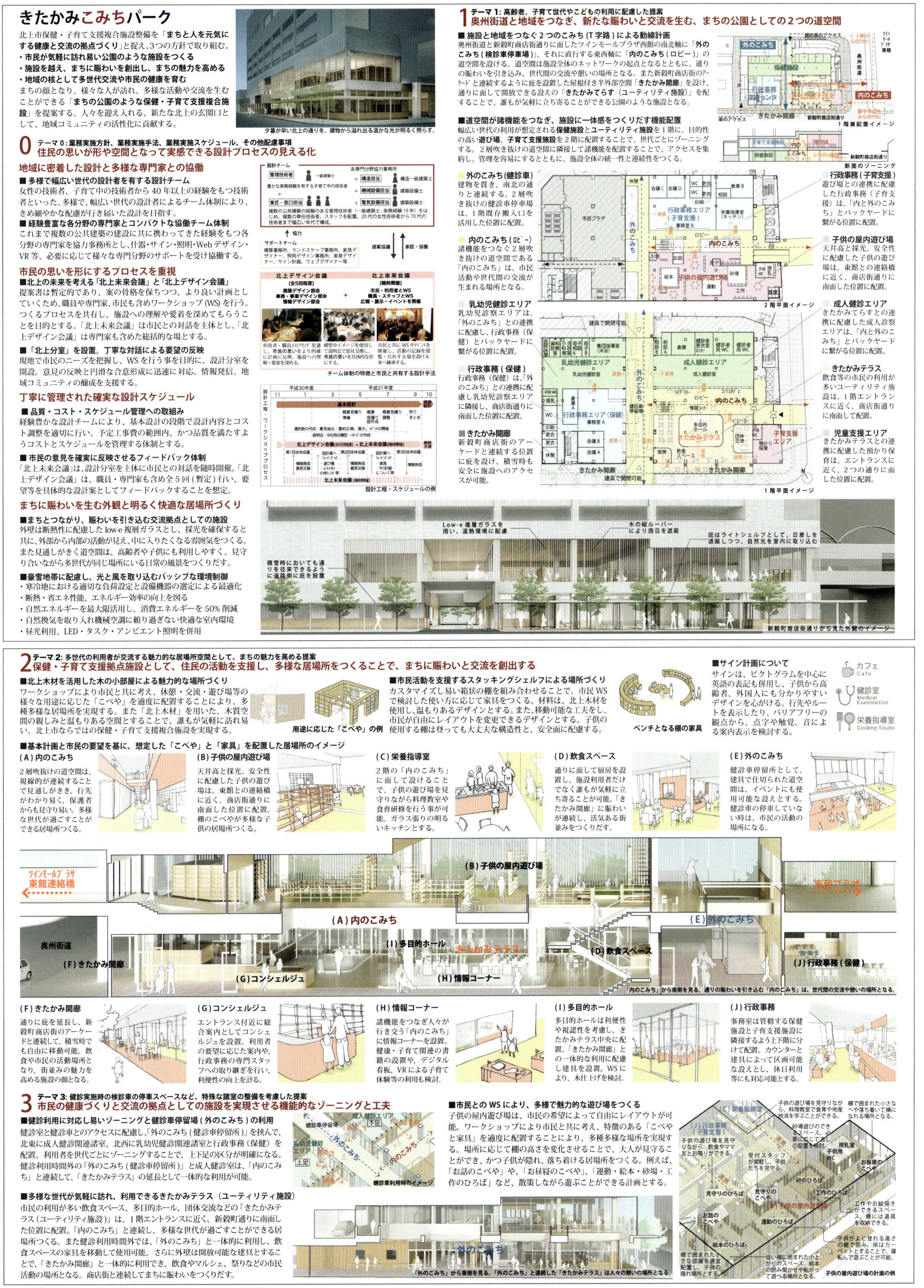

きたかみこみちパーク

北上市保健・子育て支援複合施設整備を「**まちと人を元気にする健康と交流の拠点づくり**」と捉え、3つの方針で取り組む。
- 市民が気軽に訪れ易い公園のような施設をつくる
- 施設を越え、まちに賑わいを創出し、まちの魅力を高める
- 地域の核として多世代交流や市民の健康を育む

まちの顔となり、様々な人が訪れ、多様な活動や交流を生むことができる「**まちの公園のような保健・子育て支援複合施設**」を提案する。人々を迎え入れる、新たな北上の玄関口として、地域コミュニティの活性化に貢献する。

夕暮が早い北上の通りを、建物から溢れ出る温かな光が明るく照らす。

0 テーマ 0：業務実施方針、業務実施手法、業務実施スケジュール、その他配慮事項
住民の思いが形や空間となって実感できる設計プロセスの見える化

地域に密着した設計と多様な専門家との協働

■ 多様で幅広い世代の設計者を有する設計チーム
女性の技術者、子育て中の技術者から40年以上の経験をもつ技術者といった、多様で、幅広い世代の設計者によるチーム体制により、きめ細やかな配慮が行き届いた設計を目指す。

■ 経験豊富な各分野の専門家とコンパクトな協働チーム体制
これまで複数の公共建築の建設に共に携わってきた経験をもつ各分野の専門家を協力事務所とし、什器・サイン・照明・Webデザイン・VR等、必要に応じて様々な専門分野のサポートを受け協働する。

チーム体制の特徴と市民と共有する設計手法

市民の思いを形にするプロセスを重視

■北上の未来を考える「北上未来会議」と「北上デザイン会議」
提案書は暫定的であり、案の骨格を保ちつつ、より良い計画としていくため、職員や専門家、市民も含めワークショップ（WS）を行う。つくるプロセスを共有し、施設への理解や愛着を深めてもらうことを目的とする。「北上未来会議」は市民との対話を主体とし、「北上デザイン会議」は専門家も含めた総括的な場とする。

■「北上分室」を設置。丁寧な対話による要望の反映
現地で市民のニーズを把握し、WSを行う事を目的に、設計分室を開設。意見の反映と円滑な合意形成に迅速に対応。情報発信、地域コミュニティの醸成を支援する。

丁寧に管理された確実な設計スケジュール

■ 品質・コスト・スケジュール管理への取組み
経験豊かな設計チームにより、基本設計の段階で設計内容とコスト調整を適切に行い、予定工事費の範囲内、かつ品質を満たすようコストとスケジュールを管理する体制とする。

■ 市民の意見を確実に反映させるフィードバック体制
「北上未来会議」は、設計分室を主体に市民との対話を随時開催。「北上デザイン会議」は、職員・専門家も含め全5回（暫定）行い、要望等を具体的な設計案としてフィードバックすることを想定。

設計工程・スケジュールの例

まちに賑わいを生む外観と明るく快適な居場所づくり

■まちとつながり、賑わいを引き込む交流拠点としての施設
外壁は断熱性に配慮したlow-e複層ガラスとし、採光を確保すると共に、外部から内部の活動が見え、中に入りたくなる雰囲気をつくる。また見通しがきく道空間は、高齢者や子供にも利用しやすく、見守り合いながら多世代が同じ場所にいる日常の風景をつくりだす。

■豪雪地帯に配慮し、光と風を取り込むパッシブな環境制御
- 寒冷地における適切な負荷設定と設備機器の選定による最適化
- 断熱・省エネ性能、エネルギー効率の向上を図る
- 自然エネルギーを最大限活用し、消費エネルギーを50%削減
- 自然換気を取り入れ機械空調に頼り過ぎない快適な室内環境
- 昼光利用、LED・タスク・アンビエント照明を併用

1 テーマ 1：高齢者、子育て世代やこどもの利用に配慮した提案
奥州街道と地域をつなぎ、新たな賑わいと交流を生む、まちの公園としての2つの道空間

■ 施設と地域をつなぐ2つのこみち（T字路）による動線計画
奥州街道と新穀町商店街通りに面したツインモールプラザ西館の南北軸に「**外のこみち（検診車停車場）**」、それに直行する東西軸に「**内のこみち（ロビー）**」の道空間を設ける。道空間は施設全体のネットワークの起点となるとともに、通りの賑わいを引き込み、世代間の交流や憩いの場所となる。また新穀町商店街のｱｰｹｰﾄﾞと連続するように庇を設置した屋根付き半外部空間「**きたかみ開廊**」を設け、通りに面して開放できる設えの「**きたかみてらす**（ユーティリティ施設）」を配することで、誰もが気軽に立ち寄ることができる公園のような施設となる。

1階兼配置イメージ

断面のゾーニング

■道空間が諸機能をつなぎ、施設に一体感をつくりだす機能配置
幅広い世代の利用が想定される**保健施設**と**ユーティリティ施設**を1階に、目的性の高い**遊び場**、**子育て支援施設**を2階に配置することで、世代ごとにゾーニングする。2層吹き抜けの道空間に隣接して諸機能を配置することで、アクセスを集約し、管理を容易にするとともに、施設全体の統一性と連続性をつくる。

外のこみち（健診車）
建物を貫き、南北の通りと連続する、2層吹き抜けの健診車停車場は、1階既存搬入口を活用した位置に配置。

内のこみち（ﾛﾋﾞｰ）
諸機能をつなぐ2層吹き抜けの道空間である「内のこみち」は、市民活動や世代間の交流が生まれる場所となる。

乳幼児健診エリア
乳幼児診察エリアは、「外のこみち」との連携に配慮し、行政事務（保健）とバックヤードに繋がる位置に配置。

行政事務（保健）
行政事務（保健）は、「外のこみち」との連携に配慮し乳幼児診察エリアに隣接し、商店街通りに南面した位置に配置。

きたかみ開廊
新穀町商店街のアーケードと連続する位置に庇を設け、積雪時も安全に施設へのアクセスが可能。

2階平面イメージ

1階平面イメージ

行政事務（子育支援）
遊び場との連携に配慮した行政事務（子育支援）は、「内と外のこみち」とバックヤードに繋がる位置に配置。

子供の屋内遊び場
天井高と採光、安全性に配慮した子供の遊び場は、東館との連絡橋に近く、商店街通りに南面した位置に配置。

成人健診エリア
きたかみてらすとの連携に配慮した成人診察エリアは、「内と外のこみち」とバックヤードに繋がる位置に配置。

きたかみテラス
飲食等の市民の利用が多いユーティリティ施設は、1階エントランスに近く、商店街通りに南面して配置。

児童支援エリア
きたかみテラスとの連携に配慮した預かり保育は、エントランスに近く、2つの通りに面した位置に配置。

新穀町商店街通りから見た外観のイメージ

2 テーマ 2：多世代の利用者が交流する魅力的な居場所空間として、まちの魅力を高める提案
保健・子育て支援拠点施設として、住民の活動を支援し、多様な居場所をつくることで、まちに賑わいと交流を創出する

■北上木材を活用した木の小部屋による魅力的な場所づくり
ワークショップにより市民と共に考え、休憩・交流・遊び場等の様々な用途に応じた「こべや」を適度に配置することにより、多種多様な居場所を実現する。また「北上木材」を用いた、木質空間の親しみと温もりある空間とすることで、誰もが気軽に訪れ易い、北上市ならではの保健・子育て支援複合施設を実現する。

用途に応じた「こべや」の例

■市民活動を支援するスタッキングシェルフによる場所づくり
カスタマイズし易い箱状の棚を組み合わせることで、市民WSで検討した使い方に応じて家具をつくる。材料は、北上木材を使用し、温もりあるデザインとする。また、移動可能な工夫をし、市民が自由にレイアウトを変更できるデザインとする。子供の使用する棚は登っても大丈夫な構造性と、安全面に配慮する。

ベンチとなる棚の家具

■サイン計画について
サインは、ピクトグラムを中心に英語の表記も併用し、子供から高齢者、外国人にも分かりやすいデザインを心がける。行先やルートを表示したり、バリアフリーの観点から、点字や触覚、音による案内表示を検討する。

■基本計画と市民の要望を基に、想定した「こべや」と「家具」を配置した居場所のイメージ

（A）内のこみち
2層吹抜けの道空間は、視線的が連続することで見通しがきき、行先がわかり易く、保護者からも見守り易い。多様な世代が過ごすことができる居場所つくる。

（B）子供の屋内遊び場
天井高と採光、安全性に配慮した子供の遊び場は、東館との連絡橋に近く、商店街通りに南面した位置に配置。棚のこべやが多様な子供の居場所つくる。

（C）栄養指導室
2階の「内のこみち」に面して設けることで、子供の遊び場を見守りながら料理教室や食育研修を行う事が可能。ガラス張りの明るいキッチンとする。

（D）飲食スペース
通りに面して厨房を設置し、施設利用者だけでなく誰もが気軽に立ち寄ることが可能。「きたかみ開廊」に賑わいが連続し、活気ある街並みをつくりだす。

（E）外のこみち
健診車停留所として、建具で仕切られた道空間は、イベントにも使用可能な設えとする。健診車の停車していない時は、市民の活動の場所になる。

「内のこみち」から南側を見る。通りの賑わいを引き込む「内のこみち」は、世代間の交流や憩いの場所となる。

（F）きたかみ開廊
通りに庇を延長し、新穀町商店街のアーケードと連続して、積雪時でも自由に移動可能。飲食や市民の活動場所となり、街並みの魅力を高める施設の顔となる。

（G）コンシェルジュ
エントランス付近に総合案内としてコンシェルジュを設置。利用者の要望に応じた案内や、行政事務の専門スタッフへの取り継ぎを行い、利便性の向上を計る。

（H）情報コーナー
諸機能をつなぎ人々が行き交う「内のこみち」に情報コーナーを設置。健康・子育て関連の書籍の設置や、デジタル看板、VRによる子育て体験等の利用も検討。

（I）多目的ホール
多目的ホールは利便性や視認性を考慮し、きたかみテラス中央に配置。「きたかみ開廊」との一体的な利用に配慮し建具を設置。WSにより、木仕上げを検討。

（J）行政事務
事務室は管轄する保健施設と子育支援施設に隣接するよう上下階に分けて配置。カウンターと建具によって区画可能な設えとし、休日利用等にも対応可能とする。

3 テーマ 3：健診実施時の検診車の停車スペースなど、特殊な諸室の整備を考慮した提案
市民の健康づくりと交流の拠点としての施設を実現させる機能的なゾーニングと工夫

■健診利用に対応し易いゾーニングと健診車停留場（外のこみち）の利用
健診室と健診車とのアクセスに配慮し、「外のこみち（健診車停留所）」を挟んで、北東に成人健診関連諸室、北西に乳幼児健診関連諸室と行政事務（保健）を配置。利用者を世代ごとにゾーニングすることで、上下足の区分が明確になる。健診利用時間外の「外のこみち（健診車停留所）」と成人健診室は、「内のこみち」と連続して、「きたかみテラス」の延長として一体的な利用が可能。

健診車利用時のイメージ

■多様な世代が気軽に訪れ、利用できるきたかみテラス（ユーティリティ施設）
市民の利用が多い飲食スペース、多目的ホール、団体交流などの「きたかみテラス（ユーティリティ施設）」は、1階エントランスに近く、新穀町通りに南面した位置に配置。「内のこみち」と連続し、多様な世代が過ごすことができる居場所つくる。また健診利用時間外では、「外のこみち」と一体的に利用し、飲食スペースの家具を移動して使用可能。さらに外壁は開放可能な建具とすることで、「きたかみ開廊」と一体的に利用でき、飲食やマルシェ、祭りなどの市民活動の場所となる。商店街と連続してまちに賑わいをつくりだす。

■市民とのWSにより、多様で魅力的な遊び場をつくる
子供の屋内遊び場は、市民の希望によって自由にレイアウトが可能。ワークショップにより市民と共に考え、特徴のある「こべやと家具」を適度に配置することにより、多種多様な場所を実現する。場所に応じて棚の高さを変化させることで、大人が見守ることができ、かつ子供が隠れ、落ち着ける居場所をつくる。例えば、「お話のこべや」や、「お昼寝のこべや」、「運動・絵本・砂場・工作のひろば」など、散策しながら遊ぶことができる計画とする。

「外のこみち」から東側を見る。「外のこみち」と連続した「きたかみテラス」は人々の憩いの場所となる。

子供の屋内遊び場の計画の例

アトリエ・アンド・アイ案

5位

「きたかみこみちパーク」と題して、敷地のコンテクストとしての奥州街道（道）に着目し、内外の連続性を意識した外のこみち、内のこみちという2つの道を計画の主軸に置いた。それぞれ検診車が放り込む半外部的なみち、人々の交流を生み出す内部的なみちと位置付けている。そのみちに絡むように人のスケールのさまざまな家具がデザインされ、みち空間が有機的に広がっている。場所によっては家具が小部屋をつくり、連続的に変化するスケールによって全体が構成されている。

れる「設計プロセスの開示」という点についてはどのようなプロセスが想定されていたのかも気になってくる。この点に関しては、アトリエ・アンド・アイ案において「模型やイメージを使用して説明会で意見交換」「市民と共にWSやイベントを開催し、活動の記録を閲覧・共有する場を設け」等、市民へのプロセス開示のイメージも示されていた。（榊原）

4｜プレゼンテーションの卓越性：明瞭な情報ヒエラルキーに基づく伝わりやすい構成

選定案はA3×2枚で構成され、1枚目の冒頭で求められているプロポーザルの評価テーマを、テーマ1「高齢者、子育て世代やこどもの利用に配慮した提案」→「すべての人に分かりやすい計画」、テーマ2「まちの魅力を高める提案」→「街の賑わいを生む多様な活動空間」、テーマ3「特殊な諸室の整備を考慮した提案」→「特殊諸室に対応した動線計画」、と提案の内容が伝わりやすくなるよう、再定義している。

提案書1枚目には提案の骨子である「まちいく広場」の内観イメージ・ファサードイメージを中心に、テーマ2「街の賑わいを生む多様な活動空間」に関連するコンテンツを、「街のハブになる」・「街に開いた魅力あるファサード」として分かりやすく説明している。下部には業務の実施方針（取組体制・設計チームの特徴・スケジュール）を並べ、設計上の配慮事項を表現している。2枚目には全体構成のアクソノメトリック図をメインコンテンツとして中央に載せ、その周りには主にテーマ1「すべての人に分かりやすい計画」やテーマ3「特殊諸室に対応した動線計画」に関連したコンテンツによって、計画的な内容をハード・ソフトの側面から伝えている。

レイアウトは全体を66mm幅の6列を基本グリッドとして、1枚目の上段には「まちいく広場」に機能と活動が溢れ出している風景を7:3のアスペクト比の手描きパースで、中段には開放的で活動の溢れ出すファサードを4:1のアスペクト比の手描き立面パースで、下段にはスケジュールを8:1のアスペクト比のタイムラインで表現している。いずれも横長のプロポーションのイメージを6列を用いながら左右にずらすことでリズミカルに読みやすいレイアウトとしている。2枚目は3分割した誌面の中央列にアクソノメトリック図を配置し、左右の列に説明的なコンテンツを配置することでアクソノメトリック図と対応させながら読みやすい表現としている。

一般的に2ページ以上求められる提案書はページを跨ぐため、コンテンツにどのようにヒエラルキーを付け、どのような順番でページネーション・レイアウトをしていくかという点は実はかなり重要なプレゼンテーションの勘所だと思われる。選定案では評価テーマ順にコンテンツを並べるのではなく、テーマ2「まちの魅力を高める提案」のコンテンツを1枚目に大きく取り上げ、2枚目でその計画的な内容を具体的に説明することで、提案者がこの建築を単体として捉えているわけではないことを明瞭に示している。（平瀬）

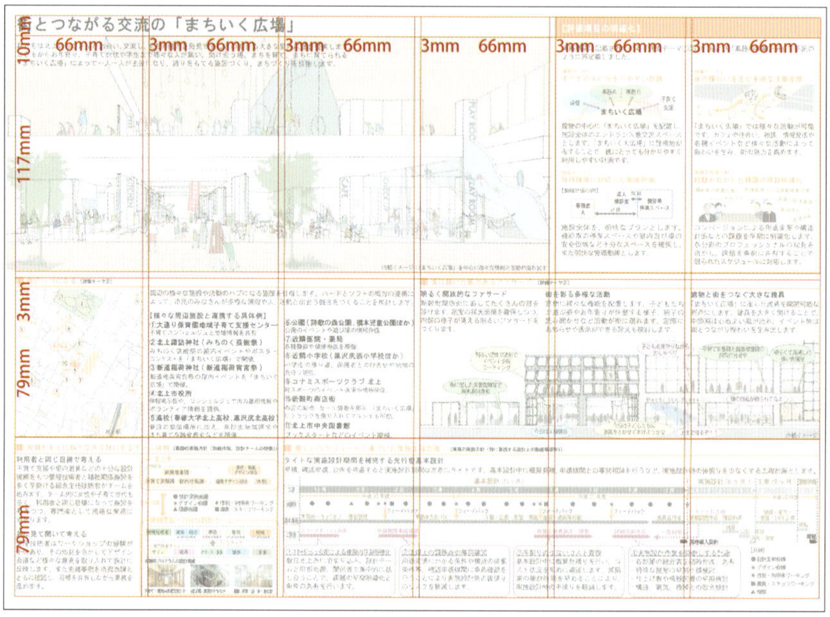

1枚目

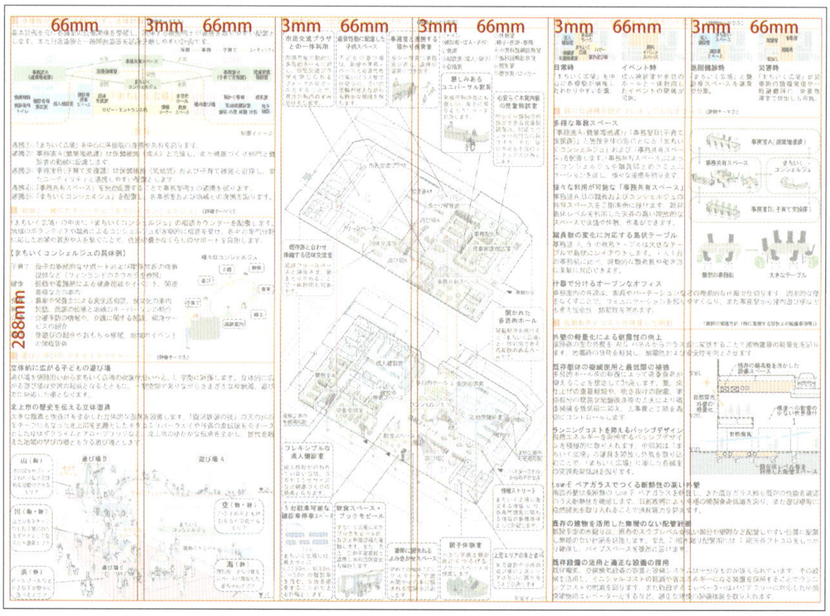

2枚目

選定案のグリッド分析　指定条件：A3、2枚以内（文字サイズの指定なし）

対象敷地

©畝森・teco設計共同体

現況

竣工後の〈北上市保健・子育て支援複合施設hoKko〉©Kai Nakamura

設計者インタビュー

畝森泰行・金野千恵
（畝森・teco設計共同体）

Q｜要項はチーム内でどのように読まれ・分析されましたか？

A｜まず、担当スタッフが要項や仕様書や関連する上位計画などを読み込み、チーム全員で行うキックオフミーティングで背景・目的・要点・地域の特色などを2時間程度で共有します。また、検討案のフィードバックとして継続的に分析し、技術提案書の構成や提案の妥当性について議論する際に再読します。

Q｜本プロポーザルの募集要項の中で最も重視された点は何でしょうか？

A｜今回、健康診断のための検診車を建物内に5台駐車するという特殊な条件がありました。ただし、その検診は週に数日程度で、さらに5台を同時に駐車する日も限られるため、検診以外の時もその大きな空間（まちいく広場）を活用でき、また自由に出入りできるオープンな場所を目指しました。

Q｜当初案から、完成までに変更された点はありますか？

A｜諸室の配置等の他に大きく3つ変更しています。まず、改修範囲（設計範囲）が3,176㎡から3,948㎡に広がり、建物の2層分ほぼ全てを改修することになりました。次に、フラットだった天井面を検診車の高さや天井内の設備スペースを考慮しながら断面的に緩やかに変化させています。最後に、その天井の曲線と同じ形状を持つ大きな庇を周辺のアーケードと連続するように外壁面に新しく設けました。

Q｜多世代のための「街のハブ」を目指されていますが、ハードとソフトはハブとしてどのように連携していますか？

A｜「まちいく広場」がハブとして機能することを目指しました。コロナ渦のため開館後は思うように活用できませんでしたが、例えば移動図書館が出入りする等少しずつ周辺との連携が始まっています。他にもマルシェやお祭り等設計中に市民の皆さんから挙がっていたさまざまな活用がここで行われていくことを期待しています。

Q｜「スタートダッシュ合宿」は普段からどのプロジェクトでも提案されているのでしょうか？何をされますか？

A｜最初に関係者の方々からお話を聞くことでプロポ要項からは読み取れない本質や課題を洗い出し、課題を整理するため、この合宿を行っています。北上市での計画開始時には、計4人（私たち＋各スタッフ2人）で2泊3日の日程で行いました。内容としては、①既存施設の建物状況調査、使われ方調査、②保健、子育て、ギャラリー等に関連する行政の方や、地域の方々へのヒアリング、③市の担当課の方と共に近隣の類似施設の視察をして議論、等がありました。

Q｜プレゼンボードを作成される際、レイアウトや色調のルールは決めていますか？

A｜必ず適用するルール等はありませんが、トップに一目で提案する空間がイメージできるパースを大きくレイアウトするようにしています。また、提案を明確化するため最初にコンセプトを簡潔にまとめ、流れを意識してシートを組み立てるため項目に番号を振ることが多いです。各々の図面で表現すべきことを意識し、情報を的確に絞った表記を心がけています。カラーコードは内容に合わせてベースを決めて展開することが多いです。

Q｜今回、平面図を載せられなかったのはなぜですか？

A｜要項において平面図が求められていない中で、平面図の情報はおおよそアクソメで伝えられると考え、立体的な空間のつながりや、家具による空間の密度等が表現できるアクソメを使用することにしました。特に、室どうしの連続について、家具で仕切る、建具で仕切る、壁で仕切るといった連続の度合いの違いも、アクソメでは効果的に伝わったと思います。

6

競技場

松本平広域公園陸上競技場整備事業基本設計プロポーザル

要項の読み解き

- 北アルプスを一望する広域公園と一体化したランドスケープデザイン
- 仮設スタンドを含めて20,000人を収容する陸上競技場
- 県民、関係者とともに設計を練り上げていく力量

コンペ概要

要項に示された規模

延床面積｜約20,000㎡
予定工事費｜約88億円（直接工事費）

提案書の指定条件

1次：A3・1枚（横）・文字10.5pt以上
2次：A3・1枚（横）・文字12pt以上

2020
2月21日
プレスリリース

3月27日
参加表明書類提出期限

5月22日
1次審査書類提出期限（公開・書類審査）

6月13日
1次審査

6月19日
1次審査結果の通知

7月24日
2次審査（公開プレゼンテーション+インタビュー）

8月6日
2次審査結果通知

審査委員（役職は当時のもの）
＊審査委員長

古谷誠章＊
早稲田大学教授

早部安弘
早稲田大学教授

関邦則
公益社団法人長野県建築士会名誉会長

上林功
追手門学院大学准教授

宮城俊作
東京大学大学院教授

町田誠
国土交通省 PPP サポーター

選定案の読み解き

審査員の共感・対話を引き出した コミュニケーション力の結晶

選定された提案者

青木淳・昭和設計共同体

ファイナリスト

- 環境デザイン・林魏・倉橋建築設計共同体
- 槇総合計画事務所

所在地

長野県 松本市

敷地いっぱい使いたおせる活動の広場

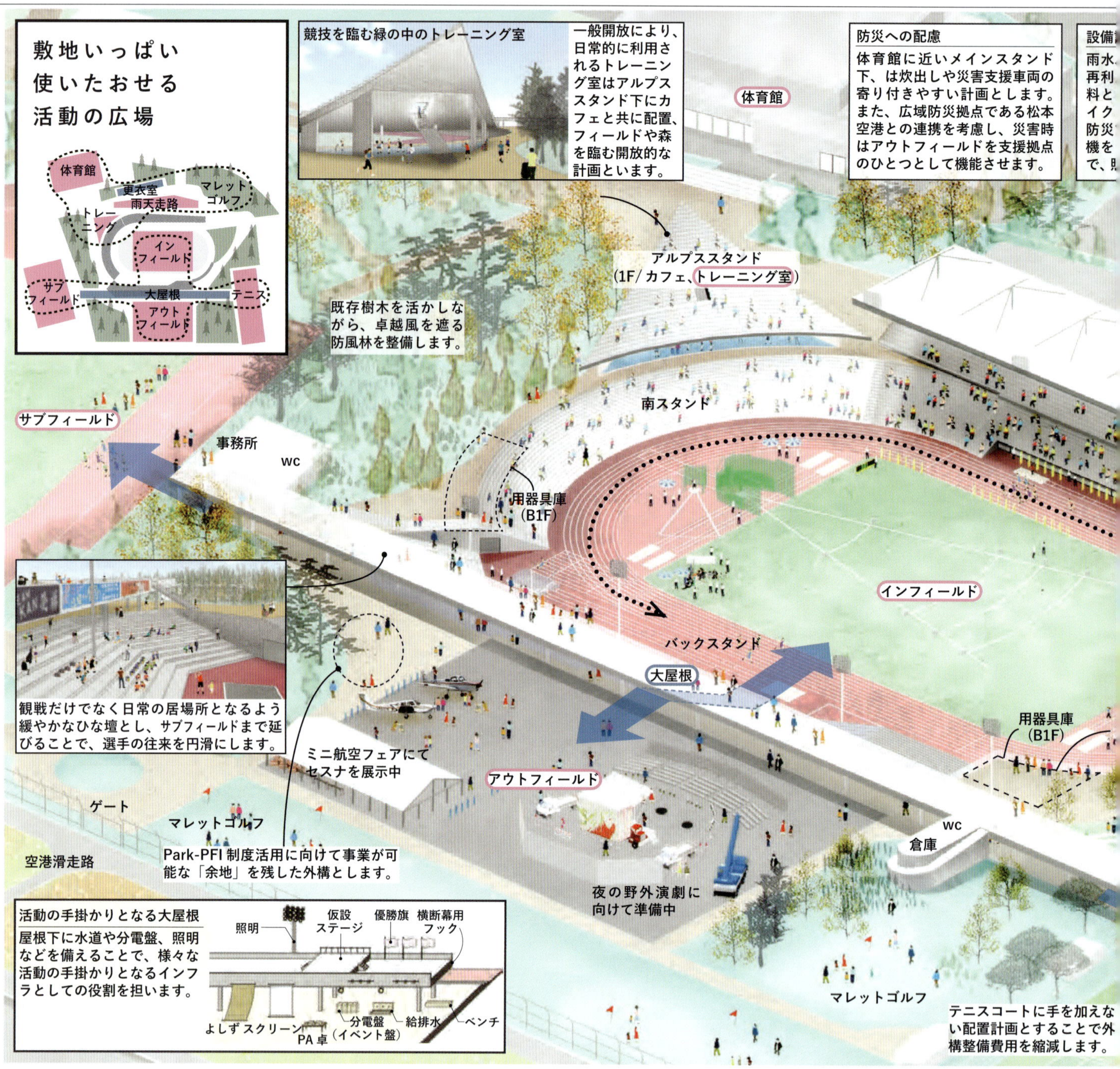

3つのフィールドの活用計画

【国体】

ひな壇に固定席、芝生に仮設スタンドを設営し、2万席を確保、アウトフィールドはイベント利用できます。

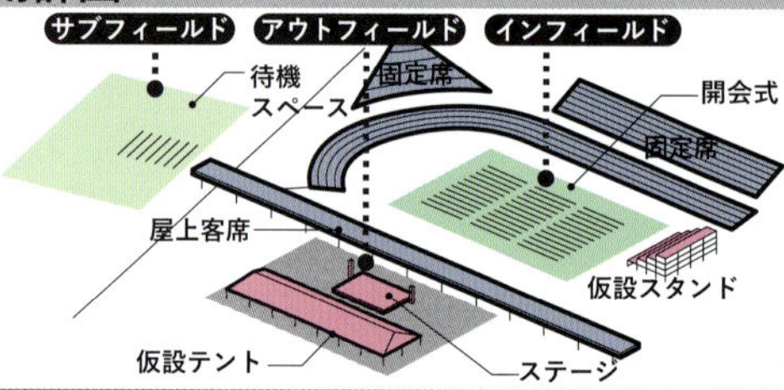

【アーバンスポーツ】

人気の高まっているアーバンスポーツイベント等の誘致は、収益を上げる一つの手立てと考えます。

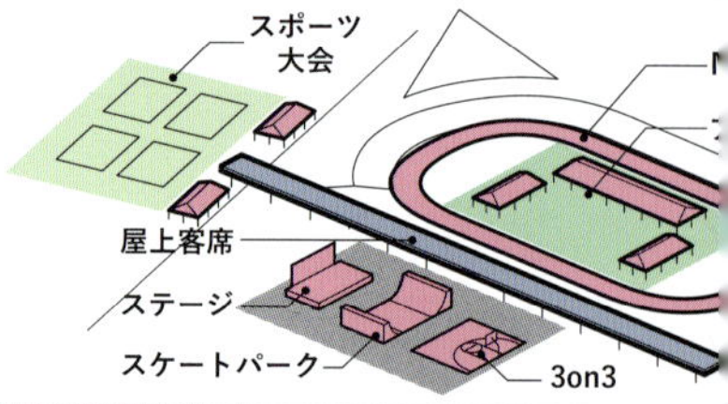

【音楽フェスティバル】

インフィールドを平土間、B1F 諸室を控室にすることでスタジアム全体を音楽フェスの会場にできます。

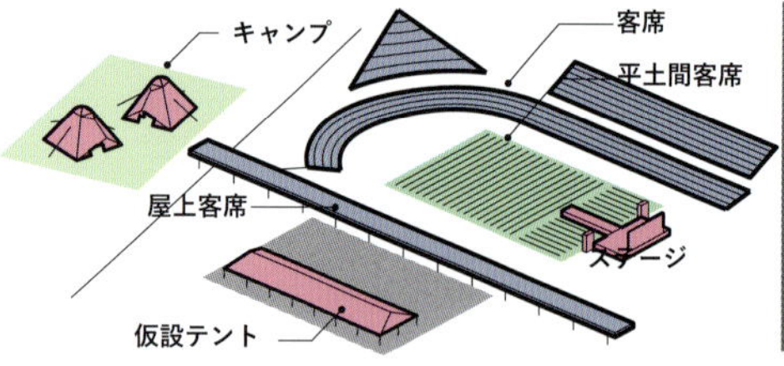

【野外劇場】

舞台装置を乗入れた移動劇場など、各場所の特性を活かした多彩な野外劇場が可能です。

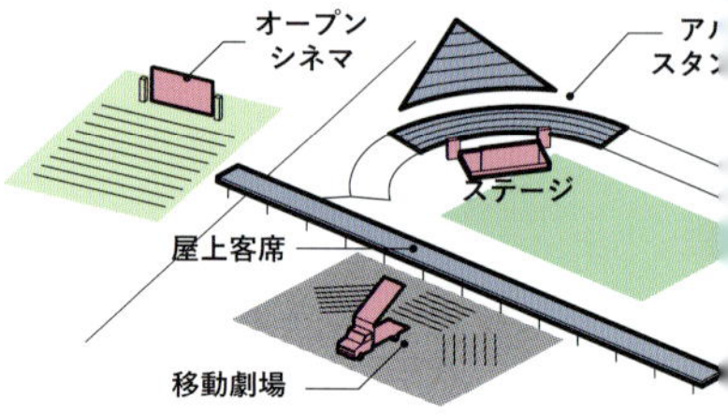

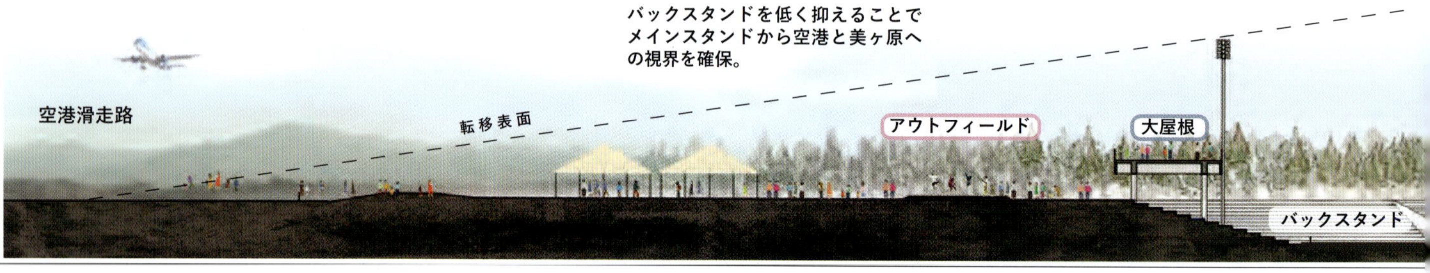

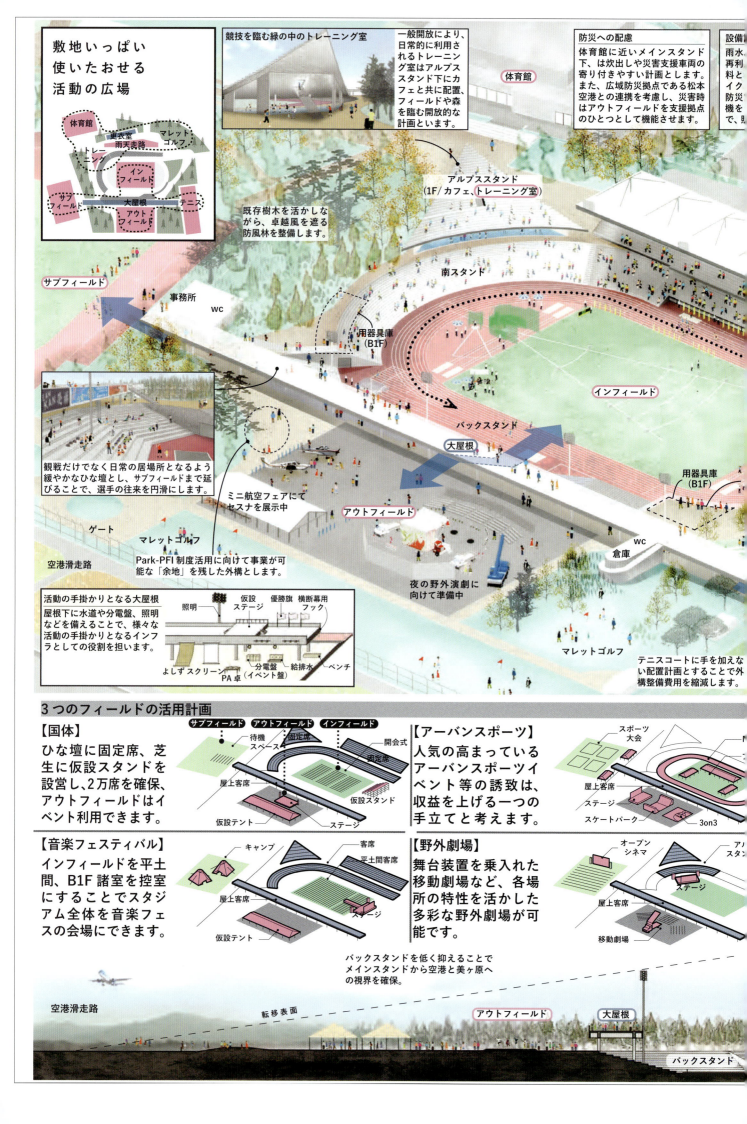

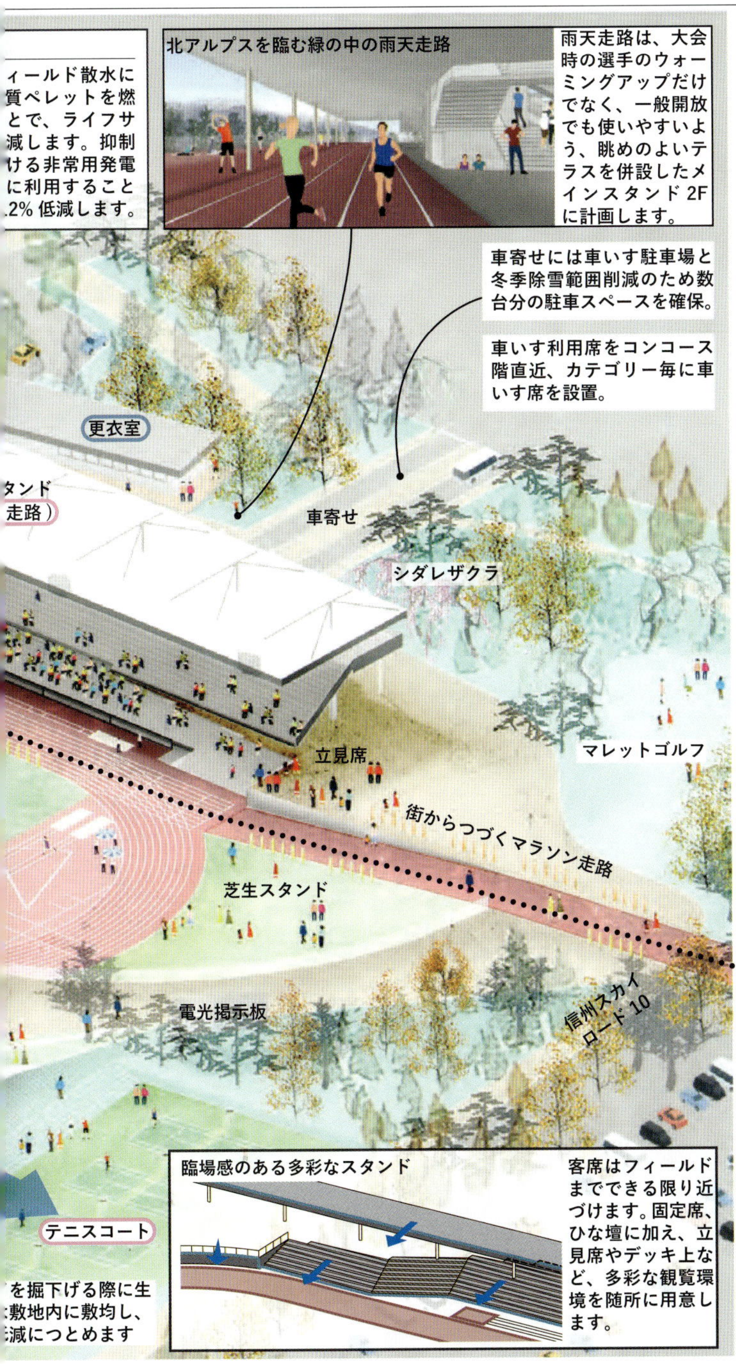

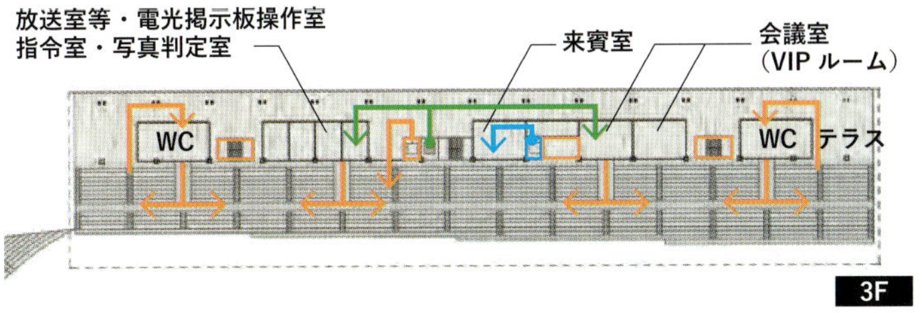

大会時の VIP ルームとしての活用や日常時の一般開放など多目的な使い方を想定した会議室や、観客の休憩スペースとなるテラスを眺めのよい 3F に計画します。

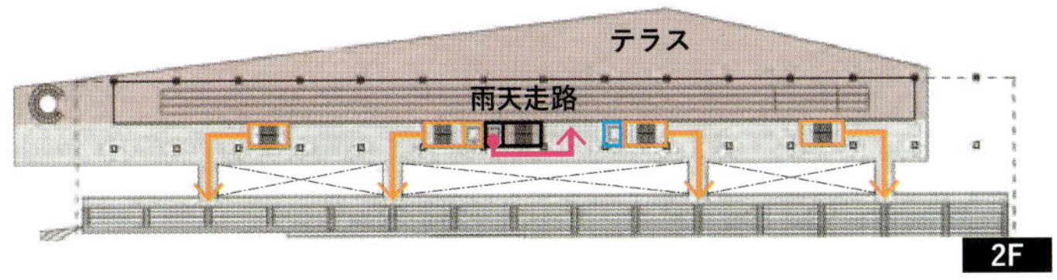

2F コンコースはメインスタンド上部から入退場が可能です。コンコースや雨天走路は夏場、風通しの良い、観客が涼める休憩スペースにもなります。

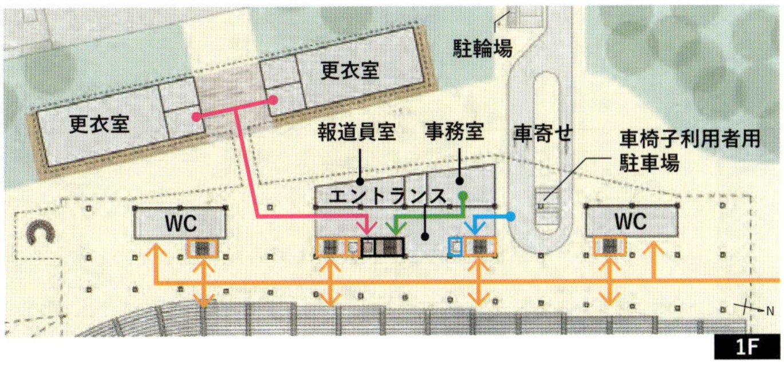

観客と選手、大会運営者、来賓者の動線が交差しないゾーニングとします。車寄せと車椅子利用者用駐車場をコンコースまで引き込むことで、雨にぬれずにアクセスできます。更衣室は様々な利用者に一般開放もできるよう風通しと日当たりのよい独立した配置とします。

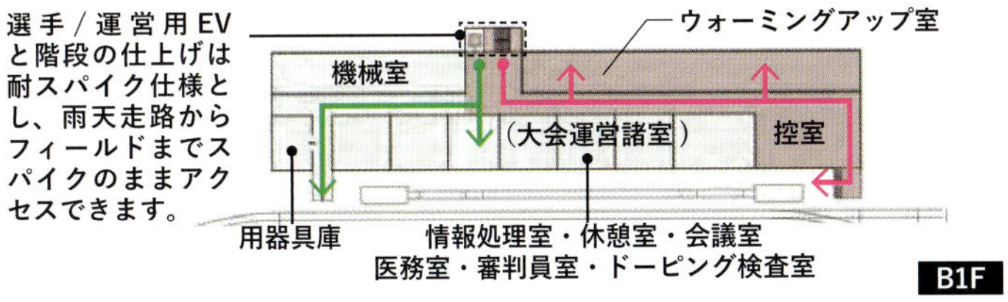

各運営諸室をフィールドを視認できる位置に集めます。ジョギングも可能な広めのウォーミングアップ室を設け、招集スペースとなる控室を併設することで、選出の出入場を円滑にします。

凡例（大会時のゾーニング）
大会運営　選手　観客　来賓

外構計画

スタジアムと公園を一体的なランドスケープと捉え、いくつかの視点場からまつもと空港や北アルプス、美ヶ原などの重要な遠景に対する視界、軸線を確保します。南北に延びる滑走路に対峙し、周囲のスカイパークを見渡す屋上をもつ大屋根の南北軸を設けます。周辺に広がる豊かな環境をつなげることで、この場所にしかないランドスケープを特徴づけます。

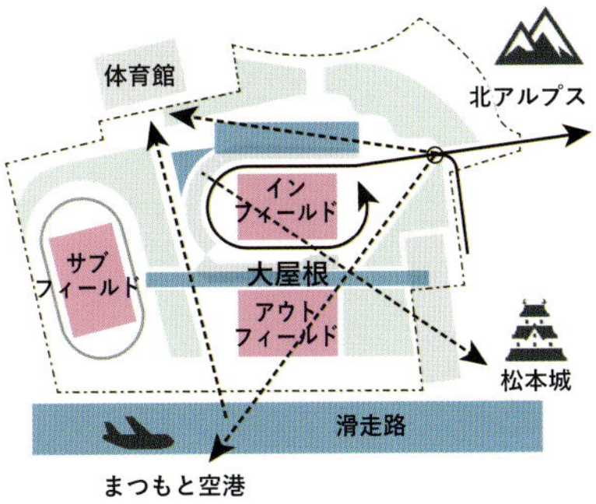

滑走路に合わせた水平垂直軸に沿って配置された大屋根やイン・アウトフィールドに対し、各視点の軸線が横断することで、シンプルな配置計画かつ、多彩な情景が展開します。

構造計画

スタンド下部は、部材の反復性から PC 架構とし、フレームのみの構成とすることで計画の自由度を高めます。床や階段は PC 床版を用い、仮設部材を低減します。屋根は 10m ピッチで梁を配置した片持ちの鉄骨造、20 m ピッチの PC 柱から斜めの吊り材で梁を支え、部材断面を軽減、軽量化、片持ち梁のバックステーは鉄骨の斜め柱で、水平方向の安定を保ちます。

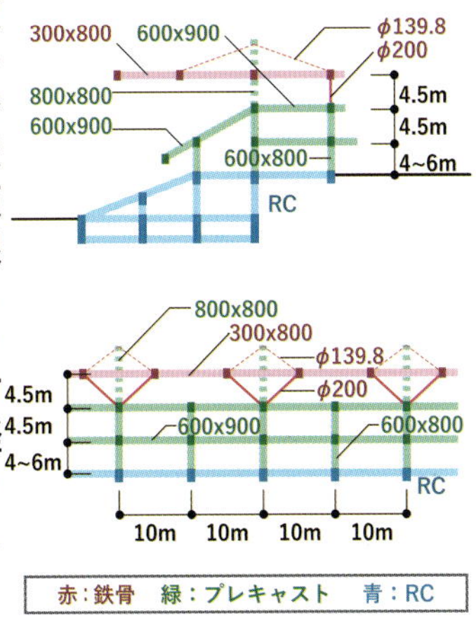

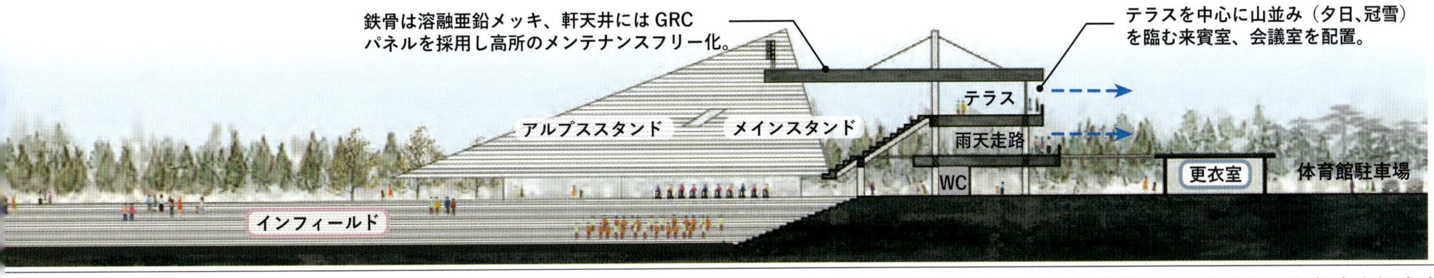

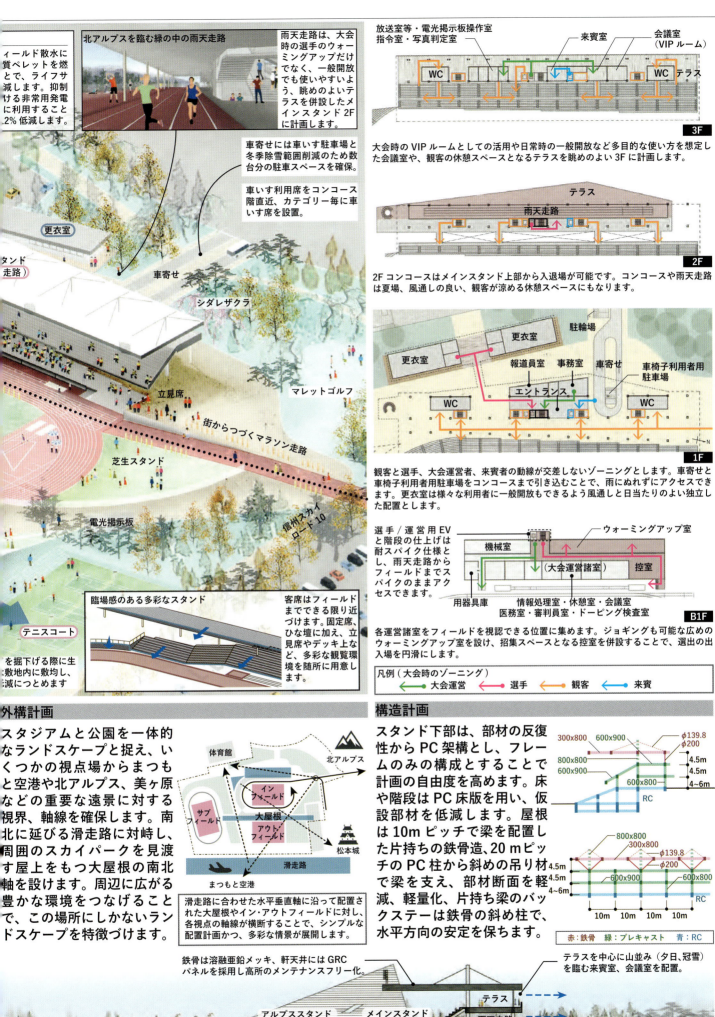

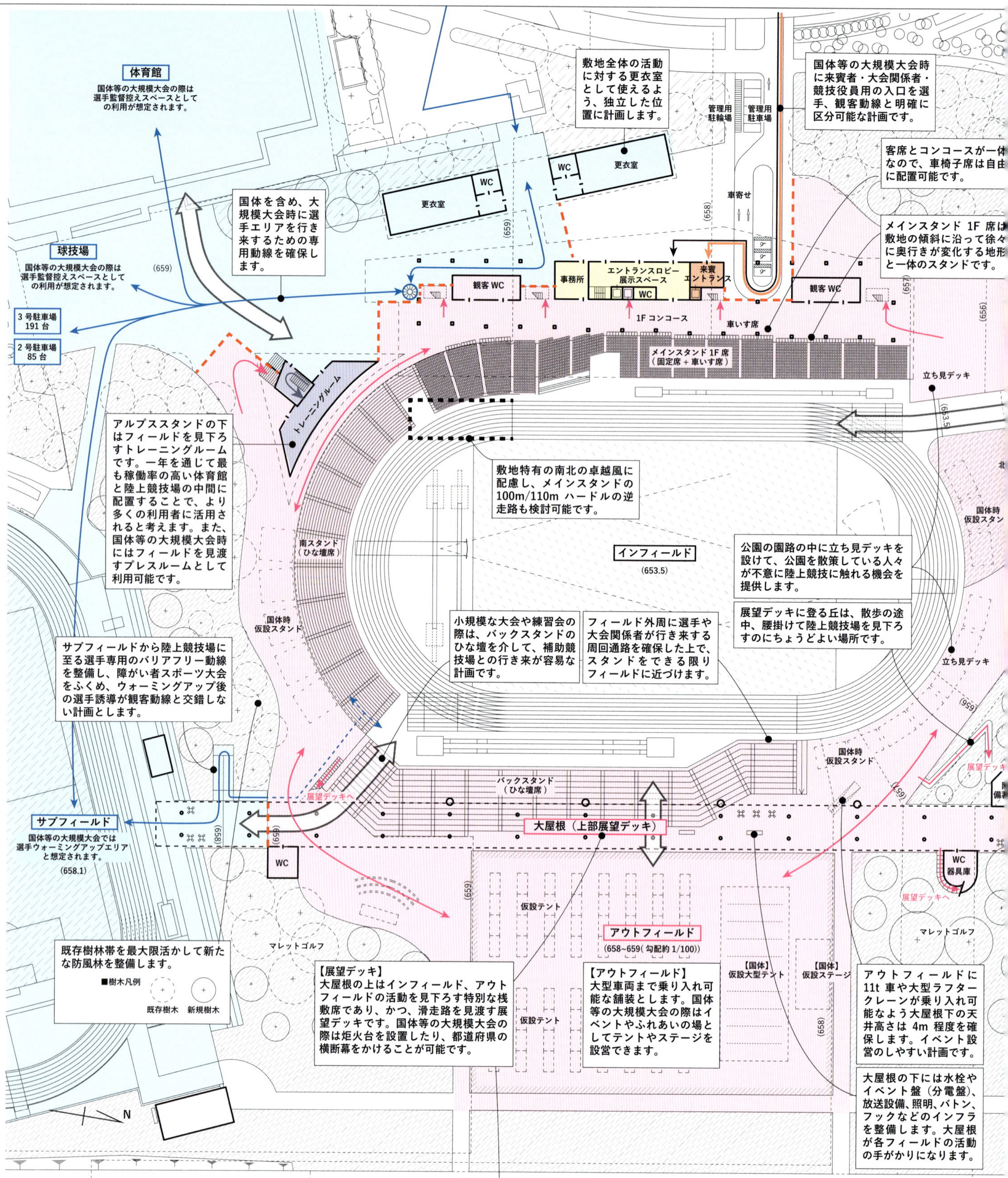

敷地いっぱい
使いたおせる
活動の広場

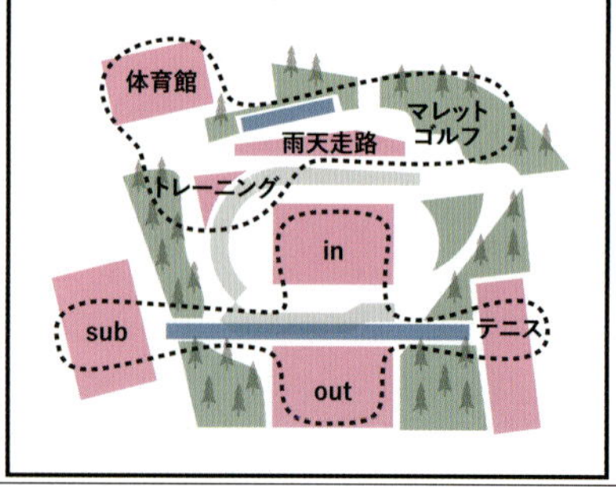

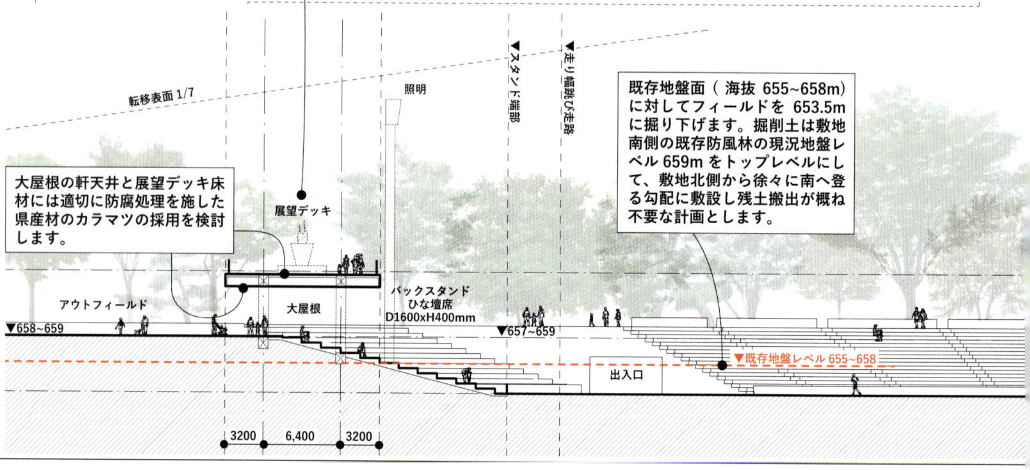

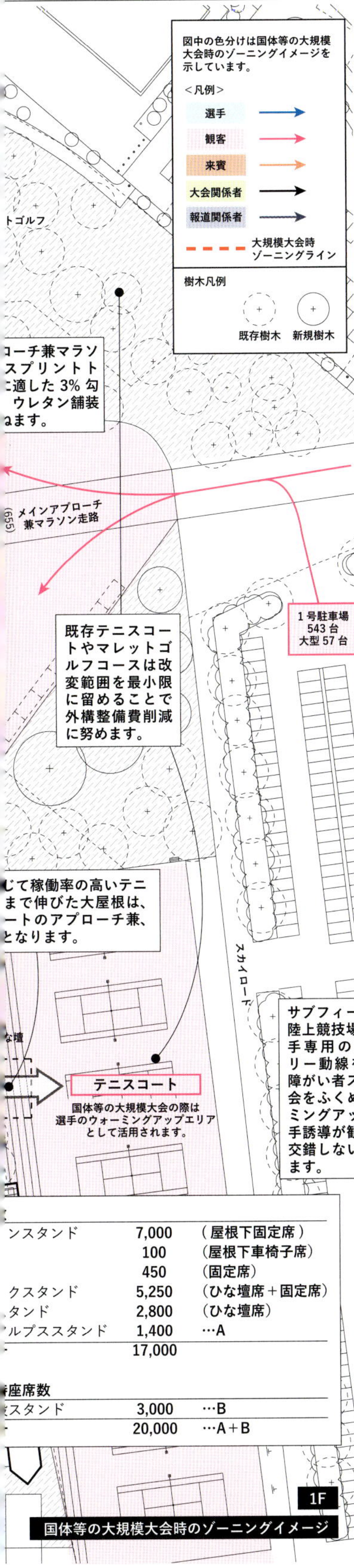

ンスタンド	7,000	（屋根下固定席）
	100	（屋根下車椅子席）
	450	（固定席）
クスタンド	5,250	（ひな壇席＋固定席）
タンド	2,800	（ひな壇席）
ルプススタンド	1,400	…A
	17,000	

座席数		
スタンド	3,000	…B
	20,000	…A＋B

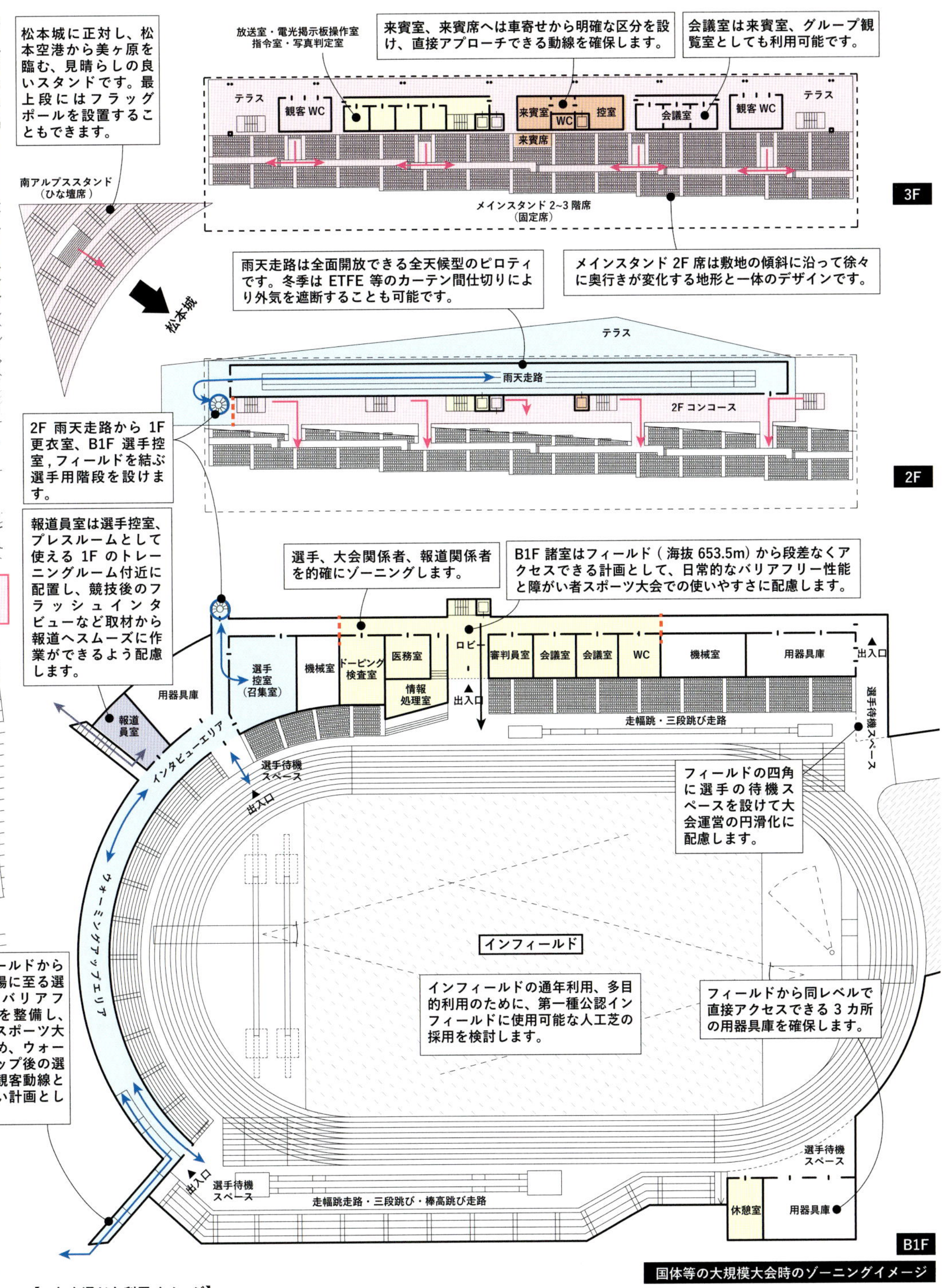

【一年を通じた利用イメージ】

陸上競技大会 の場として

大規模大会時のゾーニングイメージは本提案書で示した通りですがこうした区分が求められるのは国体・全日本選手権レベルの大会のみ、ごくわずかな機会です。むしろここで実施される大会のほとんどでは選手と観客の区分がなく、公園とスタンド、フィールドが一体の開かれた大会になることが期待されます。

スポーツやイベント の場として

既存陸上競技場の稼働率は年平均で 29%（補助競技場は 17%）、冬季に限定すると 13%（補助競技場は 3%）まで落ち込みます。また、陸上競技以外の利用が年間16日（2%）にとどまっている現状からも、インフィールド、アウトフィールドと大屋根の整備を通じて、敷地全体の通年利用に向けた検討が重要と考えます。

運動と活動の日常使い の場として

既存体育館は一年を通じて 50~60%の高い稼働率を維持しています。一般開放されるトレーニング室や雨天走路はその体育館に近接させることで、冬季の体育館利用者にも使いやすい計画とします。一方、近年の猛暑に対しては大屋根と緑陰空間を連続的に配置することで、各フィールドの活動をサポートします。

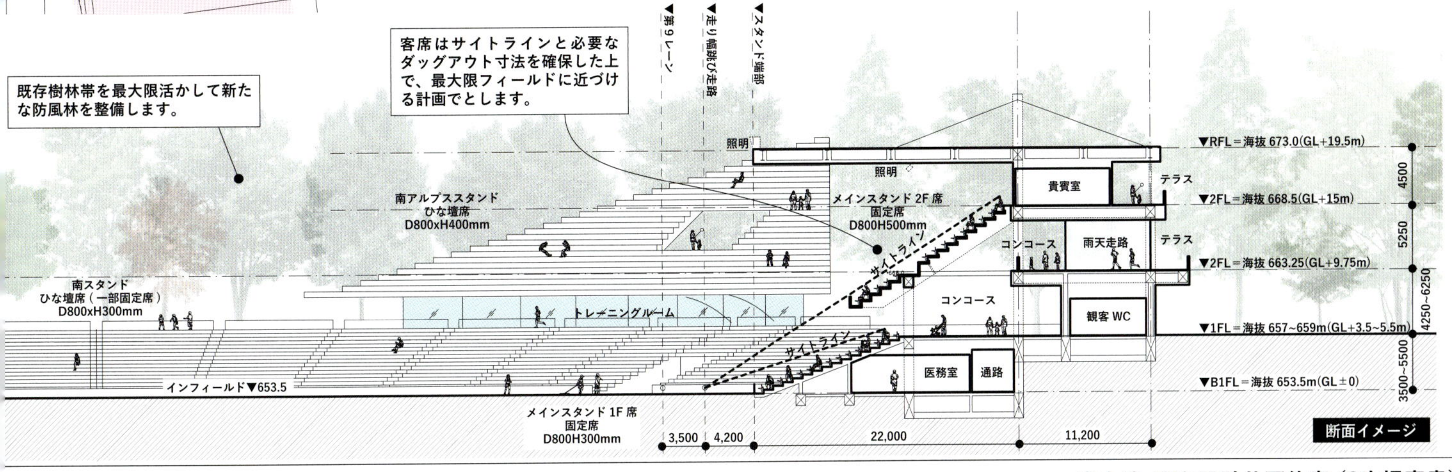

青木淳・昭和設計共同体案（2次提案書）

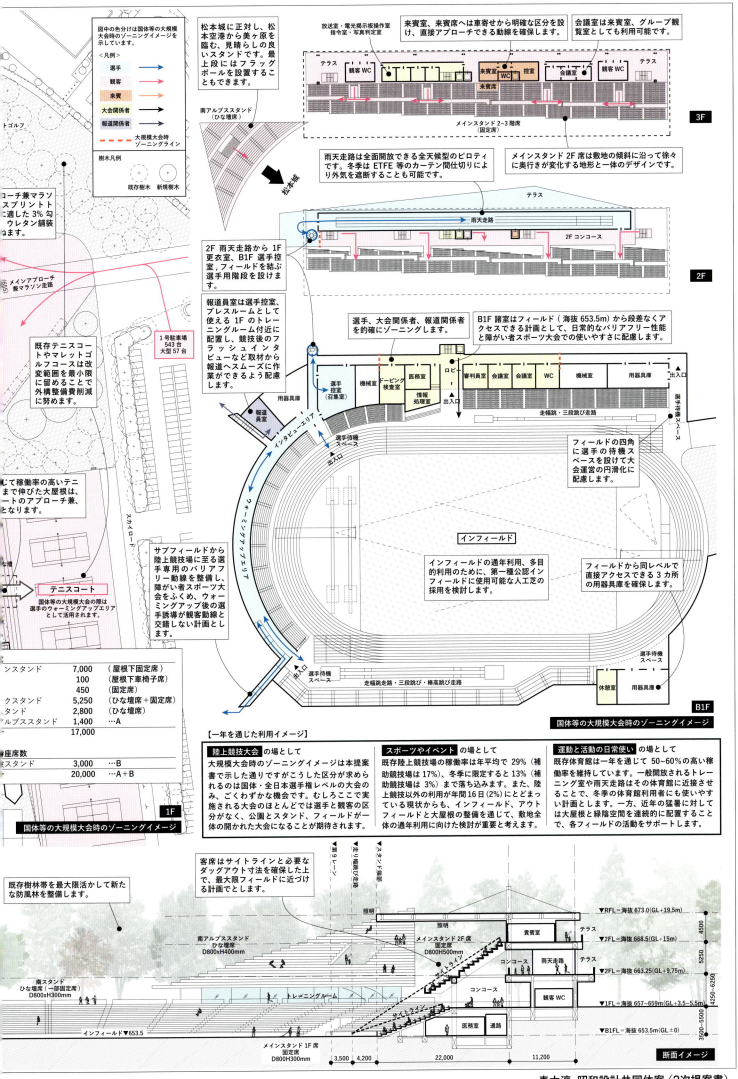

1｜要項の概要と特徴：
広大な公園と一体化した陸上競技場

2027年（※プロポーザル後、2028年に延期）に長野県で実施される国民スポーツ大会と全国障害者スポーツ大会にあわせた施設設計のための公募型プロポーザルで、1977年に建設された既存の陸上競技場の建替事業である。

趣旨文には、北アルプスや美ヶ原の山並みを一望できる景観上の特徴等、敷地の恵まれた立地条件に関して多くの記述が割かれている。特に信州まつもと空港を含めた松本平広域公園の中に建つことから、上空からの眺望も含めたランドスケープデザインの重要性が強調されている点が特徴的である。陸上競技場としての機能性や安全性、快適性の確保にとどまらず、公園と競技場が一体化した、敷地周辺の環境を積極的に読み込んだ設計提案となることへの期待があらわれている。また、公園の周辺施設も再整備されるため、県民、関係者と「一体となって設計を練り上げていく力量」が強く問われている。

新設する建築の延床面積は約20,000㎡で、式典で使用するため仮設スタンド等の設置により2万人の観客を収容できるキャパシティが要求されている。さらに、メインスタンドの中央廊下の幅は3m以上とする他、雨天走路として130m程度の直線走路をメインスタンドまたはバックスタンドに設置することが求められる等、建築の空間構成に大きく影響する計画上の条件が示されている。なお敷地は旧競技場の跡地であるが、長軸方向が南北に変更となるため、風の影響への配慮も要求された。

提出物のなかで興味深いのは、提案書とは別に「魅力を感じる又は設計コンセプトに共感する運動施設」を提出させたことである。提案者は、業務実績や資格、工程等一般的に求められる書類に加えて、自らのアイデアのバックボーンをなす建築を紹介することになる。新しい競技場がどのような場となりうると提案者が考えているのかを審査員に伝える重要な資料だ。建築物の外観を描き込みにくいプロポーザルにおいて、建築の生き生きとした姿を想起させる提出物とも言える。

審査員の顔ぶれをみても、数多くの公共建築を設計した建築家古谷誠章氏を中心に、ランドスケープの宮城俊作氏、他スポーツや公園の専門家が分野を明記した上で公開されているように、公園の中で陸上競技場を成立させるさまざまな領域を網羅した充実した審査チームとなっている。審査チームはプロポーザル後の助言機能も担うとされた。なお、審査は1次、2次ともに公開とされ、それぞれの書類作成期間はおよそ2ヶ月ずつであった。（山崎）

2｜提案内容の卓越性：
敷地全体の稼働率を上げる開かれた競技場

○コンセプト

1次審査に残った案のほとんど（槇総合計画事務所、伊東豊雄建築設計事務所、SANAA事務所、隈研吾建築都市設計事務所、環境デザイン・林魏・倉橋建築設計共同体）はランドスケープ、風景、に焦点を合わせ、そのために屋根、丘等に提案の力点を置いている。また環境デザインは風景を見るための空中コンコースをデザインした。一方、選定された青木淳・昭和設計共同体案はそうした周辺自然環境の特徴に目配せしながらも、最重要課題を敷地全体の稼働率を上げることとし、それに必要なハードを整備したところが他案と決定的に異なる。そしてそれが今後の新しい競技場の可能性として評価された。その特徴的な建築的操作は1）既存サブフィールド、テニスコート、アウトフィールド、計画する競技場インフィールドの4つのフィールドをつなぐリニアな大屋根の計画、2）既存他施設と一体利用が可能な更衣室、トレーニングルーム等を競技場とは独立的に計画し、外部アクセスがしやすいようにつくる、3）コストを抑えるために必要最小限のランドスケープ、スタンド、屋根をデザインした。

○ステップアップ

1次審査では3社が採択され2次審査に進んだ。そこで青木は1次審査とは全く異なるボードを用意した。それは極めてプラクティカルな説明をつけた平面図と断面図とダイアグラムのみで、1次審査で提案された内容が入念にスタディされたものであることを感じさせる。こうした新たに進展した情報の提示によって、審査する側は1次提案での斬新さの実現可能性を確信し、より高い評価につながったと思われる。

大屋根

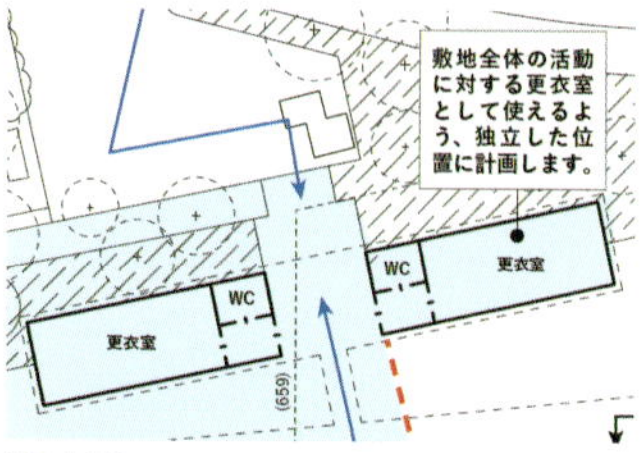

更衣室

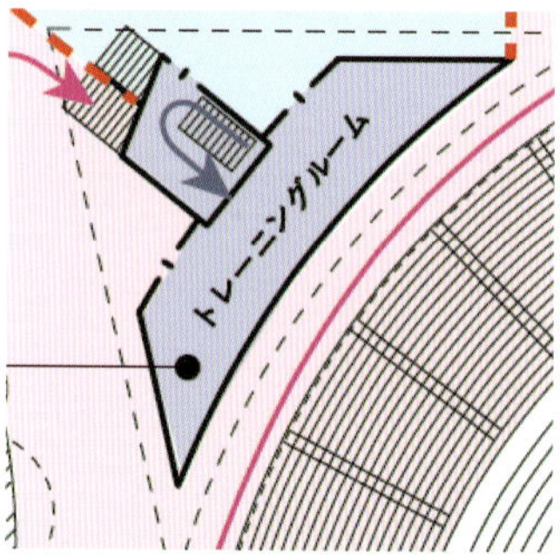

トレーニングルーム

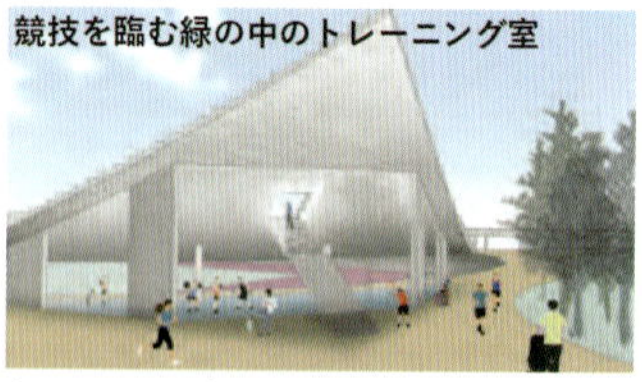

トレーニングルーム2

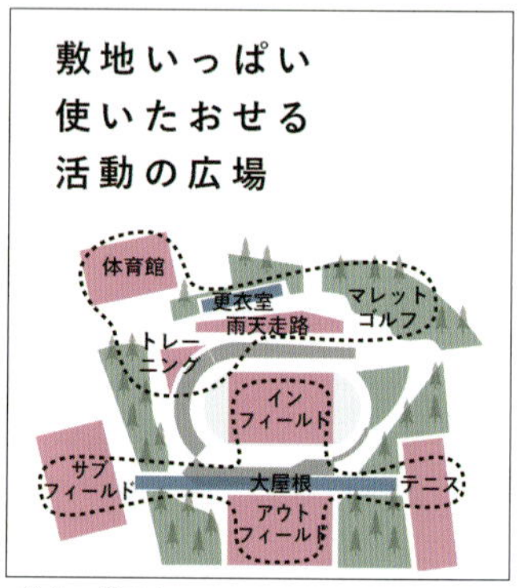

ダイアグラム
（上図5点とも青木淳・昭和設計共同体案の提案書より一部抜粋）

○分かりやすさ

1次2次のプレゼンの展開もさることながら、プレゼンボードでの情報に無駄がない。ともすればプロポーザルではデフォルトと思われる、エコロジー、サスティナブル、バリアフリーという項目に不必要に紙幅を割くことなく、必要な情報が的確なサイズで提示されている。ま

空中コンコース回廊競技場

テーマ① 美しく機能的であり、親しみのある施設整備　テーマ② 既存施設とのつながりに配慮した施設整備　テーマ③ 県民に末永く利用されるための施設整備　テーマ④ 環境や防災に配慮した長く使い続けられる施設整備　テーマ⑤ 空中コンコース回廊の期待される波及効果

空中コンコース回廊という展望機能をもつ陸上競技場

展望の場として空中コンコース回廊を設け、競技開催時のみならず、日常的に周辺の山々や飛行機の離発着が眺められ、散策、ランニングを楽しくできる多様な機能をもつ場とします。

空中コンコース回廊は人々にそこに上ってみたい、歩いてみたい、走ってみたい、様々なイベントに参加してみたいという意欲を喚起。さらに、ニューヨークのハイラインの屋上庭園のような場所をつくり、休み、眺める空間を充実。

テーマ① 美しく機能的であり、親しみのある施設整備

(1)時代を超える美しいデザインの実現

地上からだけでなく、空中（飛行機内）から見た美しい空中コンコース回廊のパターンが大きなインパクトを与えます。

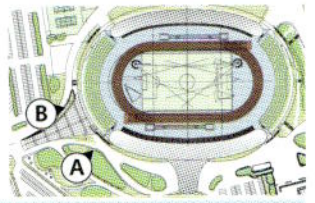

エントランススロープを上がり競技場全体を展望する際の、圧倒的な美しさと感動を意図。南側の赤松林がこの大地の景観をつくっていたことを想起。地上15mの空中コンコース回廊により競技場全体の框景を形成。この施設の美しさを感じる第一歩はこのスロープアプローチ。

(2)景観への配慮

一周600mの空中コンコース回廊にのぼると、周辺の山々の美しさがより身近に感じられます。この回廊が本競技場の最大の魅力です。

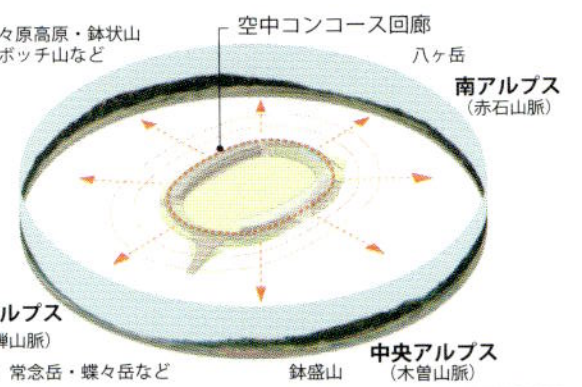

テーマ② 既存施設とのつながりに配慮した施設整備

メイン競技場内にある雨天走路へのサービス通路は南東側にとられており、補助競技場であるサブトラックと十分に連動できます。

体育館とは、メインスタンドの下部に設置されたサービス通路により十分な連動が可能。現在の競技場の周囲はあまりにも舗装面が大きく、全体の気持ちよさを阻害しているため、本提案では競技場の東西は従来よりも十分な斜面緑地を設置し、ランニング、散策、サイクリング等、機能的な分割利用が可能。

既存施設とのつながり

テーマ③ 県民に末永く利用されるための施設整備

空中コンコース回廊をもつことにより、多くの県民と観光客に利用されるでしょう。それにより、経営的な貢献がもたらされ、さらに永く利用される施設となるでしょう。

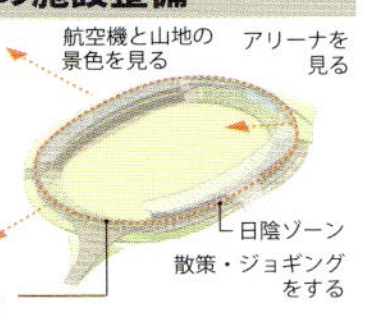

空中コンコース回廊は全長600m。

空中コンコース回廊の高さはメインコンコースから約7m、幅は最低約4mを確保。

空中コンコース回廊に至るには EV、スロープ、階段、そしてこどもエレベーターと呼ぶ、立体塔状遊具。徹底したバリアフリー動線。

木製の飛行機模型をイメージした屋根。曲面の形状を生かした3次元木造格子シェル構造と鉄骨斜柱により開放的でダイナミックなエントランス空間を実現。

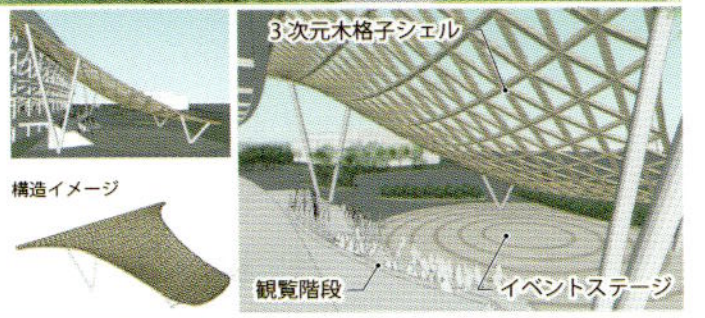

展示室・カフェ・立体遊具

展示室、カフェを空中コンコース回廊と一体的に設置。県内資源、アスリートたちの活躍を分散展示、回廊の循環機能を向上。北アルプスの景観を楽しみ休憩、立体遊具を設置することで競技場全体がこどもの運動能力を開発。

3次元木造格子シェル構造

約15mの屋根は鉄骨片持ちであり、スタンド後方にバックステイを配置することで合理的な構造とします。

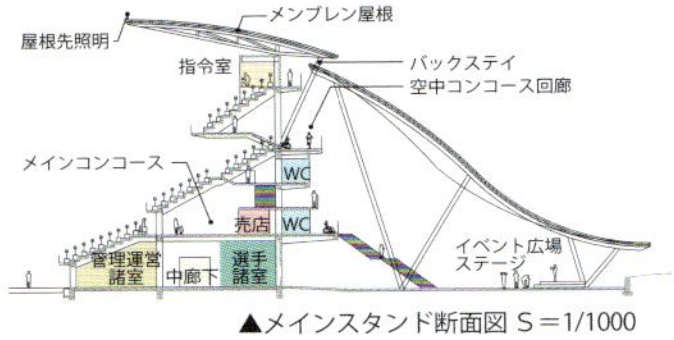

スタンドを3層構造とし、躯体の奥行きをすなわち施工床面積を減らすことでコストを縮減。バックステイは鋼管とし、屋根吹上荷重時には圧縮材として作用。

▲メインスタンド断面図 S＝1/1000

平面ゾーニングイメージ

全体で150席以上の車いす席を設け五輪基準のバリアフリーを実現

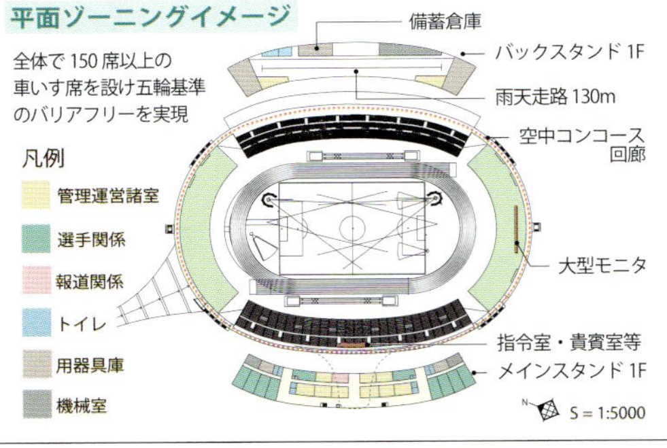

テーマ④ 環境や防災に配慮した長く使い続けられる施設整備

(1)環境への配慮

・競技場フィールドの温熱環境

競技場は、フィールド面が高温になることを防ぐために、周囲の空中コンコース回廊の構造体によりテンポラリーなネット屋根を架け渡すことも可能です。

30%程度を膜あるいはネットで覆うことによっても改善可能。また周辺の空中コンコース回廊の壁面を利用して、フィールド内に入る風をすだれ効果により冷風にすることが可能。

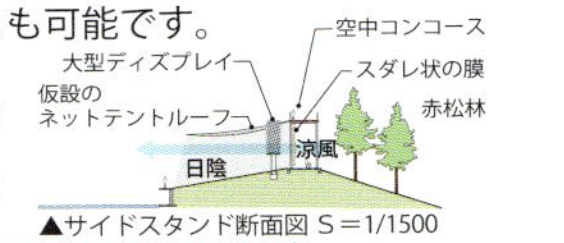

▲サイドスタンド断面図 S＝1/1500

・自然エネルギーの最大限の活用と省エネルギー

地中熱・地下水、雨水、太陽熱および外風を利用して最小限のエネルギーで施設が運用できるように計画します。

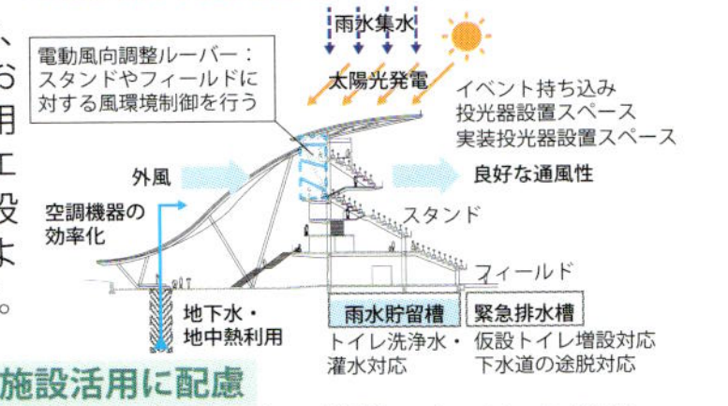

(2)災害時の避難施設活用に配慮

災害時における飲料水・生活用水の備蓄・トイレの増設・排水対応、電源確保・情報対応など、災害時に対応できる施設とします。

(3)コストの縮減・工期短縮・ライフサイクルコストの縮減

施設内の水回りは全てユニット化とし、工期・コストの縮減を図ります。設備配管は、腐食しない非金属配管や耐久性の高い材料を選定し LCC の縮減に努めます。

大会等における事業者持込み設備（放送機器、照明設備等）を検討し、本工事で実装すべき設備内容を整理することで過剰な設備対応がないように配慮します。

(4)収入を生み出す利用　運用のための工夫

・空中コンコース回廊の利用料をとる方法

フィールドでイベントを行っていなくても空中コンコース回廊の低額の利用料をとればメンテナンスコスト等に寄与します。

1人300円の料金で年間20万人利用を想定すると6000万円の収入となり、特別な管理人員を用意する必要がないため純利益が発生。その他カフェ等のテナント料収入も期待。

・コンサートイベント会場としての魅力アップと経営的な期待

空中コンコース回廊がプロジェクトマッピング等、新たな映像表現を高め、魅力あるコンサート会場になります。「ここでコンサートをやりたい」というアーティストが増えれば、経営的にきわめて大きな貢献が期待されます。

・ICT による情報サービスの向上

WiFi の無料サービスにより、スマホでの施設案内・座席案内・競技の解説などの情報提供が行える ICT 環境を提供します。

テーマ⑤ 空中コンコース回廊の期待される波及効果

リング状の空中コンコース回廊は、アスリートを支援するバナー等が吊り下げられ、会場全体を盛り上げます。

音楽イベントの演出的ディスプレイウォール、スポーツクライミング等の名所。企業協賛のバナーを吊り下げることで広告料収入が見込める可能性大。様々な使い方が可能、新たな公園経営健全化のモデルを目標。プロジェクションマッピング等にも利用可能性大。

環境デザイン・林魏・倉橋建築設計共同体案（1次提案書）

ファイナリスト

本案の最大の特徴はスタンドを含む1周600mの空中歩廊を設けたところにある。ウォーキングもジョギングも風景を楽しみながら行える。この歩廊からは南、北、中央アルプスを見渡せる。スタンド東西面は地上スタンドを2層につくるが南北面は地上に構築物を極力減らし開かれた競技場を目指している。よって南北面の空中歩廊は大きな円弧の梁が掛け渡されたようになる。それはスタジアムのゲートのようであり、バナー等でイベントの演出にも使える。

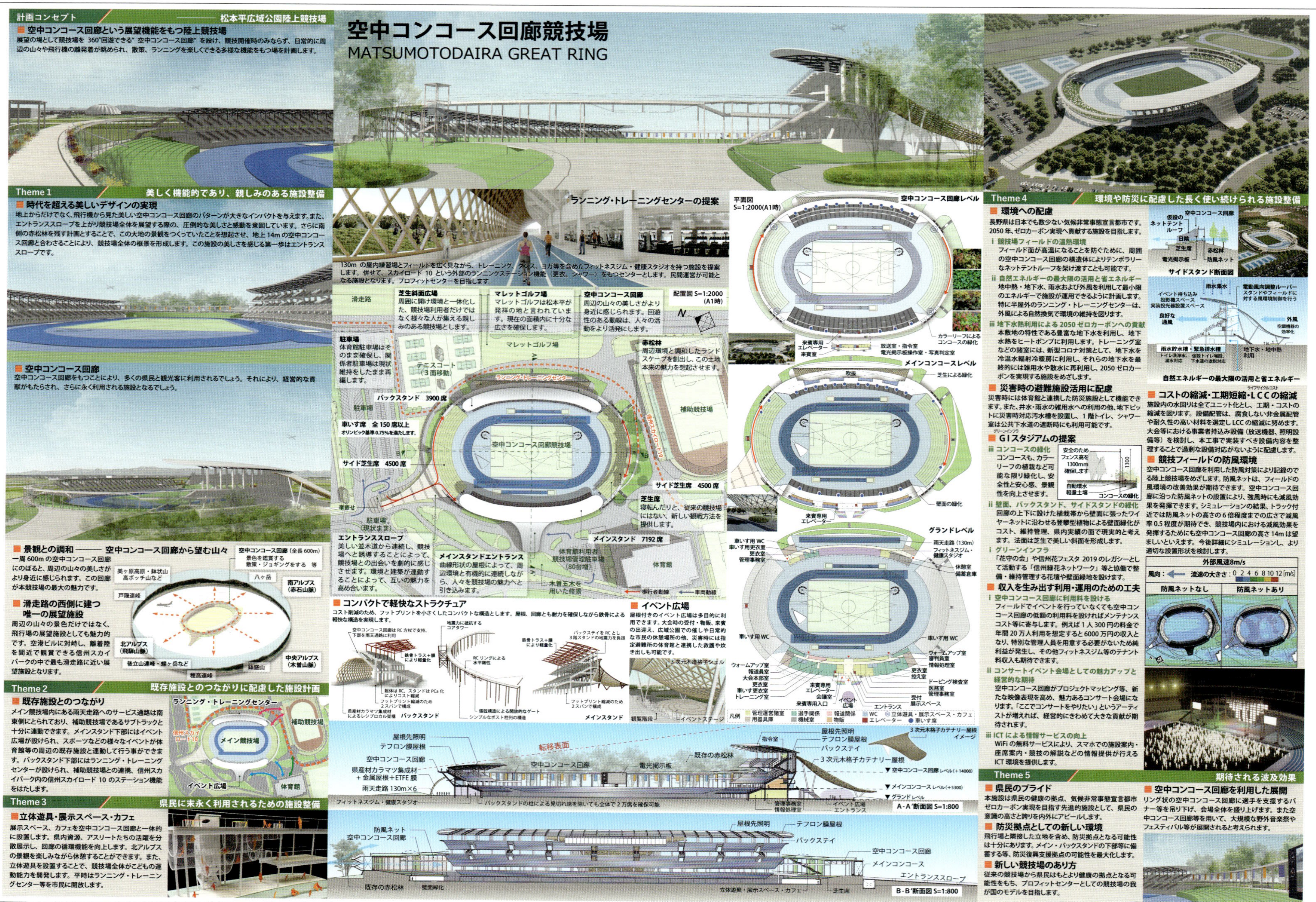

環境デザイン・林魏・倉橋建築設計共同体案（2次提案書）

ファイナリスト

1次提案書の最大の特徴である空中歩廊について詳細なパースが描かれている。特に歩廊がスタンドの中に入ったところでのランニングコースとして使われている様子のイメージを描いたパース、歩廊、スタンド屋根等の構造詳細が加わった。また空中歩廊の経済波及効果やコスト等の詳細情報が細かく説明された。

たダイアグラムも小さいながら分かりやすくデザインされていて斬新な提案（地域に開かれた稼働率を上げる競技場）が瞬間的に理解できるように考えられている。

○印象的な形と空間

新たな提案がソフト的なそれで終わったのでは建築家の提案とは言えない。青木案では他社が力点を置くであろう、メインスタンドの屋根を抑制し、地域既存施設と本施設をつなぐ長いリニアの屋根に注力している。加えてスタンドのデフォルトな形態である対称形を崩しながら三角形の城を見るスタンドが張り出しているのもとてもユニークであり、この施設を印象付ける形と空間を提示している。（坂牛）

3｜リレーションズ提案の卓越性：「使いたおす」ための仕組みづくりの提案

当該プロポーザルの要項を読むと、本書で定義するリレーションズに関する提案をおこなうよう記載されているが、その提案を記載する部分はプレゼンボードではなく、「様式6」および「様式9」となっている。関係者のご協力で当該資料をご提供いただけたため、今回は特例的に選定案のみ以下に分析していく。

「（様式6）（A4版）松本平広域公園陸上競技場整備事業基本設計プロポーザル 設計方針」を見ると、具体的には「使いたおせる活動の広場」をテーマに、「大会」「イベント」「日常」という3つのシチュエーションで「使いたおせる」ことをプレゼンテーションしている。「完成したあとにも利活用され続ける」というサステイナビリティは提案の価値を高めるため、提案の時点で活用イメージや展開性をしっかりと伝えることが求められるだろう。

なお、ここで言う「サステイナビリティ」は「使われ続ける」という持続性のみならず、「（様式9）（A4版）松本平広域公園陸上競技場整備事業基本設計プロポーザル 業務の実施体制」でPark-PFIへの対応可能性が示されているように、「収益的な持続可能性」も含まれる。「稼ぐ」ことは容易ではないとは言え、税金による維持費の負担をなるべく下げることは、公共施設において今後益々求められるだろう。その一環として、「基本設計期間にも、新しい陸上競技場のビジョンを広く告知し、共感する事業候補者の公募、意見交換を行い」という事業者サウンディング（情報収集や事業可能性等の検討）が提案の中に明示されているのは象徴的だろう。この点まで含めて本書冒頭（p.10）で述べたリレーションズ提案「③活用・運営につながる仕組みづくり」の範疇に入ると捉えられる。

対して、リレーションズ提案「①設計のためのリサーチ・設計プロセスの開示」の取り組みとして、同じ様式9には、具体的に「ワークショップ等による意見の反映方法」も記載されている。同様式9にあるタイムスケジュールでは、設計期間中に「ワークショップ・ヒアリング・先行活動コーディネート・サウンディング」が位置付けられているが、具体のステップやそれをおこなう体制については記載されていないことを見ると、方針のみ示して

（様式6）（A4版）松本平広域公園陸上競技場整備事業基本設計プロポーザル
設計方針

受付番号

あたらしい松本平広域公園陸上競技場は運動を含めた様々な活動を受止める可能性を秘めています。私たちは、国体をはじめとした陸上競技大会の会場としてはもちろんのこと、陸上競技場の内外を活用したイベントの場、あるいは、人々の日常的な運動や憩いの場として、一年を通じて敷地いっぱいにアクティビティが広がる、「使いたおせる活動の広場」を目指します。

国体から市民マラソンまで大小様々な大会に使いたおす

【風向き】100m走の追い風となる卓越風を取り込めるよう北側に大きく開く一方、南側に地上スタンドと防風林を設けて向い風となる卓越風を遮蔽し、好記録の出やすい環境を目指します。
【マラソン走路】北側道路とスカイロードから陸上競技場へつづくマラソン走路を整備し、松本マラソンや松本ランニングフェスティバルのフィニッシュ会場として使いやすい計画にします。
【スタンド】バックスタンドと南スタンドをひな壇状に整備します。小規模な大会ではひな壇がそのまま客席になり、国体等で仮設席設営が必要な際もひな壇に直接席を設置できるため設営が簡易な、大小様々な大会に使いやすい計画です。

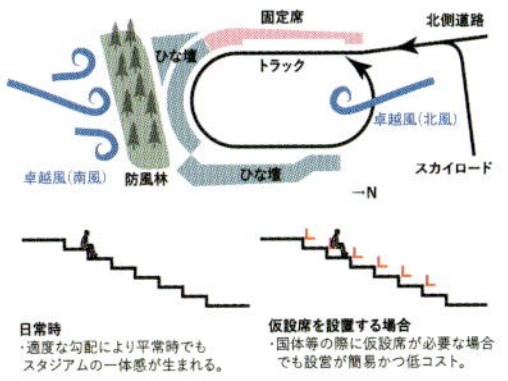

3つのフィールドを用意してあらゆるイベントに使いたおす

【3つのフィールド】陸上競技場のインフィールドと補助競技場のサブフィールドに加え、敷地東側に計画するアウトフィールドを加えた3つの“使える”フィールドを整備します。3つのフィールドは其々、第1種公認陸上競技場に採用可能な人工芝、天然芝、舗装面を検討し、仕上げの異なる3つのフィールドを使い分けることで興行を含めた様々なイベントが開催可能となります。
【大屋根】3つのフィールドをつなぐ大屋根を整備することで、各フィールドに沿った軒下空間を用意します。大屋根は水飲場やイベント盤、照明、バトンなどを備えることで各フィールドの活動を支え、活動の手がかりとなるインフラ軸です。

みどりの中の運動と活動の場として日常的に使いたおす

【コンコース】陸上競技場のフィールドを既存地盤面より掘り下げてコンコースと敷地内通路を一体的に計画します。陸上競技場の客席は普段、人々が憩うひな壇として開放されます。
【一般開放】トレーニング室、雨天走路、更衣室等は体育館などの周辺施設利用者も含めた一般開放に適した位置に配置し、今後の運営方式の検討に配慮した冗長性のある設計を基本とします。
【日陰げ】既存樹木を最大限保存し活かした緑陰空間と3つのフィールドをつなぐ大屋根を整備して、夏場でも「活動の広場」を使いたおせるための適切な日陰、水飲場やベンチを配した休憩スペースを確保します。

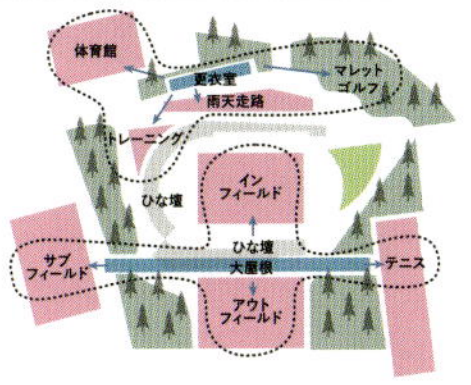

（様式6）「設計方針」に関する提案（青木淳・昭和設計共同体案）

（様式9）（A4版）松本平広域公園陸上競技場整備事業基本設計プロポーザル
業務の実施体制

受付番号

ワークショップ等による意見の反映方法

①サイレントマジョリティからも「未来の利用者」を育てる
「他人事」ではなく「自分事」として、自らが主体となって、この場を舞台に活動する市民が増えていくことを最大限、支援したいと考えます。そのためには、「声の大きい人」が集まりがちな、いわゆる **(a) 市民ワークショップ**の開催だけでは十分ではありません。活動の主体となりえそうな人やグループに、こちらから意見を聞きに回る **(b) ヒアリング**、オープン後の活動の先駆として、現施設もしくは現地での仮設施設を利用した **(c) 先行活動のコーディネート**などが必要不可欠です。JV代表者は、十日町市市民活動・交流センターの設計において、設計と並行してのそれらの活動を重要と捉え、試行し、実践し、成功に導いた経験を持ちます。
②スポーツを核に、しかしスポーツにとらわれない広範な活動に向き合う
ランニングやウォーキングなど、スポーツを通した市民のつながりから、ここを拠点とする市民アスレチッククラブなどの結成への道を目指す他、市民による音楽、演劇、パフォーマンスなど、ここを野外舞台としての利用する層の発見と育成を行います。
③より具体的なサウンディング型市場調査を実施する
その一方で、この計画施設全体の経済的な面でのサステナビリティのために、スタジアムのみならず、多岐に渡る活動の場として計画された「アウトフィールド」を「稼げる」空間として構想しています。この構想の実現のために、昨年度実施されたサウンディング型市場調査を踏まえ、基本設計期間にも、新しい陸上競技場のビジョンを広く告知し、共感する事業候補者の公募、意見交換を行い、アウトフィールドをはじめとしたイベントへの貸出、スタジアムの一部機能のコンセッション方式による民間運営、公園のPark-PFI制度活用への道を具体的に開き、設計内容に積極的に取り入れていきたいと考えています。
④思いがけない方向にも展開できる「余地」を残した設計をする
とはいえ、民間による企画、設計、建設など、必ずしもスタジアムの設計と同時並行して進まない事業も併存することになるはずであり、すべてを初期段階から予定調和的に設計することはできません。そのため、計画には意図的に「のりしろ」を取り入れつつ、想定外の方向へも展開可能な「余地」を残しながら、設計を進めます。
⑤コロナウィルス以降のリサーチツールを開発する
コロナウィルスの影響は本業務にも影響を与えると予想されます。コロナウィルスの状況を注視し、関係者や県民の安全、感染拡大防止を前提としながら、リサーチの実施時期の検討や、zoom等のビデオ会議ツールやソーシャルメディアを活用したリモートでのワークショップ、ヒアリングの可能性を模索し、今の時代に適したリサーチツールを開発します。

コスト管理の体制

①段階的な概算工事費の把握
- 概算工事費の検討にあたり、近年の国体の開・閉会式及び陸上競技会場となった施設の規模や仕様を調査し、工事費を把握することで新陸上競技場計画の目安とします。
- 基本設計の中盤、施設の規模やおおよその仕様が決まった段階にて、新築建物・建物解体・補助競技場改修・ランドスケープ整備・公園整備などの歩掛り単価による概算工事費算出を行います。
- 基本設計の概算工事費まとめにあたっては、躯体や仕上などの概算数量を拾い、工種によっては見積徴収などを行うことで、精度の高い概算工事費の算出を行います。

②把握しにくい工事費用の明確化
- 直接工事費だけでなく共通費を明確にし、全体費用を把握しながら業務を進めます。
- 予定工事費に含む展示用什器コスト把握のため、家具の再利用、新規購入の計画を行います。

③市場動向の把握
- オリンピック（東京2020）延期や新型コロナウイルス予防対応等により建設市場は日々変化しています。市場動向を常に把握しながら余裕を持った予概算工事費の設定を進めるよう配慮します。
- 長野県における建設業の市場動向は、全体的に上昇傾向ではありますが、小刻みに変動しています。冬季の除雪需要変動が景気動向に左右するところから、この動向にも注視し、発注時期における景気についても把握しながら業務を進めます。

（様式9）業務の実施体制に関する提案（青木淳・昭和設計共同体案）

柔軟に対応していくという考え方ではないかと思われる。同様式9にコロナ禍におけるオンラインでのリサーチを工夫して実施する旨が明示されているが、ふまえなければならない要素が多くなっている分、柔軟性はこれからも求められるだろう。

このように見ていくと、選定された青木淳・昭和設計共同体の提案において、リレーションズ提案は「①設計のためのリサーチ・設計プロセスの開示」および「③活用・運営につながる仕組みづくり」に集中していると見ることができる。（榊原）

4｜プレゼンテーションの卓越性：審査段階に応じた提案書の大胆な変更

このプロポーザルは2段階の審査とし、1次審査では代表作品等の実績やコンセプトに対する考え方・設計方針・実施体制・提案書（エッセンス）等により評価し、選定された3者程度が2次審査で追加の提案書を求められる形式である。選定された青木淳・昭和設計共同体以外の2者の2次提案書を見ると、いずれも1次提案書の内容の詳細を追加検討したものに見えるが、青木淳・昭和設計共同体の2次提案書は全く1次提案書とは異なった表現をしている。

1次提案書では大きく描かれたアイソメ図をメインのコンテンツとし、プロポーザルで求められている「既存公園と一体化した陸上競技場」を伝えるように公園の周辺環境も含めた表現である。緑や競技場への着彩の他カラフルな人の添景によって人びとのアクティビティを示している。アクソメ図に情報を集約し、このアングルからは見えないミクロなシーンをアイレベルのパースで補足している。

レイアウトは全体を4列に分割し、アイソメ図をおおよそ16:9のアスペクト比としており、これはテレビやモニターで最も一般的なワイドスクリーンアスペクト比であるため、視認性が良く馴染みやすい。アイソメ図では伝わらない平面図を右端一列に並べ、下段は正方形グリッドを4つ使って陸上競技以外の「3つのフィールドの活用計画」・広域の風景との関係を示す「外構計画」・大架構には重要な「構造計画」を表現している。

従来の競技場は防風や遮音等への対応から外部に対して壁をつくって閉じた非日常の場所がほとんどだったが、本計画は日常的に使えるところが特徴であり、アイソメ図と同じアングルで描かれた「3つのフィールドの活用計画」のダイアグラムは可変的なものを赤、固定的なものを青に着彩することでそれらを分かりやすく表現している。

1次提案書で施設を単体として捉えずに公園と陸上競技場がシームレスにつながることの表現に注力したのに対し、2次提案書では1次提案書でダイアグラム表現だった平面図・断面図をより詳細に検討を進め、ゾーニング・動線を明快に示している。レイアウトは周辺配置を含んだ1階平面図及び各階平面図のスケールから決定されていると思われるが、競合他社との差異や分かりやすさを提示する必要のある1次提案書ではないため、プラグマティックな表現に集中しているのだろう。実施要領には「1次審査では・・・提案書（エッセンス）等により評価」と記載してあるが、この「エッセンス」という表記は珍しい。青木淳・昭和設計共同体はこの表記を解釈し、2次提案書を今回の2段階審査方法に応じた表現としたのだろう。

1次提案書・2次提案書いずれもコンセプト「敷地いっぱいに使いたおせる活動の広場」というテキストとともに、施設と公園に境界概念がないことを示すダイアグラムが表現されている。基本設計で掲げられているコンセプト〈公園とまちに開かれた陸上競技場〉・〈陸上競技のための陸上競技場〉・〈1年を通じ、誰もが使える運動と活動の拠点〉はプロポーザル提案時には明文化こそされてはいないが、提案書の中にはそれらのアイデアが散りばめられて表現されていることが分かる。（平瀬）

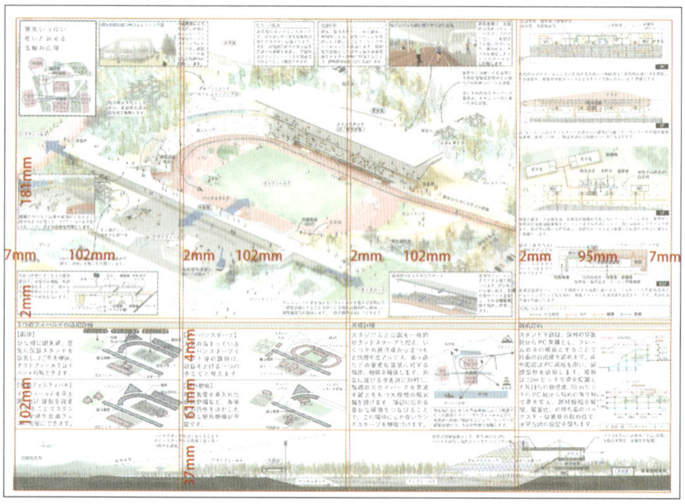

選定案のグリッド分析（1次提案書）
指定条件：A3（横）1枚、文字10.5ポイント以上

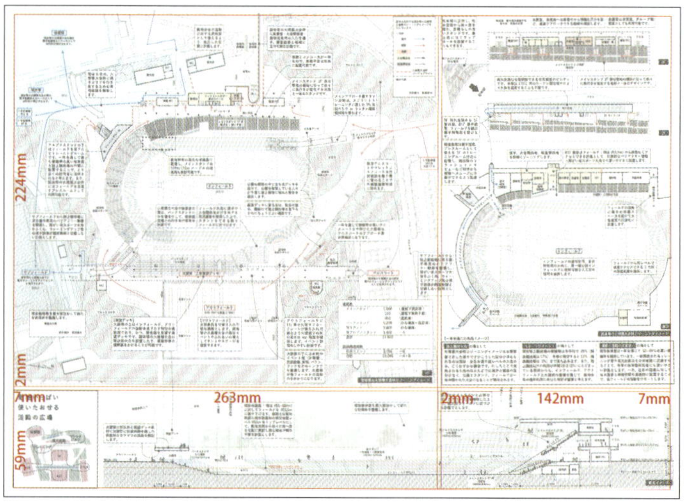

選定案のグリッド分析（2次提案書）
指定条件：A3（横）1枚、文字12ポイント以上

対象
敷地

現況

現況パース

設計者インタビュー

青木淳／AS（旧青木淳建築計画事務所）（青木淳・昭和設計共同体）

Q｜要項はチーム内でどのように読まれ・分析されましたか？

A｜関わるスタッフ全員がそれぞれに読みます。特に読み合わせはしません。つまり議論はありません。

Q｜本プロポーザルの募集要項の中で最も重視された点は何でしょうか？

A｜アスリートのパフォーマンスに寄与する陸上競技場とすることと、公園の一部として、公園と融合して利用されることとが共存することです。

Q｜1次審査で多くの意見が寄せられましたが、2次の提案で一番工夫されたことは何ですか？

A｜1次の提出物では、提案の骨子がストレートに伝わるようにしたため、平面図など具体的な内容は抽象的にしか表現しませんでした。そのため、提案の骨子は無事、伝わったようですが、それが詳細に検討された上での提案なのかどうか、疑問に思われている印象を感じました。そこで、大会開催時の区画方法など、現実的な側面を十分に説明できる内容にしました。

Q｜「（様式6）（A4版）松本平広域公園陸上競技場整備事業基本設計プロポーザル設計方針」「（様式9）（A4版）松本平広域公園陸上競技場整備事業基本設計プロポーザル業務の実施体制」の作成にあたって、協力した企業や人物等おられましたか？

A｜特段、協力してもらった企業や人物はおらず、設計チーム内でまとめました。

Q｜プレゼンボードを作成される際、レイアウトのルールは決めていますか？ また、色調はどのように決めておられますか？

A｜レイアウトは、限られた紙面内で、最も良く伝えたいことが伝わるよう、いろいろ試して決定します。ルールはありません。

Q｜青木さんのプレゼンボードでは他のプロポーザルも含め、テキストの配置やダイヤグラムがいつもグラフィカルに美しいと感じます。フォント・テキストやダイヤグラムの色調等でこだわりや使い方のルール等はありますか？

A｜案の内容によって、それを最も正確に、確実に伝えられるデザイン、色調を考えます。そのため、毎回、異なるものになっていると思います。

Q｜当初案から、これまでに変更された点はありますか？

A｜雨天練習場をメイン・スタンドの2階に設ける提案でしたが、バックスタンドの下に移しました。更衣室を別棟として提案しましたが、メインスタンドの下に収めました。屋内練習場を追加しました。その他競技面の細部調整等は多々ありますが、基本的には大きな変更はありません。

7

くまもとアートポリスプロジェクト 立田山憩 公衆トイレ公開設計競技2020

要項の読み解き

- 市民運動によって市街地に残された貴重な緑地を生かす
- 熊本県産の木材を活用しユニバーサルデザインとする
- くまもとアートポリスのプロジェクト事業の理念の尊重

コンペ概要

要項に示された規模

延床面積｜50㎡以内
事業費｜約2,900万円

提案書の指定条件

A3・4枚（横）・文字10pt以上

2020
- 4月6日 要項発表、応募受付開始
- 6月22日 応募期限
- 7月8日 事前審査結果公表
- 7月13日-16日 メールによる質疑応答
- 7月末 結果公表

審査員（役職は当時のもの）
*審査員長

伊東豊雄 *
建築家、くまもとアートポリスコミッショナー

桂英昭
建築家、くまもとアートポリスアドバイザー

末廣香織
建築家、くまもとアートポリスアドバイザー、
九州大学准教授

曽我部昌史
建築家、くまもとアートポリスアドバイザー、
神奈川大学教授

森・お祭り広場

選定案の読み解き

市民が育てた憩いの場に、居場所となる屋根で寄り添う提案

選定された提案者

曽根拓也＋坂本達典＋内村梓＋前原竹二（山下設計）

ファイナリスト

- 占部将吾＋佐藤元樹＋西島要（優秀賞）
- 幾留温（佳作）
- 岩崎裕樹（佳作）
- 太田裕通＋北村拓也（佳作）
- 菊井悠央＋本山真一朗（佳作）
- 葛島隆之（佳作）
- 佐河雄介＋辻拓也（佳作）
- 松田裕介（佳作）
- 山田健太朗（佳作）

所在地

熊本市
北区

森と人の輪

ー森と人にやさしい休憩所ー

（設計趣旨）　立田山憩いの森は都市化による開発から森を復元
駐車場・森林に接し、訪れる人々の活動の起点・

1. **自然と人の接点に建つ「憩いの場」**
   自然（＝広場・森）と人（＝散策ルート・車か
2. **「丸太材」の使用による熊本の林業活性化**
   建築材としての需要が少ない小径の間伐材を
3. **維持管理しやすい＋ New Normal にも対応**
   キレイが続く設え＋ニューノーマルに対応し

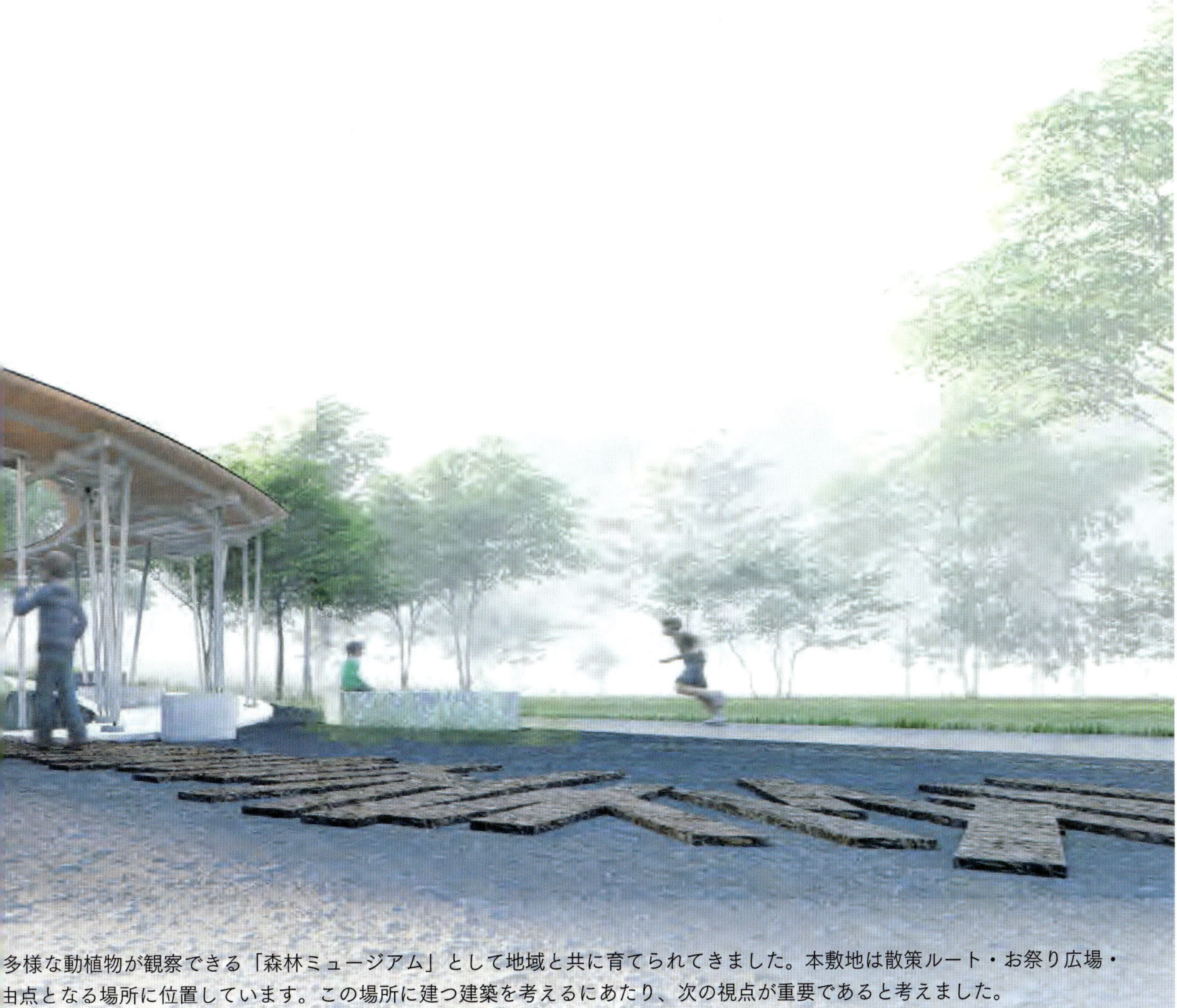

多様な動植物が観察できる「森林ミュージアム」として地域と共に育てられてきました。本敷地は散策ルート・お祭り広場・
由点となる場所に位置しています。この場所に建つ建築を考えるにあたり、次の視点が重要であると考えました。

セス）の接点となる位置に屋根をかけ、憩いの場をつくることで、森での活動をサポートする空間を併せ持った場所とします。

」として活用することで、間伐材に付加価値を与え、林業活性化に寄与します。
環境の整備
な空間とすることで、誰もが居心地の良く過ごせる場所とします。

曽根拓也+坂本達典+内村梓+前原竹二（山下設計）案

1．自然と人の接点に建つ「憩いの場」

都会に建つトイレとは異なり、自然体験の場に設けられるトイレには用便の機能に加え、散策中の休憩場所・体験教室などの集合場所や汚れた手足を洗う上水のインフラとしての役割も期待されています。
そこで、自然（＝広場・森）と人（＝散策ルート・車からのアクセス）の接点となる位置に屋根をかけ、多用な周辺環境に合わせた憩いの場を配置することで、森での活動をサポートする空間を併せ持ったトイレをつくりたいと考えました。
憩いの場をつなぐ円形の回廊は、全方向からのアプローチを可能にするとともに、ひとつ屋根の下に変化にとんだ景観を生み出しています。

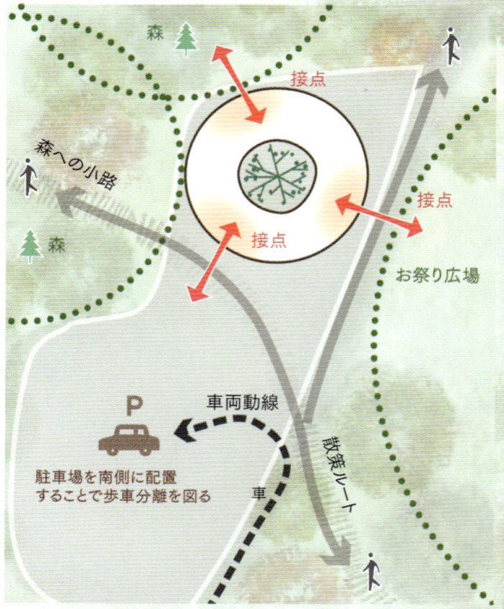

自然と人の接点となる位置に屋根をかけ、周りの環境に応じた憩いの場をつくる

周囲の活動を引き込み、どこからでもアプローチできる回廊

配置兼1階平面図 1:100

2.「丸太材」の使用による熊本の林業の活性化

未利用材を活用し、森の循環に寄与する

森の健全な生育のために間伐は不可欠ですが、間伐材は径が小さいものが多いため、利用用途が限られ、未利用材（林地残材）として森に放置される材も多いのが現状です。
そのため、小径の間伐材を付加価値の高い建築材として利用できる新しい技術の開発は、森の循環を促進し、これからの熊本の林業の活性化を進めるために重要であると考えます 。

80 ～ 120 φの「丸太材」を構造材に活用

丸太材は、材の接合部の加工に手間がかかるため、構造材としてあまり普及していません。
しかし、丸太材は角材に比べて木材の断面を有効に活用できます。さらに、加工工程が少ないため、加工のエネルギー消費量を抑えることができ、CO2 の固定化にも最適な材料です。
そこで、簡易な木材加工のみで組み立てられる、丸太材による架構を考案し、「小径木を最大限に活かした建築」を提案します。丸太材は、含水率および強度、欠点の有無等を確認し、使用上支障のない材料を使用します。

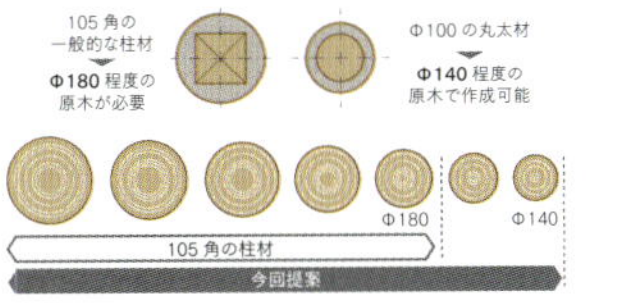

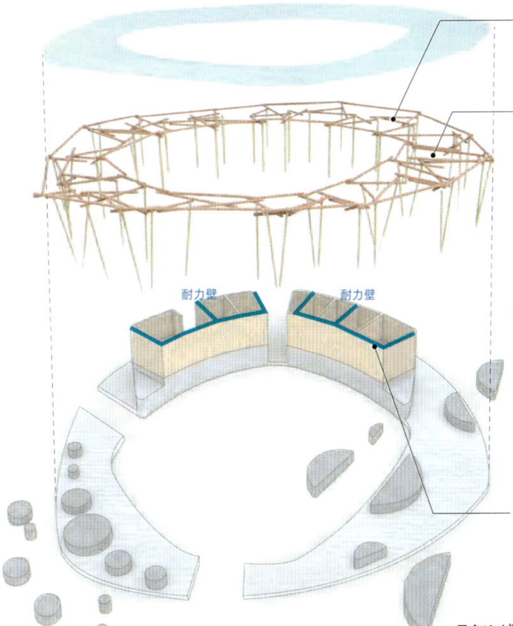

アクソメ構成図

丸太材による架構
丸太材を使用し、周辺環境になじんだ温かみのあるのある休憩空間を実現します。

加工が容易な「ボルト接合」
丸太で架構を作る上での課題は、仕口の納まりです。本提案では丸太を側面からボルトで緊結するだけのシンプルな仕口を採用し、加工手間を最小限にしています。

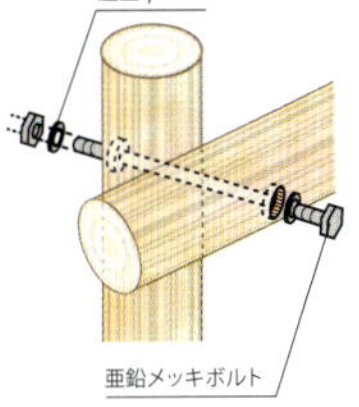

耐力壁
耐力壁は仕様規定に従い在来工法で制作し 105mm角の木材、構造用合板を用います。

丸太材を活かす構造計画

丸太材を使用して、木材の魅力を最大限感じられる空間をつくる架構として「レシプロカ ル架構」を採用します。レシプロカル架構は、部材が相互に支え合って成立する架構であり、丸太の径の違いを許容しながら、簡易な木材加工によるボルト接合のみで架構を組むことができるため、丸太材の活用に適した方法です。 レシプロカル架構の組み方には、様々な組み方がありますが、本提案では、円形の平面形状の屋根に適し、かつ屋根面の面内剛性を確保することが可能な三角形ユニットを使用して架構を形成しました。

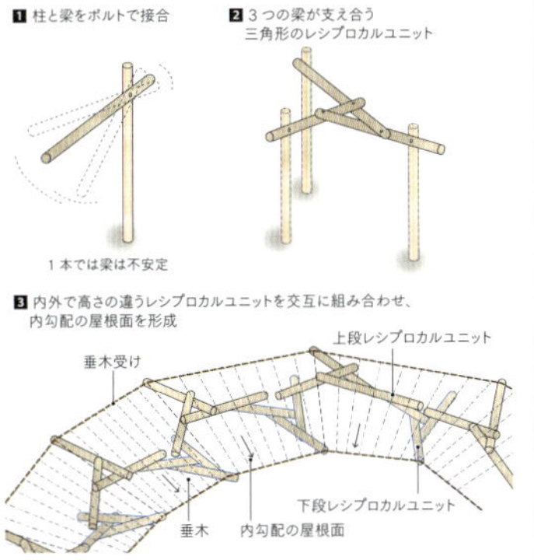

構造解析図

木材の材料に「杉材 E70」を想定し、構造解析を行った結果を示しています。レシプロカル架構の長期たわみは、クリープを考慮しても使用上支障のない値であり、また、地震時には、屋根が一体で変形し、剛性を有していることを確認しました。

長期変形図

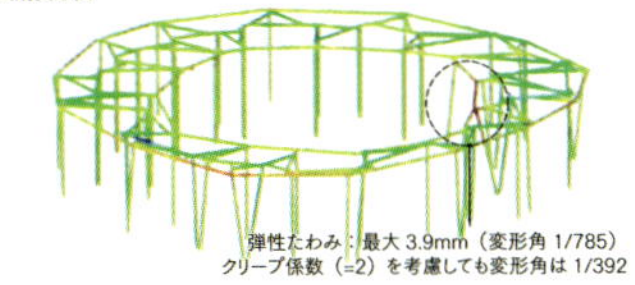

地震時変形図

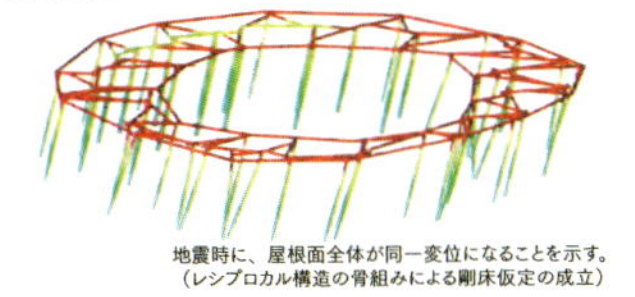

立面図

3．維持管理しやすく、New Normal にも対応した衛生環境の整備

維持管理しやすい「キレイが続くトイレ」

森林の中に建ち、子どもからお年寄りまで多くの人が利用する施設として、誰もが安心して、気持ちよく利用してもらうために、維持管理が容易な「キレイがつづくトイレ」の在り方を考えました。

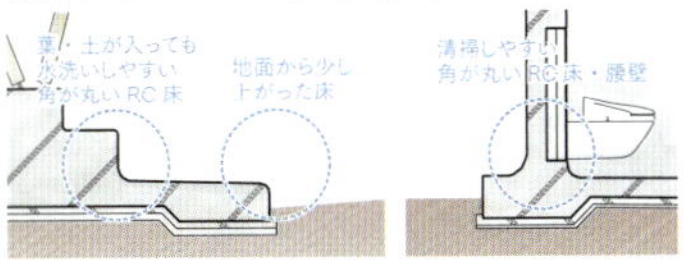

New Normal にも対応した衛生環境

コロナウイルスの世界的な感染拡大を受け、衛生環境に対する人々の意識は大きく変わりつつあります。こうした経験を踏まえた新たな日常（＝New Normal）にも対応し、風が通り抜ける開放的な空間にするなど、居心地の良く、利用しやすい環境づくりを考えました。

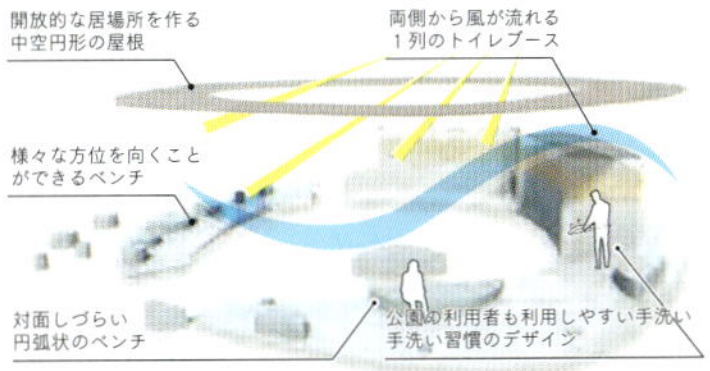

南側から建物を見下げる

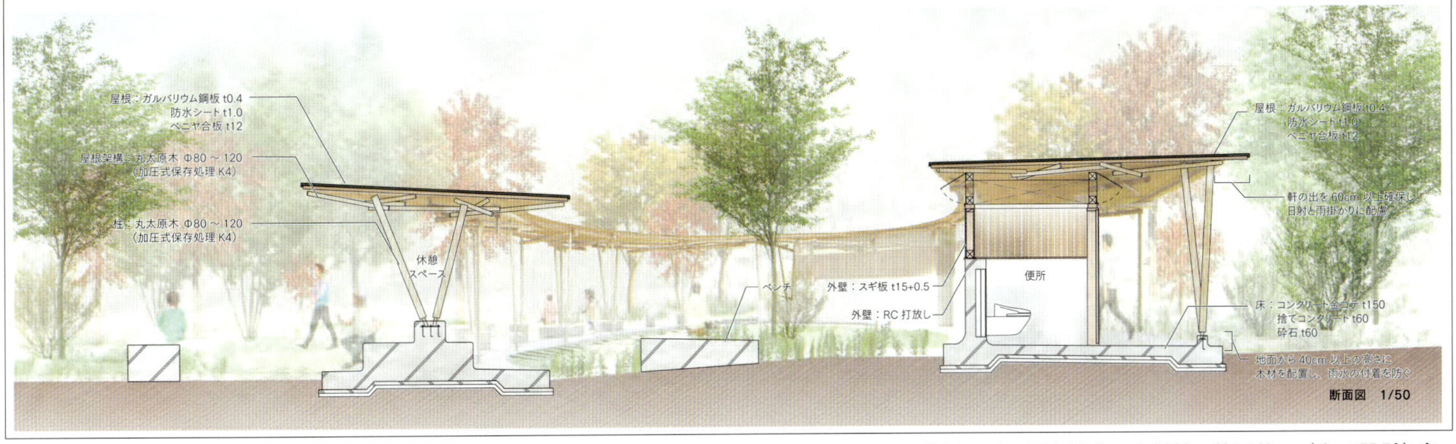

断面図　1/50

曽根拓也＋坂本達典＋内村梓＋前原竹二（山下設計）案

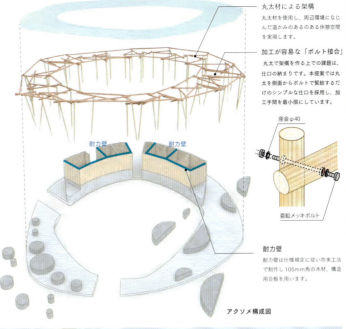

1｜要項の概要と特徴：
市民の憩いの森に建つトイレの設計競技

熊本市の市街地にほど近い、標高152mの立田山にある公衆トイレの改築案を求めた公開設計競技（コンペティション）である。一帯は約167haの都市公園「立田山憩の森」で、芝生が植えられた「お祭り広場」に面する敷地に、木造平屋建て・延べ面積50m²以内の公衆トイレを設計するものだ。

立田山は熊本県、熊本市が共同で保全する自然緑地として市民に親しまれているが、その経緯が興味深い。市街地化が進むなかで1970年代前半に開発に着手されそうになったところで住民による反対運動が起こり、1974年（昭和49）以降、県と市が協同して公有化が進められたのである。公有化された土地は「立田山憩の森」として整備され、2007年（平成19）以降は野外博物館「森林ミュージアム立田山憩の森」として位置づけられている。以来文字通り市民の憩いの場となった貴重な森だ。本コンペは、その森に県が設置する公衆トイレの設計を求め、全279案が集まった。

要求される施設は多目的トイレ1、男子便所（大・洋式2、小3）、女子便所（大・洋式3）で、工事費は約2,900万円とされた。特に県産材の積極的な利用とユニバーサルデザインとすることが概要に盛り込まれ、また、風致地区のため植栽の伐採は原則として禁止された。またコロナ禍でのコンペの進行となったため、メールによる質疑応答が予定されるとともに、要項に追加してオンライン面接を実施する等リモート審査とされた。

要項には「本事業は、くまもとアートポリスの一環として実施するものであり、その理念を尊重してください」という一文が明記されている。「くまもとアートポリス」とは、熊本県が推進する、県内の建築文化の発展を目指す文化事業である。1988年に当時の細川護熙熊本県知事が始めたもので、「都市文化並びに建築文化の向上を図るとともに、（中略）後世に残る文化的資産を創造する」（熊本県HP）ことが目的とされた。県が指名したコミッショナーが建築コンペ等を通じて継続的に県内の建築デザインに関わるユニークな取り組みで、コミッショナーは磯崎新氏（1988-1995）、高橋てい一氏（1996-2004）を経て、2005年からは伊東豊雄氏が務めている。県や市町村による公共建築だけではなく、民間事業者の参加も促す枠組みである。

コミッショナーが事業ごとに優れた設計者を推薦する「プロジェクト事業」に加え、広報、顕彰といった事業で建築文化の機運醸成も図られており、2024年現在120のプロジェクト事業が計画・実施された。気鋭の建築家を発掘する側面もある。例えば当時30代前半の妹島和世氏が設計し、後に氏の国際的評価を一気に高めた再春館製薬女子寮（1991）もその成果の1つである。特に本コンペは始めから若手の募集に振り切って、応募締め切り時点で満35歳以下の若手建築家や学生だけが参加できるプロジェクトであった。

アートポリスの設立の背景には、末永く利用され文化的資産として建築を位置付ける理念がある。しかも敷地は、住民運動で行政を動かし、市民に愛されてきた場所である。その思いに応える建築が求められたと言えるのではないか。（山崎）

2｜提案内容の卓越性：
周辺環境に連続する円環状のハブ的建築

本プロポーザルの審査では最優秀案以外に優秀案が1つ、佳作が8作品選ばれている。それらはどれも力作で、最優秀案と甲乙つけがたいものと感じられた。それらの案の傾向は以下のとおりである。

優秀案は立田山との形態的に呼応する屋根をデザインした。佳作の中にも屋根形態として優美な曲面の提案がある。また素材や光の提案。ミニマリズムや分散配置等、全体的な形態的主張もある。さらに展示室、情報提供等、プログラムとしての新しさをうたうものもあった。しかし最優秀案はそれらとは一線を画し、周辺環境との動線的なハブとなるような連続性を機能的に示すものだった。それは円環形状（ドーナツ状）の平面形を持ち周囲のお祭り広場、森への小道にハブとしてつながり、加えてそれらの動きに流れを感じさせるものである。この円環形状は屋根の形に表れている。屋根は木造のレシプロカル構造にすることで、柱を細く軽やかにし、屋根を支えている。屋根はガルバリウム鋼板で薄くつくられ、飛翔するかのような軽快感が感じられる。

またそれらの柱には丸太材の使用を提案しており、より木材を有効に、かつ木材らしく無駄のない使用法となっている。

来訪者の休憩スペースとしてのベンチ等は基礎をそのまま立ち上げることで一体に成形している。それによって材料が連続し、メンテナンスを容易にし、かつ合理的に材料を活用しコスト縮減を図っている。

そうした総合性も本案を最優秀へ導く要因となっていると思う。（坂牛）

3｜リレーションズ提案の卓越性：
自発的な仕組みづくりの提案

本設計競技では、要項としてはリレーションズに関連する提案を要求することはなかったため、基本的には提案書にもあまり見られない。一方で、優秀賞を受賞した占部将吾＋佐藤元樹＋西島要による「立田山と呼応する屋根」では提案書1枚目に、「ワークショップによる

立田山と呼応する屋根

■設計主旨：公衆トイレを情報発信のインフラとして捉え、日本独自の伝統技術「檜皮葺(ひわだぶき)」を用いた建築により、熊本県の木材活用の幅を広げると共に、日本の伝統技術を継承します。

□ 公衆トイレ=日本の伝統技術を発信するインフラ

公衆トイレは無数に点在する小さな公共建築であり、群として捉えると日本全国に大きな影響を与えることができる「情報発信機能をもつインフラ」と考えられます。公衆トイレ(=情報発信のインフラ)を日本の伝統技術を用いて建設するケーススタディ(=熊本モデル)を提案します。この設計モデルを全国に波及し、日本文化を継承していくことを目指します。

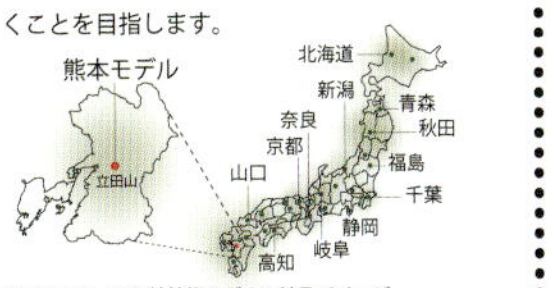

公衆トイレ × 伝統技術モデルの波及イメージ

□ 熊本県産木材「檜」を、日本の伝統技術「檜皮葺」に活かす

熊本県は全国トップレベルの檜生産量を誇ります。特に阿蘇郡や球磨郡では、檜皮葺に用いる樹齢80年以上の檜が多くみられます。檜皮の採取は現在盛んではないですが、全国的に見ても貴重な資源として、檜皮を計画的に多く採取できるポテンシャルがあります。かつて阿蘇神社でも使われていた、日本独自の屋根葺工法「檜皮葺」を用いて、熊本県の豊かな木が持つ魅力を最大限表現します。

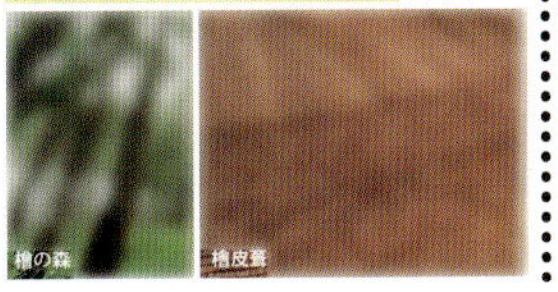
檜の森　檜皮葺

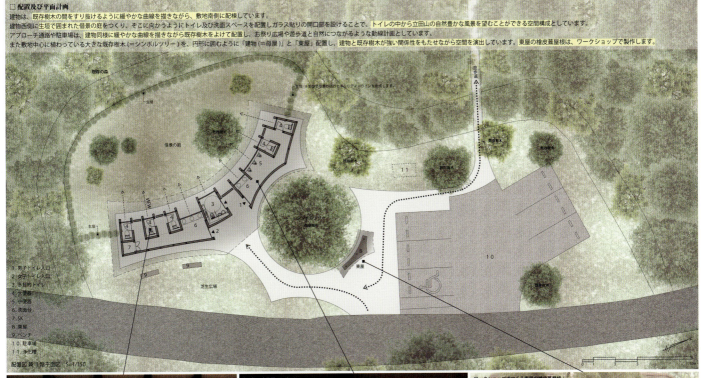

□ 檜皮葺の魅力を、自然と呼応する自由な造形で伝える

檜皮葺は、優美な曲線を自由に描いた造形が可能な工法です。その特性を活かした表現であり社寺建築の屋根に見られる「そり」「むくり」には、日本人の自然に対する精神性(=自然と一体になる心)が根源にあります。立田山の豊かな自然と呼応する造形を実現しながら、日本の精神や伝統技術の魅力を伝える建築を目指します。

自由な造形が特徴的な檜皮葺

□ 熊本から全国へ檜皮葺の材料を供給する

本計画を起爆剤とし、熊本県から全国各地へ檜皮葺の材料を供給する木材流通ルートを開拓・促進します。檜皮葺の建築は減少傾向にあり、その要因の一つとして材料(檜皮)の入手難があげられます。檜皮は、高樹齢の檜からむいて採取する厚い樹皮であり、10年ほどのサイクルで再生する樹皮を採取できるエコな材料です。熊本県から檜皮を供給していくことで、日本全国の伝統技術を支えることができると考えています。

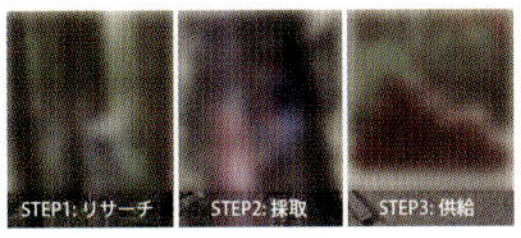
STEP1: リサーチ　STEP2: 採取　STEP3: 供給

□ ワークショップによる伝統技術の継承

本計画の建設にあたり、母屋(=公衆トイレ)と対にあたる「東屋の檜皮葺屋根」を、ワークショップ方式にてつくります。原皮師による檜皮の採取・整形や、檜皮葺師による檜皮葺の見学+指導体験により、熊本の豊かな木資源や林業、伝統技術への理解を深め、技術継承の課題である後継者不足への貢献も視野にいれた計画とします。

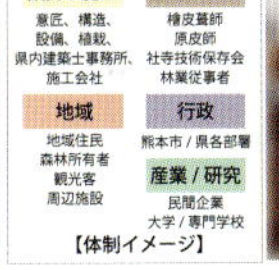

【体制イメージ】

□ 配置及び平面計画

建物は、既存樹木の間をすり抜けるように緩やかな曲線を描きながら、敷地南側に配棟しています。

建物西側に生垣で囲まれた借景の庭をつくり、そこに向かうようにトイレ及び洗面スペースを配置しガラス貼りの開口部を設けることで、トイレの中から立田山の自然豊かな風景を望むことができる空間構成としています。

アプローチ通路や駐車場は、建物同様に緩やかな曲線を描きながら既存樹木をよけて配置し、お祭り広場や遊歩道と自然につながるような動線計画としています。

また敷地中心に植わっている大きな既存樹木(=シンボルツリー)を、円形に囲むように「建物(=母屋)」と「東屋」配置し、建物と既存樹木が強い関係性をもたせながら空間を演出しています。東屋の檜皮葺屋根は、ワークショップで製作します。

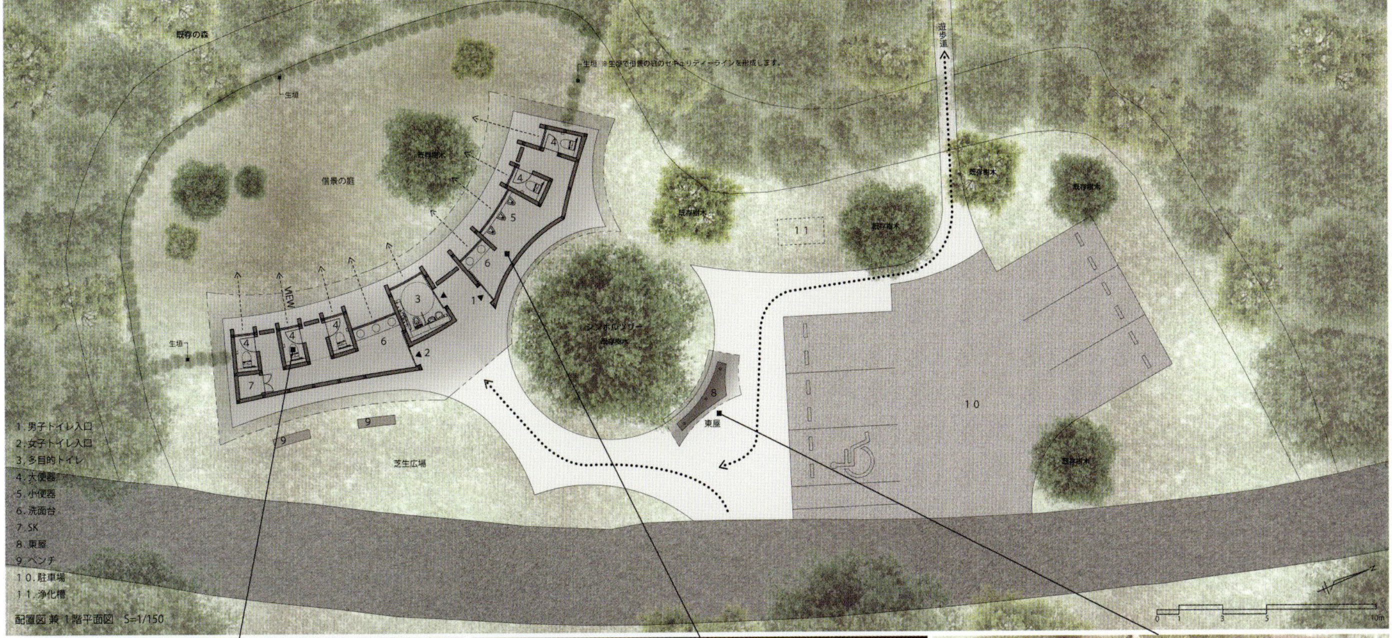

配置図 兼 1階平面図　S=1/150

トイレブース内観 CG パース：
トイレブース前面(=借景の庭側)をガラス貼りにしています。
小さな空間から大きな自然を感じることができます。自然豊かな立田山ならではのトイレを演出します。

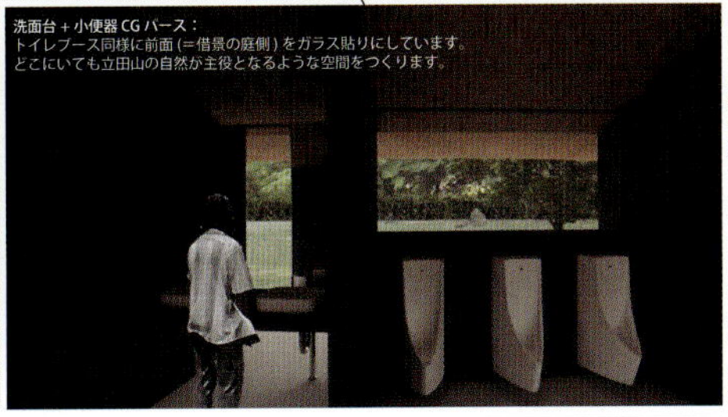
洗面台+小便器 CG パース：
トイレブース同様に前面(=借景の庭側)をガラス貼りにしています。
どこにいても立田山の自然が主役となるような空間をつくります。

ワークショップでつくる東屋の檜皮葺屋根：
東屋の檜皮葺屋根をワークショップでつくります。由緒ある社寺建築の檜皮葺をワークショップでつくることは本来ハードルが高いですが、本プロジェクトのように公共性が高く小規模な建築の外構であれば、実験的にワークショップを行うことが可能だと考えています。ワークショップを行うことで、檜皮葺の魅力を伝え、後継者及び理解者の増加を目指します。

占部将吾+佐藤元樹+西島要案

優秀賞

平面的には既存樹木の間を縫うように曲線の連続で平面をつくっている。敷地西側に生垣で囲まれた庭をつくり、そこに向かって開放的な内部空間としている。その曲線的な平面の上に熊本県産材の檜を使った檜皮葺の曲面屋根を載せている。また県産材を全国に普及させる意図もある。優雅な形とトイレ内の空間は秀逸である。

（注）本書掲載に際し、当時の提案書を一部修正しています

Leafy Roof Lavatory - 安らぎの屋根がつくるみんなの憩いの場 -
設計趣旨
1. 風景に調和した建物
敷地は、市街地に残された標高 152m のなだらかな立田山にあります。その環境を壊さないよう、風景の中に自然と佇むような優しい建物を提案します。また、ひとかたまりの建物とはせず、建物ボリュームをできるだけ分散させ、ヒューマンスケールに合わせます。
各部屋の上にはなだらかな曲線を描いたひとつの屋根をかけることで、自然の風景になじむ建物とします。
2. 訪れる人々の安らぎと憩いの空間
木の葉のような形状をしたやわらかな曲線を描く屋根が、訪れた人々に優しい木陰を提供し、単なる機能的な建物ではなく、その周辺も含めた憩いの場となるように計画します。
建物のすぐそばには石などの優しい自然素材で作った滑らかな形状のベンチやテーブルを設置し、長くみんなに親しまれるような空間を創り出します。
3. みんなが使いやすく愛される場所
敷地の高低差をスロープでつなぎ、バリアフリーに配慮するとともに、リング状に回遊できる魅力的な場所とします。また、通路幅や出入口幅に余裕をもった計画とします。
屋根は製材で経済的に作る合理的な架構とします。地域産木材を構造材や外装材に積極的に利用し、地域産業の活性化とともに、地元に愛される建物とします。

幾留温案

佳作

3つの台形平面の箱の上に木の葉の形をした柔らかい屋根が乗っている。あたかも近くの大木から大きな葉が降ってきたかのようである。シンプルな構成だが、分かりやすく、シンボリックで使う人の心に刻まれる場所になるだろう。

立田山の訪礼堂
00 トイレという建物を一から組み立て直す(設計主旨)
自然界のものを食し、栄養を摂り、そして自然界へと再び排泄するという日々の循環は生命活動に欠かせないものです。
公共的な排泄の場を、単なる排泄機能の集合体として捉えるのではなく、例えば教会や礼拝堂での祈りのように、その場所を訪れ、用を足すこと自体が象徴的な体験となるような、訪礼堂(トイレット)を提案します。
本提案では「広場に設けられた排泄のための建築」を与件として、ありうべき建築の姿を一から組み立て直します。そのためには、ステレオタイプ化した公衆トイレのプランや、あるいは奇抜な外観の組み合わせではなく、核となる個室の断面計画からお祭り広場の配置計画に至るあらゆるスケールの計画において与件が反映されるべきだと考えます。
01 個室の在り方から導かれる断面計画
02 奥行きをつくりだす平面計画
03 広場を広場たらしめる立面計画
04 広場と呼応した配置計画
以上の４つの図面計画を用いて、この立田山憩いの森・お祭り広場にふさわしい、美しい建築を実現します。

岩崎裕樹案

佳作

待合スペース、個室ブース、手洗いスペース、これら3つのスペースが平行に3列に並べられ、そのシークエンスを楽しむようにできている。全体のフォルムは端正な切り妻が複合した屋根とリニアな平面でできている。静かな形だが緑の中に落ち着いた佇まいを感じる。

PRIMITIVE HUT
憩いの森の憩いの場

太田裕通+北村拓也案

佳作

シンプルをよしとして、1枚の長方形の屋根の下に6つの直方体の箱を並べた。それぞれには多目的トイレ、男子トイレ、女子トイレ等が入っている。直方体間には5つの隙間が生まれ、風通しの良い空間構成となった。木板横ばりの外観は奇をてらうことなく落ち着いた佇まいである。

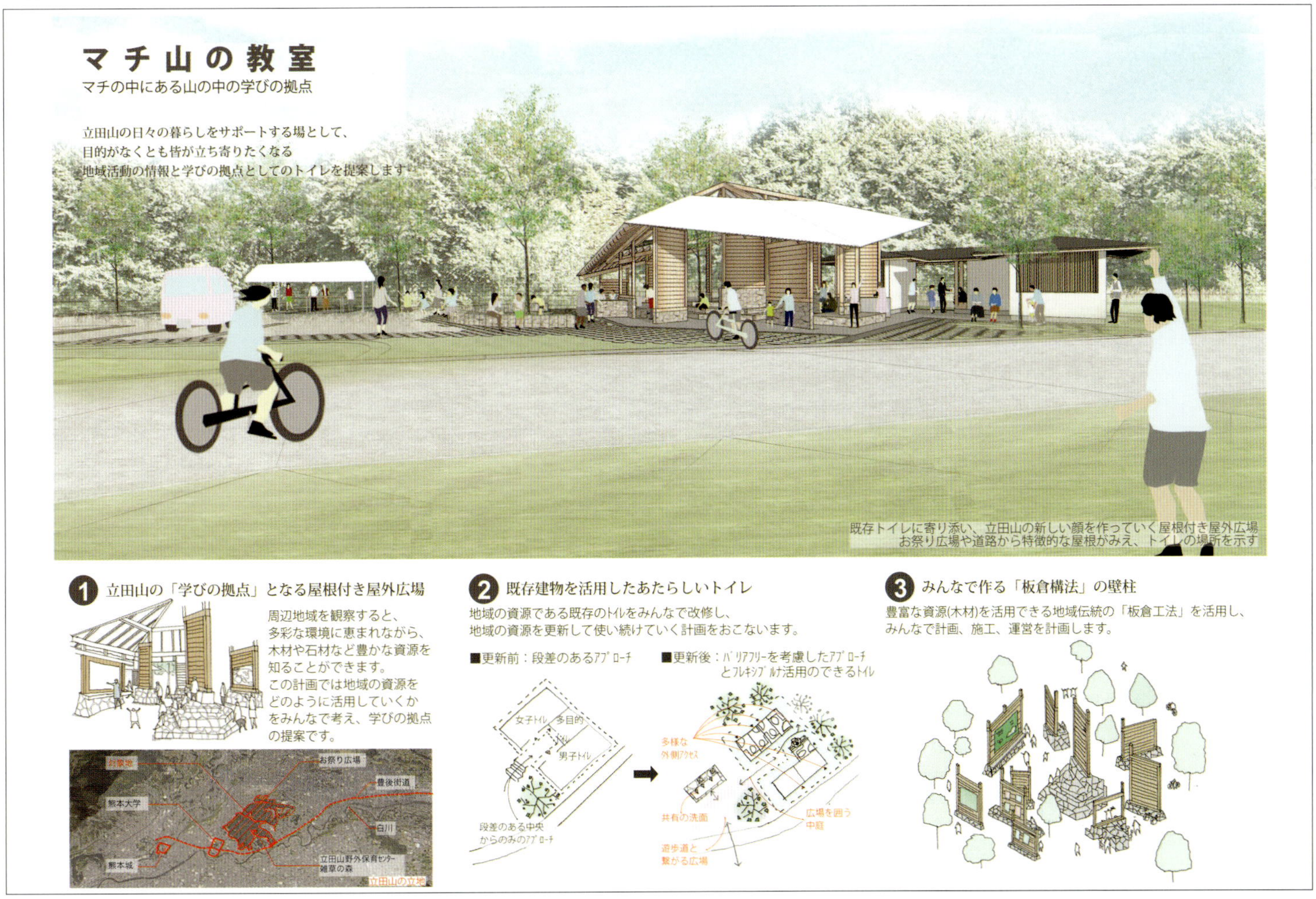
マチ山の教室
マチの中にある山の中の学びの拠点
立田山の日々の暮らしをサポートする場として、
目的がなくとも皆が立ち寄りたくなる
地域活動の情報と学びの拠点としてのトイレを提案します
既存トイレに寄り添い、立田山の新しい顔を作っていく屋根付き屋外広場
お祭り広場や道路から特徴的な屋根がみえ、トイレの場所を示す
1 立田山の「学びの拠点」となる屋根付き屋外広場
周辺地域を観察すると、
多彩な環境に恵まれながら、
木材や石材など豊かな資源を
知ることができます。
この計画では地域の資源を
どのように活用していくか
をみんなで考え、学びの拠点
の提案です。
対象地
お祭り広場
豊後街道
熊本大学
白川
熊本城
立田山野外保育センター
雑草の森
立田山の立地
2 既存建物を活用したあたらしいトイレ
地域の資源である既存のトイレをみんなで改修し、
地域の資源を更新して使い続けていく計画をおこないます。
■更新前：段差のあるアプローチ
女子トイレ
多目的トイレ
男子トイレ
段差のある中央
からのみのアプローチ
■更新後：バリアフリーを考慮したアプローチ
とフレキシブルナ活用のできるトイレ
多様な
外側アクセス
共有の洗面
広場を囲う
中庭
遊歩道と
繋がる広場
3 みんなで作る「板倉構法」の壁柱
豊富な資源(木材)を活用できる地域伝統の「板倉工法」を活用し、
みんなで計画、施工、運営を計画します。

菊井悠央+本山真一朗案

佳作

既存のトイレを皆で改修してそれに新しい屋根をかけ、その隣に屋根付きの屋外広場をつくる案。その広場には屋外キッチン、小さな美術館、待合、駐輪スペース、学びの場等を計画している。この案は他の案とは異なり、トイレはおまけでそれを活用した人の出会いの場所をつくろうとするものである。

「森林ミュージアム」のレストルーム

立田山に作られる公共トイレとして、展示室のようなトイレの集まりを考えました。立田山憩いの森は、森全体を野外博物館と捉え、「森林ミュージアム」として人々に愛されています。その「森林ミュージアム」というコンセプトを継承したトイレの提案です。これからの公共トイレには、使う人の多様性が求められています。今までのような、合理的に集約されたトイレではなく、機能分散によるトイレブースの多様性を活かした、すべてばらばらのトイレとします。また、なるべく多くのトイレを男女共用とする事で、使う人によってトイレを選ぶ事ができます。それぞれのトイレには庭を計画して、立田山に育つ樹木を植えます。トイレに来た人は、庭を眺めたり、時々庭に出たりします。その体験が、美術館の展示室に訪れるように感じられればと思います。単に綺麗で快適なだけでなく、気持ちのいい居場所としてのトイレを提案します。

葛島隆之案

佳作

使う人が選択できるトイレというコンセプト。9個のトイレブースは全て異なる形をしている。またどのブースも庭とセットになっている。男女共用＋乳児配、女性用＋杖利用者、男性専用等、使う人の多様性に対応したブース機能が設けられている。9つのブースは直径12.74mの正円の中におさめられている。外から中の機能がイメージできるかが少し不安だが、豊かな案である。

1 持ち送り構造によるカテナリー曲線

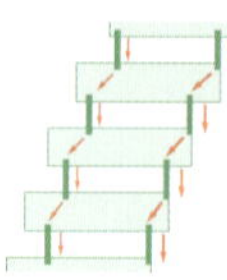

県民に愛され、歴史ある立田山には、自立的でありながら、柔らかな佇まいの建築が相応しいと考えます。そこで、本計画では、古典的構造である持ち送り構造を用います。規格化したパネルを外側へとずらし、カテナリー曲線を描きながら壁へと力を伝達します。
この構造が生み出すシルエットは立田山の新しいシンボルとなる一方で、内部にこぼれ落ちる光が象徴するように、自然と共生する建築でもあると考えます。

2 県産材 CLT パネルを規格化

県産材を活用した CLT（Cross Laminated Timber）パネルを全面的に使用します。
パネルサイズは 2 つあります。2 つのパネルでロの字型のユニットを形成し、カテナリー曲線上に積層します。
本計画の CLT パネルの総量は 32 ㎥程度です。現在の CLT の材料単価（12 万円 / ㎥）を考えれば、構造と仕上を兼ねた CLT は大きなコストメリットがあると考えます。

3 形状を活かした採光換気システム

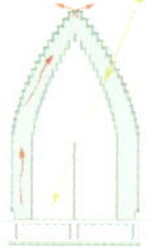

この構造（持ち送り構造）は、910mm モデュールの屋根ユニットを、個室と通気ピットを内包した 2 重壁で支えているため、断面形状に 2 つの層を持ちます。本計画では、この外側の層を採光、換気ダクトとして利用します。
採光ダクトを利用して暗くなりがちなトイレ空間に自然光を取り込み、適切な照度を確保します。
また、換気ダクトを利用し、重力換気を行い、快適な内部環境を実現します。

4 メンテナンスに配慮した施工計画と素材

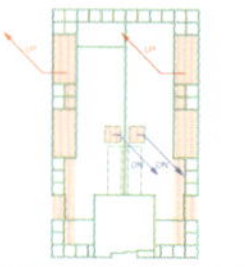

基礎立上りは鋼製型枠を捨て型枠として使用し、スラブはデッキプレートを用いた合成スラブとします。型枠の撤去を省略することで、最低限の地下ピットを確保します。地上部はユニット間のズレを利用し、点検スペースを確保します。
CLT の接着剤仕様を A 種（外部仕様）とし、また、表面には防腐塗料を塗布することで大幅にメンテナンス頻度を減らすことが可能です。

佐河雄介＋辻拓也案

佳作

立田山の中に生えてきた筍のような美しい木のオブジェのようなトイレである。県産材のCLTで枠組みをつくりそれを455mmずらしながら載せていくことで細かいルーバーの重なったような屋根が生まれている。そこから差し込む光は美しい内部空間をつくるであろう。

Birdhouse Toilet
はじめに
立田山という場所を読み解く
1.市街地に残された貴重な自然緑地
住宅地から一歩入ると豊かな自然を満喫できる
2.豊かな動物・昆虫などの生き物
現代の里山で暮らすウサギやトンボたち
3.大らかで伸びやかな場所性
伸びやかな樹冠に覆われ空に抜ける空間
立田山憩の森
多種多様な人々と生き物の
様々な活動を年間を通じて許容する
大らかな現代の里山
4.四季を感じ、体感できる場所
春夏秋冬を彩る植生が季節毎に山を彩る
5.野鳥たちの憩いの場
豊富な種類の野鳥たちが集まる貴重な探鳥地
6.市民に愛されている場所
家族連れからシニア層まで幅広い年代が利用
立田山の環境との調和
自然の中の点景としての建築
大らかな現代の里山である立田山の主役は自然です 。
ここに新たに建設される建築は自然と調和し 、自然を引き立てながら 、
訪れる人々の活動をサポートする役割を担うべきだと考えました 。
この場所において大きな存在感のある建築は相応しくないように感じました
ので、小さな建築をランドスケープの中に散りばめていくことにしました 。
トイレを最小限の単位まで分解してゆくとトイレブースに行き着きます 。
ブースを一つの小屋として木々の合間に分散させながら配置していきます 。
そして個々のトイレブースを遊歩道で繋ぎます 。
トイレ然たる建物がそこに存在するのではなく 、遊歩道を散策している途中
にトイレに出会うような。
逆にトイレを目指して歩いているがブースに入るその直前まで遊歩道が続い
ているような場所です。
鳥たちが木々の合間を自由に飛び回っている 。ふと木の幹に小さな可愛らし
い鳥小屋が目にとまり、立ち寄ってひと休みする。ひと時羽を休めた鳥はま
た木立の中に飛び去っていく 。こういった情景を立田山を訪れる人々と建築
（トイレ）の関係の中で構築したいと考えました 。
新しい生活様式への対応
建築のソーシャルディスタンス
【従来型のトイレ】
女
女
女
多目的
男
男
男
手洗
手洗
倉
混雑時は共用部（黄色）
に密集せざるおえない
▷▷▷
【新生活様式対応トイレ】
女
女
女
倉
多目的
男
男
男
ブース同士が距離を確保しているため
混雑時も分散して利用することが可能
コロナウイルスの流行により人間社会は今までの行動様式を変革することを迫ら
れています。そんな中、公園は密集を避けたリフレッシュのための活動場所とし
てより人々の利用頻度が上がっています。しかし、トイレに行くときは建築側の
制限により人との距離がどうしても縮まってしまいます。新たなトイレは建築自
体がソーシャルディスタンスをきちんと確保することにより 、多くの人に安心し
てトイレを利用してもらえるよう配慮します。
森の鳥小屋
スタディ模型

松田裕介案

佳作

立田山の読み解き、動物、昆虫、野鳥、四季の植物と、よく馴染む点景のようにブースを分散させてランドスケープの中に散りばめた案。それらのブースの間を小径がつなぎ、建物の大きさを感じさせず、自然の一部のように扱っている。

（注）本書掲載に際し、当時の提案書を一部修正しています

木とコンクリートとガラスの積層フォリー
敷地となる立田山は集塊岩でできた孤立的な火山でありながら、
道路を挟んだ向かい側のお祭り広場も相まって
山というよりは緩やかな丘陵の様相を呈している。
そんな岩片が集積、積層して形成されている丘のような立田山の
あり方を、そのまま建築として立ち上げたいと思った。
木材を積層させた集成材、CLTを主材としつつ、汎用的に公衆トイレの
素材として使用されるコンクリートブロック、ガラスブロックを
織り交ぜながら積層していくことで、一義的でないハイブリッドな
立ち現れ方を目指すと同時に、以前からこの場所に存在して
いるかのような休憩できるフォリーの雰囲気を目指している。
集成材、CLTは周辺との調和や温かみを、コンクリートブロックは公共で
ありながらどこまでいっても個人空間である公衆トイレに安心感と重さを、
ガラスブロックは暗くなりがちな空間に明るさと軽やかさをもたらすことで、
新しい象徴性を獲得することができるのではないかと考えている。
駐車場から建物全景を見る。

山田健太朗案

佳作

木とコンクリートとガラスを積層させることで質感に満ちた空間をつくり上げている。立田山が集塊岩でできた火山であることを材料で表現するのにコンクリートブロックの塊をメタフォリカルに使用した。それぞれの材料を同じ大きさで使うことで重厚感が生まれている。

伝統技術の継承」という項目で、屋根をワークショップ方式でつくる旨が提案されている。本書冒頭で述べたリレーションズ提案（p.10）としては「②市民とのコミュニケーション」の一環と捉えられるが、檜皮葺という伝統的な工法を後年にも残していこうという、いわば「③活用・運営につながる仕組みづくり」の狙いも見ることができるだろう。

より強くリレーションズを意識した提案は、菊井悠央＋本山真一朗による「マチ山の教室　マチの中にある山の中の学びの拠点」である。提案書3枚目をまるごと使い「既存トイレを生かし、みんなで考える設計・建設計画」と題して、市民とともにつくる計画が示されている。「設計から完成後まで、みんなでつくってみんなで使う」という一文が象徴的だが、設計中と工事中ともに市民とともにつくる姿勢が提案されている。とりわけ設計中は「作る会議」「使う会議」「トイレ会議」と称し、リレーションズ提案における「①設計のためのリサーチ・設計プロセスの開示」、「②市民とのコミュニケーション」、「③活用・運営につながる仕組みづくり」を満たす計画と言えるだろう。

上記2提案のどちらも「選ばれなかった」ものの、提案をより展開的なものとするために、直接的には要求されていないリレーションズ提案を自発的に含めたという点が興味深い事例である。（榊原）

4｜プレゼンテーションの卓越性：森の中での存在感を示す配置と配色

この設計競技は延べ面積50㎡以内という規模の割にA3×4枚とやや分量の多い提案書の様式となっている。

選定案は全体を100mm幅の4列を基本グリッドとして、1枚目は大きい外観パースを下敷きに、3つの設計趣旨の概略を述べている。2枚目は設計趣旨1〈自然と人の接点に建つ「憩いの場」〉として、自然（お祭り広場・森）・人（散策ルート・駐車場の車からのアクセス）といった周囲の諸機能をつなぐ円環状の回廊のアイデアを左端1列にまとめ、この回廊の憩いの森が単なる公衆トイレのみならず森での活動をサポートする空間であることが分かりやすく示されている。大きく掲載されたS. 1/100の平面図は、周辺環境を緑系で着彩し、回廊を白抜きとしてカラフルな人の添景を載せることで円環が強調されつつも人のアクティビティが想起されるような表現となっている。3枚目は設計趣旨2〈「丸太材」の使用による熊本の林業の活性化〉として、中央2列のアクソメ構成図をメインのコンテンツに、左端1列に小径の間伐材を「丸太材」として構造材に活用する計画を、右端1列に構造計画・構造解析図によってレシプロカル架構の技術的提案を説明している。下部の立面図では、未利用の間伐材の建築への活用について併せてダイアグラム的に表現している。4枚目は設計趣旨3〈維持管理しやすく、コロナ禍後のニューノーマルにも対応した衛生環境の整備〉として、左端1列に維持管理が容易な「キレイがつづくトイレ」の在り方やニューノーマルに対応した開放的な空間であることを説明している。その他周辺環境のなかでの風景を俯瞰パースで表現し、S. 1/50のやや大きめの断面図でさまざまな居場所のある円環状の空間を伝えている。

グラフィカルな視点では、本提案で最も強調された隣接するお祭り広場や森との接点のみを赤色で示し、それ以外は周囲との関係を示す軽快で爽やかな水色の色調とともに、全体的に自然の緑を想起するような緑系のトーンでまとめている。（平瀬）

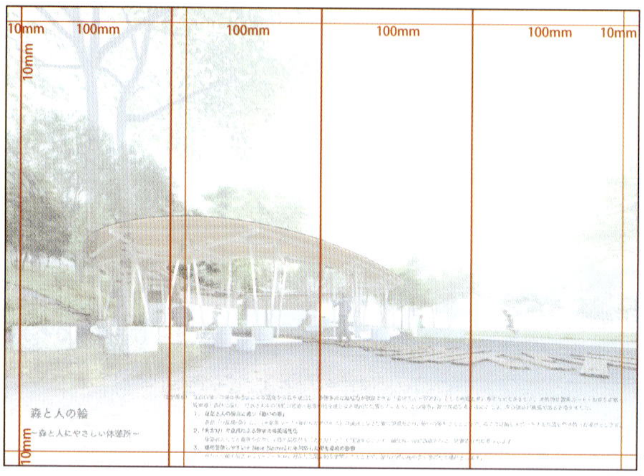

1･2枚目

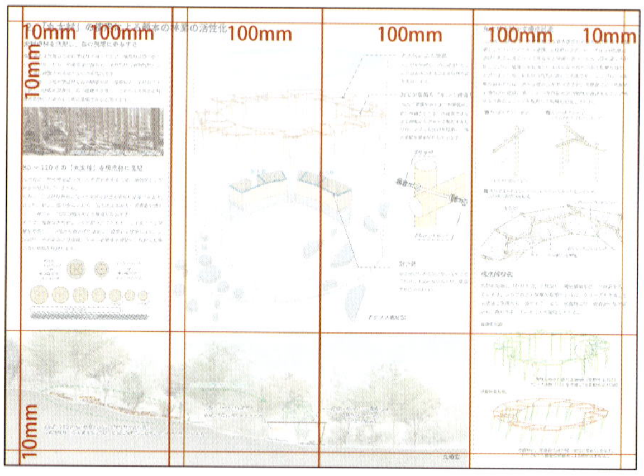

3枚目

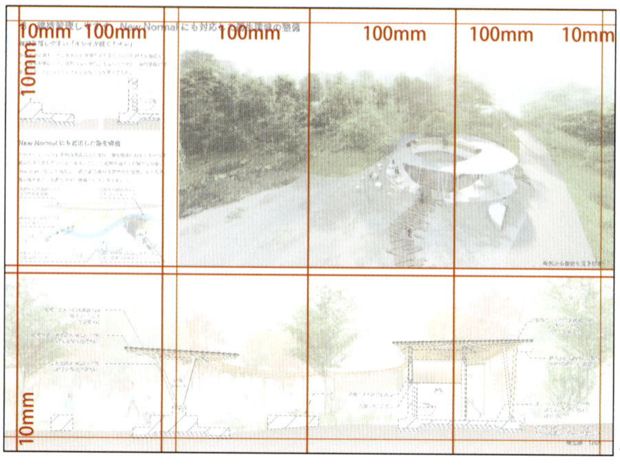

4枚目

選定案のグリッド分析　指定条件：A3（横）4枚、文字10ポイント以上

対象敷地

現況

竣工後の〈立田山憩の森・お祭り広場 公衆トイレ〉

設計者インタビュー

曽根拓也+坂本達典+内村梓+前原竹二（山下設計）

Q｜要項はチーム内でどのように読まれ・分析されましたか？

A｜要項はチームメンバー全員が熟読し、過去のアートポリス事業の活動を含めて分析し、コンペに臨みました。分析から、トイレという用途を深堀りするのではなく、この敷地にふさわしく、また、建築としての新しい提案を求められていると感じました。よって、敷地のリサーチと、要項にあった木造を深堀りするような建築を提案しました。

Q｜本プロポーザルの募集要項の中で最も重視された点は何でしょうか？

A｜くまもとアートポリス事業であり、有名な建築家が審査委員のコンペであったため、小さい建築ではあったものの、社会に対して大きな視点を与えるような提案にすることが重要だと考えました。具体的には、「1本の木を無駄なく使う」ということをテーマとし、周囲の景観に寄与することに加え、林業の活性化やカーボンニュートラルの推進に寄与する、という提案にしました。

Q｜提案時には住民や関係者とのコミュニケーションはどのように考えておられましたか？

A｜本コンペの与条件が木造であり、私たちは新しい木造のあり方について提案しました。木材は、地域によって、性能、加工方法、乾燥方法等の与条件が異なるため、事前に、熊本県内の木材関係者さんを始めとして、さまざまな方へのヒアリングを行いました。

Q｜プレゼンボードを作成される際、レイアウトのルールは決めていますか？ また、色調はどのように決めておられますか？

A｜始めに、紙面を等間隔に縦4分割、横4分割した線をガイドラインとしました。各シートに役割を決めてから、大きなビジュアル（パースや塗を主体とした図面）をレイアウトし、残りの部分に文章+ポンチ絵をレイアウトするという順で進めました。当初のガイドラインはあくまでもガイドラインであるため、内容のボリュームによっては柔軟に移動させています。色調は、あまり強くなり過ぎないことを意識しました。

Q｜当初案から、変更された点はありますか？

A｜大きな変更点はなく、提案の内容がブラッシュアップされた形で実現しました。

Q｜設計中に開催されたワークショップはどのような経緯で行われたのですか？ それによるフィードバックは何かありましたか？

A｜丸太材だけではなく、さらなる試みの一つとして流通材として殆ど存在しない曲がりのある広葉樹を柱として数本利用したいという想いがありました。熊本県ではアートポリスが掲げる理念「建築文化の向上、発信」を推進するため、ワークショップを定期的に開催しており、ここではアートポリスの理念と設計者の想いが重なった結果、広葉樹選定・伐採と焼杉製作の2回のワークショップが実現しました。

選定・伐採した広葉樹は柱や建具の押板等になり、焼杉は外壁となり、この建築に一層、自然がもつ豊かな表情を与えてくれました。

8

観光施設

御嶽山ビジターセンター（仮称）整備事業 設計プロポーザル

要項の読み解き

- 火山災害に関する情報発信と防災活動の拠点
- 県立公園内の「山」と「里」の2箇所に連携した建築
- 御嶽山の自然と地域・人びととの共存をはかる

コンペ概要

要項に示された規模（延床面積・予定工事費）

御岳県立公園御嶽ビジターセンター（山エリア）｜
約500㎡、約3.5億円
木曽町御嶽山ビジターセンター（里エリア）｜
約500㎡、約3.2億円

提案書の指定条件

A3・3枚以内（横）・文字10.5pt以上

2020
5月18日
公募開始

6月25日-7月1日
提案書の提出

7月10日
1次審査

7月16日
1次審査結果通知

7月26日
2次審査（公開プレゼンテーション・ヒアリング）

8月4日
結果通知

審査委員（役職は当時のもの）
*審査委員長

宮崎浩 *
㈱プランツアソシエイツ代表

出澤潔
（公社）長野県建築士会 名誉会長

小泉雅生
㈲小泉アトリエ パートナー／東京都立大学教授

中島慶二
江戸川大学国立公園研究所 所長

戸田知佐
オンサイト計画設計事務所 取締役パートナー

選定案の読み解き

山・里・地域をつなぐことで、次世代に災害を伝える

選定された提案者

yHa architects

ファイナリスト

- 千葉学建築計画事務所
（次点）
- 一級建築士事務所ikmo
- 遠藤克彦建築研究所
- キノアーキテクツ
- MARU。architecture

所在地

長野県
木曽郡

御嶽《おんたけ》とともに生きる〈赤い屋根〉〈溶岩ウォール〉〈大階

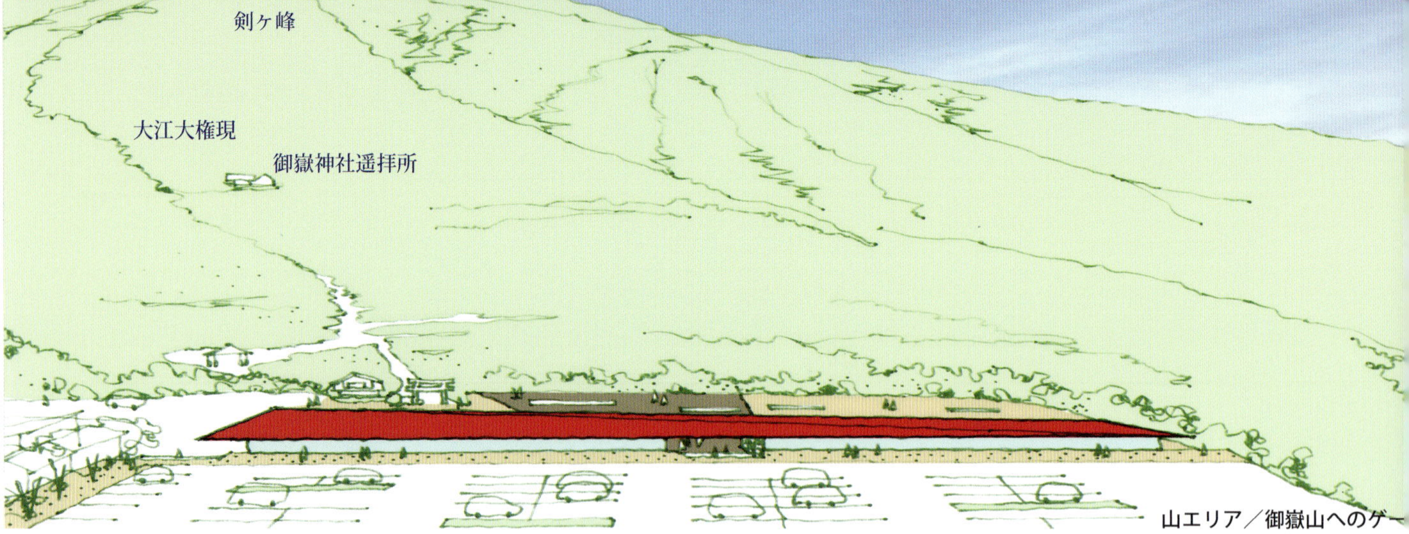

山エリア／御嶽山へのゲー

テーマ1：

ともに生きる（想い・火山・御嶽とともに生きる）

1 山並みに呼応する伸びやかな屋根

ビジターセンターは御嶽山や木曽駒ヶ岳の雄大な山並みと連続し、周辺の景観と調和するデザインが必要です。山並みに呼応するような斜め棟の伸びやかな屋根をかけることで、山エリアでは山並みの風景を切り取り、里エリアでは道の駅の切妻屋根と呼応して、一体感のある風景をつくります。

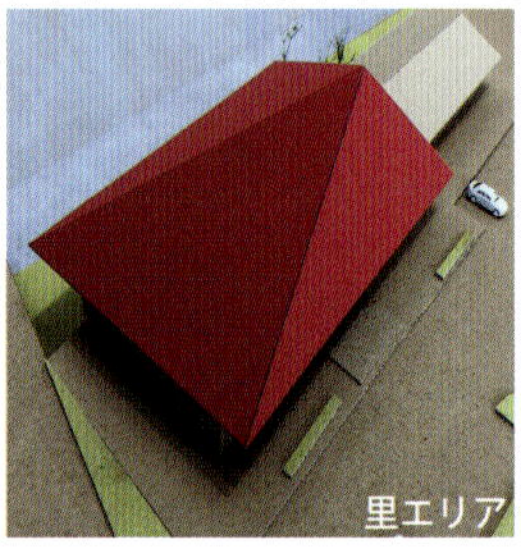

里エリア

2 御嶽の風景に呼応する〈溶岩ウォール〉

敷地はいずれも擁壁などのある土木的スケールの風景にあります。その擁壁に擬態するかのように、外壁には蛇篭（石を詰めた鉄線で編んだ篭）による溶岩ウォールを用います。溶岩ウォールは時間が経っても古びることがなく、自然と調和した外観となります。部分的に蛇篭の隙間から柔らかい光の透過するガラス併用のディテールも検討します。蛇篭には御嶽山の溶岩を極力用いることで、来訪者は火山の存在を身近に感じられ、御嶽に想いを馳せ、愛着を育み御嶽とともに生きる建築になります。

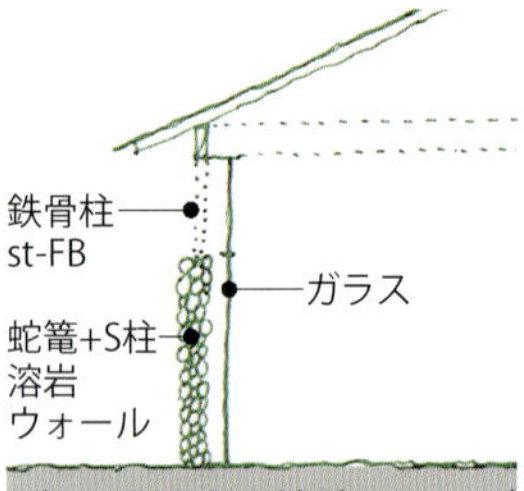

光の透過する外壁イメージ

鉄板の補剛材として機能する蛇篭イメージ

3 積雪に配慮した屋根と外壁

屋根は雪をいなす形状を検討し、積雪を考慮して3寸勾配以上を基本とします。緩勾配部は積雪後の降雨を見込んだ積雪荷重にて構造設計の検討をします。山エリアは2014年12月～2015年3月に積雪深100～200cmを観測しており、堅牢な外壁と屋根下の出入口で積雪時も影響を受けないよう配慮します。建物周辺に空地を適切に設け落雪飛距離にも配慮します。

御嶽山鳥居

テーマ2：

つなぐ（山と里をつなぐ・地域資源とつなぐ・人や情報をつな

4 〈赤い屋根〉が地域と建築をつなぐ

溶岩ウォールによって風景に擬態する一方で、ビジターンターは来訪者への視認性が必要です。周辺の風景から続した形態の建築でありつつも容易にそれと分かる印象なイメージが必要であり、赤い屋根の建築を提案します応募グループが長年行ってきた山岳建築研究から分かっきたのは、こげ茶色・赤色・錆色・暗緑色の屋根が原則いう国立公園内の規制のなかで、霧がかかっても登山者ヘリからの視認性が高いという利点から山小屋の屋根に赤色を使われることが多いということです。冬のスキー用者にとっても視認性の高いシンボルになります。
また、木曽地方には積雪による錆止めの顔料の由来から赤い屋根の家が多く、木曽福島の街並みを訪れる人びととってもつながりを感じられる建築になるでしょう。

〈赤い屋根と蛇篭〉涸沢ヒュッテ／吉阪隆正

木曽の街並

5 風景をフレーミングする〈大階段〉

山エリア・里エリアを建築的につなぐためには極力同じうな形態（山並みに呼応する屋根）・色調（赤い屋根）・素（溶岩ウォールの外壁）を持ちながら、それぞれ場所の特に応じたつながりが必要です。
山エリアでは、駐車場から御嶽山の登山道へと続く大階が御嶽山の印象的な風景を、里エリアでは、王滝川沿い周辺整備想定エリアへ誘う大階段が木曽駒ヶ岳の印象的風景をフレーミングします。いずれもこの場所ならでは印象的な光景をつくりだすための仕掛けです。

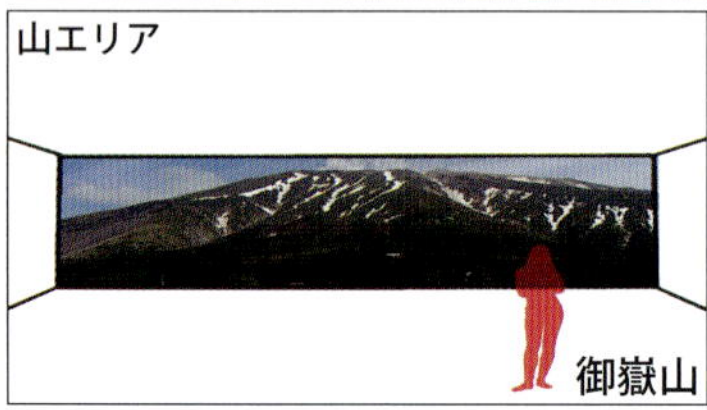

私たちは、豊かな地域資源や人びととつながり、自然の中にあって自らが引き立つと同時に、周囲の自然を際立たせるような、御嶽の雄大なランドスケープに呼応するビジターセンターを提案します。

里エリア／王滝川・木曽駒ヶ岳へのビュー

マ3：

化をもたらす（地域・人・未来に変化をもたらす）

「地域の舞台」としての屋根下の半屋外広場

エリア・里エリアいずれも屋根下の半屋外広場をつくりす。このような半屋外広場ではマルシェなどのイベントできたり、気候の良い時期には中の飲食スペースから連したオープンカフェとなります。大階段は、登山者や来者が風景を見ながら佇むことのできる人だまりとなり、季にはスキー利用者も休憩できる場となります。た、大階段下は荒天・災害時のシェルターにもなるよう画します。ときには大階段も含めた半屋外広場を一体的利用したワークショップ・音楽会などのイベントにも対できる「地域の舞台」となるなど、地域に変化をもたらキッカケとしての場をつくります。

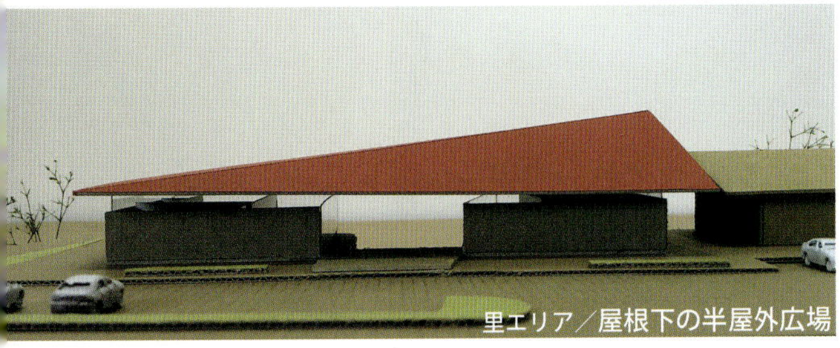
里エリア／屋根下の半屋外広場

フォトスポットをつくりだす建築的エレメント

異化効果」とは、慣れ親しんでいる日常的な風景を非日的なものとして捉え直すことで新鮮さを演出することで〈溶岩ウォール〉・〈赤い屋根〉・〈大階段〉といっ建築的エレメントが、来訪者にとっても「異化効果」をみ出すフォトスポットとなり、人に発見や変化をもたらキッカケをつくります。

山エリア／印象的な建築エレメント

〈山エリア〉〈里エリア〉

8 蒸発冷却効果を利用したクールスポット

屋根は軒を張り出すことで日射を遮蔽します。さらに蛇篭による溶岩ウォールは放射冷却によって涼しさを感じるクールスポットをつくります。溶岩石は多孔質な物性が特長で、石の熱容量・蓄熱を活かして古代から生活の知恵として用いられている打ち水などによる、水の蒸発冷却効果を利用したパッシブな建築になります。全体的に大掛かりな設備ではなく、利用者が親しみやすい形での自然エネルギーの利用を検討します。設備計画は省エネルギー性能を向上させ、更新性もあるような合理的な計画とします。

参考実験計測データ

溶岩ウォール

9 木曽地域材を用いた屋根架構

耐久性・耐候性及びメンテナンス性に優れた材料を選定することによって維持管理費の低減につとめます。いずれの建物も木曽地域材を用いた屋根架構を検討します。また、人びとの快適さや居心地の良さを感じさせる大階段や内装への木質利用も積極的に用いることで、地域資源と建築をつなぎ、サスティナビリティの向上を目指します。

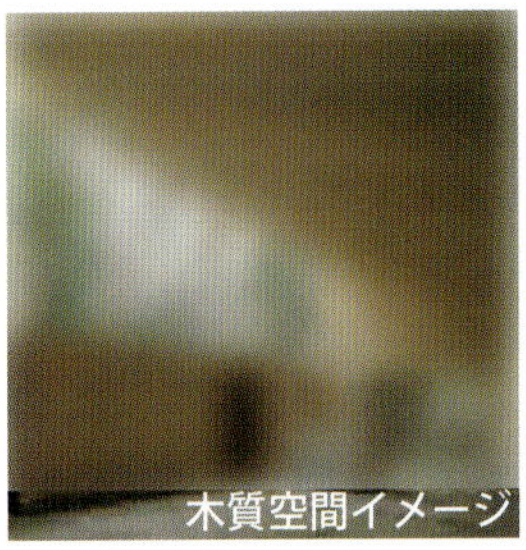
木質空間イメージ

大階段イメージ

10 学生たちと地域の未来を考える

設計段階においては建築系大学研究室の学生や地域の方々とともに溶岩ウォールに使われる溶岩石探しなどのワークショップを行い、地域資源を用いた密度の高い計画を練り上げることを提案します。通常の設計では建物ができたときが業務完了となりますが、大学研究室と協働することにより竣工後もこの建物をはじめ地域づくりにも関わっていきたいと考えます。

yHa architects案　（注）本書掲載に際し、当時の提案書を一部修正しています

〈山エリア〉

11 東西のリニアな形と御嶽山へのゲート

敷地は北側に御嶽山、南側に三笠山を擁し、東側に雄大な光景が広がります。東側の風景を遮らないよう建物は既存の擁壁に寄り添うように細長く配置します。駐車場からエントランスへは２つのボリュームの間の大階段からアプローチし、御嶽山へのゲートをつくります。大階段から連続するデッキテラスのベンチは登山準備ができたり、人びとの憩いの場となります。

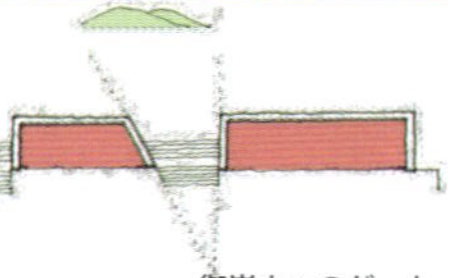

御嶽山へのゲート

12 「学ぶ」展示と「考える」展示

西側にトイレ・管理共用ゾーンを、東側に展示・休憩飲食スペースを集約し、閉館期間中も利用しやすい場所にトイレを計画します。大階段下に２つのボリュームを繋げる通路を設けることで、管理動線にも配慮します。展示スペースは展示物に集中できる囲まれた「学ぶ」展示室と、外壁上部ガラス越しに御嶽山を眺めながら「考える」展示を組み合わせることで、その場所とつながる展示計画を検討します。休憩飲食スペースには大きく開放できる建具を設け気候の良い時期は内外を一体的に利用できますが、冬季の閉館期間中は積雪の雪止めとしての役割を果たします。

13 構造体補剛材としての〈溶岩ウォール〉

木曽地域材を用いた張弦梁による屋根架構を検討します。敷地の掘削に伴い発生すると予想される溶岩石材を蛇籠に詰めて、構造体の基壇や補剛材として機能させることで、現地に搬入する建設資材の量を極力抑えるように工夫します。冬季の積雪や春先の雪解け水など、過酷な自然環境に抗するために、主たる構造材は蛇籠や鉄筋コンクリートの基壇上に構築する形式とします。既存擁壁側は止水性能のある鉄筋コンクリート壁にすることで、駐車場からの適切な排水経路を設けます。山小屋には積雪対策として、外壁外側にバットレスが設置されていたり、冬季閉館時には、棟下等に仮設材を設けることもありますが、先人の知恵に学び、安全性に考慮した構造計画を検討します。

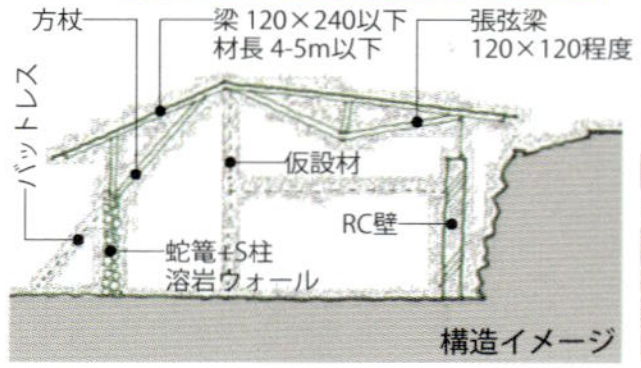

構造イメージ

白馬山荘のバットレス

斜め棟の〈赤い屋根〉

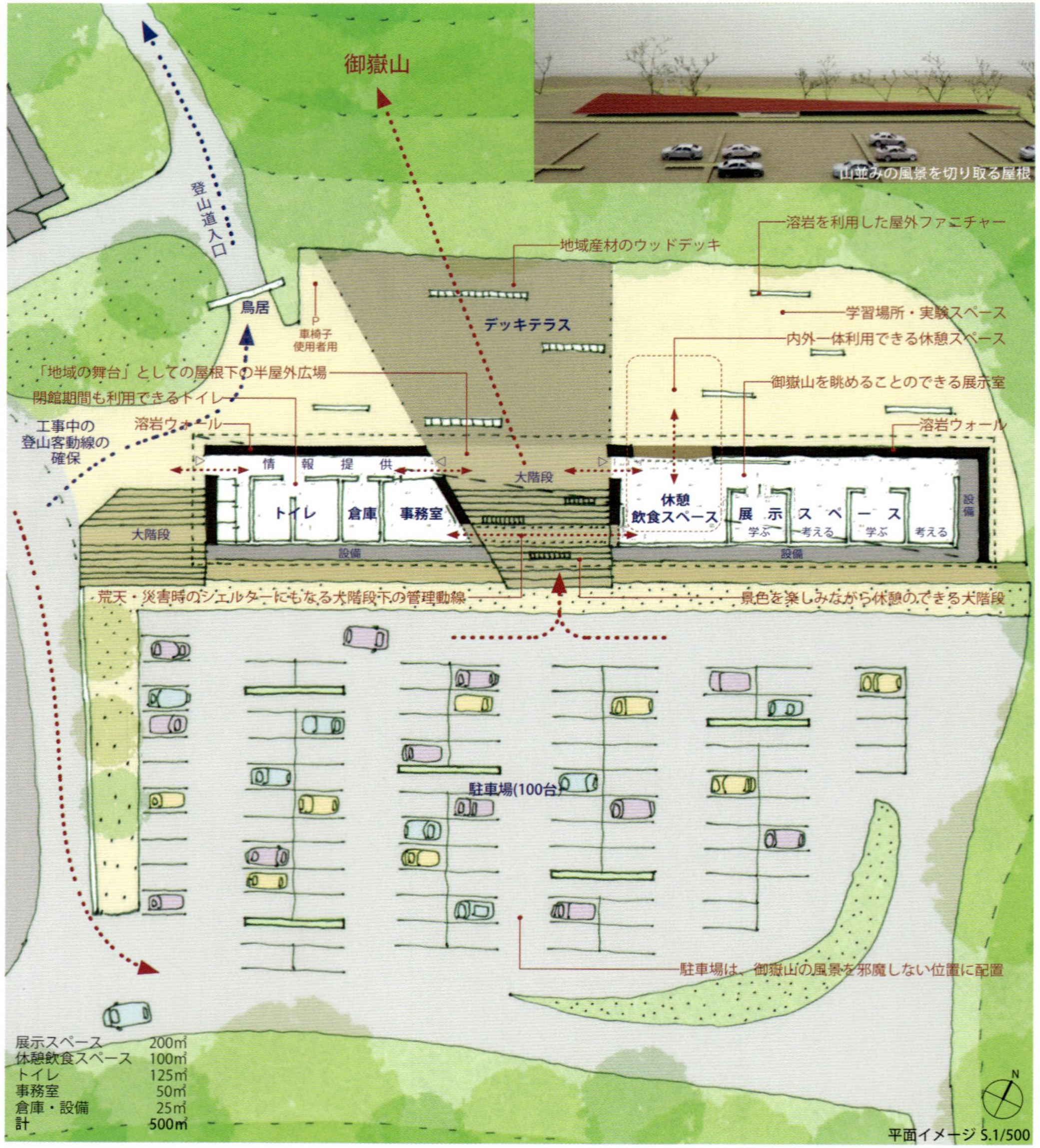

平面イメージ S.1/500

2つのボリュームの間の大階段からアプローチ

駐車場からのアプローチの屋根下空間

御嶽山を眺めながら休憩のできる大階段

内外一体利用できる休憩飲食スペース

山並みに呼応する伸びやかな屋根

〈里エリア〉

14 王滝川と木曽駒ヶ岳へのビューをつくる

屋根形状に応じて、西側に落ち着いたエントランス・飲食スペース・トイレ・管理共用ゾーンを、東側に天井高の高い展示ゾーンを集約します。大階段に面したエントランス・飲食スペースや展示ゾーンを透明感のある壁面とすることで、訪れやすい開放的な雰囲気を演出します。
現時点では２つのゾーンは、屋根下空間で接続されていますが、必要に応じて、大階段上部にブリッジで接続することも考えられます。大階段から王滝川沿いの周辺整備想定エリアも含め、蛇篭とウッドデッキによるランドスケープデザインを検討することで、建物と一体的な外部環境を創出します。

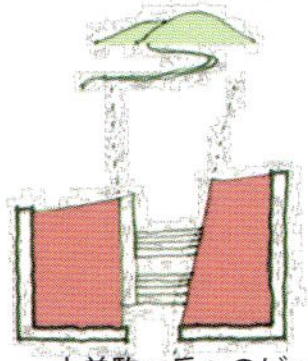
木曽駒ヶ岳へのビュー

15 ジグザグ状の展示ゾーン

エントランス付近には、火山情報・観光情報発信機能を設け、トイレのみの利用者へも配慮します。飲食スペースの大階段側建具を開放することで内外の連続する眺望の良いテラス空間となります。展示ゾーン中央に多目的室を置くことで、展示スペースは緩やかに２種類のゾーンに分節されるとともに、様々な展示に対応できるジグザグ状の長い展示壁が生まれます。展示物を「学ぶ」展示と風景を眺めながら「考える」展示により、その場所とつながります。

16 木曽地域材トラスの屋根架構

木曽地域材を用いた屋根架構を検討し、部材寸法を4〜5m以下、断面寸法を240mm以下とすることで、近年積極的な活用が期待される、中目材を中心に活用する計画とします。中目材を活用するため、架構はトラスによる軸力系で構成し、断面全体が有効活用されるよう工夫します。
里エリアでは、山エリアにおける蛇篭の基壇や補剛効果を転用して外周部に面する木柱を地盤面より持ち上げ、積雪や雪解け水による木材劣化を抑制する計画とします。
主構造は木造とし、屋根面の有する幾何学的特徴を活用して台形トラスと三角トラスにより、大階段部には構造材を落とさない計画とします。

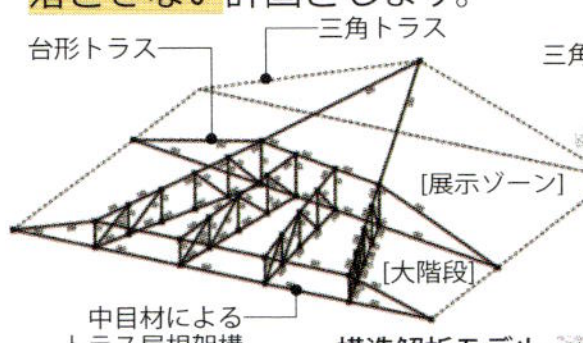

構造解析モデル

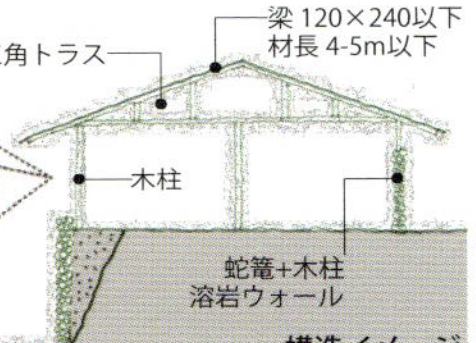

構造イメージ

山並みと呼応する伸びやかな屋根

「地域の舞台」となる屋根下の大階段

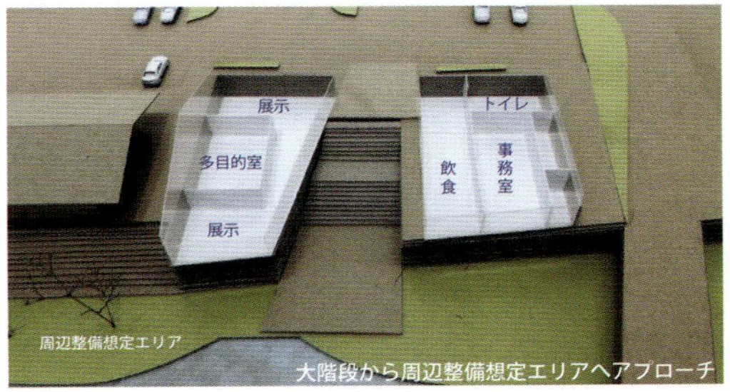

大階段から周辺整備想定エリアへアプローチ

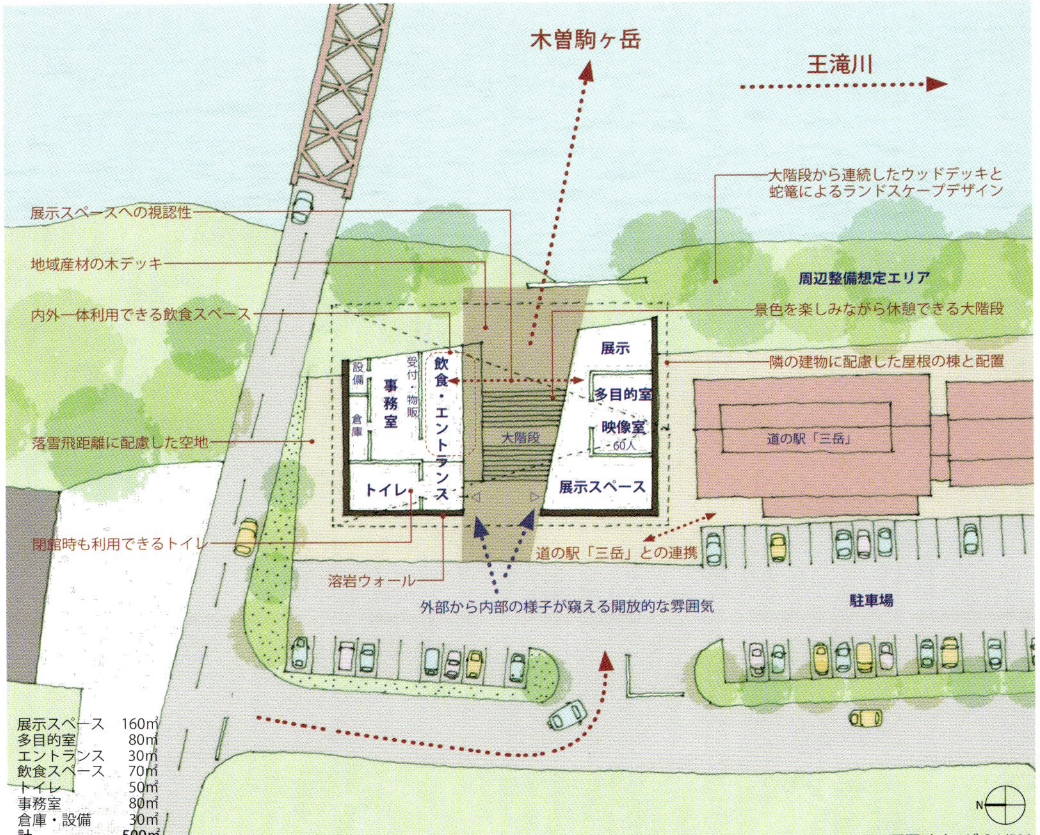

平面イメージ S.1/500

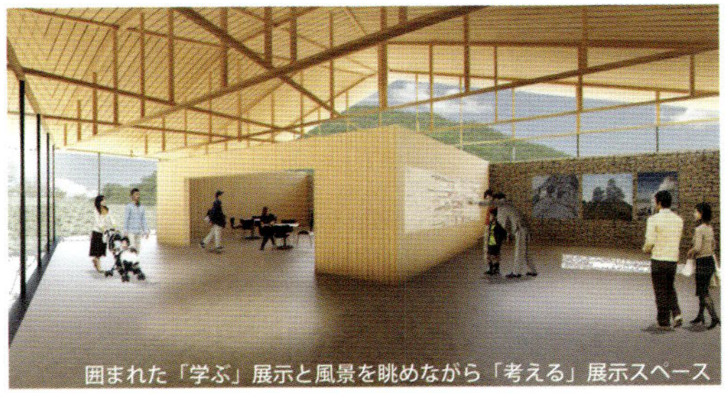
囲まれた「学ぶ」展示と風景を眺めながら「考える」展示スペース

王滝川・木曽駒ヶ岳を望む開放的な大階段

展示スペースを垣間見ることのできる飲食スペース

地域と建築をつなぐ視認性の高い〈赤い屋根〉

蛇篭の隙間から柔らかい光が透過する

yHa architects案

1｜要項の概要と特徴：火山災害を学び自然との共生をめざす2つの施設

長野県南西部に広がる御嶽山地域に2つのビジターセンターを整備する事業の設計プロポーザルである。公園の中心である御嶽山は3,067mの頂上を含めた5つの峰と5つの火山湖を持つ豊かな地形の活火山で、中世以来の山岳信仰の地であり、観光地でもある。本施設は、その御嶽山で2014年(平成26)9月27日に発生した噴火にともなう戦後最大の火山災害を踏まえた、防災施設として計画されたものである。

計画の指針を記した「御嶽山ビジターセンター基本構想」を読むと、ビジターセンターは「自然公園利用者や登山者への情報提供および学習拠点として」位置づけられている。施設は2箇所に整備され、1つは山が間近な御岳県立公園内の「山エリア」に約3.5億円で、もう1つは山麓の木曽町に「里エリア」として約3.2億円で建設されるものである。山エリア施設は登山道入口である王滝村田の原に、里エリア施設は既存の道の駅三岳に隣接するもので、両者は約30km離れている。

両施設に共通するコンセプトは3点掲げられ、「御嶽山を知る」(火山情報のリアルタイム提供・魅力の発信)、「火山を理解する」(火山の基礎的知識や災害を学ぶ・防災に関する啓発)、「次世代につなげる」(災害の記録と記憶の伝承・地域活動の拠点)であった。その上で山エリアの施設は県が主体となり、主に公園内の優れた風致景観をアピールし利用促進につなげる役割が、一方の里エリア施設は木曽町が主体となり、地域の観光情報の発信や交流・活動の拠点となることが、それぞれ求められた。山エリア側の予算には展示什器も含まれており、より展示と建物がかみ合った提案への期待が伝わる。

要約すると、情報発信を起点とする学習拠点と、防災を含めた地域の活動拠点としてのビジターセンターを、それぞれに、しかし一体的に提案することが求められているといえる。

特に主催者のプロポーザルに対する姿勢が現れる資料として、災害を経てなお、自然と「ともに生きる」、山と里、情報や資源を「つなぐ」、地域や利用者に「変化をもたらす」とまとめた、「提案テーマをとりまく背景」(下図)を挙げたい。ビジターセンターへの期待が手描きで率直に表現されたダイアグラムだ。また、管理技術者の代表作品の提出にあたって「経験が本設計に活かせる」という条件付きなのが面白い。設計者に、自らの作品を批評的に見る視点を要求するだけでなく、ビジターセンターの設計プロセスに活かせるかどうかを問うことで、設計時に提案者がどのように思考するのかを審査員が先読みして評価できるからである。

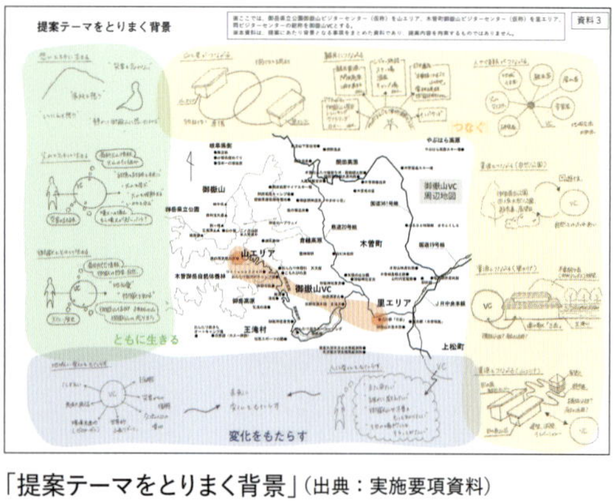

「提案テーマをとりまく背景」(出典：実施要項資料)

さらに、整備計画と実施要項別冊の「事業計画」の項目と併読すると、建築の形態に対する期待も透けてくる。まず山エリアでは、施設が登山道に設置されることから、登山客の動線の確保に言及されている。噴火災害をきっかけとする整備構想を鑑みても、提案上配慮すべき記述だろう。また里エリアでは既存の道の駅内で事業を行う「みたけグルメ工房」の活動を阻害しないよう求められている。戦後まもない時期から地域の女性を中心に展開されてきた、地元の歴史を尊重した計画であることが伝わってくる。(山崎)

2｜提案内容の卓越性：山と里を統一する形態で山との関係を表現

本プロポーザルの要項の特徴は登山者や観光客が訪れやすい御岳県立公園内の「山エリア」と、通年で観光客が立ち寄りやすい山麓の「里エリア」の双方に同規模(延べ床面積500㎡)のトイレ・展示・情報・飲食・物販・事務室・倉庫を含んだ施設計画を要求する点である。同規模、同プログラムの建物を標高差が約1,400m程度ある2つの場所に提案せよという要求は珍しい。そして提案のテーマは1)火山とともに生きる、2)山と里、人や情報、施設と周辺をつなぐ、3)地域、人、未来に変化をもたらすである。

ヒアリングに残った6つの案を見比べるとこの山と里の2つの施設を統一的にデザインしているものと、別物としてデザインしているものに分けられる。前者はyHa architects案、千葉学建築計画事務所案(以下、千葉学案)、後者はキノアーキテクツ案、MARU。architecture案、遠藤克彦建築研究所案である。前者は山と里をつなぐという方針に則ったつくり方である。一方後者は距離もコンテクストも異なるのだからむしろ違うつくり方が妥当だという主張に則っている。例えば後者のMARU。architectureの主張は、山は頑丈にRCで、里は隣接する道の駅に揃えて切妻で木造というふうに主張される。これには一見頷けるのだがそうした環境的条件の差は必ずしも異なるデザインを必然的に必要とするわけでもない。もし統一したコンセプトや、形の

展示スペースから雄大な御嶽山を望む／山エリア

記憶をつなぐ、営みをつなぐ

火山によって生まれた**雄大な風景や豊かな植生**は私たちに多くの感動を与えてくれます。一方で活きた火山とともに生きる上では、**噴火による甚大な被害と常に隣り合わせ**であることもまた事実です。
自然の営みによる恩恵を存分に享受しながら、**災害の記憶を継承**し、地域に暮らす**人々の営みに寄り添う、この場所でしかできないビジターセンター**を提案します。

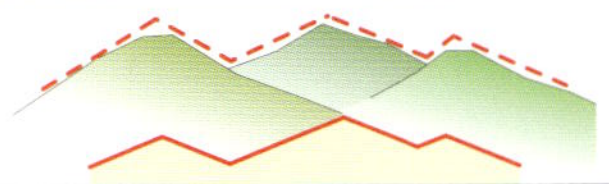

場所の魅力を炙り出すルーフスケープ

壮大な御嶽山を望む山エリア、地域の人々の営みや賑わいあふれる里エリア、どちらもすでに**豊かな自然・景観・文化資源に恵まれた場所**です。私たちはそれぞれの敷地のポテンシャルを活かしながら、その**魅力を増幅するようなルーフスケープ（屋根並み）**を提案します。個々の敷地に特化した建築でありながら、**ゆるやかな共通性をもったルーフスケープは2つのエリアを結びつける**ランドマークになります。

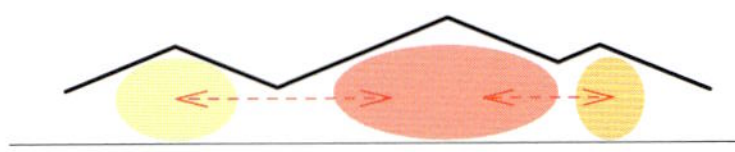

多様な活動を受け入れるおおらかな軒下

活火山である御嶽山地域において、観光と防災を共存させていくためには、**火山活動の研究から展示・情報発信**、ひいては**地域住民のコミュニティや避難拠点までが緊密に連携することが不可欠**であると考えます。このように、ビジターセンターという枠を超えた地域の防災・コミュニティの拠点として、**様々な活動の舞台となる大きな軒下空間**をつくります。

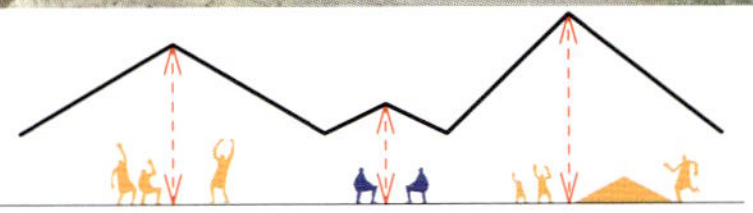

地形のように起伏に富んだ空間

起伏に富んだ屋根により、フレキシブルで使いやすい平面計画でありながら**ダイナミックに空間が変化**します。**眺望の開けた開放的な場所**と**一人静かに佇める落ち着いた場所**が織り込まれるように連続し、訪れた人が**思い思いの過ごし方を見つけることができる空間**です。

県道20号に向かって開かれた展示スペース／里エリア

千葉学建築計画事務所案

次点

里エリアと山エリアの双方に連なった山を想起させる大きな山型の連続的なルーフをかけたところが特徴である。山を強調しているのは火山の噴火の記憶を象徴的に建物に刻みつけるためである。また大屋根がつくる軒下空間も本案の狙いの1つである。ビジターセンターという要求機能にとどまらず、地域のコミュニティ形成にこの軒下に生まれるパブリックスペースを利用しようと考えた案である。

山と里のマルシェ　―　御嶽山ビジターセンター

【山エリア】周辺とつながる広場をテラス、建物が囲みます

【里エリア】特徴ある屋根や広場が来訪者を迎え入れます

3つのテーマ　×　空間アイディア

【ランドスケープ】広場を囲うマルシェ

これからの自然と人との関係を構築するために、人々が気軽に集いやすく、楽しめる空間として、広場を介した場の繋がりを提案します。
広場を囲むマルシェを散策するように、老若男女が屋内外で山の存在や情報に触れる多くの接点をつくります。

【展示空間】3つの次元で伝える

子どもから大人まで、登山客や観光客、地元の人など、目的の違う多様な来訪者へ情報を伝えるため、また、再び訪問したい施設にするため、情報を3つの次元から捉え、展示空間に反映します。また、多様な展示方法の中にアートを織り交ぜ、アーティストと協働したインテリアを提案します。

【素材】土地の資源を活かす

地域のさまざまな素材資源を活用しながら、未来へ持続していくしくみを提案します。
【地域資源】
・木曽ヒノキ
・掘削土、石
・食材、食品加工品
・地域の商業：出店、キッチンカー

テーマ1　ともに生きる

■ 地形に従う建築

建築要素をランドスケープとつなげ、内外を自然に散策できるビジターセンター（VC）をつくります。

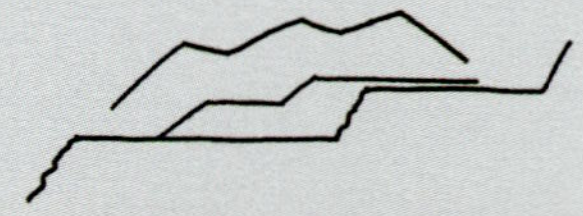

■ 変わらないもの：圧倒的な自然の力

突然視界に入る山の存在感を感じることが展示への導入となります。

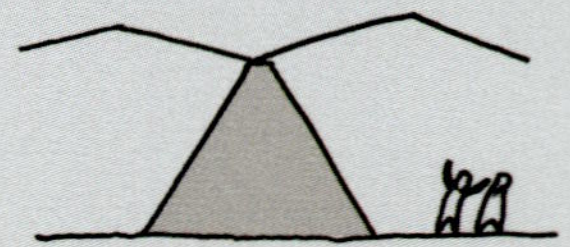

■ 木曽ヒノキを様々な部位に使用

木曽ヒノキを構造（柱、屋根 CLT）、外壁（熱処理加工）、建具、家具、ウッドデッキ（熱処理加工）に使用します。

テーマ2　つなぐ

■ 山や他施設と VC をつなぐ広場

広場を介することで、山や周辺エリア、他の施設との繋がりをつくります。

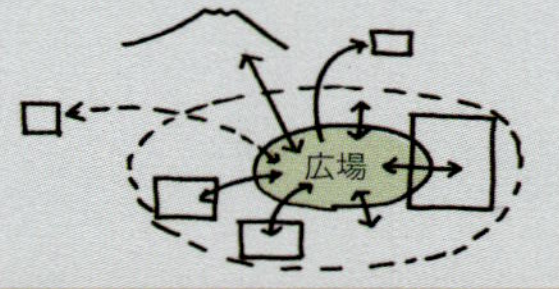

■ 蓄積、伝承するもの：物・物語・データ

多様な情報を多様な人へ伝えるため、観覧に費やす時間の違いを考慮し、展示動線をひだ状に捉えてダイジェスト展示と詳細展示の2つのコースを想定します。

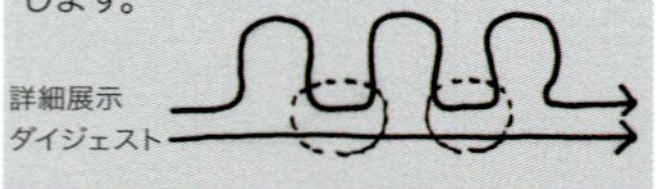

■ 山 - 里を資源でつなげる

山エリアの掘削土や石は里エリア VC の仕上等に使用し、里エリアで加工した食品は山エリアへ届けられ、来訪者へ提供されます。

テーマ3　変化をもたらす

■ 出会いの接点をつくる回遊性

建物内部やエリア全体を回遊、散策できる動線とすることで、人々が情報や自然、人や地産物と出会う機会を増やし、VC が地域に対する触媒となっていきます。

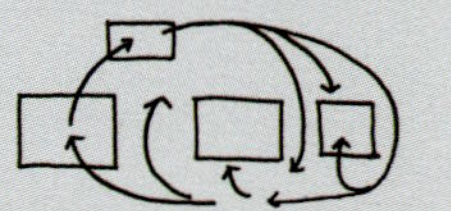

■ 更新されるもの：リアルな情報

最新であることが重要な情報は、IOT により更新できる展示とするとともに、リアルに受けとめられるクチコミ情報を伝えられる場を増やします。

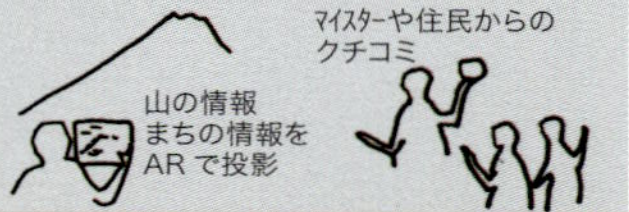

■ 変化する素材を更新しながら未来へ

木曽ヒノキや日干し煉瓦など素材が変化していく様を見守り、部分を更新しながら持続し、未来へつなげます。

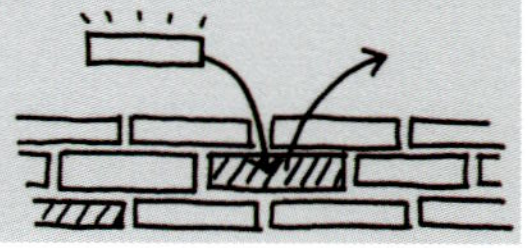

【山エリア】感動でつながる山のマルシェ

広場を囲み、散策するビジターセンター

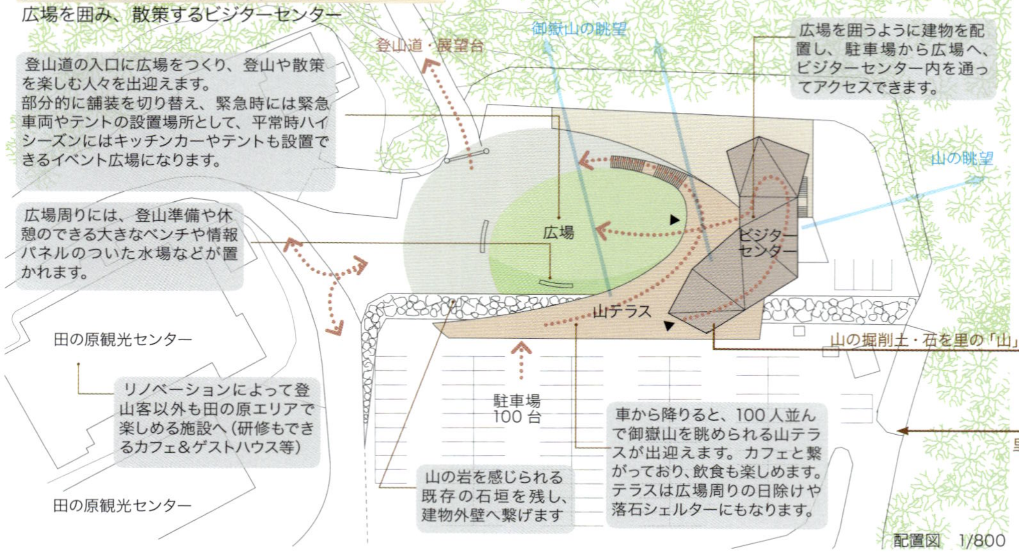

【里エリア】食でつながる里のマルシェ

道の駅全体が、食によって山や町の魅力を伝える場所になります

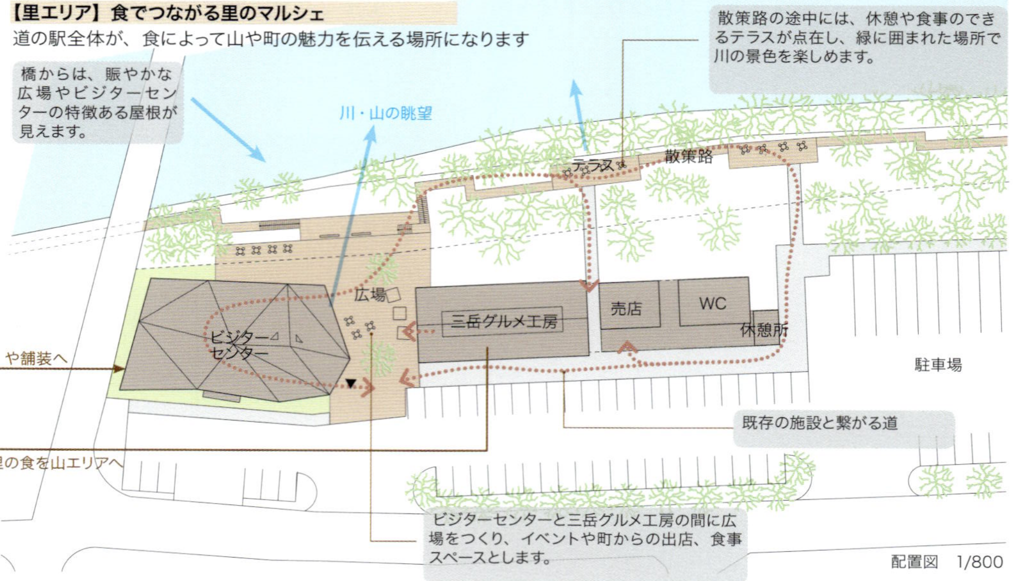

一級建築士事務所ikmo案

山エリアと里エリアともに三角形をつなぎ合わせた緩やかな起伏を持つ屋根をかけた。そしてそれぞれ山のマルシェ、里のマルシェと称し、山では広場を囲むテラスの周りに人々が集い、里では食をテーマに人々が集うことを狙っている。どちらも、ランドスケープ、展示空間、素材という3項目に特徴をつけている。

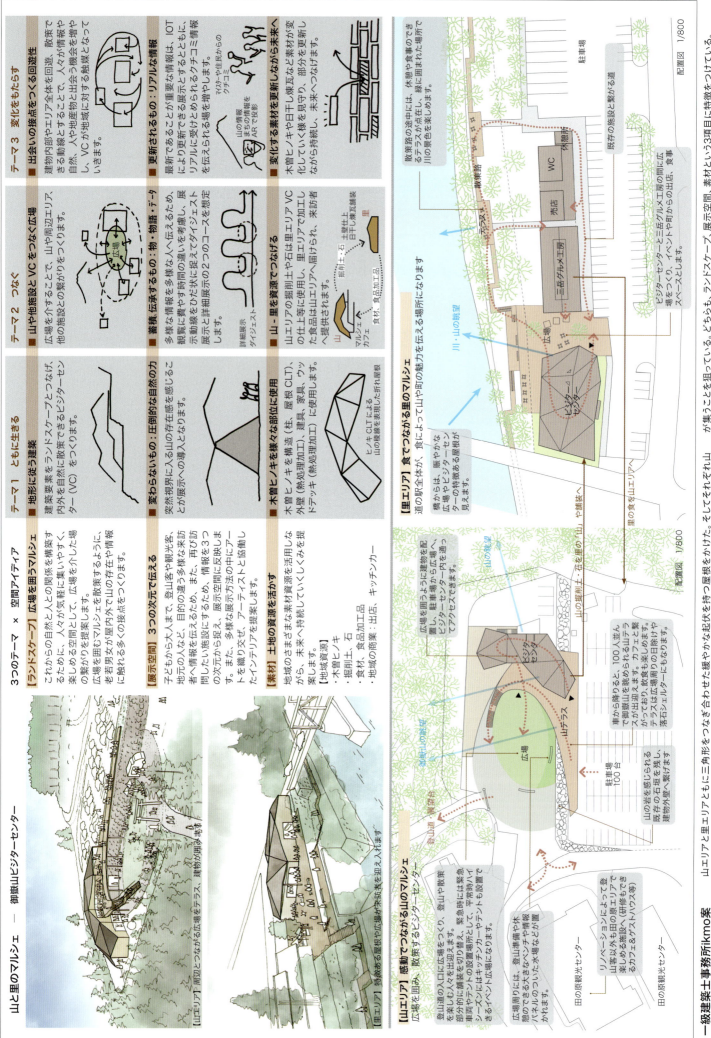

【山エリア】御嶽山ひろば越しにVCをみる

【里エリア】みたけひろば越しにVCをみる

歴史・暮らし・つながりを、守りはぐくむ　山と里のビジターセンター

私たちは、過去の災害の経験と記憶に真摯に向き合い、地域復興の礎となるビジターセンターを提案します。この2つのビジターセンターは、御嶽山をはじめとする豊かな自然環境や観光地への《出発ゲート》となり、更なる学びや「人と自然」、「人と人」の繋がりを後押しします。3つのテーマを基盤とした6つのポイントを掲げ、山エリアと里エリアそれぞれの特徴をもつ建築計画とし、2つのビジターセンターが互いに効果を生みだします。

テーマ1「ともに生きる」

1 風景の中で際立つ木のシルエット

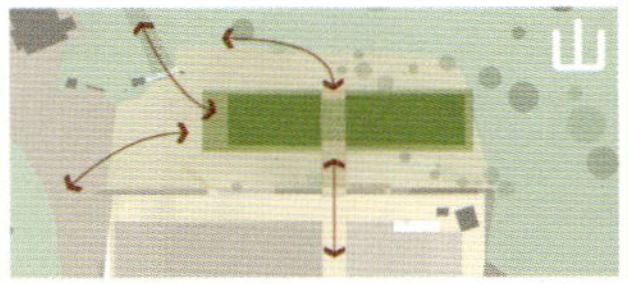

【山エリア】のVCは、**御嶽山と呼応する木曽地域産材を用いた木の建物**とします。周辺環境（降雪／噴石等）に合わせた屋根仕様は、風景の中で際立つ【山エリア】ならではのランドマークとなります。登山者を送り出し、出迎えてくれるみんなの拠り所を山の中腹に設えます。

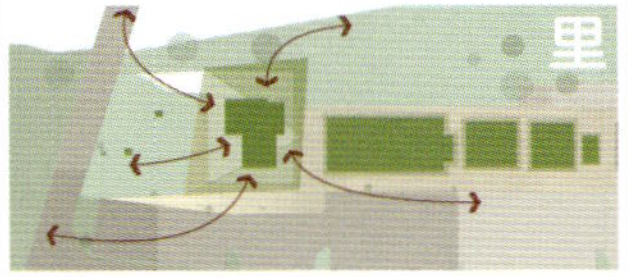

【里エリア】のVCは、まちの環境や隣接する道の駅、王滝川の伸びやかな風景に寄添う**木曽地域産材を用いた「木カゴ」(耐力壁)を内包した建物**とします。建物中央の木曽町の「木カゴ」により、四周にオープスペースが生まれ、人々や活動／廻りの環境等あらゆるものを引込みその先へ展開していく**【里エリア】の主要施設を巻込むハブ**として計画します。

テーマ2「つなぐ」

2 2つのVCを軸とする情報ネットワーク

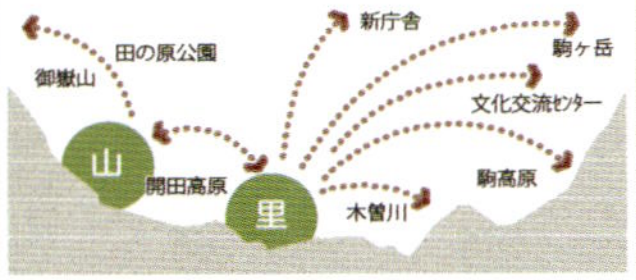

地域のあらゆる目的地へ向けた出発ゲートとして多様な情報を提供します。登山者／観光客と自然環境／町民を結び、様々な学びの形をつくります。**周辺施設と連携した情報ネットワーク**を構築することで**地域全体を回遊して楽しむことができるエリアデザイン**を後押しします。

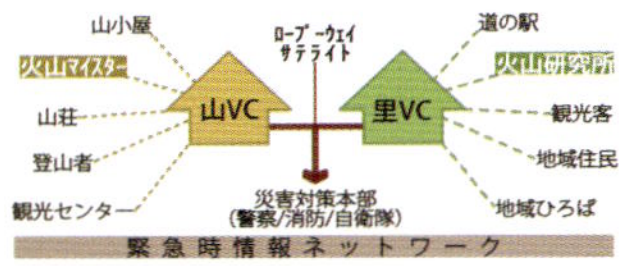

2つのVCは、登山者／観光客に正確な情報を提供する拠点であると共に、**山（御嶽山）と里（木曽のまちなか）の連携拠点**と考えます。火山リアルタイム情報や噴火事故展示で来訪者に地域の姿を知ってもらう場となり、災害時には里VCの火山研究所が司令塔となり山VCやロープウェイサテライトと情報共有を徹底することで防災／減災に貢献します。

テーマ1「ともに生きる」

3 木曽ならではの安心・安全な拠点

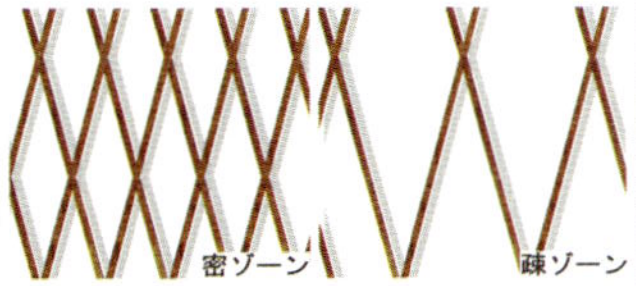

木曽地域産材を用いたぬくもりのある**木造の建物**を提案します。一般的な在来構法による**地域技術を活かした施工**が可能な架構とします。更に「疎密のある架構」を用いた壁構成により様々な機能を一つの屋根に内包した計画です。天候の変化に対応する深い軒下空間も設けます。

テーマ2「つなぐ」

4 集いの場となるランドスケープ

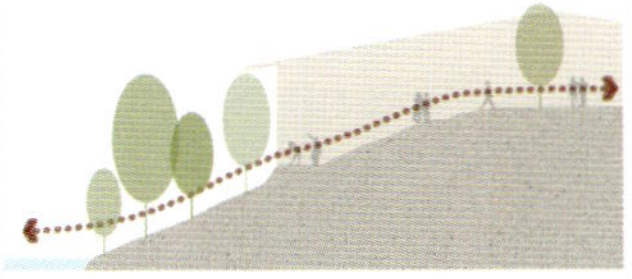

植生や展示内容を生かしたランドスケープ計画が、建物内外の一体利用を後押しします。**大きく開かれた場所を持つ**ことで気軽に訪れ、集うことができる広場となります。また、地形を生かした立体的な計画とすることで**様々な居場所**を見つけ出すことができます。

テーマ3「変化をもたらす」

5 周辺環境や地形を活かした展示

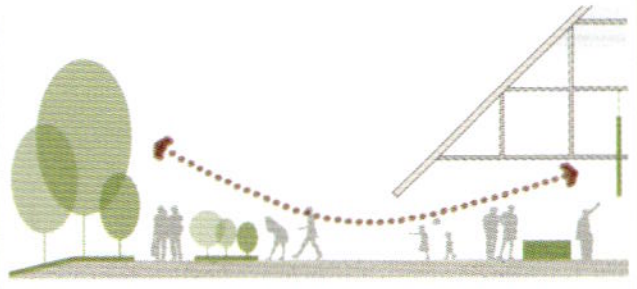

展示空間は建物内部だけで完結するのではなく、ランドスケープを含んだ広がりを持つ計画とします。また、屋根形状や地形に合わせた断面的な広がりをもつ周辺環境に合わせた計画ともしています。展示全体は**ジオストーリーを軸**とし、回遊性のある構成とします。

テーマ3「変化をもたらす」

6 火山を考え学ぶWS／まちづくり

平常時／非常時の使われ方をWS等を通して**丁寧にヒアリング**します。完成後の建物の具体的な使い方を想像しながら設計を進めることで、建物の使われ方の幅を広げます。また、火山専門家の意見を仰ぎながら**防災／減災を利用者／火山マイスターと共に考える機会**を設けます。

地域と共に考えるためのチーム体制

本計画では、木曽地域／御嶽山の「いままで・これから」を一緒に考え、今後の在り方を発信していくことが重要です。そのため町民・利用者／職員／設計者が各分野で力を発揮でき、意見を反映できる**三位一体の環境**をつくります。**観光客／登山客を巻込んだWS**を開催し、**計画段階から御嶽山／木曽町のこれからに興味をもってもらう学びの機会**を提案します。

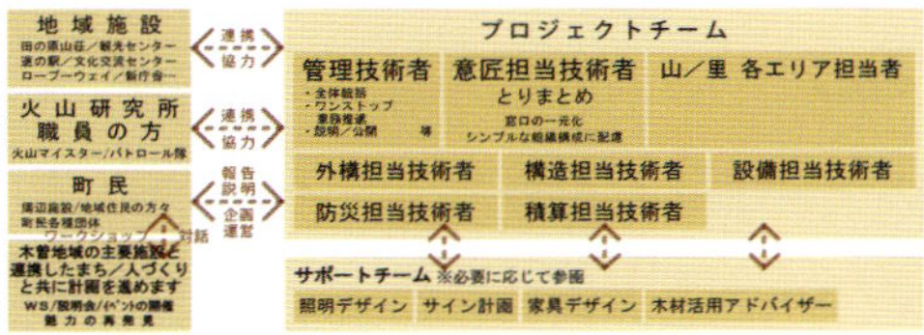

これからの木曽地域をカタチづくる

災害時（噴火／地震）の防災拠点

災害時に確実に命を守るための堅実な計画とし、**情報受／発信や災害派遣の展開**を容易にするエリア整備をおこないます。

地域産木材利用

木曽地域産木材の構造／内装等への利用や木質バイオマスを用いた計画とし、各拠点施設と共に**木曽地域の風景をつくります**。

コストマネジメント

各段階でコスト検証を行い維持管理を含めたトータルコントロールを行います。

環境配慮技術の採用

自然換気や日射遮蔽、太陽光利用など費用対効果を踏まえて採用していきます。

限られた全体工程に対応する確実なコスト/品質管理方針

フロントローディング設計により品質の高い成果を実現します

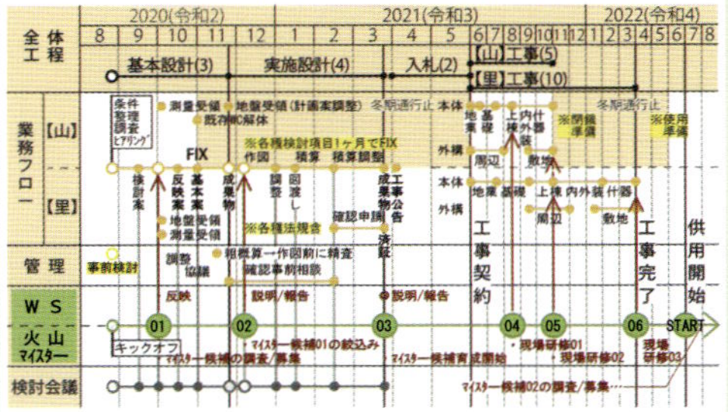

遠藤克彦建築研究所案

山、里それぞれの歴史、暮らし、つながりを守りはぐくむという考えを主軸に据えている。山エリアでは御嶽山と呼応する木曽地域産材を用いランドマークとなるような、大きな切り妻の木架構としている。里では用いる構法は同じだが、木かごを模した構造要素になる架構を内包することで周囲に対して開放性を持った地域密着型の建物とした。同じ素材と構造だが、場所の特性を読み強い形態と柔らかい形態のコントラストを特徴とする案である。

山と里の潜在的な魅力を再発信する御嶽山ビジターセンター

山の御岳県立公園御嶽山ビジターセンターは建物のボリュームを抑え、御嶽山への眺望を守る

里の木曽町御嶽山ビジターセンターは、腰屋根を継承した落ち着いた外観

駐車場はベストな絶景スポット

王滝川に隣接する絶景な敷地

テーマ1　ともに生きる

□山とともに生きる

山エリアのビジターセンターからは、今そこにある御嶽山を仰ぎ見ることができます。山の美しさや息吹を直に感じると同時に、火山の歴史や文化、災害の記録を知ることになります。ビジターセンターを通して、山とともに生きることを学びます。

□地域とともに生きる

里エリアのビジターセンターは、王滝川を望む美しい山裾に建ちます。ここは地域住民の日常生活の一部であり、コミュニケーションの場でもあります。観光や登山で訪れた人々も、地元コミュニティに触れながら、より深くこの地域を伺い知ることができます。

テーマ2　つなぐ

□山と人がつながる

山エリアのビジターセンターは、雛壇状に造成された上下の敷地をつなぐように配置します。下の敷地には建物に寄せて緩やかな斜面をつくり、斜面を上って建物に入り、建物を取り巻くスロープをぐるりと回って上の敷地へ出ます。山と建築を一体的に整備することで、ビジターセンターを介して山と人がつながります。

□里が観光につながる

里エリアのビジターセンターの屋根は、民家の越屋根を取り入れたみたけグルメ工房にそろえ、三岳の風景とつなげました。ここは賑わいのある地域交流の拠点になると同時に、山エリアのビジターセンターや既存の観光施設を訪れる際の観光拠点にもなり、人と情報をつなぎます。

テーマ3　変化をもたらす

□山の魅力を再発信

ビジターセンター屋上は御嶽山が一望できる展望デッキにします。自然公園の散策や登山の玄関口となるビジターセンターに眺望をプラスすることで、人々は改めて雄大な山を覚え、その姿は世界へ発信されます。

□豊かな里を再発信

[illegible]ていた王滝川にスポッ[illegible]ります。景色と共[illegible]在的な魅力を[illegible]訪れた[illegible]

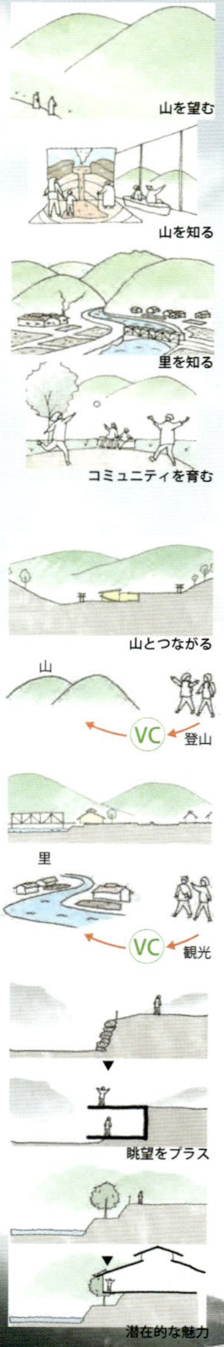

キノアーキテクツ案　山エリアと里エリアで異なるデザインを採用している。山は御嶽山の眺望を守るために建物のヴォリュームを低く抑えた片流れ屋根である。一方里エリアでは大滝川に調和し、周辺民家の越屋根を取り入れた2段の切り妻屋根となっている。それぞれ山、里とともに生きる、山、里とつながる、それぞれの地域を発信するというコンセプトで計画されている。

両施設に共通する全体コンセプト

場所を守る / 地域を守る　ビジターセンター

御嶽山は古くから山岳信仰の対象として、地域の歴史や文化･コミュニティの拠り所でした。また、戦後最大規模の火山災害の被災地として、記録や記憶を後世に継承していく場所でもあります。
この２つの敷地につくるビジターセンターは、地域の歴史・文化・産業・環境・風景・信仰・安全といった御嶽山エリアを巡る **「場所 / 地域の価値を守る重要な拠点」** であると考えます。

▲山エリア
- 自然環境を守る
- 生命・安全を守る
- 文化を守る
- 信仰を守る
- 山間の風景を守る

×

●里エリア
- 歴史を守る
- 産業・技術を守る
- 経済を守る
- コミュニティを守る
- 里山の風景を守る

場所の魅力を守る→育てる

テーマ１　ともに生きる

1. 地域の風景とともにつくる　ここにしかないビジターセンター

山エリアと里エリアの２つの敷地は、御嶽山エリアにおける要所であり、それぞれに特徴的な場所性を有しています。これを生かして、敷地ごとに、その場所にしかないビジターセンターをつくります。

▲山エリアの３つの提案

切り立った**地形の交差点**にある山エリアは、雄大な自然を仰ぎ寄り添いながら、厳しい環境にも耐えられる**殻のような建築**をつくります。

- 1-1. 地形に沿って風景をつなぐ
- 1-2. 御嶽山に対峙するボリューム配置
- 1-3. 山の安全を力強く守る RC の殻

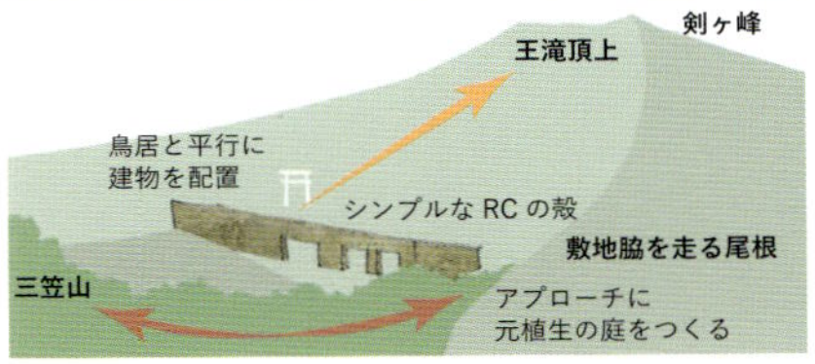

●里エリアの３つの提案

御嶽山への玄関口である里エリアは、王滝川から人々を迎え入れる顔として、地域の資源を生かした**里山の風景となる建築**をつくります。

- 1-1. 既存施設と里山の風景をつくる
- 1-2. 王滝川に面して人々を迎え入れる顔をつくる
- 1-3. 崖屋造りに学ぶ木架構「御嶽造り」

テーマ２　つなぐ

2. 里で出会い、山で感じる　御嶽山エリア全体で魅せる

山エリアを、御嶽山への入口で直接山を「感じる場」、里エリアを、地域の玄関口としての「出会いの場」と位置付け、それぞれの特徴を生かした施設構成、展示計画とします。

▲山エリアの３つの提案

御嶽山を目前にする山エリアは、一人一人が**御嶽山を「感じる」場所**として、自然・建築が一体となった**心を鎮める空間**をつくります。

- 2-1. 御嶽山を感じる３つの屋外空間
- 2-2. 環境に応じて屋内外をつなぐ / 仕切る
- 2-3. 自然・建築・ランドスケープを巡る

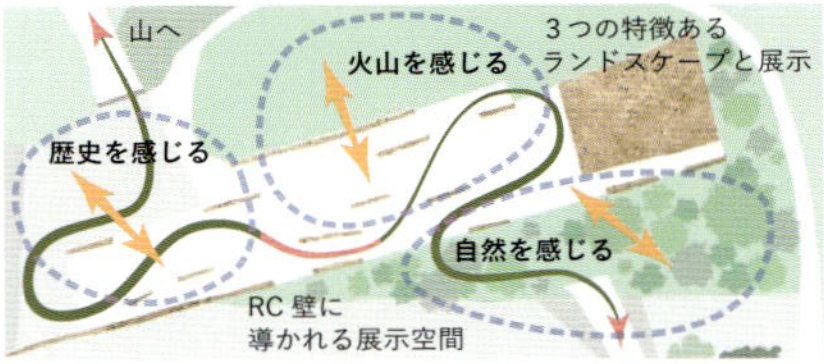

●里エリアの３つの提案

観光・登山客、地域住民、学習・研究者の交錯する里エリアは、**人・もの・出来事と「出会う」場所**として、**賑わいの空間**をつくります。

- 2-1. 御嶽山エリアに出会う玄関口
- 2-2. 連なるコーナーが出会いを生む
- 2-3. 観光 / 交流 / 学習が緩やかに繋がる

テーマ３　変化をもたらす

3. 御嶽山エリア全体から広がるネットワークをつくる

参加型プログラムによって人材の循環をつくる

地域住民や観光・登山客、学習・研究者など、本施設や地域に関わる幅広い人々を対象とし、関わり方を選べる**多角的な参加型プログラム**を実施します。

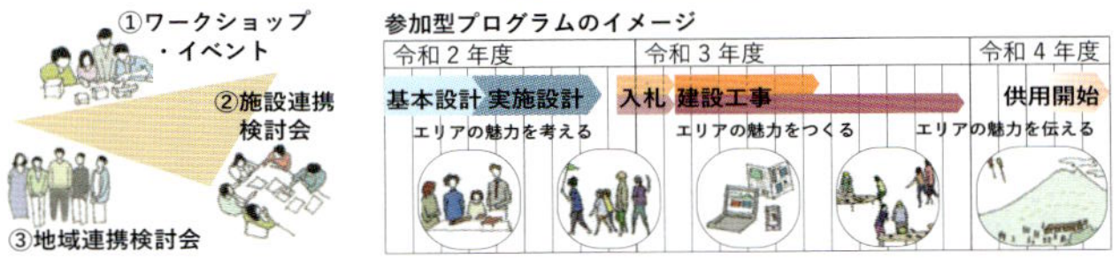

プログラムを通じて、人々や団体をつなぎ**御嶽山エリア全体の連携**を図るきっかけとして、「火山マイスター」に加えて、例えば「御嶽コンシェルジュ」や「木曽路メイト」など**次世代の人材を育成する**仕組みをつくります。
また、プログラムから施設運営、エリアブランディングへとつなげていくことで、交流人口を増やし、**全国へとネットワークの輪**を広げます。

地域産木材の活用によって資源の循環をつくる

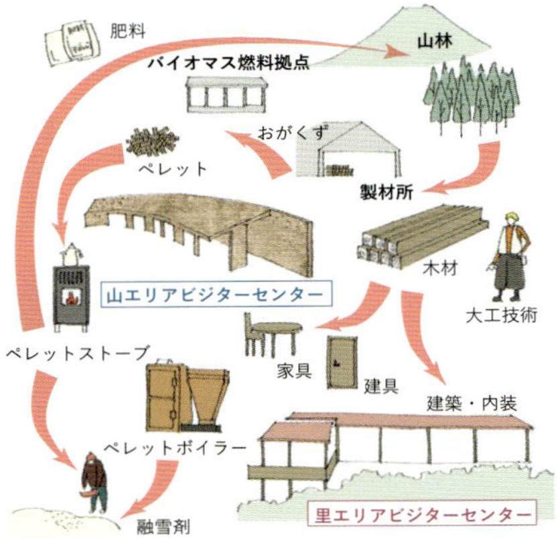

MARU。architecture案

山エリアと里エリアはそれぞれの場所の意味を汲み、異なる性格を持つ2つの施設を提案した。ただし共通するテーマとして1) それぞれの風景に調和する、2) 里で出会い、山で感じるというストーリー、3) 御嶽山全体のネットワークをつくるという3つの大テーマの元に小テーマを掲げている。外観の差を生み出しているのはこの風景への調和である。山では御嶽山に対峙すべく強いRCの壁をつくり、里では崖屋造りに倣い木の架構を採用した。

ヴォキャブラリーを使用可能なら、その方が里と山のつながりを容易に示せるという意味で望まれるのではないだろうか。それが審査員の選択の基準になっていたかどうかは明言されていないが、僕ならばそう考える。そして実際、統一的デザインを行ったyHa architects案と千葉学案が最適候補者と次点に選ばれることになった。

提案書を全体通して読み込むと、明らかにこの2つの案が強く印象として残る。それは2つの統一デザインによるのは言うまでもない。さらにyHa architects案はその形のみならず、色を「赤い屋根」としたことでさらに強いつながりを生んでいる。さらに両案ともに屋根下の外部空間をつくっている構成も共通する。千葉学案は特徴的な三角屋根の軒下空間をつくり、y Ha architects案は屋根と壁によるフレーミングである。2つを比べると山の自然の猛威に対して、フレーミング案の方が安定感があるように思えた。

yHa architects案のプレゼンは巧みである。1枚目に2つの屋根を描くことで全貌が分かりやすく、3つの要求されたテーマへの回答が赤い字で印象的に示される。またその言葉が他案に比べると一歩具体性を帯びていて、深い検討の過程を彷彿とさせる。そして2つの場所の差を飲み込む、蛇籠、木造フレーム、三角屋根、山へのゲートというこれらのヴォキャブラリー選択が2つの場所に望まれる構造、プログラム、環境的解への最小公倍数を見事に射抜いたと思われる。（坂牛）

3｜リレーションズ提案の卓越性：
地域拠点化を織り込んで提案をふくらませる

山岳地帯の建築という条件の厳しいなかでの設計であることからか、要項や仕様書にリレーションズに関する要望は含まれていなかった。この施設にコミュニティ拠点としての性格が期待され、室の用途としても具体的に言及されていたために、提案のなかには、この施設が「完成した後に」ワークショップに使える等の活用イメージを示しているものもあった。

そんななか、最適候補者に選ばれたyHa architects案、そして2次審査対象者としてMARU。architecture案、遠藤克彦建築研究所案は、提案の中で設計時からワークショップをおこない、地域とともにつくるという姿勢を提示している。本書で定義しているリレーションズ提案（p.10）の「①設計のためのリサーチ・設計プロセスの開示」にあたる部分だ。

yHa architects案は「学生たちと地域の未来を考える」と題し、設計段階からのワークショップを含み込み、竣工後も地域づくりに関わっていくことを提案している。対して、MARU。architecture案は「参加型プログラムによって人材の循環をつくる」と題し、施設や地域に関わる人々を対象にした多角的な参加型プログラムを提案し、ネットワークを広げるビジョンを提案している。一方で、遠藤克彦建築研究所の提案では、「火山を考え学ぶWS /まちづくり」と題し、ヒアリングやワークショップをおこなうことができる体制づくりを提案している。

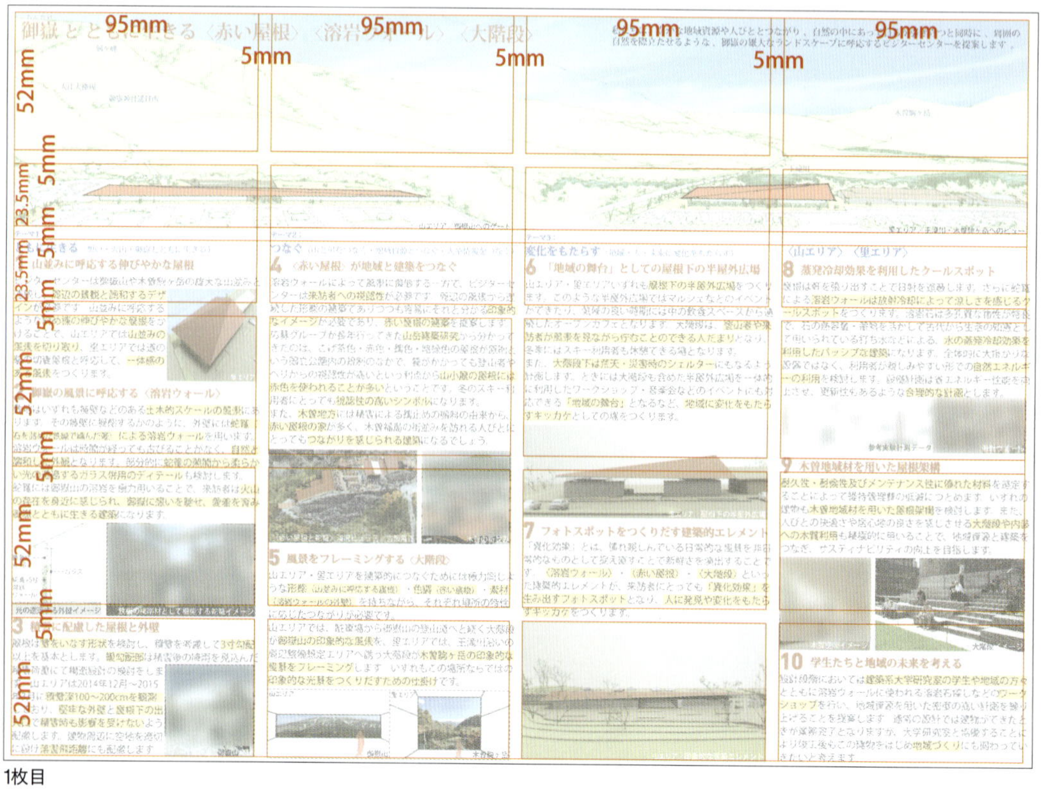

1枚目

選定案のグリッド分析　指定条件：A3（横）3枚以内、文字10.5ポイント以上この施設がコミュニティ拠点としての性格を帯びるのであれば、やはり早い段階から地域と並走し、完成した時にはすでにこのプロジェクトそのものがコミュニティのハブになるようなかたちが望ましいと言えるだろう。彼らの提案は3つのリレーションズ提案のうち、「③活用・運営につながる仕組みづくり」につなげようとする意識がみられ、とりわけ最適候補者のyHa architectsの提案にはその思いの強さがうかがえた。（榊原）

4｜プレゼンテーションの卓越性：大量の情報量を整理する適切なグリッドの設定

このプロポーザルは御嶽山の火山防災及び噴火災害からの復興と地域の活性化に資するビジターセンターを、山を間近に望める御岳県立公園内の「山エリア」と観光客等が立ち寄りやすい山麓の「里エリア」に、それぞれ長野県と木曽町が1棟ずつ整備するものである。発注者の異なる連携する2つの施設を同時に設計するプロポーザルという仕組みはおそらく日本初のものであり、2つの施設のつながりをA3×3枚の提案書にどのように編集するか、という点も提案書のプレゼンテーションとしては重要な点だったものと思われる。

選定案は1枚目に山エリア・里エリア共通の発注者の求める設計提案テーマをまとめている。テーマ1：ともに生きる（想い・火山・御嶽とともに生きる）として〈溶岩ウォール〉の提案を、テーマ2：つなぐ（山と里をつなぐ・地域資源とつなぐ・人や情報をつなぐ）として〈赤い屋根〉や〈大階段〉の提案を、テーマ3：変化をもたらす（地域・人・未来に変化をもたらす）として半屋外広場やフォトスポットの提案をしている。2・3枚目はそれぞれ山エリア・里エリアの平面計画や空間イメージを提示している。

レイアウトは全体を95mm幅4列×52mm幅5段を基本グリッドとして、1枚目の上段には4列×1.5段の約5:1アスペクト比の手描きパースとしている。このパースによって山エリア・里エリアの風景が連続しているようなややぼやかした表現で2つのエリアのつながりを表現し、同じ赤い屋根の建築でありながら山エリア・里エリアで異なった風景・空間をつくり出していることを明瞭に示している。メインのコンテンツは求められている3つの設計提案テーマごとの3列と、山エリア・里エリアの共通事項を4列目にまとめている。2枚目（山エリア）・3枚目（里エリア）は、左列にそれぞれの平面・構造計画の概要、中央に平面イメージ、右列にそれぞれの場所のイメージを補完するパース・模型写真を並置している。下部には3列×1段の横長のプロポーションの外観パースを配置し、山並みに呼応する伸びやかな屋根の建築であることを示している。

95mm幅×52mm幅の基本グリッドは16:9のワイドスクリーンアスペクト比に近く、写真等で一般的な4:3のスタンダードに比べると横長のモジュールを採用することで、リニアで斜め棟の建築の水平方向の伸びやかさを表現するには適したプロポーションなのかもしれない。レイアウトの基本グリッドの設定は提案する建築の特性とも呼応する重要な要素とも言える。（平瀬）

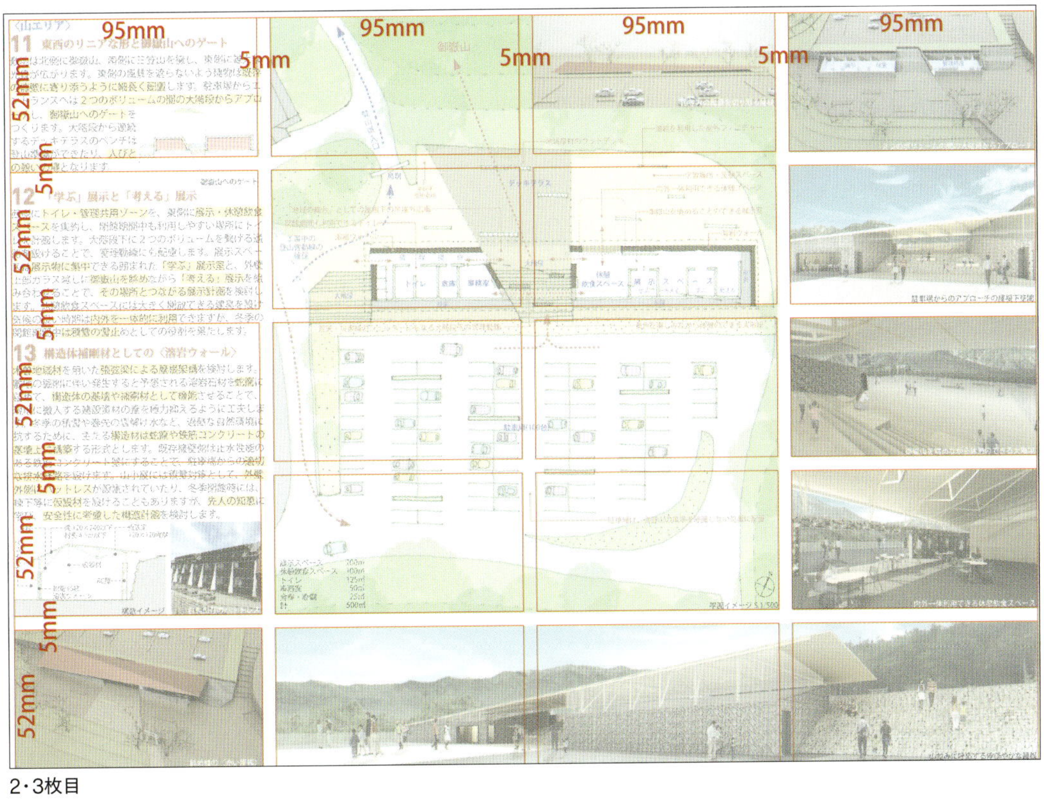

2・3枚目

設計者インタビュー

平瀬有人
（yHa architects）

山エリアの敷地

竣工後の〈やまテラス大滝〉

里エリアの敷地

竣工後の〈さとテラス三岳〉

Q｜要項は事務所内でどのように読まれ・分析されますか？

A｜要項は担当者全員がそれぞれ読み、主催者側から提示されている提案の課題やテーマについて深く分析します。本プロポーザルでは、3つのテーマ「ともに生きる」・「つなぐ」・「変化をもたらす」が提示されており、特に付属資料「提案テーマをとりまく背景」に手描きで描かれた多くのイメージから主催者側のテーマに対する熱い思いを感じました。そこで、3つのテーマに建築の「かたち」や「素材」で分かりやすく回答することが重要だと思い、〈赤い屋根〉・半屋外の〈大階段〉・〈溶岩ウォール（蛇籠壁）〉の構成による山エリア・里エリアの2つの建築を提案しました。

Q｜本プロポーザルの募集要項の中で最も重視された点は何でしょうか？

A｜山エリア・里エリアにそれぞれビジターセンターを設計するにあたり、とりわけ標高2,190mの山エリアは御嶽山登山口7合目・スキー場（冬期）に立地するため、冬期の積雪1-2mや御嶽山からの噴石対策として〈溶岩ウォール（蛇籠壁）〉の提案をしています。また、発注者が異なりつつ連携する2つの施設の設計にあたり、それぞれの周辺環境と呼応した独自性を持ちながら、2つが調和・連携して全体の相乗効果を生み出す在り方を重視して検討しました。

Q｜当初案から、完成までに変更された点はありますか？

A｜山エリア・里エリアいずれも変形の屋根形状のため、木架構をさまざまスタディして四方跳ね出しの方杖構造としています。山エリアでは、道路側からの視認性や必要諸室配置を考慮し、プロポ案から屋根の棟を掛ける方向を反転しました。また、現場で建物内から御嶽山の見え方を原寸で検討し、欄間サイズを調整しています。里エリアでは、隣接する「みたけグルメ工房」との関係から屋根高さを再検討し、また展示内容に関連して展示スペースと飲食スペース・トイレの平面を反転しました。

Q｜プレゼンボードを作成される際、レイアウトや色調のルールは決めていますか？

A｜まずは提案書で求められているテーマの内容やコンテンツ・平面図のスケールに基づいてグリッドシステムを確定します。ビジュアル中心のシートの場合はテキストを左端の1列にまとめ、テキストとイメージが混在するシートの場合は似たようなイメージが繰り返さないよう、全体のバランスを調整します。フォントの種類は2種類までとし、フォントのウエイトで強弱をつけます。色調は基本的にはえんじ色・濃紺色とそれに色調の合うモスグリーン色を基本とし、鮮やかな赤や青等の目立ちすぎる色はなるべく使わないようにしています。

Q｜要項ではワークショップは求められていませんでしたが、敢えてそれを提案されたのはなぜですか？

A｜要項では、「火山防災に資するとともに、噴火災害からの復興と地域の活性化に資する施設としてのビジターセンターの実現を目指し」と述べられており、地域交流拠点整備のためには地域の方々とのワークショップが必要だと考え、提案しました。基本設計中に発注者に企画をお願いし、地域の方々との意見交換の機会として「御嶽山ビジターセンターの整備に向けたワークショップ」（2020年10月24日）を開催しました。

Q｜地元とのやり取りが実際の設計に反映された点はありますか？

A｜プロポ案では南側の「みたけグルメ工房」との関係がやや希薄でしたが、「みたけグルメ工房」の方々へのヒアリングを経て、飲食スペース・トイレを「みたけグルメ工房」に隣接した配置としています。飲食スペース前に軒下空間を多く設けることで「みたけグルメ工房」からダイレクトに接続され、一体的利用のしやすい計画です。また、ビジターセンター閉館後の夜間等に地域の方々が会合を行えるよう、北側に風除室を設けて多目的室の単独利用が可能な計画としました。

Q｜山岳建築として、周囲の自然との関係や、登山道の動線をどのように検討されましたか？

A｜周辺の風景から連続した形態の建築でありつつも容易にそれと分かる印象的なイメージになるよう〈赤い屋根〉を提案しています。〈赤い屋根〉は、霧や積雪時においても登山者やヘリからの視認性が高いという利点や、積雪による錆止めの顔料の由来から木曽地方に多い赤い屋根とのつながりを感じられます。山エリアでは、建物南側の三笠山から御嶽山への旧古道を意識した軸線上に大階段を設けています。大階段が御嶽山の登山道へのゲートをつくり、御嶽山の印象的な風景をフレーミングしています。

インタビュー

審査のプロセスはいかにデザイン可能か

塩入一臣／長野県建設部建築技監（インタビュー当時）

1964年長野県安曇野市生まれ。一級建築士。1988年信州大学工学部建築工学科卒業後、長野県庁入庁。2015年度から2021年度まで営繕部門に在籍し、この間、長野県立美術館（旧信濃美術館）、東山魁夷館、長野県立武道館、松本平広域公園陸上競技場、御嶽山ビジターセンターなどの整備に携わる。2022年度から建設部建築技監として県の建築住宅行政を総轄。2024年3月長野県を退職（現在は安曇野市内にて家居）。

Q｜塩入さんがプロポーザルに取り組まれるようになった経緯を教えてください

信州大学で建築を学んだあと、1988年に長野県に入庁しました。まだ若手が参加できるコンペがたくさんあった時代です。学生時代に強く影響を受けたのが、建築家で、信州大学でも非常勤講師として設計教育に尽力された宮本忠長先生で、私も図面を描くのが大好きになったんです。宮本先生は、県に就職するとお伝えすると「設計を業としない就職先は、建築をやめることに等しいが本当にそれで良いのか」と心配してくださって、就職後も何かと気にかけていただきました。先生の言葉は就職後も建築と向き合い続けたいとの戒めになっています。初めの3年間勤めたのは、営繕業務を行う施設課でしたから、設計業務も経験しました。その後建築確認審査や開発許可の仕事をしてから、公営住宅や住宅施策の企画などを担当しました。条例や新しい制度を整える仕事も経験しました。長野県立美術館のリニューアル事業が始まった2015年に再び施設課に戻り、2021年まで7年間在籍し、〈御嶽山ビジターセンター〉（2023年竣工、p.102）のプロポーザルなども担当しました。

実は県の設計者選定方法で大きな転機になったのが、長野県立美術館のプロポーザルなんです。施設課に戻ったのは県立美術館の基本構想が始まった年だったんですが、それまでの県の進め方ではプロジェクトに関わるタイミングが難しかった。施設は運営や予算を直接管轄する部署—美術館であれば県民文化部—がまとめていくのですが、基本方針や基本構想の段階では建築の職員がほとんど携わることができず、それらがまとまり予算が獲得できた段階で初めて建築の職員のいる施設課に話がくる。もっと早い段階から一緒にできれば、同じ予算でより良い建物ができたはずなのに……という思いが募ることも少なくありませんでした。ですので、半ば押しかけるような形で顔を出すことを許してもらって、そこからのスタートでした。

その後は、建築の職員が早い段階から関われるようになっています。さらにNSD（長野スクールデザインプロジェクト）では、検討委員会の委員長でプロポーザルの審査委員長も務めていただいている赤松佳珠子先生の発案もあり基本構想から建築家と協働する良い流れができています。基本構想から設計まで切れ目なく依頼することを前提としたプロポーザルです。できれば維持管理にも関与いただけるようになるとよいのですが、まだ難しいのが現状です。どんなに簡単な修繕でも、当初の設計の意図にも照らして検討できるよう建築家の方に関与いただけるようになるとよいのですが。

Q｜施設課が建築のあり方を考えるわけでもないのですか？

庁内にある設計事務所に近いですね。担当部署が企画し、施設そのものの構成要素を整理した上で、予算を積み上げる段階で初めて営繕部門の施設課に相談があります。予算化以前にも建築的な要素は当然ありますし、そもそも行政の担当者は必ずしも所管する施設の専門家ではありません。異動によりたまたまその部署を担当することになった方の場合もありますので、本来は難しい面もある。基本構想などの策定の際には、検討委員会などで関係分野の専門家の方の意見は伺いますが、建築の専門家が含まれることはほとんどありませんでした。

現在は、施設課の建築関係の職員はもとより、専門家の方にも早い段階から関わっていただくようになりました。例えば県立美術館の場合は、初代館長の松本透さんに構想段階から館長候補者として県の職員となり参画していただきました。

プロポーザルの意識改革のきっかけになったのも県立美術館です。実は、その少し前に実施したプロポーザルで行政職員の審査委員と専門家の審査委員の意見に大きな食い違いが生じたことがありました。最終的には、専門家の審査委員の推す最適案が選ばれ、ことなきを得ましたが、プロである建築家の提案を募って審査することの難しさ、従前の審査方法の限界を感じていました。

県立美術館は、谷口吉生先生が設計された東山魁夷館（1990年）に隣接する美術館の建て替えであり、東山魁夷館の大規模な改修も同時に行うものでしたので、谷口先生にはかなり早い段階から所管の県民文化部とともに相談に伺うことができました。設計いただく建築家の方の選定方法などについてのそれまでの課題などもお伺いいただき、海外のコンペの事例なども含め、とても多くの助言をいただきました。また、当時副知事だった太田寛さん（現・安曇野市長）が建築にも関心が強い方で、当時で国内外900館以上の美術館を見ていらした。太田さんに県の設計者選定の課題について、深く理解いただけたこともあり、さまざまな改善が進みました。

実際にプロポーザルの実施要領を書くチームは、まず建築、電気設備、機械設備の各担当者3人、建築系の係長と設備系の係長も加えて計5名ですね。直前に実施したプロポーザルをベースにしながら担当者が原案を書き、審査委員の意見を交えて修正を重ねます。また、類似する施設でプロポやコンペを実施した自治体に、進め方や工夫、難しかった点等をヒアリングして情報収集をしています。最終的には建築の主担当がまとめますが、自分でどんどん資料やイラストを書いて充実させる職員もいます。結果的に参加者が多様になったという点で、変化を感じます。

Q｜審査の場を望ましい形に整えるお仕事なんですね

2010年の県立武道館のプロポーザル（選定者：環境デザイン研究所+宮本設計JV）では、建築分野が専門の審査委員から、発注者の求めるものに対する各案の可能性やデメリットを丁寧に説明いただく場面がありました。専門が異なる審査委員からすれば、やはり建築物の審査に携わることの難しさがありますよね。そこで審査の過程でフリーに意見交換いただく場面をつくり、全ての審査委員が可能性や懸念材料をご発言頂く形で審議をする。するとご自身の専門分野以外も具体的に深掘りできます。ここで建築側が誘導的に動かれると流れができてしまいますが、この時は皆さんのお人柄もあったのか説明も自然で、議論が深まりました。審査委員長は信州大学の土本俊和先生です。

プロポーザルでは審査委員の人選が非常に重要で、とにかく関係各所に相談に行きます。関係団体の推薦やご所属だけで判断してしまうとリスクもありますから、いろいろな方のお話を聞きながら絞り込んだ上でお願いしています。県立美術館では、谷口先生から美術分野の方の審査委員長が良いのではとアドバイスいただき、東京藝大名誉教授の竹内順一先生に審査委員長をお願いしました。谷口先生には最終的に審査委員にもなっていただきましたし、審査委員の構成についてもお住いの地域や年齢、ご出身の大学等バランスを取って、どなたでも応募しやすい顔ぶれになると良いとの助言もいただきました。また、気候風土などの地域の状況を踏まえた審査となるよう、建築分野の専門の方は県内の方にも必ずお願いしています。その方も、見識の深さに加え、視野も広い方にお願いすることを心がけています。良い案を応募いただくには、良い審査委員に来ていただくことが大切だと本当に思います。

委員をお願いする段階でアドバイスも求めますから、いただいたアイデアをいい形でつなげて、少しずつ手直しをしながら実施要領の内容を決めていきます。谷口先生から、応募の参加資格要件を極力緩やかにしてさまざまな方が参加できるようにしながら、その代わりに審査委員は信頼できる専門家のみの構成でバランスをとるといったアドバイスをいただいた時には、この機を逃してはならない！と庁内を説得して、参加資格要件を緩やかにして専門家のみで審査する仕組みを整えました。現在の長野県のプロポーザルに関する方向性はその頃から出せたのではないかと思います。

「魅力を感じる・設計コンセプトに共感する類似施設」を述べてもらう書類も、県立美術館のプロポーザル審査委員長の竹内先生のご意見がきっかけになっています。竹内先生からは、美術の立場から使い勝手や県が求めていることは理解できても、建築の中身は分からないというお話がありました。そこで「人を選ぶ」というプロポーザルの性格を考えた時、建築家が他のどういった美術館に対して良いところを見出しているかが示されれば、この人が今回の美術館の設計に向いているかどうかがよく分かるはずだと。そこで始まったのが、共感する施設の提示なんです。〈松本平広域公園陸上競技場〉（p84）でも、〈御嶽山ビジターセンター〉でも実施しました。

〈御嶽山ビジターセンター〉のプロポーザルでは、中原中也記念館（1994年）のコンペ参加要件が建築士資格のみだったことを参考にしています。中原中也記念館は、竣工当時に現地を訪れ、建築家の職能やその仕事のすばらしさに感銘し強烈に印象に残った建物なのですが、奇しくも、その設計をした建築家が県立美術館の設計をしていただいた宮崎浩先生です。先生から直接当時のコンペのことを詳しくお伺いし、若手までひろく参加できるプロポーザルを実施したいとの思いを強くしていました。〈御嶽山ビジターセンター〉は施設規模こそ大きくありませんが、噴火災害を受けたメモリアルでもあり県にとって非常に重要な施設ですので、良い機会ではないかと考えました。宮崎先生に審査委員長をお願いしたところ、先生からも若手が参加できるプロポーザルにすることを引き受ける条件とされました。優れた案を募るために門戸を開くのはこのプロジェクトでやるしかないとスタートしたものです。

Q｜審査委員と行政のコミュニケーションの重要性を感じます

実は委員をお引き受けいただくことが決まった段階で、皆さんで集まる機会を設けています。ここでは審査委員が普段プロポーザルに感じている違和感や、例えば「ビジュアルだけ整っていても設計の実力は分からない」といった課題もざっくばらんに話されます。そこから、提案者が挙げた代表作を立ち会いなしで見るといった審査も生まれました。プロが現地で作品を見れば実力は一目で分かるし、使われている方の意見を聞けば、設計中や竣工後の関わりやケアも分かるだろうと。

現地審査も予算化でき、当日の審査に限らず、審査委員が動かれる時には担当課の職員も必ず同席して顔の見える形で進めました。それと、審査委員は最適候補者を決めて終わりということにはしておらず、基本設計が終わった段階で建築家からプレゼンを受け、レビューしていただきます。この旅費や謝礼も予算化できるようになりました。本当は実施設計完了時や施工、竣工と各段階でレビューいただきたいのですが、新しい仕組みを取り入れようとした時期と新型コロナウイルス感染症の感染拡大の時期が重なるなどしたこともあり、そこまではまだできていません。

いまだに難しいのは、提案そのものに対するフィーですね。かなりの熱量、作業量ですから本来お支払いするべきなのですがなかなか庁内の理解が得られません。〈松本平〉の時は、審査委員長を務めていただいた古谷誠章先生の後押しがあり、最終審査の段階で1者あたり50万円をお支払いできました。十分ではないのですが、それでも庁内の異論はかなりありました。古谷先生には、県立美術館でも審査委員を務めていただき、その後も設計者選定方法などについて、大変多くのアドバイスをいただいています。

Q｜近年のプロポーザルではワークショップ、いわゆる機運醸成が求められるようです

施設の種類によってはセンシティブなものもありますが、非常に効果的だと思います。設計について言えば、設計に組み込まれるさまざまなことを決める段階でも、さらに設計中や竣工後もなるべくいろいろな関わりを持っていただける。他に、例えば小布施の図書館「まちとしょテラソ」はもともと市民参加のまちづくりの素地もありましたが、古谷誠章先生によるワークショップが、参加者の中から館長さんを生み、館の開かれた運営まで後押ししました。また、茅野市民館では立地がとても良く、市民が活動の様子を見やすかったのも良かった。長野県立美術館でも宮崎先生ご自身が説明いただいたワークショップの開催が、優に20回を超え、設計段階から様々な関係者の理解と共感が深まりました。ワークショップを開けば参加者誰もが良いというわけではありませんので、采配を振るう立場の人は相当の覚悟がいると思います。それでもそういう意見が一旦表に出たということが重要です。ネガティブな発言が出ることが、結果的にうまい使い方につながっている気がします。

Q｜市町村のプロポーザルにアドバイスをされたりするのですか？

市町村と県は対等ですので、県からの発言が押し付けやマイナスに受け止められないように気をつけてお声がけします。状況によってはもっと踏み込んだ方が良い場合もあるかもしれませんが、相談していただけるような状況をつくりたいですね。〈御嶽山ビジターセンター〉では県の建物と町の建物があり、県の建物は管理に際しても設計いただいた平瀬有人先生からアドバイスをいただいています。管理はそれぞれとなりますので、町の施設に関しての県の立場の難しさを感じる部分もあります。竣工後のことも考えながら、プロポーザルからどのように協働するのかは今後の課題です。

庁内でも御用聞きのようにいろいろなところに顔を出して、相談してもらいやすくする工夫もしています。施設課のチーム内でもコミュニケーションを密に取るようにしています。例えば採点方式1つ考えるにしても、審査項目を列挙して○×をつける無難で説明しやすい方法を採るのか、それとも総合的な評価で審査委員主導の採点をするかで結果も大きく変わるかもしれない。行政内部の論理や都合だけで考えると偏る可能性もあります。NSDでお世話になっている東北大学の小野田泰明先生のように、プロポの進捗そのものに関わり、行政が間違いそうな時に見極めていただける「重し」のような方が必要だと思います。

Q｜長野県の議論の公開性はどのように育まれたのでしょうか？

〈松本平〉では、審査委員長の古谷誠章先生から審査過程のすべてが見えることで応募者は結果に関わらず納得感が得られるというご意見をいただき、1次審査からのフルオープン化を模索しました。どこからのバイアスもかかりませんから、発注側にも誰にとっても良いことです。結果的にはコロナ禍で1次審査は報道のみの公開とし、その代わりに2次審査の前に議事録を公開しました。すると残念ながら落選となった応募者からも、課題が分かって良かったと好感触が得られました。最終審査では、感染対策を行った審査会場での公開とYouTubeの同時配信を行いました。〈御嶽山ビジターセンター〉でも2次審査のYouTubeの同時配信を行い、学生さんや若い建築家の方なども含めた500人もの方に御覧いただきました。YouTubeでの配信は、コロナ禍での工夫のひとつとして始めたものでしたが、関心のある方が気軽にご覧いただけますし、学生さんなどにもひろく体験いただけますので、とても良い方法だと思います。〈御嶽山ビジターセンター〉では、参加者の方などへの情報公開や県・市町村の職員の研修資料として作品集をつくれたのも良かったですね。

プロポーザルは作業の手間がかかると言われがちですが、発注者にとっては得られるものの方がはるかに大きい。その建物の設計に一番ふさわしい建築家と出会えて、竣工まで一貫して仕事ができる。手間や費用がかかるといっても知れたものですから、発注者にとっては全ての施設でやってもいいぐらいだと思います。ただ、一方で応募者にかなりのご負担があるのは現実ですし、審査が本当に適正に行われるように慎重に組み立てなければなりません。

建築の職員がいる自治体であれば、建築を知らない職員との橋渡し役が組織内にいることになります。いなければ、第三者としてアドバイス役がいれば対応できます。実際にコンペのレベルで要件をまとめるのは難しいのですが、プロポーザルによりその建物に最もふさわしい建築家が選ばれ、その方と一緒に中身を詰めながら設計を進められるのは行政にとっても現実的でメリットも大きいです。資質評価方式（QBS方式）もあり得る選択肢ですが、少しでも形があるプロポの方が建築分野以外がご専門の審査委員にも見極めていただきやすいと考えています。

県内の事業者向けには入札をする場合もありますが、それ一辺倒というわけにもいきません。県内の事業者向けのプロポーザルも始めており、カーボンニュートラル仕様の駐在所と交番を建てる事業は全てプロポーザルで選んでいます。木曽の林業大学校の男子寮も県内向けのプロポーザルでした。普段入札には参加されなくても、地域に根付いて良い建築を設計されている建築家はたくさんいらっしゃいます。プロポを継続的に実施することで、そうした建築家にも県の施設を設計していただけるようになる、良い循環が生まれています。

（2023年12月23日 長野県庁舎にて　聞き手：平瀬有人、山崎泰寛）

9

道の駅

まきのさんの道の駅・佐川基本設計業務プロポーザル

要項の読み解き

- 町の地域ブランディングである植物がテーマ
- 総合計画を尊重したまちづくりの一環となる施設
- 建設コストの経済性や環境性能、ランニングコストへの配慮

コンペ概要

要項に示された規模

延床面積｜1,800m^2程度
予定工事費｜5億円以内

提案書の指定条件

A3・3枚以内（文字サイズの指定なし）

2020
9月18日
要項公表、応募受付開始

10月16日
参加表明書の提出期限

11月2日
提案書の提出期限

11月9日
1次審査（書類審査）

11月24日
2次審査（公開プレゼンテーション）・結果公表

選考委員（役職は当時のもの）
＊選考委員長

梅原真＊
有識者（梅原デザイン事務所）

清原泰治
佐川町道の駅基本計画策定委員会委員長

岡﨑笑顔
佐川町道の駅基本計画策定委員会

腰原幹雄
有識者（東京大学生産技術研究所教授）

堀見和道
佐川町長

田村正和
佐川町チーム佐川推進課長

選定案の読み解き

総合計画を読み込み、配置から再設計し周辺を取り込む提案

選定された提案者

若竹まちづくり研究所・STUDIO YY・ワークステーション設計共同企業体

ファイナリスト

- ラーバンデザインオフィス・DKAA共同企業体（次点）
- UAo
- 艸建築工房
- パシフィックコンサルタンツ・蘆田暢人建築設計事務所設計共同企業体

所在地

高知県
高岡郡

みんなでもてなす、まきのさんの道の駅

そこにある周辺の自然や地形を最大限に活かし、建築と自然が一体となる
佐川町の魅力が詰まった道の駅を考えました。

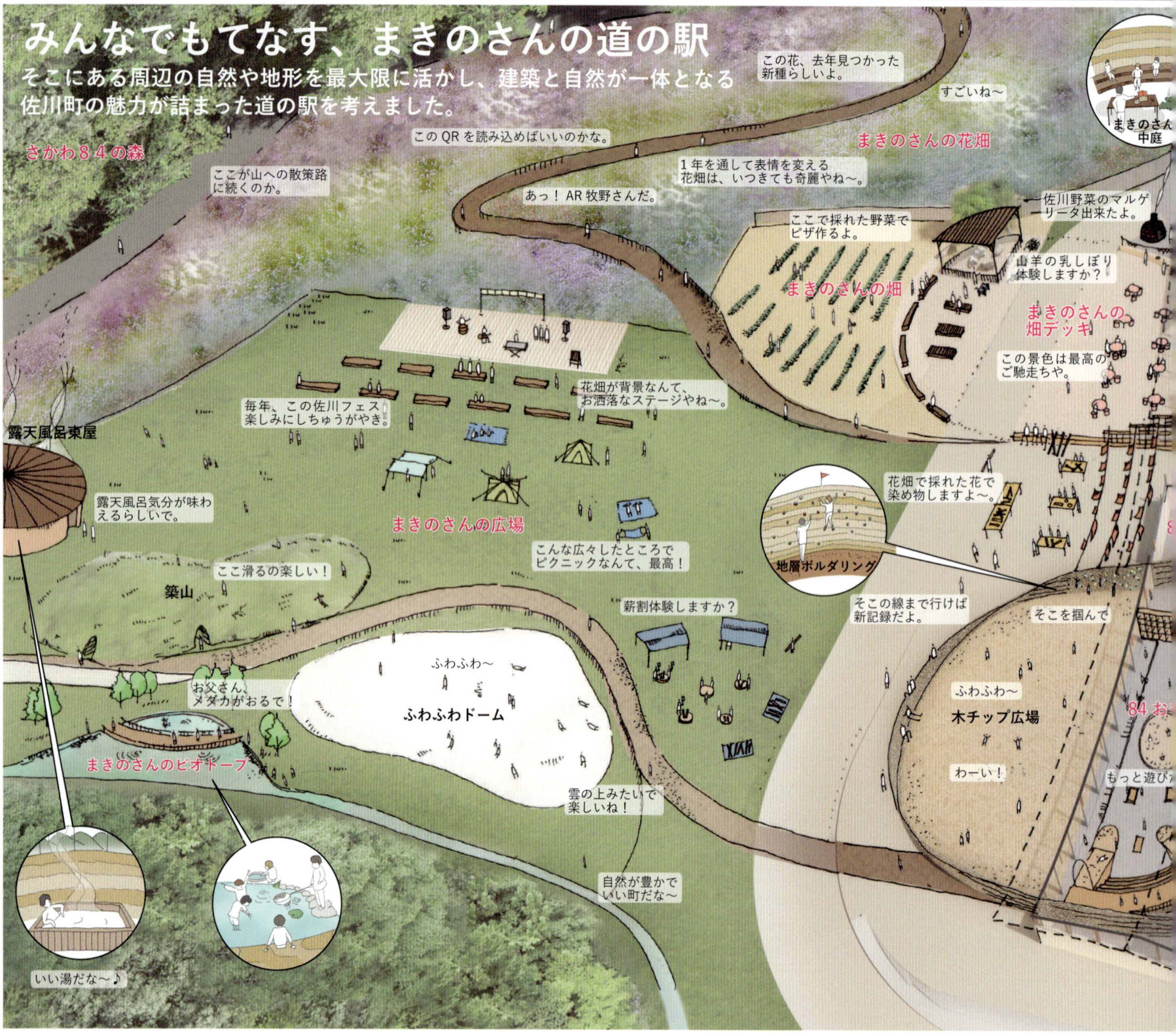

本業務に対する６つの提案

■みんなでもてなすための６つの提案

日本植物学の父といわれる牧野富太郎氏は、生涯をかけて草花・樹木・昆虫等“自然を楽しむ人”でした。私たちは、まきのさんの道の駅＝佐川の自然を楽しむ場”と捉え、本施設で佐川の自然やモノ・コト・ヒトを知ってもらうとともに、本施設が様々な利用者にとって、樹木や植物のように共に育ち、成長する**みんなでつくる**道の駅として、以下６つの提案をベースに検討します。

繋　ぐ　：人と人、町と人が繋がる場としての“施設の役割”を明確に意識した検討とします。

馴染む　：周辺の山並みや佐川町の歴史的な町並みに馴染む意匠・ランドスケープとします。

もてなす：佐川町内外の方が気軽に立ち寄り、普段使いできる施設とします。

備える　：日常的な運営やイベントの他、防災型道の駅として求められる機能を検討します。

稼　ぐ　：施設が継続して長く運営していくために、稼ぐ仕組みに配慮した施設とします。

発信する：佐川の魅力を余すことなく発信する場とします。

設計コンセプト

■佐川町のおもてなしで作る佐川の自然に囲まれた道の駅

牧野富太郎も愛した緑豊かな美しい自然、地質のメッカとして知られる佐川の地層、牧野富太郎の生まれた上町の昔ながらの家や蔵の美しい切妻屋根と山々が重なり合う風景。これらの佐川町ならではの特性を織り交ぜ、雄大な敷地環境に呼応する、ここにしかない道の駅を作ります。

上町の屋根が折り重なる風景

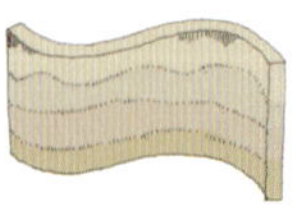
ごちそう佐川の地層

牧野公園の花畑

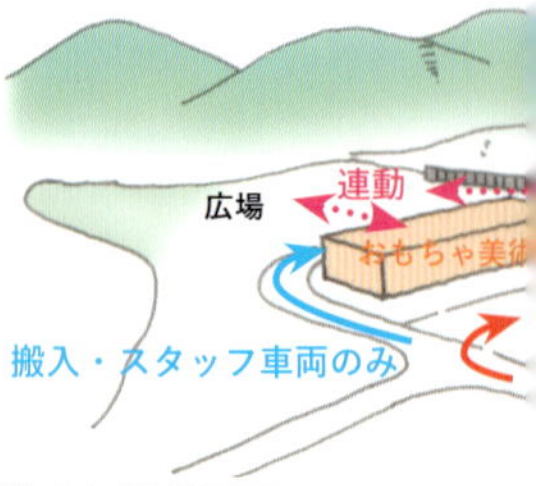

① 建物配置

国道からの視認性、私有地や
ともに、将来的な芝生広場及
と平行に建物を配置します。
より一体的になるような配置

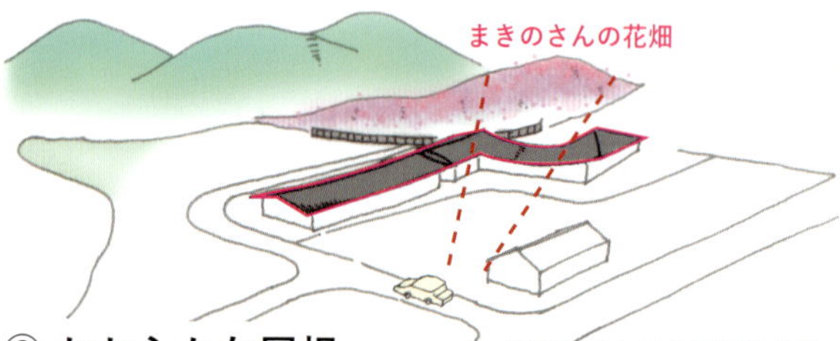

② おおらかな屋根

眺望に合わせた屋根の曲線

２つの切妻屋根を結ぶゆるやかにカーブをする屋根が法面のまきのさんの花畑の風景を切り取り象徴的なアプローチ空間を作るとともに、周囲の山々の稜線と調和します。

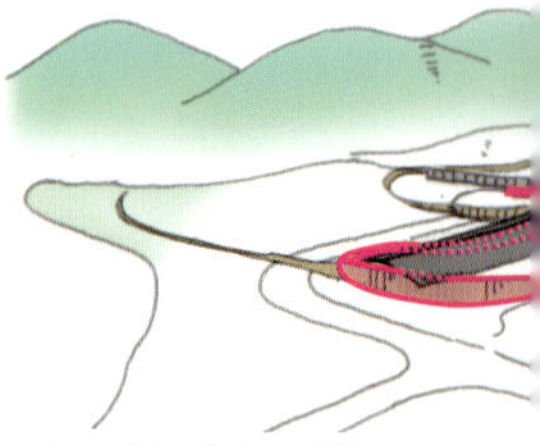

③ ご地層の帯

建物の内外を跨るごちそう
敷地全体につくり、活動が
ごちそうの帯は防火壁や耐震

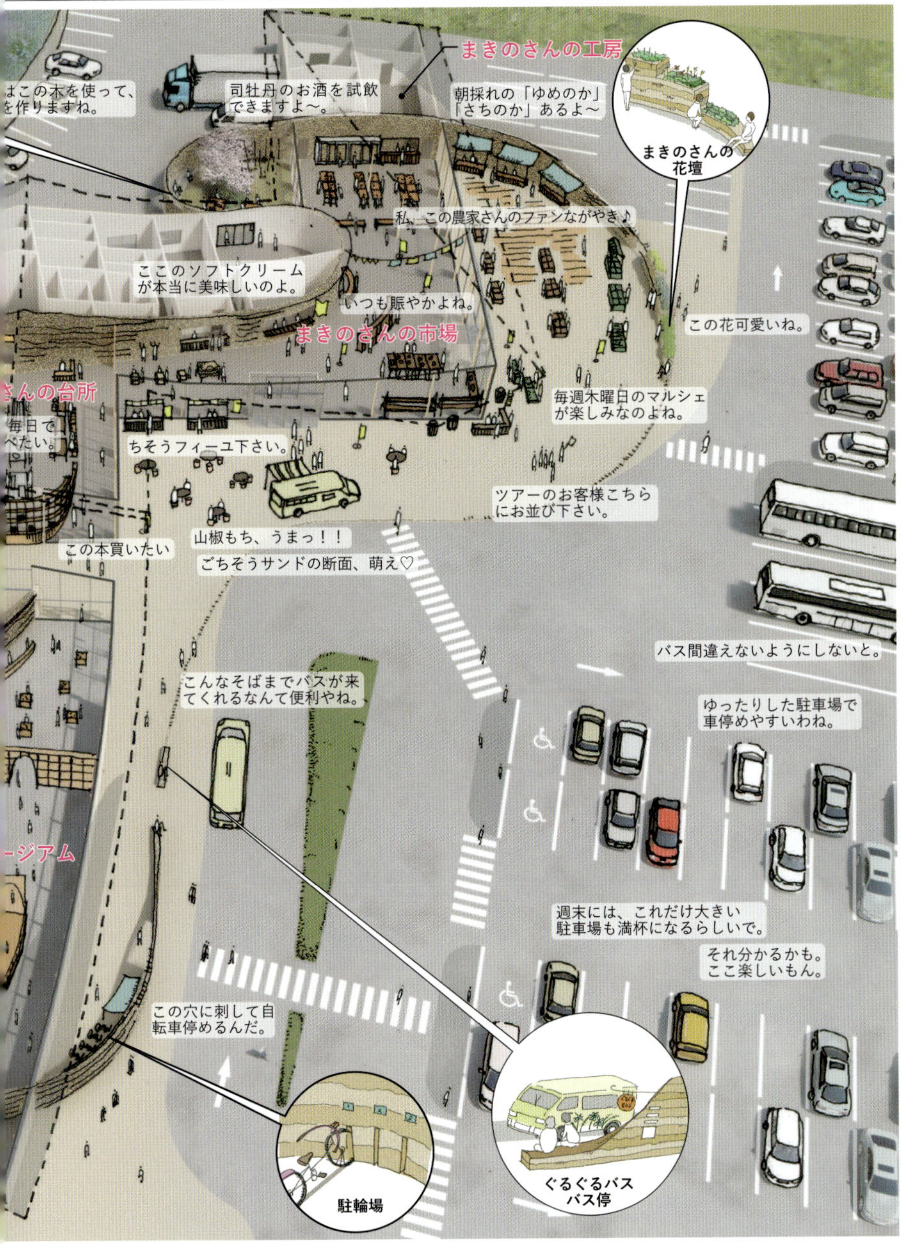

俯瞰

国道側からの眺め

まきのさんの広場側からの眺め

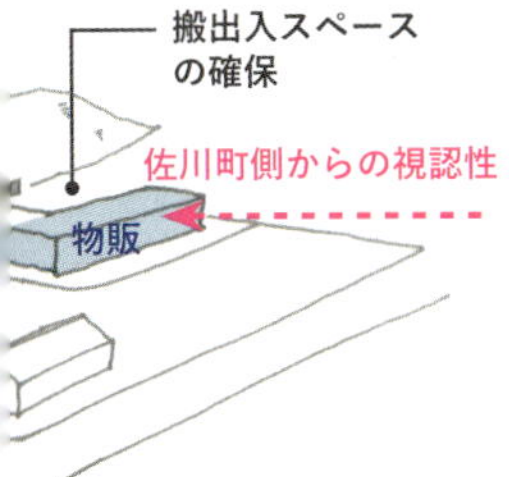

側からの視認性

Cとの距離に配慮すると
の活用を意識して、国道
場を分け、建物と自然が
。

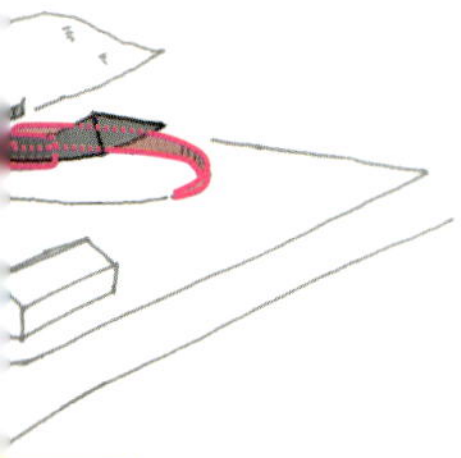

層の帯は多様な居場所を
いに広がるようにします。
も機能します。

配置計画

■おおらかな屋根と帯がつくる明快なゾーニング

基本構想のゾーニング案①を活かし、さらに発展させた配置計画です。

- 敷地を縦断するように屋根をかけ、建物の内外を貫く「ご地層の帯」を敷地いっぱいにめぐらせることにより、敷地を超えた周辺環境をも取り込む配置とします。
- 建物内部の機能と外部空間が関連した敷地全体を活用する明快な配置ゾーニングとします。
- 子供たちが安心して遊べるように広場を駐車場から切り離します。
- 法面をまきのさんの花畑として整備し、植物に囲まれた道の駅にします。

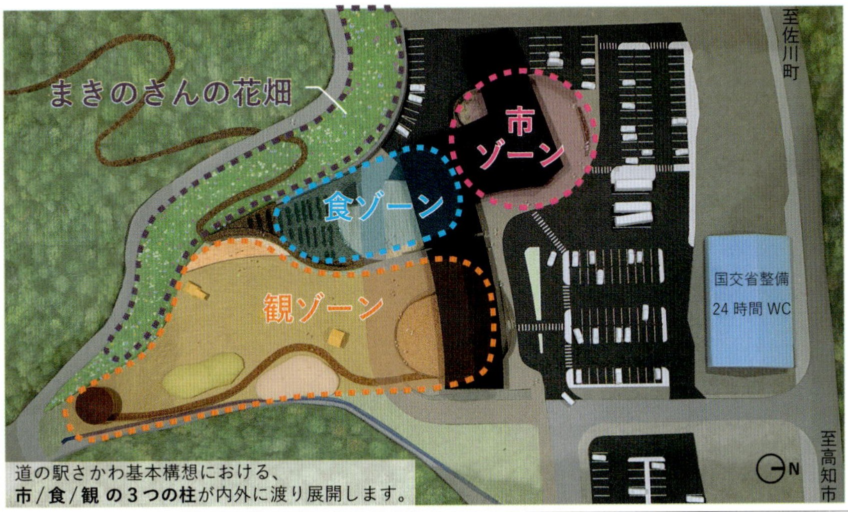

道の駅さかわ基本構想における、
市/食/観 の3つの柱が内外に渡り展開します。

■駐車場・車両動線

連休などの混雑時でもスムーズな運営ができるように、臨時駐車場を含め約 300 台の駐車場スペースを確保します。広場側にはスタッフ・搬出入車両のみの進入とし、歩行者の安全を確保します。

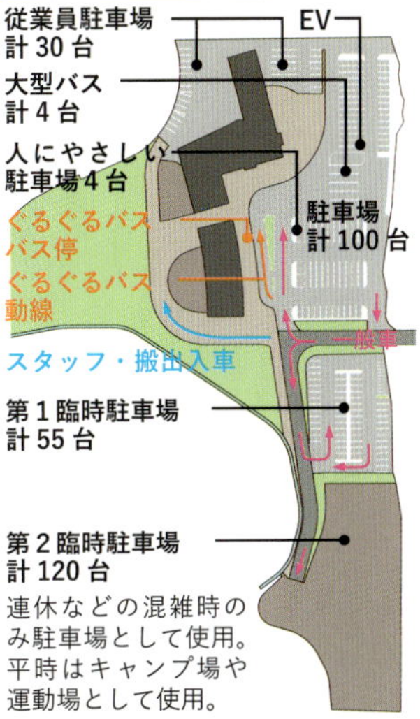

おおらかな屋根が一年を通して表情を変えるまきのさんの花畑の風景を切り取り、牧野さんらしい、植物に囲まれた道の駅となります。

建物に近づくと、奥の広場が抜けて見えます。
国道からの視認性を確保するために、まきのさんの市場の屋根は一部跳ね上がっています。

まきのさんの花畑から望む

朝霧に浮かび上がる屋根

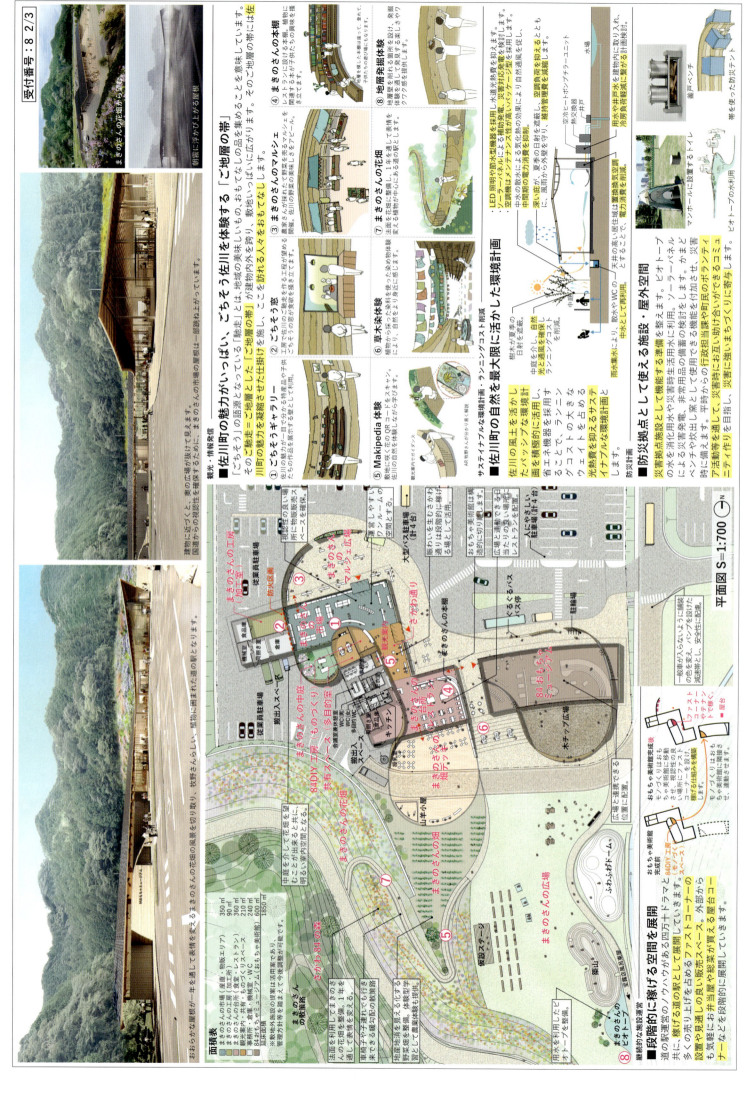

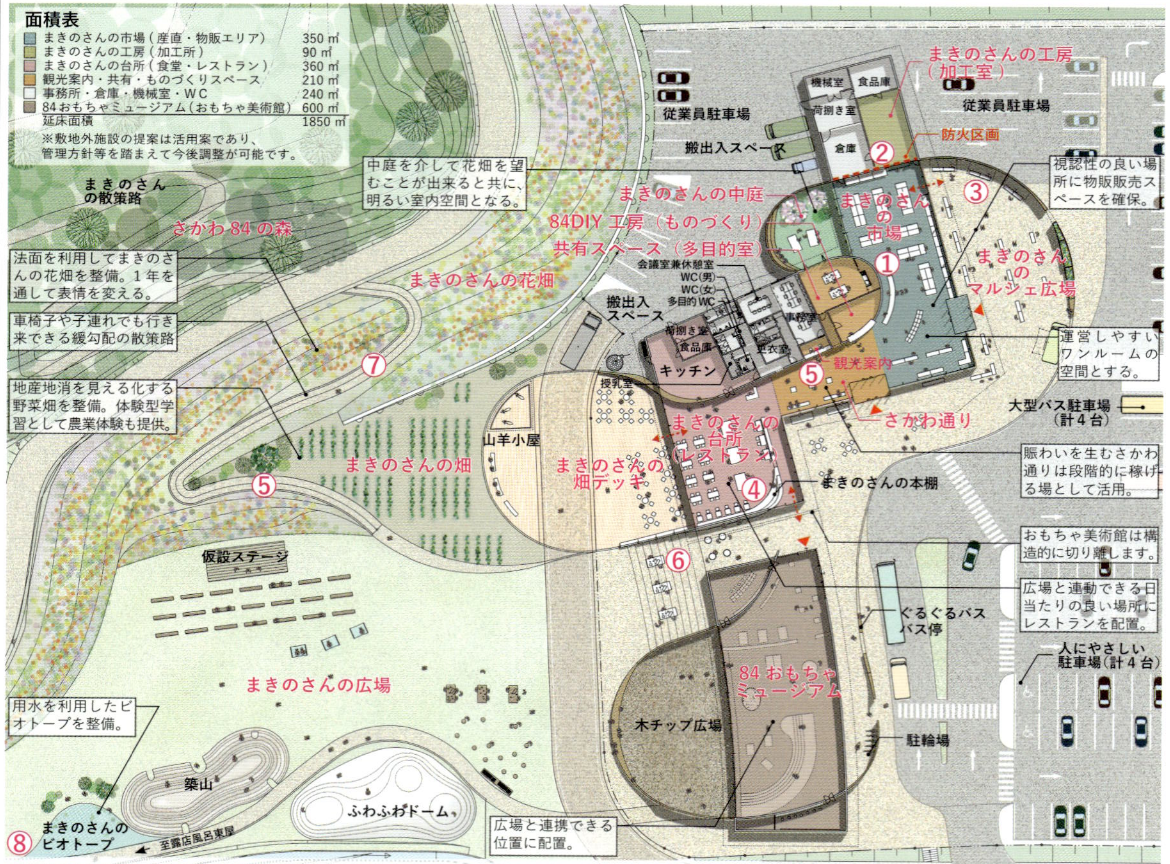

面積表

まきのさんの市場（産直・物販エリア）	350㎡
まきのさんの工房（加工所）	90㎡
まきのさんの台所（食堂・レストラン）	360㎡
観光案内・共有・ものづくりスペース	210㎡
事務所・倉庫・機械室・WC	240㎡
84おもちゃミュージアム（おもちゃ美術館）	600㎡
延床面積	1850㎡

※敷地外施設の提案は活用案であり、管理方針等を踏まえて今後調整が可能です。

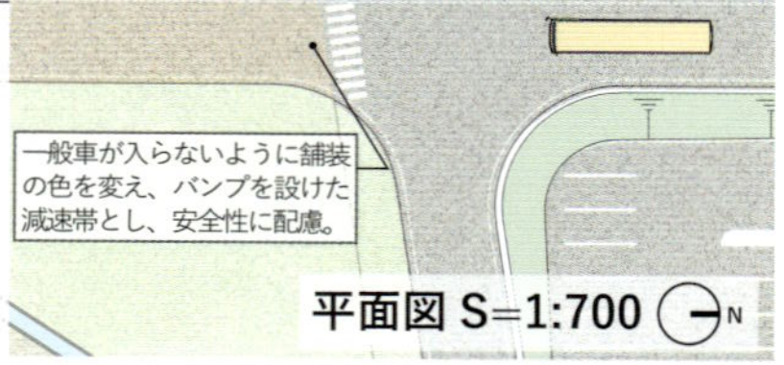

平面図 S=1:700

継続的な施設運営

■段階的に稼げる空間を展開

道の駅運営のノウハウがある四万十ドラマと共に、稼げる道の駅として展開していきます。多くの売り上げを占めるファストコーナーの設置や見通しの良い販売スペース。外部からも気軽にお弁当屋や総菜が買える屋台コーナーなどを段階的に展開していきます。

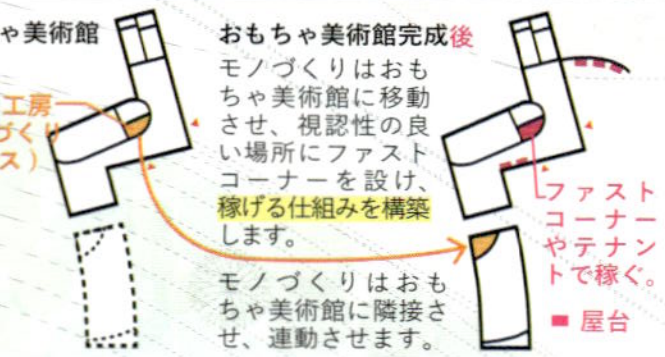

観光・情報発信

■佐川町の魅力がいっぱい、ごちそう佐川を体験する「ご地層の帯」

「ごちそう」の語源となっている「馳走」とは、地域の美味しいもの、おもてなしの品を集めることを意味しています。そのご馳走＝ご地層とした「ご地層の帯」が建物内外を跨り、敷地いっぱいに広がります。そのご地層の帯には佐川町の魅力を凝縮させた仕掛けを施し、ここを訪れる人々をおもてなしします。

① ごちそうギャラリー

佐川の魅力が一目で分かる特産品や子供たちの作品を展示する壁として利用。

② ごちそう窓

工房で佐川のご馳走を作る工程が望めるごちそうの窓が食欲を掻き立てます。

③ まきのさんのマルシェ

農家さんが採れたて野菜を売るマルシェを開催。佐川の野菜の美味しさをアピール。

④ まきのさんの本棚

レストランに設ける本棚。植物に関連する本が子供たちの興味を掻き立てます。

⑤ Makipedia 体験

敷地に咲く花の QR コードをスキャン。佐川の自然を体験しながら学びます。

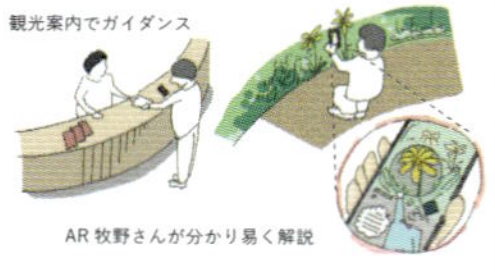

⑥ 草木染体験

植物から採った染料を使った染め物体験により、自然をより身近に感じます。

⑦ まきのさんの花畑

法面を花畑に整備し、1年を通して表情を変える植物が中心にある道の駅とします。

⑧ 地層発掘体験

地層壁を削れる箇所を設け、発掘体験を通して発見する楽しさやワクワク感を提供します。

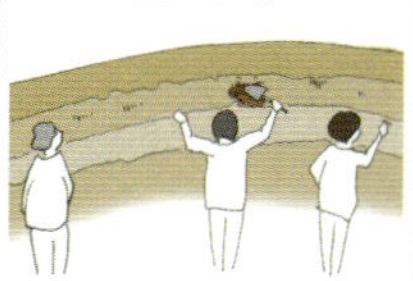

サステイナブルな環境計画・ランニングコスト削減

■佐川町の自然を最大限に活かした環境計画

佐川の風土を活かしたパッシブな環境計画を積極的に活用し、省エネ機器を採用することで、ランニングコストの大きなウェイトを占める光熱費を抑えるサステイナブルな環境計画とします。

・LED 照明や節水型機器を採用し水道光熱費を抑えます。
・ソーラーパネルによる補助発電、災害対応発電を検討します。
・空調機はメンテナンス性が高いパッケージ型を採用します。

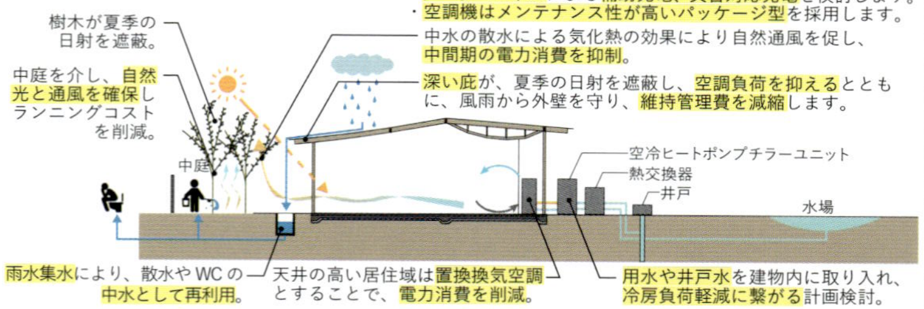

防災計画

■防災拠点として使える施設・屋外空間

災害拠点施設として機能する準備を整えます。ビオトープの水を消化用水や災害時生活用水に利用。ソーラーパネルによる災害発電、非常用品の備蓄の検討をします。かまどベンチや炊出し窯として使用できる機能を付加させ、災害時に備えます。平時からの行政担当課や町民のボランティア活動等を通して、災害時にお互い助け合いができるコミュニティ作りを目指し、災害に強いまちづくりに寄与します。

マンホールに設置するトイレ

釜戸ベンチ

ビオトープの水利用

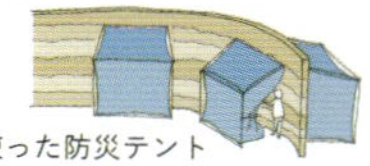
帯を使った防災テント

まきのさんの広場。周辺環境と調和するように低く抑えた建築が広場を囲み、子供たちが安全に遊べる場を確保します。

まきのさんの台所はまきのさんの広場へと続いていきます。

建物に入ると直ぐに、施設全体が見通せる開放的な案内です。

構造計画・イニシャルコスト削減

■経済性・運営に配慮し、内部空間に応じて使い分ける３種類の吊り構造

〜高知県産一般スギ製材と嵌合接合による吊り構造で木造空間をつくる〜

大空間を４ｍ以下の高知県産一般製材で、かつ少ない木材量で実現できる合理的な構造計画です。手刻みとプレカットを用いた嵌合接合によって特注金物を極力なくした、経済性に配慮した架構とします。室内は３つの吊り構造により、レイアウトを選ばない運営しやすい開放的な空間を実現します。

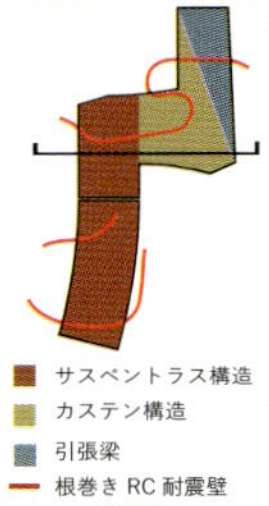

1）切妻屋根の形状を活かしてサスペントラス構造を採用します。サスペントラス構造は、山形のトラスの圧縮力と下弦吊り材の引張力が吊り合う構造で棟位置で吊り材が持ち上がり、無柱空間を可能にします。
2）さかわ通りの屋根構造は、下凸の屋根形状を活かしてカステン構造を採用します。カステン構造は川口衛氏が鉄骨造で考案したバックステイが不要な画期的な構造で、吊り材の引張力を妻部分の枠梁とポスト柱で巧みに釣り合わせます。
3）まきのさんの市場の屋根構造は、下がり棟のある屋根形状にそってスパンに合わせた張弦梁を配置することで、グラデーションの変化を持った空間を生み出します。
4）全水平力は、平面的にカーブさせたRC壁に負担させることで、木造耐力壁の不要な外部からの視認性の良い開放的な空間を生み出します。RC壁は別棟区画の耐火コアになるとともに、水平力を負担する耐震コアとして機能します。

サスペントラス構造参考例

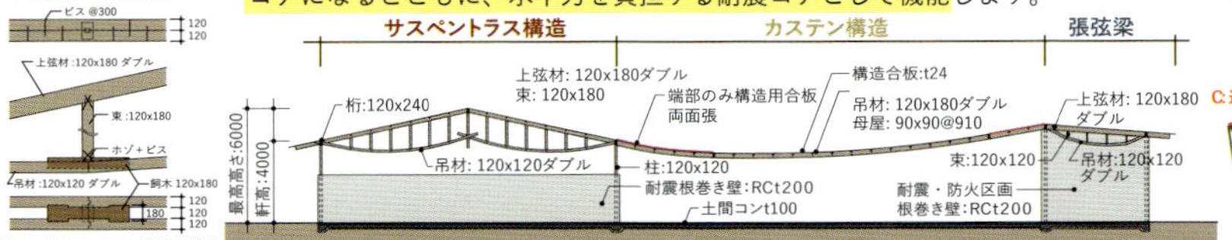

サスペントラス構造詳細

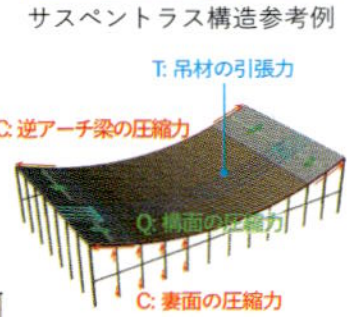

カステン構造のしくみ

県産材活用・サステイナビリティへの貢献

■地場林業の活性化に貢献

一本の材木から余すことなく構造材・仕上げ材・下地材・薪・チップにまで有効的に活用するフローを構築します。地場の工務店が施工可能な仕様とし、施工費の縮減につとめます。地場の木材を使うことで、輸送距離を抑えCO_2の削減に貢献します。

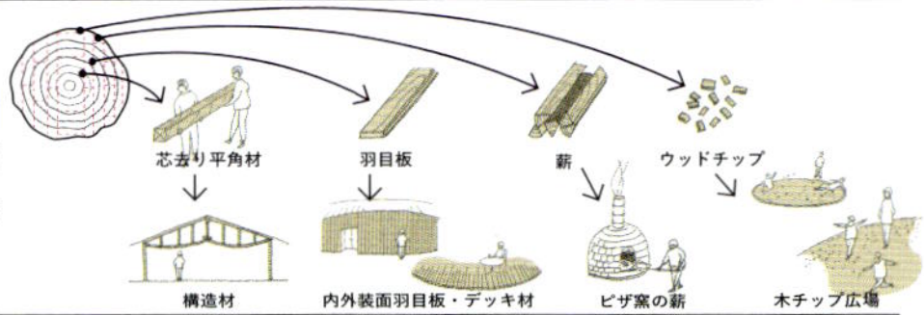

様々な状況に柔軟に対応できるチーム体制

■佐川町を良く知った多彩な実績をもつ担当者が集結

県内公共建築の実績の豊富な事務所と、海外経験を積んだ気鋭の設計事務所、佐川町に長年関わってきた設計事務所の３社による設計ＪＶチームにより業務を遂行します。ワークショップ経験を活かし、町の人々と共に「みんなでつくる道の駅」とします。運営コンサルタントチームと共に、運営、経営面の視点も生かした設計を行います。

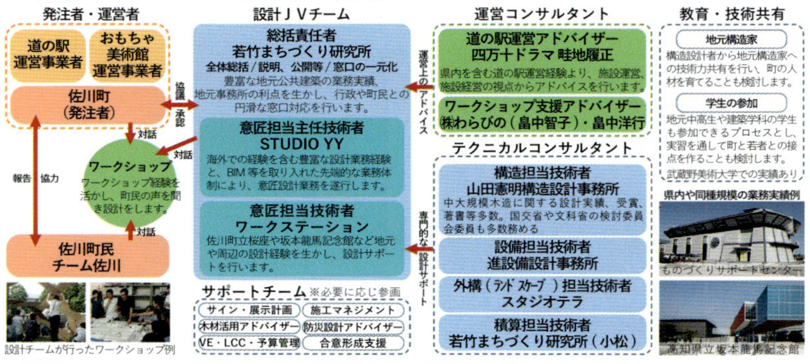

まきのさんの市場。どこにいても外の植物が見える、植物に囲まれた道の駅です。

コスト縮減・メンテナンス

■イニシャルコストを減縮するその他の考え

RC壁により1000㎡毎に区画することで、準耐火構造でない一般木造とすることができ、イニシャルコストを縮減します。/ 基礎形式を土工事の少ない計画とし、掘削土の削減と工期短縮をはかります。/ 効率的な平面計画とし、内部動線空間を最小化しながら、半屋外空間の整備費を捻出します。/ 工場制作部材と効率的な施工計画で現場作業をコンパクト化、工期短縮に繋げます。

■維持管理費を縮減する考え

見通しの良い空間にすることで、運営人数を抑える空間構成とします。/ 敷地周囲の植栽を活用することで、敷地内にはシンプルなメンテナンスで済む植栽計画とします。/ 山羊を使って芝生広場を除草します。/ 外装材は高耐久性能の材料とします。

みんなで作るまきのさんの道の駅

■佐川町での設計経験や人脈を活かし、「みんなでつくる」まきのさんの道の駅

佐川町が育んできた、”みんなで楽しみながらつくる” 姿勢を道の駅にも取り入れます。地域おこし協力隊、はなもりC-LOVE、ボランティアバンク等、多彩なチームさかわの力を活かし、「みんなでつくる道の駅」として育てます。佐川町に関わってきた設計チームとワークショップアドバイザーがサポートを行います。

みんなで作る
模型やパースでイメージ共有をしながら、佐川町担当課・関係課や町民の方々、運営者との対話を基盤として、最適な道の駅つくりを進めます。ワークショップアドバイザーが意見を出しやすい場づくりをサポートします。

みんなで育てる
まきのさんの花畑を通して、植生の説明 / 植樹 / 育成のワークショップを開催し、はなもりC-LOVEのメンバーや、佐川高校のボランティアバンク、町民、旅行客など、皆で育てる花畑とします。実際に触れて育てながら佐川町のまきのさんの植生を知る場となります。

みんなで学ぶ
ご地層の帯には、町の情報や特産品を展示したり、山を眺めるベンチや、花を知るMakipedia、まきのさんの本棚などを設置します。他にも様々な仕掛けを町の方々からも募集し、道の駅を通して、佐川町の魅力を発見できる拠点として育てます。

みんなで広げる
佐川町の未来をみんなで考える場となることで、佐川町内への様々な展開・波及につなげます。町中の店舗と新しい特産品の開発や、84の森の木を使った発明品、まきの公園や、さかわ地質館との連携など、町全体へと広げます。

品質・スケジュール管理

■地の利を活かした品質管理と事業全体をコントロールするスケジュール管理

コスト・品質確保管理体制

高知市に事務所がある地の利を活かし、綿密な情報共有が行え、多様な意見を検証・反映できる体制を構築します。基本設計段階で確かな施設像を確立することにより、道の駅としての機能と高い品質を確保します。

手戻りない業務管理体制

基本設計を２つのステージに分割し、ステージごとにチェックポイントを設け、行政及び関係者と常に協議を行い、明確な目標設定とその共有化により業務停滞や手戻りを回避し、確実に業務を遂行します。

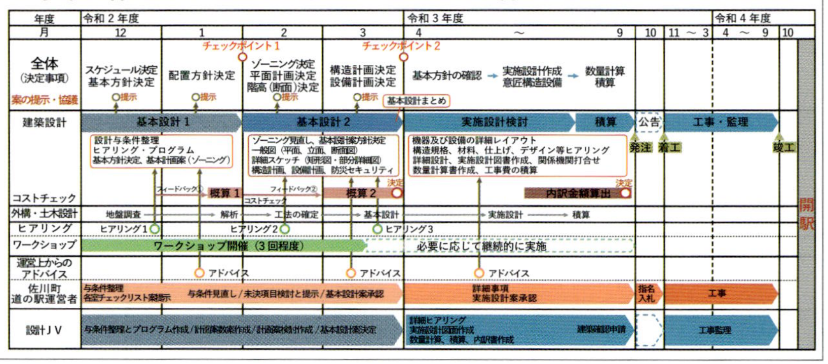

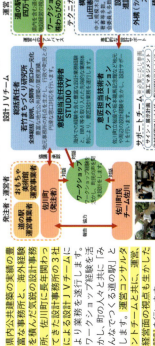

設計主旨説明書

さかわの「モノ」「ヒト」「コト」が編みこまれた発信拠点

自然と人の営みとの豊かな関係を育んできた佐川町にふさわしく、
これからの佐川町の新しいシンボルとなる道の駅を提案します。

提案の骨子

1. 自然／人、外部／内部を並置するつくりかた【建築の形式】

物販、産直、食堂、ものづくり、観光案内所といった用途ごとに分節された家型のヴォリュームが連続する形式の建築を提案します。各ヴォリュームがズレながら連なることで、内部だけでなく外部にも心地よいスケールの空間を生み出します。各ヴォリュームのあいだの壁は透過性があり、空間を緩やかに分節／接続することで、人々のアクティビティを調整します。

2. 風景と呼応したルーフスケープ【建築のかたち・風景】

佐川町への入口を意識し、連続する酒蔵や店舗といった伝統的な街並みと、佐川の豊かな山並みを同時に想起させるルーフスケープを提案します。切妻の勾配屋根は屋内に異なる気積の場所をつくり、おおらかに多様な活動を受け入れます。また、道の駅とおもちゃ美術館は統一したデザインで連続させます。

3. 緩やかにつながるワンルーム【建築の計画】

道の駅をワンルーム空間とし、死角を出来るだけ作らないことで、少ない人数でも管理がしやすい建築とします。ワンルームでありながら、単純なボリュームの操作で光や風の入り方を調整し、複雑で豊かな内部空間を生み出します。

4. さかわの林業と接続した木架構【建築の構造・材料・産業】

佐川の森から自伐型林業で切り出し、地場の製材所で製材可能な小径木や短い材でも加工可能な木による構造を提案します。金物の使用を最小限とし「植物としての」木の特質を最大限に活かす架構とします。小さな部材の集合で大空間を生み出し、手触りのある小さなスケールと大きなスケールを両立させます。

5. みんなでつくる建築【建築のプロセス】

「みんなでつくる総合計画」に表れているように、佐川町はまちづくりに向けた町民の意欲にあふれた地域です。道の駅の設計においても、町民と一緒に案を作っていくプロセスを重視し、みんなの想いを建築に反映させます。

佐川町の魅力

さかわの資源が繋がり、未来を創造する場

新しい道の駅は、さかわの魅力的な産業や技術の「発信」と「発見」の場となるだけでなく、様々な専門性を持った人が集まることで、新たな商品の開発やブランディングといった「創造」の場となります。佐川町の魅力的な「モノ」「ヒト」「コト」が次々とアップデートされていく様子が一望できる大らかな空間は、観光客が何度も訪れたくなる、魅力にあふれた道の駅となります。
また、佐川町民にとっても、気軽に学び合う生涯学習の場として、創造的な刺激に満ちたパブリックスペースとなります。

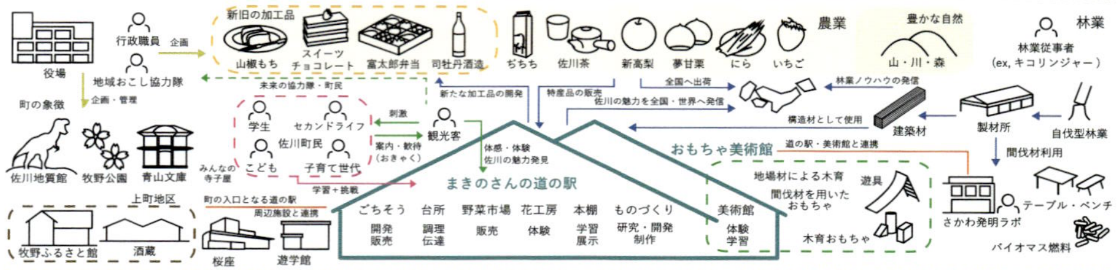

取組体制

対話を重ね、「みんなでつくる」道の駅

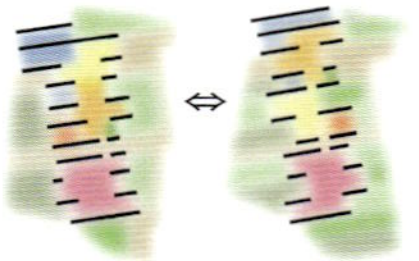
2020.11月案　⇔　2021.〇月案
ワークショップで案を育てていく

ワークショップのイメージ

佐川町のみんなでつくった「第5次佐川町総合計画」と同様に、地域に根差した道の駅を「みんなでつくり」ます。町民が、真剣に、楽しみながら設計プロセスに参加し、対話するための工夫を実施します。室内・屋外ともに柔軟にみんなの想いを受入れ、育てることのできる形式であることが私たちの案の強みです。
また、設計期間中だけでなく、施工期間中にも木材加工や什器製作、植樹などのWSを企画し、開業後も町民のみんなで道の駅を育てていくための種を散りばめておきます。

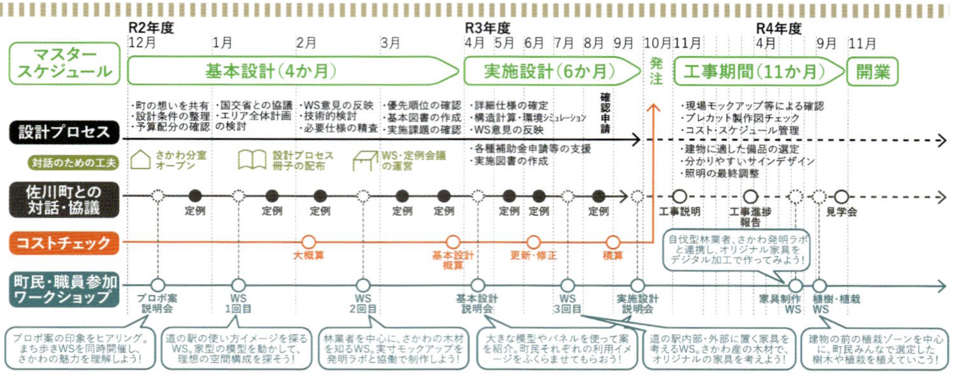

広域計画

さかわの観光資源への入口となる

牧野公園、牧野富太郎ふるさと館、地質館、上町地区の酒蔵の街並みなどの魅力的な観光資源へ人びとを誘導する、佐川町の入口としての役割を果たします。

植栽計画

「まちまるごと植物園」の一翼を担う

佐川町全体が植物園という大きな枠ぐみの中で、町の入口にふさわしい、牧野博士由来の植物を風景の中に無理なく配置する植栽計画とします。過度に管理するのではなく、自然の中で自由にのびのびと育つ植生を提案します。国道側から最も目立ち、環境の良い敷地北側に牧野博士が発見したセンダイヤ（桜）を、西側の高木にはオガタマノキ、クロガネモチ、ヤマモモなど訪れた子供たちが覚えたくなる特徴的な名前の樹種や実のなる樹種を選定します。また、建物の正面（駐車場側）に佐川名産の野菜や草花を町民みんなで育てる「みんなで育てるにわ」を提案します。

センダイヤ　オガタマノキ　クロガネモチ　ヤマモモ　アラカシ　オンツツジ　バイカオウレン　ヒメアジサイ

配置・動線計画

敷地の周辺環境と、隣接施設との連携に配慮した建物配置

谷戸状地形の敷地にあわせて南北軸方向に建物を配置し、建物の周囲に水はけがよく十分な日照が確保できるまとまった植栽エリアを確保しています。また予定されている国土交通省のトイレ・休憩・情報提供施設との連携、及び敷地南側の芝生広場との連続性にも配慮した配置としています。

建物の配置イメージ

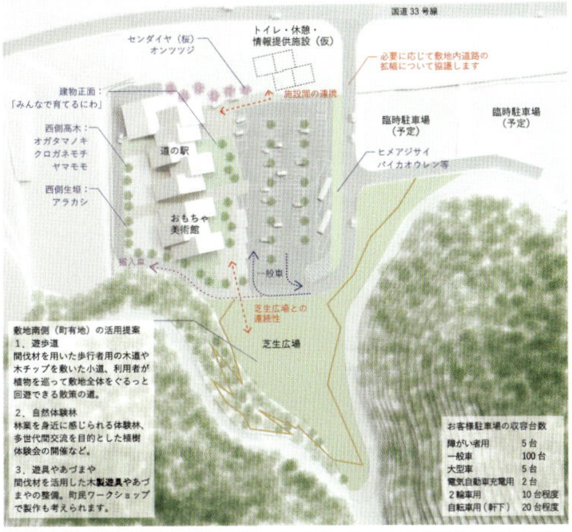

平面計画

建物内外の多様な活動や交流を生み出すプラン

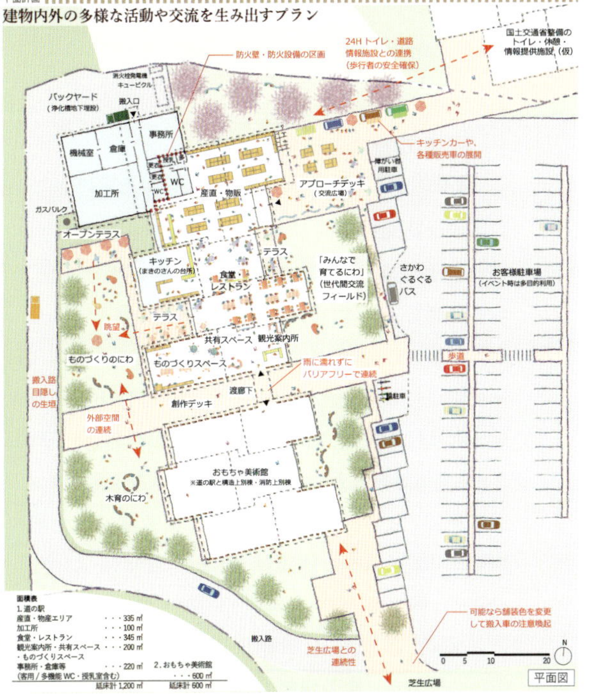

アプローチデッキ（交流広場）で屋外マーケットの開催　みんなで育てるにわ。とれた野菜はキッチンで調理　屋内と呼応し連続したデッキと、ものづくりのにわ　木育のにわの遊具で遊ぶこどもたち

敷地南側の芝生広場まで連続した、一体的な配置計画

組子格子耐力壁により緩やかに分節されるものづくりスペースと食堂エリア

国道側ファサードに浮かぶ木格子のシルエット

南の谷戸からのアイレベルビュー

南西上空からの鳥瞰

構造計画

山や森と共生する、さかわ流・自伐型林業の発信

この建物は、佐川町が推進する自伐型林業による製材を活用した「中大規模木造建築物」のプロトタイプと位置づけられます。中小径の様々な長さの製材を組み合せて構築できる「組子格子耐力壁」は自伐型林業による製材と親和性の高い工法であり、今後も様々な建築物で展開しうる可能性を有しています。50 年後・100 年後に価値ある山づくりを目指す佐川町において、この建物は森林と人間との将来に渡るサスティナブルな循環型の共生関係を示す「環境保全型林業」の象徴として、世界に発信できるモデルケース（SAKAWA モデル）の役割を担うものとなります。

「SAKAWA モデル」のイメージ

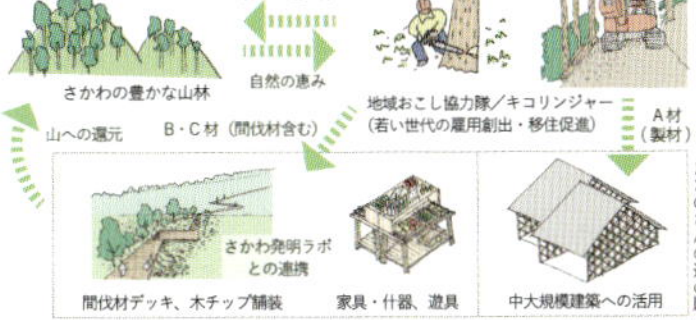

地場産材を PR するための“エキシビション”

・構造は佐川町産材を主とした高知県産材による木造とし、架構そのものを地場産材を PR するためのエキシビション（展示場）と位置づけます。
・大断面材やエンジニアリングウッドではなく、自伐型林業で調達可能な、比較的小さな径で短い材長のヒノキ無垢材でも組み合わせて活用できるシンプルな「組子格子耐力壁」によって木造架構を構築します。

木造の架構モデル　：編まれた繊細な木が、空間のゆるやかな連続を生み出す

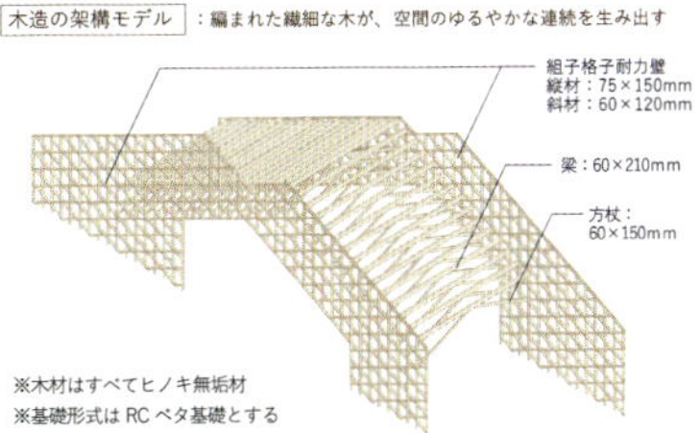

設備計画

さかわの自然の恵みを活かした、サステイナブルな環境への貢献

出来るかぎり機械にたよらずに自然環境を活かしてライフサイクルコストを低減、地球環境にやさしい設備計画とします。
＜重点項目＞自然を最大限に活かした設備計画・コロナ等ウィルス対策・雨水利用・災害対策・井戸の検討・使用材料の選定

設備フロー図

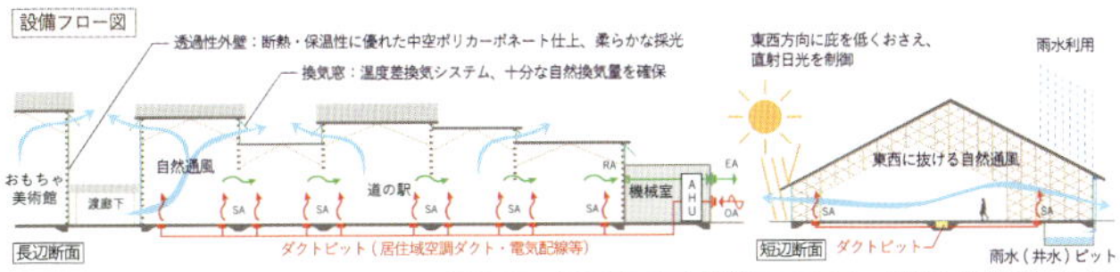

自然を活かした設備計画：天井ふところの大きい空間を利用した温度差による置換換気システムにて自然通風を積極的に取り入れ恵まれた気候を最大限に活かします。・中間期及び混雑時の空調負荷については、外気冷暖房システム導入することにより、大幅な電力消費の低減を行います。また、冷暖房は大空間でも省エネかつ高効率な居住域空調方式（床吹出し）を採用します。
・自然光を積極的に取り入れ照明の電力消費の低減を図り、庇で直射光を制御し空調負荷の低減を行います。
コロナ等ウイルス対策：ビル管理法による換気量を考慮し、かつ空気状態、人員の混雑状況を感知した換気を行います。
雨水利用・災害対策（井戸の設置検討）：雨水は通常時にはトイレの洗浄水、植栽への潅水等に利用し水道水への依存度を軽減します。また、災害対策を兼ねて井戸の設置を検討します。井水の併用により乾季でも安定した水の供給が可能となります。
使用材料の選定：使用材料等においては再生可能な材料、リサイクル品を積極的に導入し地球環境へ配慮します。

工期・工事費

設計の工夫による、工期の適正化と工事費コントロール

・使用する木材に特殊規格を用いず、一般流通材の規格とすることでコストを縮減します。
・木造架構は仕口の組み合せによる構造とし、特殊な接続金物を用いない安価な構成とします。
・CAD/CAM プレカット工法により部材の工場加工や組立の可能な構造システムとして工期とコストを縮減します。歩留まりが高い工法のため木材資源のロスを最小限に抑えられます。
・事務所や倉庫、加工所などのバックルームは天井高を抑えた在来軸組構造として内外装材のグレードを抑えるなど、建築全体としてメリハリのあるコストマネジメントを実施します。
・現状のヘリポートをお客様駐車場に転用し、工事中は作業ヤード（現場事務所・工事車両用駐車場を含む）に活用する施工計画として仮設工事費と工期の縮減を図ります。
・透過外壁面にはポリカーボネートを用い、特殊サッシュを用いない経済的な開口部とします。
・現場掘削土は、協議により可能であれば敷地南側の芝生広場（町有地）に遊具を兼ねた築山や敷きならしによる敷地内処理としてコストの縮減を図ります。（場外搬出費の削減）

合理的な建方工程フロー

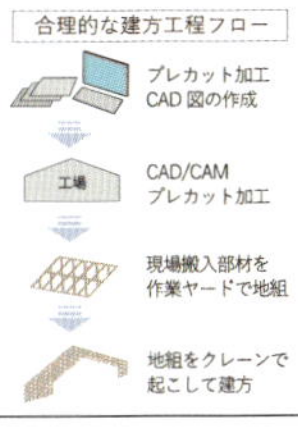

維持費の低減

ランニングコスト・維持費低減の工夫、安全の確保

・道の駅とおもちゃ美術館が屋根でつながる見通しの良いプランのため、管理運営にかかる負担を軽減でき、子どもの安全見守りや防犯面においても死角がなく有利な構成となります。
・屋根仕上げは高耐久のガルバリウム鋼板一文字葺きとし、透過性の外壁面は耐候コーテイングを施した高耐久・美観維持性に優れたポリカーボネイト仕様としメンテナンスの負担を軽減します。
・外構のウッドデッキは佐川町産材を主とした地場産の間伐材の活用を検討し、将来の張り替えが必要な場合にもすぐ調達できるようにします。

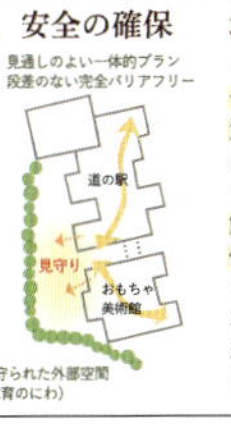

防災計画

地域に安心感を与える、災害時の拠点

・南海トラフ地震や水害に備え、緊急一時避難場所や、町内全域への救援物資の保管所（防災用備蓄倉庫）としての機能設置を検討します。
・今後の協議の上、非常用電源装置、飲料用給水タンク、トイレ用貯水槽、仮設トイレの配置を検討します。
・可能であれば井戸設置を検討します。非常用浄水装置を用いて災害時には飲料水が確保できるほか、日常時は植栽の潅水やトイレ洗浄に利用できます。

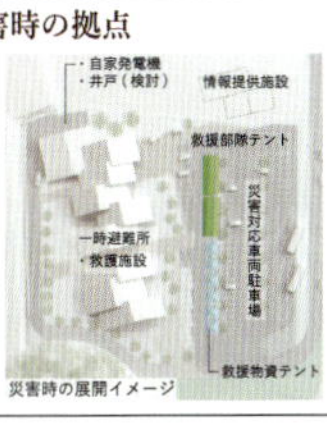

災害時の展開イメージ

ラーバンデザインオフィス・DKAA共同企業体案

次点

佐川の「モノ」「ヒト」「コト」が編み込まれた発信拠点という大きなテーマを掲げる。「モノ」として、建物の形は大きな切り妻屋根の連なりで風景と呼応した。また「ヒト」については、ワークショップを重ね対話を重視するというつくり方の提案をしている。そして「コト」としては山と森と共生するために佐川町が推進する自伐型林業による製材を活用するとしている。またそうしてつくる建物内で地場産材をPRするエキシビションを企画する。全体として「モノ」「ヒト」「コト」それぞれに考えが行き渡る提案としている。

1｜要項の概要と特徴：長期的なまちづくりの一環となる建築を求める

佐川町は高知県中西部に位置する周囲を山地に囲まれた盆地にある、人口およそ12,000人の町である。2本の国道とJR予讃線が交差する交通の要所であり、本プロポーザルの敷地もその国道の1つである国道33号線に並行して計画された。敷地面積は11,495㎡で、延床面積はおよそ1,800㎡。うち600㎡を別途計画するおもちゃ美術館とし、建物全体は県産材を用いた木造平屋建とすることが求められた。主要諸室は産直・物販エリア（350㎡）、加工所（100㎡）、食堂・レストラン（350㎡）、観光案内所・共有スペース・ものづくりスペース（200㎡）、事務所・倉庫等（200㎡）である。敷地は自衛隊の緊急ヘリ発着場等、国の用地であり、隣接地に国土交通省がトイレ等を設けることが決まっている。自治体と道路管理者（本件では国）がともに整備を進める、一体型と呼ばれる道の駅である。

プロポーザルの名称に含まれる「まきのさん」とは、植物学者の牧野富太郎（1862〜1957）である。佐川町は牧野公園を中心に町民の庭先や地域の花壇、店舗の軒先等に植物を植える「まちまるごと植物園」活動を実施する等、牧野の生誕の地であるストーリーを生かした「植物のまち」をテーマにまちづくりを進めている。募集前に施設名を決定していたことからも、道の駅が、植物との関わりを軸にした地域のブランディングに果たす期待値の大きさが伺える。また、佐川町は古生代から中生代にわたる地層が見られる等、地質学上の要地であることも知られている。

募集要項と基本計画には、生産物を地域外で販売・流通させる「地産外商」を行う産業振興と、広報の拠点となる面が強調されている。実はこのトピックはプロポーザルの半年前に発表された町の第2期地方創生総合戦略、またそのベースとなる第5次佐川町総合計画（2016〜2025年）に記されている。総合戦略を読むと、仕事づくりの一環として町産品の直売所となることや、地元の木材を価値づける木工体験の場が求められること、また、地域コミュニティの結節点となり、町のブランディングの要となること等が具体的なビジョンとして示されている。

要項ではこれらに加えて、総合計画策定時に町民ぐるみで行われたワークショップを記録したドキュメントブック『みんなでつくる総合計画』も挙げ、併せて踏まえるよう求めている。総合計画では「まじめに、おもしろく」将来を検討し、教育や産業、結婚・出産・育児、観光等、7つの分野で45の施策を掲げている。むろん行政が打ち出す各種計画の内容はあらゆるプロポーザルの前提であり、応募者は熟読するものであろうが、

UAo案

佐川の宝である山川空を大事にするデザインを心がけ、Y字型の柱で高さ5mの水平に延びる大屋根を支える。周囲には大きく開き来訪者が自然と入る場所をつくる。このY字柱は小断面木材を束ねて使う。それによってコスト削減を図る。大屋根の下にはおもちゃ美術館、物販エリア、レストラン、さかわフィールドと呼ぶ屋内外が混じり合った人育ての場所等が入る。また外部にはイベント広場、まきのさんのガーデン等のランドスケープデザインを行う。

（注）本書掲載に際し、当時の提案書を一部修正しています

花粉（魅力）をまちの隅々・全国、そして世界にまで運んでもらうための公共の施設です。
ちそう"という蜜の甘さをデザインすることがおもてなしとなります。
、「より大勢のお客様を惹きつける」という草花からの学びを念頭に建築をデザインします。

-ダルにさかわを感じる 野草を纏った自伐の森」

牧野博士が愛
グサをはじめ
くさんの山野

自伐の森

再生する「サステイナブルなマテリアルフロー」の概念を
を活かした柱が屋根を支える「森のような建築」をつくり
び広がるよく手入れされた森の木立のような空間は、吸
し、利用者の緊張感を和らげ、五感を統合しマルチモー
交流が育まれる空間となります。
く使い切り、自伐型林業の循環を示し表します。

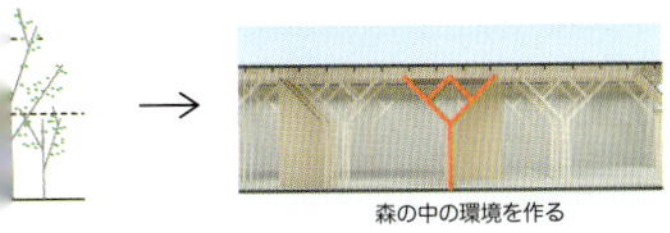

森の中の環境を作る

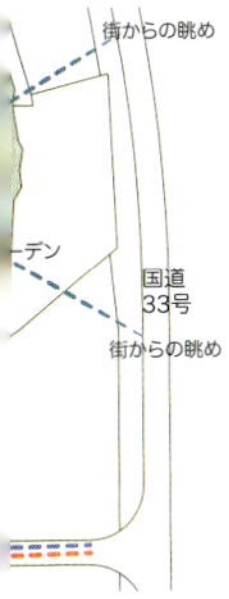

■サスティナブルなマテリアルフロー

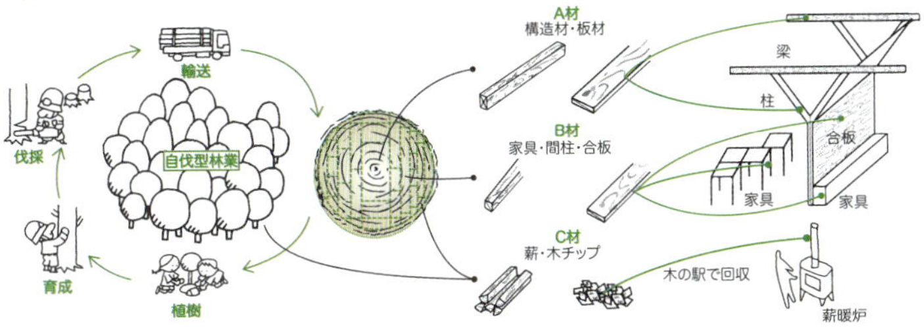

川：町民の豊かな生き方を表現する 「人の流れが描く仁淀川」

■空間を区切らない配置計画

みんなでつくる総合計画の「さかわを楽しむための25のアクションプラン」に連動し、施設内に「にぎわいの種」を撒きます。町民が小さな一歩を踏み出しやすい多様な活動をサポートする「シームレスな環境」を作る事で、まちや周辺に活動の連鎖が広がり、次第に仁淀川のように悠々と流れる"人材の大河"を形成します。

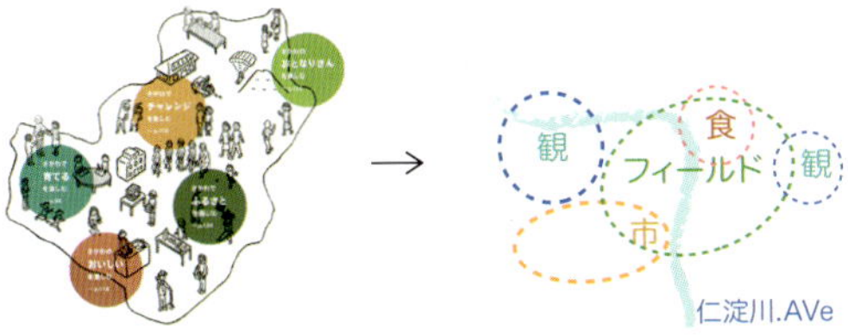

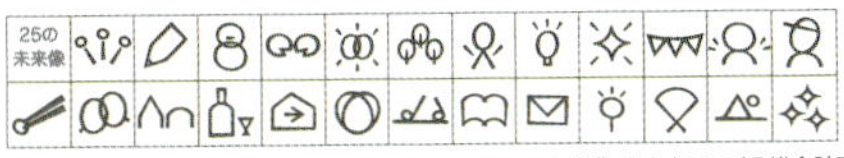

※出典：みんなでつくる総合計画より

空：中庭から抜ける空 そしてまち遊びの拠点へ

■中庭・森のポケット

森に足を踏み入れると、明るく見通しの利く場所や低木に優しく包まれた場所があり、あちらこちらから様々な音が聞こえ、そして時折心地よい風が通り抜けて行きます。整備の行き届いた自伐型林業の森の中にあるふと枝の切れ目に現れる「森のポケット」では、突然開いた空より陽の光が差込まれ、草花や昆虫たちが我先へと活動します。Y字の森の中庭に作る森のポケットは、さかわの空から降り注ぐ陽の光が人々を楽しげに照らし出し、木立の下での触れ合いを育みます。

■まちの遊び場の拠点へ

牧野博士の分類学のはるか古より、さかわの人々は山野草に山の風情を感じ、名前も知らずに、気品や品格・時には味わいさえも楽しんでいたのだと思います。山野草を育てることが、さかわの生き方すら照らし出すのだと思いが廻ります。自然を慈しみ心豊かに生きるさかわ流の日々の過ごし方をこの道の駅に漂酔わせることが、ここにしかない「まち遊びの拠点」をつくるのだと思います。
そしてコロナと共生する現代、移動や交流の在り方、さらには、働き方や家族のあり方さえもシームレスに量子化することが想定されています。私たちは、Society 5.0 の積極的な導入も視野に入れ、「自然が育つ作法」に学び建築をつくり、同時にテクノロジーに強い設計チームとして、SDGｓをベースに多様な運営のあり方と呼応する建築を目指します。

■まちのアイデンティティとなる道の駅

3つの立て札「山、川、空」と3つのおもてなし「食、市、観」が織りなす空間が町内外の人々を集め、にぎわうデザインを形成します。町民をはじめ、「さかわ発明ラボ」や「木の駅」といったまちの拠点と連携を図りながら、さかわの歴史や風土といった様々な魅力を発信し、まちのアイデンティティとなるさかわらしい建築を目指します。

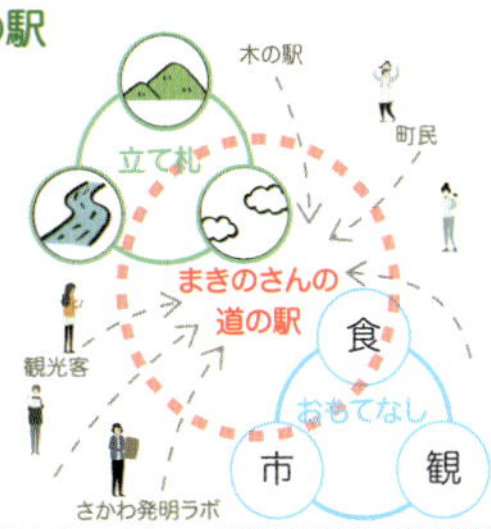

※出典：第5次総合計画、みんなでつくる総合計画、第二期総合戦略

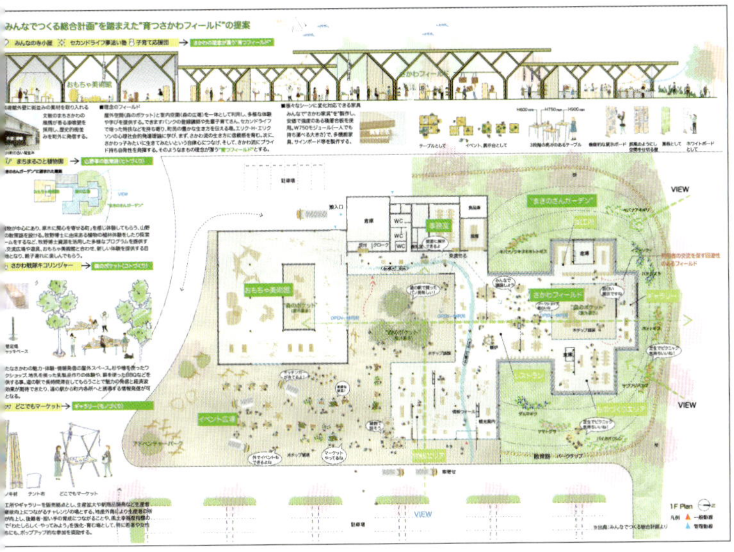

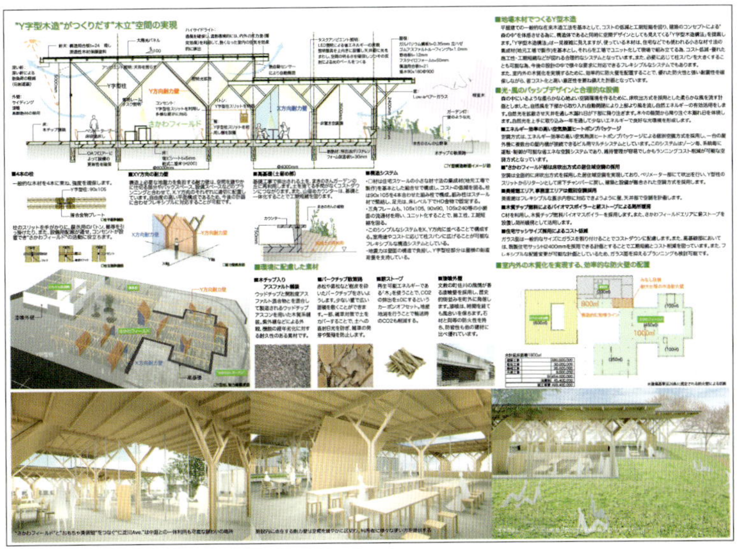

要項にここまで明記された例はめずらしい。道の駅の構想もこのワークショップのなかでの町民の要望から始まっていることから、まちづくりに賭ける住民意志の醸成プロセスとその分厚さを応募者にも共有してほしいという、主催者側の並々ならぬ熱意を感じる要項である。（山崎）

2｜提案内容の卓越性：発展的なゾーニングで植物との共生を提案

佐川町道の駅基本計画には2つのコンセプトが示されている。それらは基本コンセプトとして「植物が中心にあるまち」、運営コンセプトとして「ごちそう佐川」である。前者は言うまでもなく本施設の名称でもある植物学者牧野富太郎に根差した町のアイデンティティである。そして後者は地質学者発祥の地でもあるこの地の地層とたくさんのご馳走をかけた町民の意思が結晶している。

この2つのコンセプトに真摯に向き合って案をつくったのが選定された若竹まちづくり研究所・STUDIO YY・ワークステーション設計共同体案であった。ラーバンデザインオフィス・DKAA共同企業体案、UAo案、パシフィックコンサルタンツ・蘆田暢人建築設計事務所設計共同体案、いずれも自然との融合、まちとの関連、建物構造の美的な提案等において最優秀案に引けを取らないものとなっていたが、2つのコンセプトに対する理解と応答においては、選定案が明解であった。まず「植物が中心にあるまち」という最初のコンセプトに対して、敷地およびその周辺の自然も巻き込みながら、植物と建物を共生させる具体的な提案がなされている。背景の丘になだらかにつながるまきのさんの花畑を敷地南側につくり、建物の背景に花畑が見えるようなしつらえとしている。また建物を透かしてやはり敷地南に広がるまきのさんの広場が見えるように計画されている。

2つ目のコンセプトである「ごちそう佐川」に対しては物理的に地層をメタフォリカルに表現した帯を建物内外に展開した。そしてそこにマルシェ、ギャラリー、ご馳走等をディスプレイした。

これらのコンセプトの応答は優美な屋根形状で統一されて美しい造形となって、単にコンセプトへの回答ということではなく、建築的に統合された形で提案されたことが最優秀として選定された理由であろう。（坂牛）

3｜リレーションズ提案の卓越性：地元との連携体制と役割分割の明示

「「まきのさんの道の駅・佐川」基本設計業務プロポーザル」が実施された高知県佐川町は、書籍『みんなで

パシフィックコンサルタンツ・蘆田暢人建築設計事務所
設計共同企業体案

自然、町民と一体化することで開放感と親しみやすさに溢れた建築をめざす。大屋根の下には観光案内所、食堂、おもちゃ美術館、産直・物販エリアである佐川モール等が収まっている。佐川モールは施設の中心に位置し、シンボリックな緩い円錐形の木造屋根をかけている。敷地東側に駐車場を配置し、それを抱き抱えるような歩道空間をつくり人の動線がおおらかにつくられている。

い中心

「植物のまち」

つくります。

活発化させる、

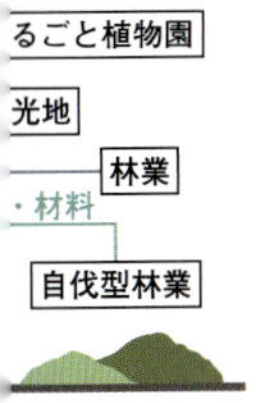

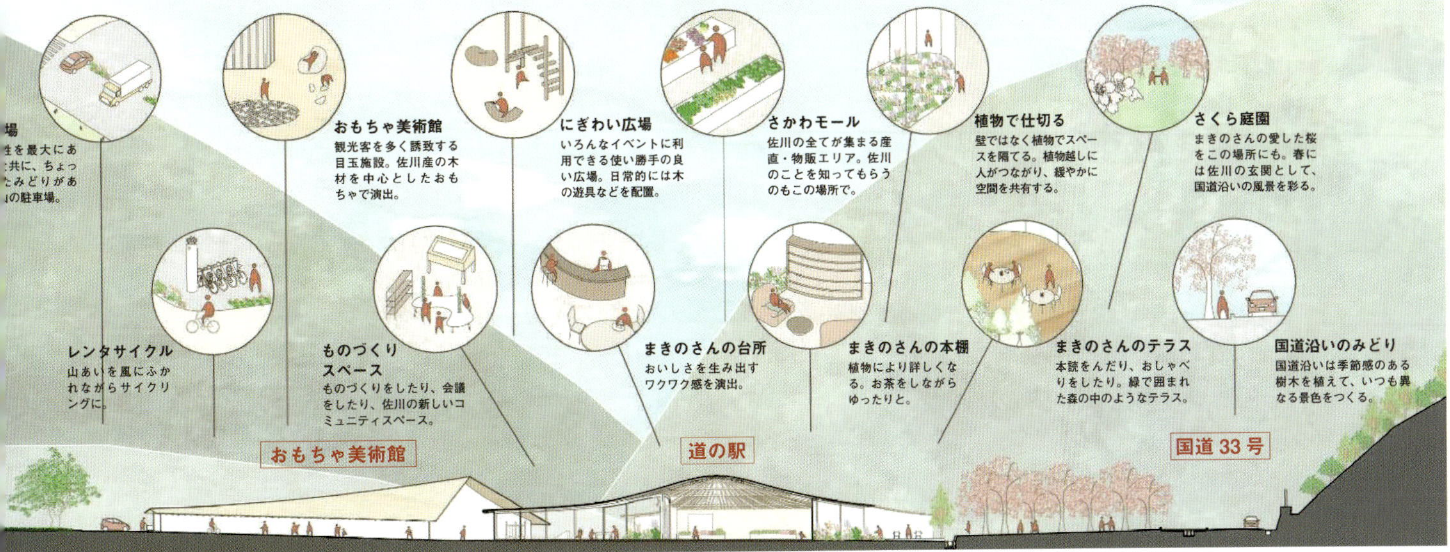

場所です。こ
の視認性も高
屋根をつくり
つ気軽に訪れ
。

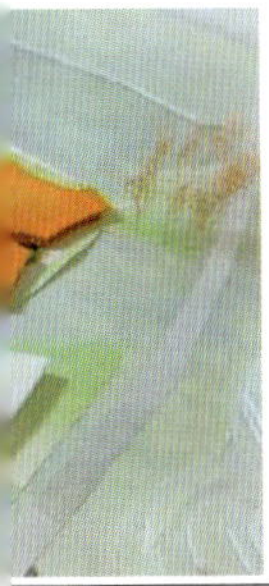

03. 敷地をつなぐ

トイレと休憩施設が整備される国有地、芝生広場など隣接する**他の計画地と道の駅をつなぎ**、**利用者の利便性を高めた計画**とします。建物の外周部を凹ませることによって生まれた空間をそれぞれ個性豊かな場所として設えます。

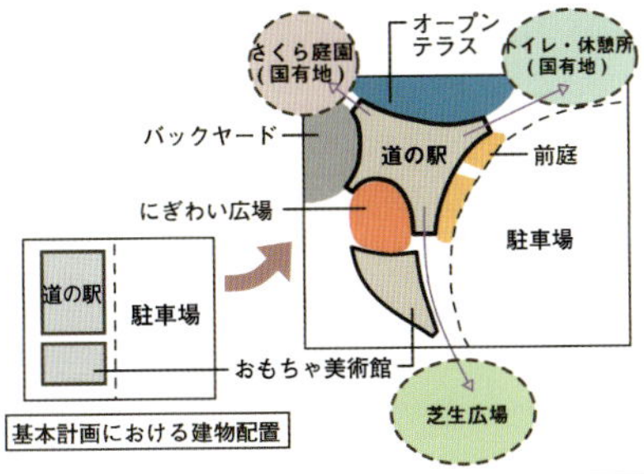

04. 植物をつなぐ

インテリアと植物が一体となった空間をつくります。壁で用途を仕切るのではなく、庭に植えられた植物によって領域を分け、**植物とともに空間が緩やかにつながっていく**、使い勝手の良い大きなワンルームをつくります。

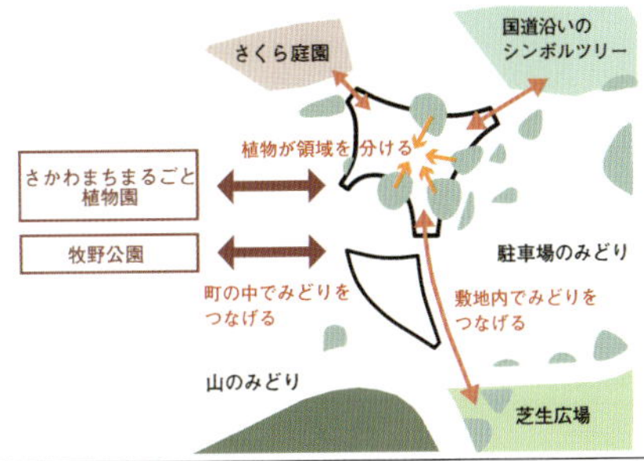

05. つくることをつなぐ

道の駅にものづくりスペースが併設される特性を最大限に活かした、施設計画とプログラムを提案します。**既存の活動との連携**はもちろんのこと、ものづくりと植物を愛する活動をつなげるなど、**新しい繋がりをデザイン**します。

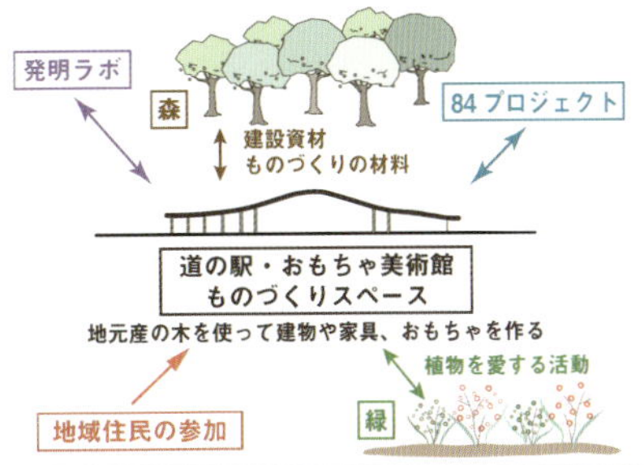

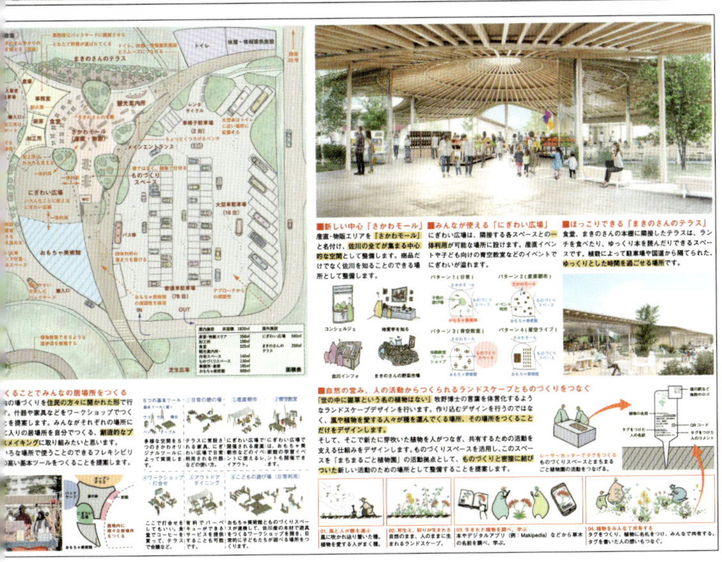

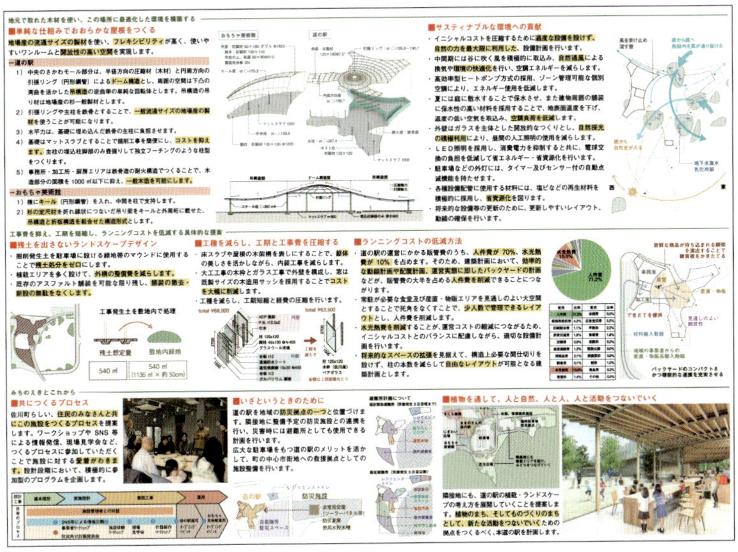

つくる総合計画―高知県佐川町流ソーシャルデザイン』でも記録されているように、2014年より「住民353名、役場のコアメンバー26名、オールメンバー112名が2年を費やして異色の総合計画をつくりあげた」。これが募集要項でも参考にすべきものとして指示されている第5次佐川町総合計画である。「全18回の住民ワークショップ、457個のアイデアから描き出された、25の未来・まちの姿」とある通り、施設計画のみならずリレーションズ、とりわけ「②市民とのコミュニケーション」に力を入れている自治体だと言える。

最優秀賞に選ばれた若竹まちづくり研究所・STUDIO YY・ワークステーション設計共同企業体案では、「佐川町での設計経験や人脈を活かし、『みんなでつくる』まきのさんの道の駅」という項目で、プレゼンシート3枚目に冒頭で述べたリレーションズ提案（P.10）をまとめている。

JV（ジョイントベンチャー）の中に、総括責任者として若竹まちづくり研究所が、全体総括／説明、公開等／窓口の一元化を担当している。豊富な地元公共建築の業務実績を持ち、また地元事務所である利点を生かし、行政や町民との円滑な窓口対応を担う。

こうした体制の明示、とりわけ実績豊富な地元企業が統括をおこなう、ということは自治体にとっては安心材料となるだろう。設計と運営については地元側がしっかりとハンドリングをおこない、「テクニカルコンサルタント」は内外問わず適任者を任命しているように感じられる。

なお、同じく提案書3枚目にはリレーションズに関わる項目も入れたスケジュールが示され、柔軟に設計を進める旨が強調されている。特筆すべきは、そうした要点をおさえながらも、「みんなでつくる」「みんなで育てる」「みんなで学ぶ」「みんなで広げる」と、本書で定義するリレーションズ提案の「③活用・運営につながる仕組みづくり」をイメージさせるような提案が示されていることにある。

一方で、ファイナリストである他案では、提案書には体制の明示はしていない。

ラーバンデザインオフィス・DKAA共同企業体案では、提案書1枚目に「対話を重ね、『みんなでつくる』道の駅」という項目を立て、ワークショップの回数もそれぞれの内容も示しながら、比較的具体的にプロセスを描いている。「さかわ分室オープン」「設計プロセス冊子の配布」「WS・定例会議の運営」など、対話のための工夫も提案されている点に注目したい。

次に、パシフィックコンサルタンツ・蘆田暢人建築設計事務所共同企業体案では、提案書3枚目に「共につくるプロセス」として、設計プロセスを住民のみなさんと「ともにし」、またそのプロセスを「共有」する提案がなされている。

そして、UAo案では、設計のプロセスというよりも建物の活用イメージのなかにワークショップなどが位置付けられていると、提案書からは読むことができる。

第5次佐川町総合計画において、すでに「みんなで

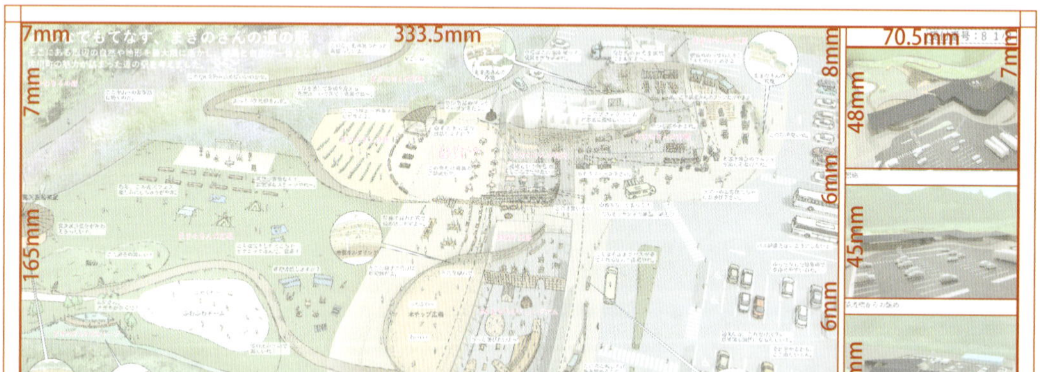

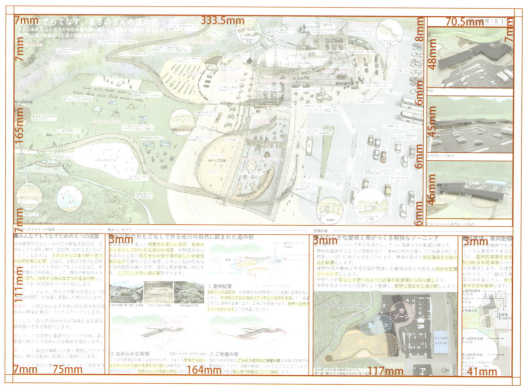

1枚目
選定案のグリッド分析　指定条件：A3、3枚以内（文字サイズの指定なし）

つくる」を経験している佐川町にとって、リレーションズの実現そのものも自分たちでおこなうべきものという意識があるのだろうか。具体的にプランニングするというよりも、どんな連携が取りうるのかをしっかりと強調している提案が魅力的に感じられたのかもしれない。（榊原）

4｜プレゼンテーションの卓越性：画像とテキスト配置のバランスを一定にした可読性の高いレイアウト

このプロポーザルは、単体としての道の駅だけでなくそれが町全体に広がり、自然と一体となったまちづくりへとつながるような場となることを期待されたものである。設計趣旨説明書はA3×3枚以内とし、「文章及び図面、イラスト、パース、写真等を用いた平面での表現とすること。表現等自由」と比較的自由な表現ができる条件となっている。

選定案の設計趣旨説明書は用紙四辺に7mmのマージンを設けており、全体を統合するグリッドは特にないが、全体的に上段に内外観イメージを、下段に説明的なテキストを集約することで、とても分かりやすく読みやすいレイアウトとなっている。募集要項で求められている提案内容のうち計画面に関するものは、「道の駅の名称である『まきのさんの道の駅・佐川』、また植物が中心にある町としての佐川町をデザインし、海外含め広く発信できる道の駅としての提案」・「第5次佐川町総合計画ならびに第2期佐川町地方創生総合戦略を踏まえた提案」の2つが挙げられるが、選定案はそれらをより分かりやすく分節したテーマを掲げて説明している。

1枚目では、まず「本業務に対する6つの提案」として全体のベースとなる考え方を述べ、「設計コンセプト」で建築的な提案、「配置計画」でゾーニングを示している。上段にそれらを分かりやすく伝える全体の俯瞰スケッチと模型写真を配している。2枚目では、「継続的な施設運営」として平面図とともに平面計画を、「観光・情報発信」ではこの建築の特徴である〈ご地層の帯〉と称した曲線状の壁のつくり出す居場所をスケッチで説明している。さらに「サスティナブルな環境計画・ランニングコスト削減」や「防災計画」といった環境面での技術的課題への提案を示し、上部にはよりリアルな外観パースで空間イメージを補完している。3枚目では、上段に内外観パースで空間イメージを示すとともに、「構造計画・イニシャルコスト削減」・「県産材活用・サスティナビリティへの貢献」・「コスト削減・メンテナンス」のような技術的課題の他、「様々な状況に柔軟に対応できるチーム体制」・「みんなで作るまきのさんの道の駅」・「品質・スケジュール管理」といった設計チームやワークショップ体制・業務体制の提案をまとめている。これら分節したテーマ同士はそれぞれ用紙四辺のマージンと同じ7mmのマージンを取ることで内容の切り替わりを明確に表現している。テーマを切り替えるマージンは7mm、図版同士のマージンは2mmと緩急をつけたメリハリのある全体構成である。

色調は全体的に「植物のまち佐川町」を想起するかのような、緑色や茶色といった自然色をベースにした明るく爽やかなトーンでまとめている。また、テキストは全てをゴシック体に統一しながらも黄色の蛍光ペンでマークしたような表現とすることで、重要な部分を強調している。全体的に明確なグリッドを使ってはいないが、図版やテキスト配置の強弱あるバランスによってつくられた、明解なレイアウトだと言える。（平瀬）

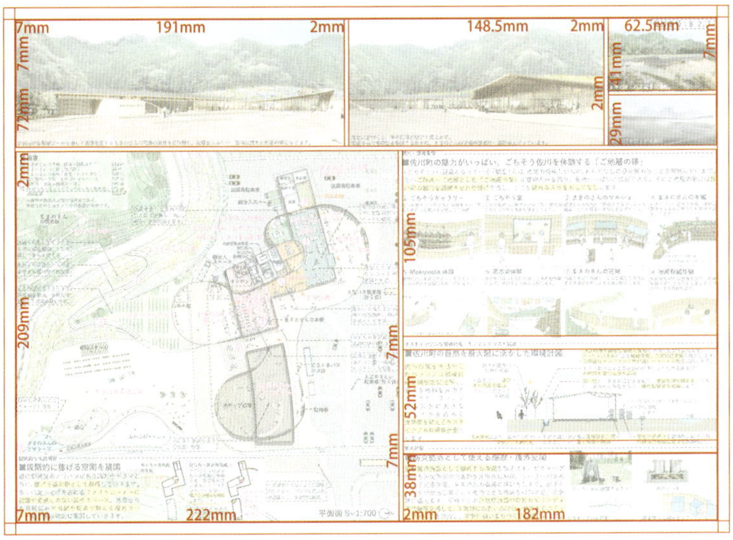

2枚目

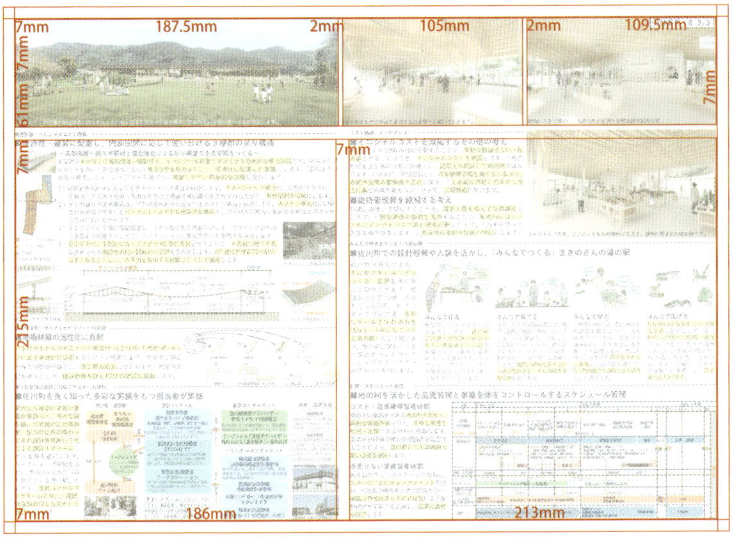

3枚目

設計者インタビュー

中本剛志・STUDIO YY

（若竹まちづくり研究所・STUDIO YY・ワークステーション設計共同体）

対象敷地

現況

竣工後の〈まきのさんの道の駅・佐川〉©エスエス秋田広樹

Q｜要項はチーム内でどのように読まれ・分析されましたか？

A｜プロポに参加する全員が最初の打合せまでに要項や基本計画を読み込みます。1週間かけて、配布資料に記載されていない地域情報や事例のリサーチ、諸室の関係図作成や関連資料の読み込みを行い、打合せを通して全員で共有します。若竹まちづくり研究所とワークステーションとはZOOMを通し、我々のリサーチでは拾いきれない地元情報を共有していただきました。特に若竹に在籍している佐川町在住のスタッフからの情報は非常に有益でした。

Q｜本プロポーザルの募集要項の中で最も重視された点は何でしょうか？

A｜今回だけではないのですが、要項の条件を鵜呑みにしないという点は常に気をつけています。まきのさんの道の駅のプロポーザルでは、既存ヘリポートを駐車場として活用するために、建物を敷地西側に配置することが求められていました。しかし、一体整備する必要があった敷地南側の芝生広場との関係性が希薄になること、そして歩車分離が不十分となり広場で遊んでいる子どもたちが道路に飛び出るかもしれないという危険性を孕んでいたため、思い切って要項の要求とは違う敷地南側に建物を配置することとしました。

Q｜第5次佐川町総合計画を始め、これまで佐川町でおこなわれてきた市民主導による取り組みについてどのように捉え、提案に反映されたのでしょうか？

A｜ボランティア活動が活発な佐川町では、道の駅の基本構想の段階で、多くの町民がワークショップ等に参加し、道の駅の運営方針を打ち出していました。牧野富太郎氏の出生地ということで、牧野さんらしい道の駅が求められていたのと同時に、地質の町としても有名な佐川町の地層からヒントを得た「ごちそう佐川」というご馳走でおもてなしをするという運営コンセプトが定められていました。そこで、150mに及ぶ地層のような版築の壁を建物の内外に跨るように設置し、そこに化石を埋める等、佐川らしい魅力を詰め込み、壁を巡ることで佐川町内への観光の誘導になるような仕掛けを施しました。

Q｜プレゼンボードを作成される際、レイアウトのルールは決めていますか？ また、色調はどのように決めておられますか？

A｜特に決められたレイアウトのルールはないのですが、人の目の動きは気にしてレイアウトしています。紙面を見る時、視線は自然と左上から右上、左下、右下へと動きます。そのため、左上に一番見せたいものを配置するように配慮しています。色に関しては、私がOMAでコンペに頻繁に携わっていた経験から、ビビッドな色を使って目を引くようにしています。あと、日本に帰ってきて1年ほどパースの仕事に関わっていたため、パースの表現力への拘りはかなり強いです。

現況

©エスエス 秋田広樹

Q｜当初案からの変更点はありますか？

A｜プロポーザルの時点では版築の壁は防火壁を兼ねていたためRCでつくる予定でした。計画を進めていくうちに、防火壁を想定していたほど長く設置する必要がなくなり、RCを入れることで地震時の応力がそこに偏って悪さをすることが分かり、全てを木造で解くことになりました。逆にそれが良かったですね。あれだけの大空間を集成材を一本も使うことなく、かつ木造カステン構造という、世界初となる木造の吊り構造を実現することができました。

インタビュー

公開性が高いプロポーザルは良い設計を後押しする

古谷誠章／建築家・NASCA代表・早稲田大学創造理工学部教授
（インタビュー当時）

1955年生まれ。マリオ・ボッタ事務所を経て、1994年八木佐千子と協働してスタジオナスカを設立。日本建築学会賞作品賞を始め受賞多数。代表作に茅野市民館、小布施町立図書館まちとしょテラソ他。コンペやプロポーザルの審査員、審査委員長も多く務める。

Q｜多くのコンペ・プロポーザルの審査に関わって来られました

ふり返ると、例えば1993年の香川の財田町の「たからだの里」コンペの審査、これは設計者も建設業者もプロポーザルで選ぶ審査でした。東京に来てからは、武蔵野市立0123はらっぱ、福島県立大野病院、北上市文化交流センターさくらホール、2000年頃からは国のPFIの施設部会長もやっています。あと千葉市美浜区民センター、長野県の伊那東小学校、福生市新庁舎、岩見沢駅新庁舎、座・高円寺。大多喜町役場、群馬県農業技術センター、安曇野市新本庁舎、三次市民ホール、日立市新庁舎、那須塩原市立図書館、その他色々やっていますね（表1）。

Q｜初めてコンペ審査員を務められたのはどのコンペでしたか？

「リストアステーション」（広島県総領町（現・庄原市））という施設のコンペでした。これが初めての審査、かつ初めての審査委員長です。広島の近畿大学に勤めていた1991年のことです。これは今でいう道の駅のようなもので、当初は僕に設計の打診があり、地元の設計者の中からそのパートナーを選ぶコンペとして考えられていました。でもどうせやるならちゃんとしたコンペにすべきだし、広島の若手にも実力のある設計者は必ずいると行政に提案したんです。すると審査員を依頼されてしまって、僕は応募できなかった（笑）。宮森洋一郎さんや西宮善幸さん、地元の会社が参加してくれた中で、小川晋一さんのすばらしい案を選ぶことができました。

その後も広島県内でコンペに関わりましたが、どれも地元限定だったり実績重視だったりしてハードルが高く、あまりピンとくる結果が出ずもどかしかった。その中でリストアステーションは要項の制作にも携わり、公明正大に競争して、提案本位で募れたことが良かった。一方で、行政には地元の会社に設計させたいという思いがあり、僕も若気の至りでコンペに変更してもらいましたが、本当はローカルな設計事務所が僕の監修で一緒に仕事をする形が本意だったのかもしれません。とはいえ、いざ提案が出揃うと小川さんや宮森さん、西宮さんはレベルが段違いでしたから、案を見て町も納得してくれました。ただ、当時の僕にはまだ市民の顔は見えておらず、行政に対してオープンな審査を行ったという認識です。

Q｜審査で最も重視されていることは何ですか？

できるだけ公開性の高い審査方式を取りたいと考えています。2次のヒアリングはもちろん、その後の審査の過程、さらに書類選考が多い1次審査も公開できないかと。松原児童青少年交流センターmiratonのプロポーザル（2018年）はそうでした。公開するからには、議論を聞いている人が理解できる論理で、筋道が立つように説明しながら審査することが信条です。審査員がどの点を評価して、その案がどういう形になっているから了解できるのかを伝える。もちろん直感的に良いと判断するところもありますが、審査の過程ではちゃんと言語化して説明することを努めています。

例えば〈松本平広域公園陸上競技場〉（p.84）の青木案は1次と2次で一見異なるプレゼンテーションですが、考えは大きくは変わっていませんよね。この案は全体が公園のようで、建物以外、フィールドの外も含めて多様な場所を設けています。だからオフィシャルな使い方に限らず、日常のいろんなことに使えるように考えられている。プロポで示された活用計画の多様さ、自由さ、開放感に圧倒的な特徴があります。ライバルには比較的競技場の設計に長けた専門家が多く、例えば仙田満さんはマツダスタジアム（広島市、2009年）での経験を感じさせる、非常にプロフェッショナルにまとめられた案でした。青木案はその対極にありましたから、なぜこの案が良いのかが重要で、それを一生懸命考えていましたね。

市街地から離れたロケーションで、松本飛行場は近いですがわざわざ目的がなければ行かない敷地です。その時にここが競技や大会のためだけにつくられると、日常的に人を呼び寄せる要素がなくなってしまう。つまり、競技場であるよりは公園であった方がいい。では、公園のようなものとしてどれだけ魅力的なのかという見方をしようと話しました。審査員には上林功さんのような運動施設の専門家もいましたし、案に疑問を持っている人たちにどう理解してもらうのかと。作品のレビューは1つひとつ公平にやりますが、やはり皆さんのコメントの量は違ってきます。

1次審査での青木案は明らかにファンタジックな表現でしたから、審査員からは現実性に対する指摘がたくさん出たわけです。青木さんはそれを受けて、2次で打って変わって実現可能性をアピールされた。1次で眉をひそめていた審査員も2次のリアリティある説明にはかなり頷かれていたと思います。でも建築の形式は同じなんです。断片的でバラバラな競技場でリング状にもつながっていない。動線的に大丈夫なのかという指摘は最後までありました。

では仙田案がどうかというと、こちらも途方もなく高い場所にあるリングについて、その気持ちよさを説明されましたが、強い風が吹けばきっと怖いですよね。堅実かと言えば必ずしもそうではない。そんな話も出ました。

Q｜近年のプロポーザルでは、コンペ時代にはあまり求められなかった機運醸成、いわゆるワークショップの開催が要項化されているものもあります

僕は建築家として住民・ユーザー参加型のワークショップの草分けだと自覚しています。実際に実施したのは中里村新庁舎のプロポーザルですが、せんだいメディアテークのコンペ（1995年）でどうしても設計段階でユーザー参加型のワークショップが必要だと考えました。実は提案書の後半には、設計中に1/10模型をつくって子どもや市民とワークショップをやろうと書いたんです。更地の敷地に1/10模型を建てるとほぼ5m×5m×3mの建物が建ちます。これを模型として体験しながらみんなで中身を考えるんだと提案しました。実際に、同時期に設計したアンパンマンミュージアムでは1/7模型を現地に建て、子どもワークショップや納涼講演会をやって、現地で何ができるのかをみんなと共有する実践を試みました。その竣工が1996年で、中里村でワークショップをしていたのが2003年頃です。まだそれほど一般的ではなかったはずです。

ワークショップを始めたきっかけは、穂積信夫先生（早稲田大学教授、1927-2024）の手伝いで初めて設計に携わった早稲田大学本庄高等学院（1984年）です。少し苦い思い出になりますが……。校舎は完全な教科教室型で、生徒が教室をボヘミアンのように動き回る、非常に面白い建築でした。ただ、開校半年前に募集して着任した教員が誰一人うまく使えずにクレームの嵐だったんです。結局十数年使用した後は放置され、残念ながら今も使われることなく置き去りのままです。僕らのメディアテークの提案に比べればずっと穏やかなものでしたが、事前のアイデアのシェアがないままポンと示されて「さあ使ってくれ」ではダメなんだなと痛感しました。当時はなぜ理解されないのかも分からなかったのですが、普通の自動車を求めていたのにブルドーザーやスーパーカーが来ちゃったら困りますよね。メディアテークの時には最初から相当変わったものを提案している自覚がありましたから、必ずユーザー参加のプロセスが必要だと考え、提案書の後半部分を充てたんです。

審査側で要項をつくる時にも、ぜひワークショップを入れた方がいいというものの場合は、特に強調して盛り込むように求めたりもします。ただし、配点として増やすと本人が持っている印象よりも何か根拠のある重みが出てしまうので、なるべく点数化しないで評価することを勧めています。役所では決裁のエビデンスとして点数が求められがちですが、可能な限り点数による評価を避けるようにしていますね。もちろん評価項目としては書きます、応募者に対するメッセージは必要ですから。配点まで公表するメリットは、こちらが重視することを伝えられることです。ですが、配点が低い項目に対する逆のメッセージが出ますから、配点は応募者に見えていない方がいいと思います。

Q｜コンペとプロポーザルはどのような違いがありますか？　建築界全体は長年コンペの実施を訴えてきました

コンペの方が圧倒的に優れた方法なのではなく、ケースバイケースだと考えています。行政でプロポが志向される理由にも、本質的なものとつまらないものがあります。つまらない理由は担当課の議会対策で、「設計者が案にこだわって聞く耳を持たなかったらどうするんだ」と言われた時に、「人しか選んでいないから内容は十分相談します」と逃げ口上が打てる。これはつまらないですが、プロポが好まれる大きな理由です。

一方で積極的な意味もある。建築は要項どおりにつくれば十分というわけではないからです。時間をかけて計画し、設計中に社会情勢も変化します。ましてや竣工後のことも見据えると、いくら案が良くても未来永劫それで保証されるわけではない。となると、竣工

表1　古谷氏が審査に携わった主なコンペ・プロポーザル

1990.12-1991.2	広島県総領町リストア・ステーション審査委員長
1992.7-8	広島県安芸郡熊野町・筆の里工房指名設計競技審査委員長
1992.7-9	地方職員共催組合新麹街会館設計審査委員会委員
1992.9-11	竹原市バンブー・ジョイ・ハイランド整備事業「体育館」建設計画指名エスキスコンペ審査委員長
1992.11-1993.1	竹原市立仁賀小学校指名エスキスコンペ審査委員長
1993.9-12	香川県三豊郡財田町たからだの里コンペ審査委員長
1998.7-10	武蔵野市立 0123 はらっぱ設計者選定プロポーザル審査員
1998.10-1999.2	福島県立大野病院設計プロポーザル審査員
1999.12-2000.3	岩手県北上市市民会館設計プロポーザル審査員
2002.7-	千葉市美浜区民センター公募型プロポーザル審査員
2003	長野県伊那市立伊那東小学校 QBS 審査委員
2003	愛媛県宇和島市市民病院立替計画プロポーザル審査委員長
2004	福生市新庁舎設計プロポーザル審査委員
2004-2005	岩見沢駅新庁舎建築デザインプロポーザル審査委員
2005	杉並区高円寺会館資質評価型プロポーザル審査委員
2006.6	長岡市厚生会館地区整備設計コンペティション審査委員
2008.11-	大多喜町庁舎建設設計者選定委員会委員
2009.7-	農業技術センター整備事業設計者選定委員会委員
2011	（仮称）三次市民ホール建設設計業務公募型プロポーザル審査委員
2011.4	安曇野市新本庁舎建設基本設計者審査委員会委員
2012.8-2013.3	日立市新庁舎建設設計提案協議審査委員会委員
2016.1	栃木県那須塩原市（仮称）駅前図書館等設計プロポーザル審査員
2017.1	（仮称）まちなか交流センター設計者選定審査委員会委員
2017	東日本大震災・原子力災害アーカイブ拠点施設プロポーザル審査委員
2020.9-2021.9	広島市サッカースタジアム整備等事業者選定委員長
2020	松本平広域公園陸上競技場整備事業基本設計プロポーザル審査委員
2021.6	大阪・関西万博日本館（仮称）設計業務技術提案書評価委員会委員
2023	小諸市立芦原中学校区再編に関わる基本設計・実施設計業務委託プロポーザル審査委員長

後も付き合ってくれるような設計者を選ぶことに利があるという判断も当然あるわけです。ただ実際には「じゃあ案を変えてもいいだろう」と横槍が入って、せっかくのアイデアが台なしになるリスクも十分考えられます。ですから本当に諸刃の剣ですね。

審査側としても、コンペとプロポでは見るところが違います。プロポでは多少流動的なところはあっても、変わらない姿勢とは何か、施設として帯びるべき性質だとか、大きなところが問われます。ところがコンペでは建築的にきちんと収める能力があるかが重要で、変化に対する許容力よりは完成度の高さに向きがちです。

変動に対する許容力という点では、本当は基本計画や基本構想から設計者になり得る立場の人が参画することが良いことだと思います。が、行政は、何が必要かも分からない段階で設計者が入ることを嫌う傾向がありますね。高知県須崎市の図書館で試みましたが、結局うまく進みませんでした。

松本平はQBS方式（資質評価）的な側面もありますね。事務局には、これまでにつくったものや仕事の仕方のヒアリングはした方がいいし、現地で確かめた方が良いとも提案しました。単に同種の建築の実績を見るようなものではなく、むしろ全然違う建物でも良いんだけど、どう解決して、どう実現したのかを人間性も含めて評価したいということです。本人が設計した作品以外の建築も挙げてもらいましたが、それも背後にある、大げさに言えば思想のようなものがどう形成され醸成され、裏付けになっているのかというバックグラウンドを知りたいんです。

Q｜プレゼンボードはどのように見比べられますか？

審査ではプレゼンボードは必ず左上から見ます。そこにポイントが書かれていると、安心して全貌を把握できますね。とはいえプレゼンボードだけが印象に残るわけではなく、あくまでも建築家が言葉で語るプレゼンテーションと一体です。例えば伊東豊雄さんは座・高円寺のコンペ（2005年）で、中野本町の家の経験を引き合いに出して「環七沿いはうるさくて、空気も悪いからオープンなんてありえない。固く閉ざした方がいい」と明言された。他の人にはない非常に強いメッセージで印象に残っています。もちろん1次審査のシートの1枚目にポイントが書かれていれば印象的に残るはずなのですが、ファイナリストが出揃うとそれは大体当選しません。特に1次が投票制の時は、トップ当選した作品はほぼ落ちます。往々にして期待値が低かった方が伸びて逆転するんですよね。

Q｜なぜ公開であることにこだわられるのでしょうか？

中里村のコンペはプレゼンも審査の過程も公開、茅野市民館のコンペも審査員が投票するところまで全部公開されました。当時ではかなり珍しかったはずです。特に茅野市民館は利用者が本当に多様で、期待も大きかった。僕は記録に残っているだけで百何十回の市民ワークショップをやったらしいのですが、いろんな意見を聞くと予算も膨らみますよね。ある日僕は、みんながそれぞれに主張するなら全体を70％縮小コピーしてつくりますが良いですか？と言った。すると皆さんある面を諦めたり、複数の用途を重ねて大切なものを残したりと積極的な共同作業ができるようになりました。その時、ある市民がこうおっしゃったんです。「もしこのまま進んだら、あの日古谷さんが壇上でプレゼンした案の一番肝心なところがなくなっちゃうんじゃないか」と。そうやって市民から揺り戻しが出たのも、審査の一部始終が公開されていたからですよね。審査プロセスが詳らかになっていたことに救われました。ただ、審査の構成員に行政担当者が入っていたりすると、公開ではかえって意見が言えなくなってしまうこともありますね。

「そもそもどうしてこの人が選ばれたのか」という目撃者がいてほしいわけで、そのためには審査過程を公開するのが最も本質的なやり方だと思います。さらに、長野県のように基本設計や実施設計完了時の報告会を設定してくれたり、オープン時に確認できることも大切ですね。自治体によっては審査だけであとは何も知らせてくれませんから。

Q｜成功するコンペ・プロポの条件は何でしょうか？

プロポやコンペ、あるいはコミッショナー方式による特命にせよ、選んだ設計者がいかに良い建築をつくってくれるかということの鍵は、やっぱり選ばれ方にあると思うんです。一番悪いのは入札で「一番安くすると言ってくれたから」、これで良い結果が出るわけがない。安ければ作業時間を削るのが人情です。その逆が「あなたが一番良かったからお願いします」で、これは腕まくりしてやりますよ。モチベーションがまるで違う。案であれ人であれ、一番良かったと言われて依頼されるのはやっぱり大事なことだと思います。

さらに言うと、それを「誰が言うか」も大事です。磯崎新さんはこのことを最も自覚されていたはずで、メディアテークの伊東さんにせよ、くまもとアートポリスにせよ、磯崎さんに言われるのはすごい動機づけになる。応募するかどうかを決める時にも、審査員の顔ぶれを見て、「この人になら話しを聞いてもらいたい」と思えたら参加しますから。

翻って審査員を引き受けるにあたっては、3条件プラス1をお願いしています。応募のハードルを下げる、審査のプロセスを公開する、ファイナリストに相当の対価を払う、これらが3条件です。3番目の対価だけは現在の年度会計の仕組みではなかなかできませんが、言い続けないといけない。せんだいのファイナリストには300万円の報酬が支払われましたが、磯崎新さんがちゃんと考えられた結果でしょう。対価以外は近年どこも積極的になってきました。プラス1は、審査員が驚くほどの報酬を払いましょうということです。まちにとって大切な施設を設計する1社を選ぶというのは、相当重い責任のある仕事です。謝金の多寡で審査の誠実さが揺らぐわけではないでしょうが、鬼頭梓さんが武蔵野0123はらっぱ（1998年のプロポーザル、2003年竣工、横河設計工房）の時に70万円近い審査報酬を設定され、こちらも大変気が引き締まりました。

（2024年1月26日　早稲田大学にて　聞き手：平瀬有人、山崎泰寛）

⑩

図書館

旧小千谷総合病院跡地整備事業図書館等複合施設設計業務公募型プロポーザル

要項の読み解き

- 市街地の拠点を引き継いだ集客可能性の向上
- 実空間と情報空間の融合を試みた新しい図書館像の構築
- 市民・地域・学校の学習支援や活動の場

コンペ概要

要項に示された規模

延床面積｜3,700㎡程度
想定事業費｜22億円以内

提案書の指定条件

A3・4枚（横）・文字10.5pt以上

2020 12月10日
公告

2021 1月20日
参加表明書提出期限

2月19日
技術提案書提出期限

2月下旬
1次審査（書類審査）

3月2日
1次審査結果公表・通知

3月13日
2次審査（プレゼンテーション及びダイアローグ（対話））

3月22日
2次審査結果通知

3月下旬
審査結果の公表・契約締結

審査委員（役職は当時のもの）

澤田雅浩
兵庫県立大学大学院減災復興政策研究科准教授

平賀研也
前県立長野図書館館長

畝森泰行
㈱畝森泰行建築設計事務所

大塚良夫
小千谷市副市長

松井周之輔
小千谷市教育長

選定案の読み解き

コロナ禍後の情報空間を、可変性豊かな内部空間の群で表現

選定された提案者

平田晃久建築設計事務所

ファイナリスト

- MARU。architecture
（優秀提案者）
- 西澤徹夫建築事務所・
タカバンスタジオ設計共同体

所在地

新潟県
小千谷市

変化し続ける「小千谷のコト」を呼吸する、動的な場の棲み分けと情報シス

1. 基本コンセプト

小千谷は、雪深い冬から一年を通して、四季折々の自然の移ろいやまちの出来事をビビッドに感じられる場所です。まち・
Anchor ／Roof を組合せた動的な建築を提案します。豊かな生態系のように、様々なタイムスパンにおける活動の棲み分け
心事が編みあがります。

1.1 小千谷の多様なバイオリズムを織り上げる （実空間 × 情報空間）

1. Float《フロート》 —動く書架や展示棚によって資料の流動性を高める

資料相互の結びつきや、あいだに生まれる小さな空間を時に応じて変化させ、共通の関心事が浮かび上がるきっかけをつくります。

×

情報空間における資料の結びつきは利用者の関心の総体を映し出し、Float において その実空間に表現されます。

2. Anchor《アンカー》 —時間の中で棲み分けられるコミュニティーのための箱

Anchor と呼ぶ、それぞれの特性をもった箱が、場の特性を共有する複数の活動によって棲み分けられます。Anchor は将来的に、Roof の下だけでなくまちへも拡がります。

×

情報空間における資料を介したコミュニケーションからコミュニティが形成され、Anchor での活動を生み出していきます。

3. Roof《ルーフ》 —季節ごとの棲み分けを顕在化させる骨太なプラットフォーム

小千谷の重い雪を支えるフラットな屋根は、雪のない季節には群衆や設営車が載せられる多様なイベントのプラットフォームになります。季節ごとの変化がそのまま、まちの風景になります。

×

図書館資料の結びつきが表現する関心事、Anchor での活動、まちの出来事も資料として収集し、「小千谷のコト」を記録・発信するプラットフォームになります。

1.2 多様な人々が集まり新し

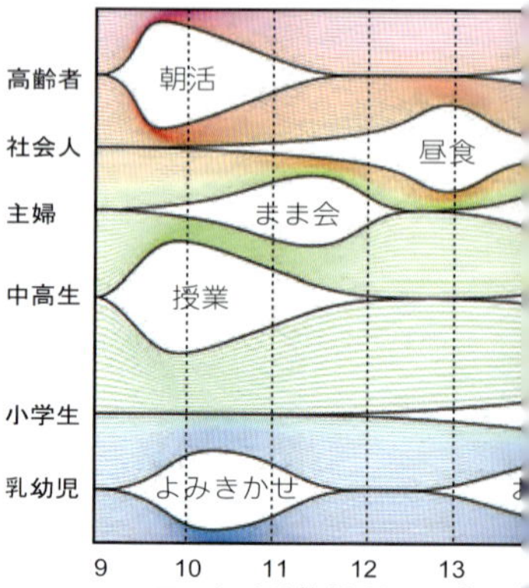

＜一日における施設利用のすみ

2. チーム体制 / チームの特徴

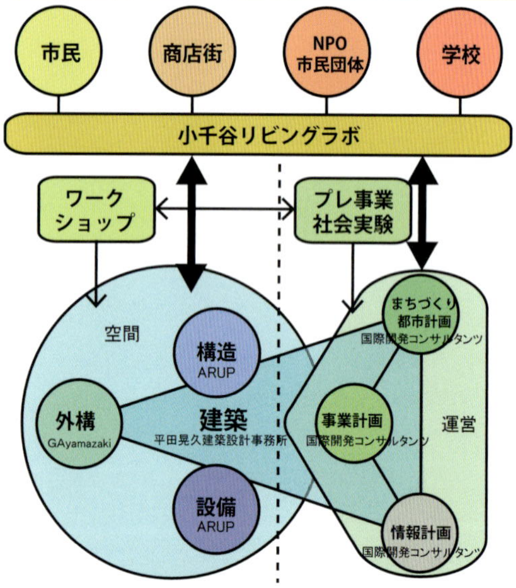

関連する分野のエキスパートからなるチーム

図書館等複合施設の融合的な機能、情報空間との連携、まちづくりへの展開、そして小千谷が有する地理的特性を踏まえ、空間、構造、設備からなる建築チーム、情報空間や社会教育事業、そしてまちづくりに関するエキスパートからなる体制で臨みます

同種の公共施設を一緒に設計したチーム

同規模の図書館を含む複合施設やその他公共施設を共に同じチームで設計しました。以前のチームに新しいメンバーも加わり経験と挑戦が混じりあうチームです

市民とともにつくり、担い手が育つプロセス

市民ワークショップ等を通じて開館後の利用者の振る舞いを予見し、設計・運営計画に反映させます。さらに工事期間中には旧子育て支援センター等を活動拠点とした様々な事業を通じて、事業や運営、まちとの連携をシミュレーションします。そのなかで（仮称）小千谷リビングラボが市民協働のプラットフォームに育ち、図書館等複合施設の運営を担っていけるよう支援します。

太田市

太田市美術館・図

3. 設計上の配慮

1. 多様な立場の多くの方々の意見を組み込み誰にでも楽しめる施設を目指します（環境・防災・コミュニティー・未来）

2. 施設利用者の出会いを創発する図書館を目指します（コミュニティー・未来・学び）

3. 安定したシンプルな構造の建物とします（環境・防災・未来）

4. 自然光が差込む明るい空間、卓越風を取り入れた感染症に強い施設とします（環境・防災）

5. メンテナンス維持管理のしやすい長く愛される建物とします（環境・未来）

6. 小千谷の木材や小千谷縮を利用した内装、家具とします（環境・未来・学び）

7. 雪を配慮した屋根とするだけでなく、雪を学びの場に活かします（環境・学び）

8. 街に結びつけた施設をつくり、非常時に市民が有効に連携を促せる施設とします（コミュニティー・防災・未来）

9. 子育て世代をサポートし、大人だけでなく中高生も主体的に関われる場を目指します（コミュニティー・学び・未来）

4. 業務上の配慮

スケジュールコントロール

設計初期に建築工事にかかる金額の構成の多くが決まります。工事区分ごとの目標金額を決め、設計の川上段階でコスト把握をタイムリーに行い、設計にフィードバックします

丁寧なヒアリング

関係者、市役所、近隣住民、市民にヒアリングを行い設計に生かしていきます。できるだけ直接お会いして対話を行うことを考えています。

情報の共有

大きな模型やVRを
報を共有します。WS
は、図や写真情報を
報告書を作成し、
に共有できるようSN
用して情報を発信し

の織物を提案します

の総体である「小千谷のコト」は、時間のなかでダイナミックに変化します。この変化を表現し増幅するために、**Float** ／
くシナリオ化することによって、それぞれの場や資料に紐づけられた一人ひとりの関心がシャッフルされ、結ばれ、まちの関

生まれる場

の Float によっ
まれる変化に
場は、老若男
時に応じて思
いに利用でき
、活動や関心
視化されたリア
場と情報空間
り合わさり、
的な出会いが
ります。

1.3 多様な活動を共存させる空間

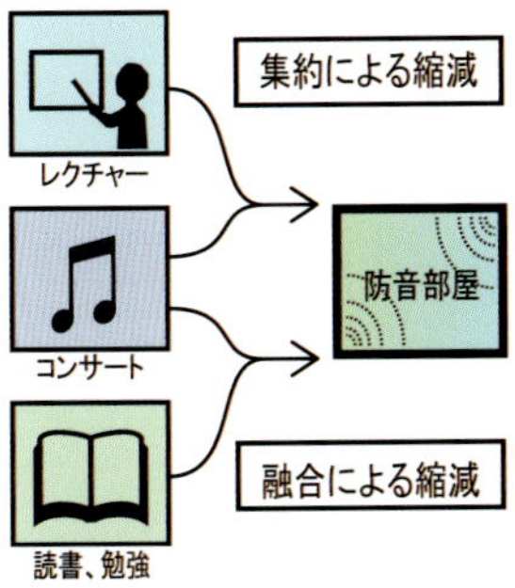

防音された箱、通りに面した箱、工房として使える箱など固有の特性をもった **Anchor** をつくり、複数のコミュニティーで棲み分けます。機能を集約して無駄なく使うことができます。

1.4 多義的な見方のできる施設

小千谷は祭やイベントの多い地域です。まちのモードに連動して施設の使われ方を変えられるような建築となっています。小千谷のバイオリズムに共鳴する多義的な場所が生まれるでしょう。

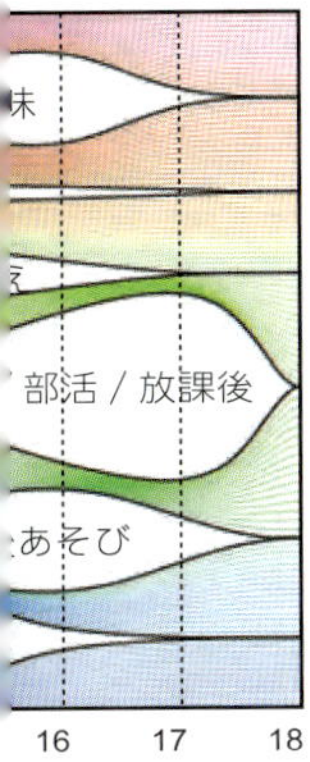

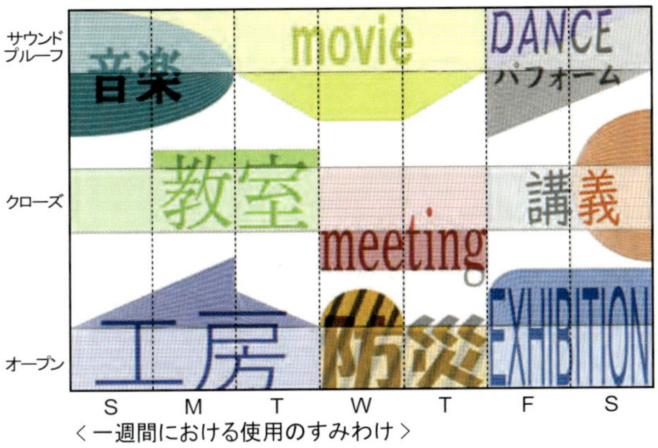

＜一週間における使用のすみわけ＞

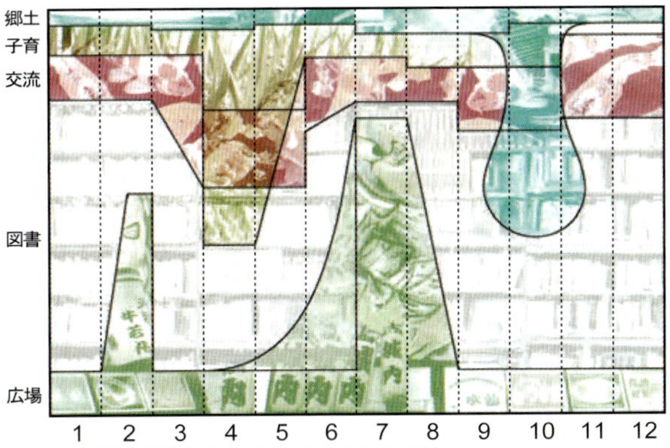

＜年間を通したまちの中でのすみわけ＞

5. スケジュール / プロセス

図書館等複合施設における市民の「やりたいこと」を起点として、施設の出来事、まちづくりへの展開を考えるワークショップを行い、つくる・つかうの双方でそこでの意見を反映させ、開館後の施設とまちへとつなげます。

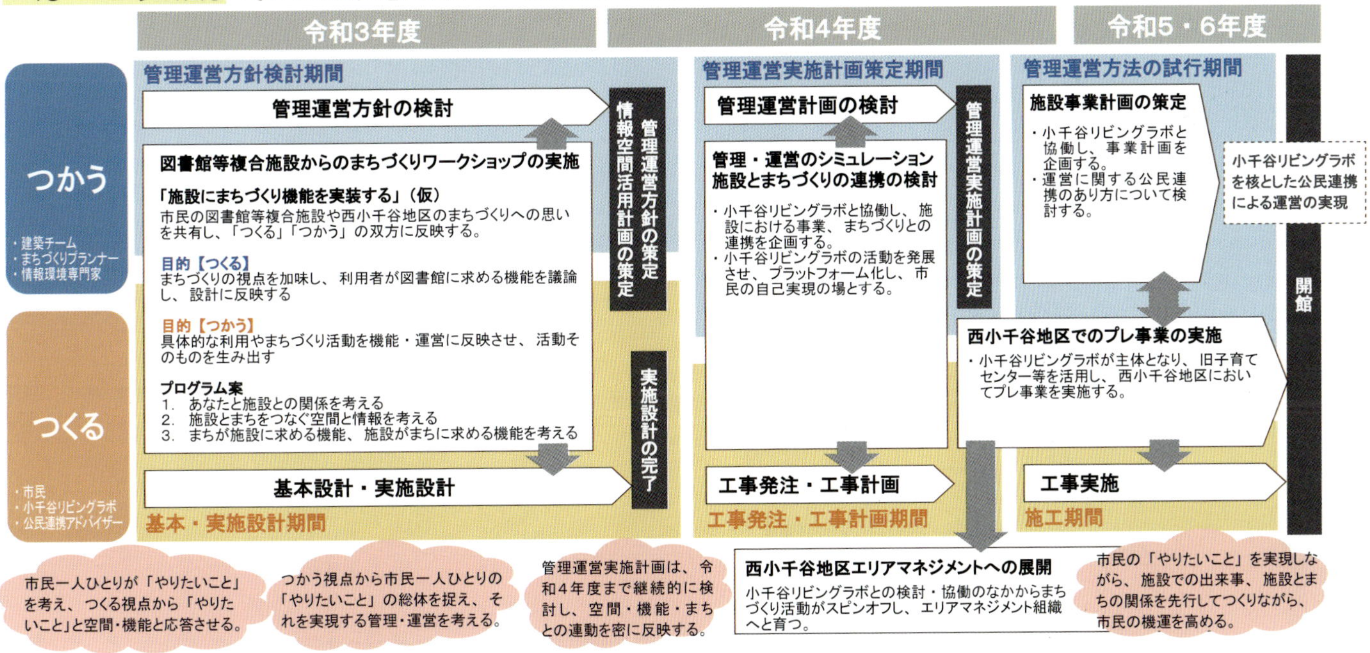

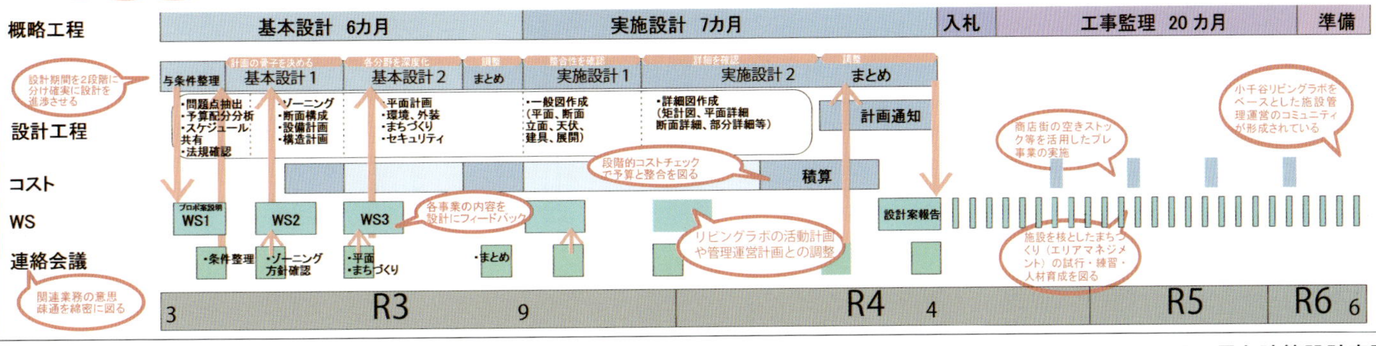

平田晃久建築設計事務所案

1. 情報空間上の多様な関心のリンクを、可変的な資料配置として実空間化し、人々をつなぎます

情報空間において、資料は多様なリンクによって紐付けられています。この全てを同時に実空間化する事は不可能ですが、ここでは、可変的な資料配置によって、「小さな資料のまとまり」を時系列の中で多様に変化させ、情報空間と実空間を積極的に関連づけることを提案します。利用者は身体的経験の中で、変化する具体的な資料配置に触発されながら、それぞれの関心を広げ、深めます。情報空間は、こうして生まれた特定の関心事を持った人々のコミュニケーションを緩やかに促します。このような資料、関心、コミュニティの循環が、小千谷のまちのバイオリズムと連動しながら、「暮らしのリ・デザイン」が生まれます。暮らしと結びついたバーチャルな人々の結びつきはまた、災害への迅速な自助共助の礎となります。

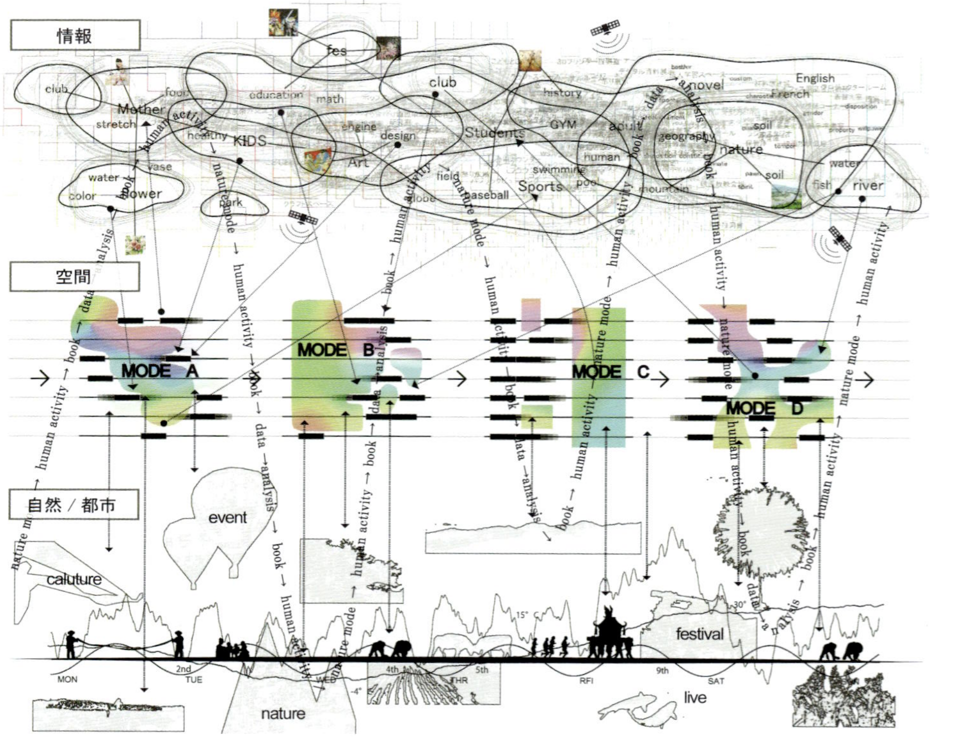

1-1. Float 一可動する家具によって資料配置が簡便に変化させることができ、多様な関心を誘発します

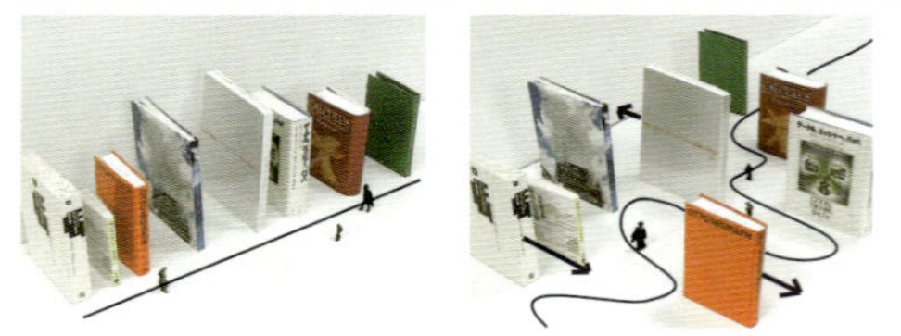

書籍や郷土資料、歴史的文物のレプリカなど、様々な資料を載せた可動の家具を **Float** と呼びます。**Float** を適宜組み替えることによって、様々な「小さな資料のまとまり」が時々に生まれます。レールに沿って動く書架や、車輪付きの展示ケースなど、Float を動かす事は簡単で、大きな運営上の負担なく、簡便な組合せ術で変化をつくり出せます。**Float** の中身の組み替えは、運営上無理のない頻度で行います。**Float** は情報空間の資料ネットワークへのアクセスポイントでもあり、スマートフォン等で資料のリンクを読み込みことができ、実空間と情報空間を横断した情報探索やコミュニケーションを誘発します。

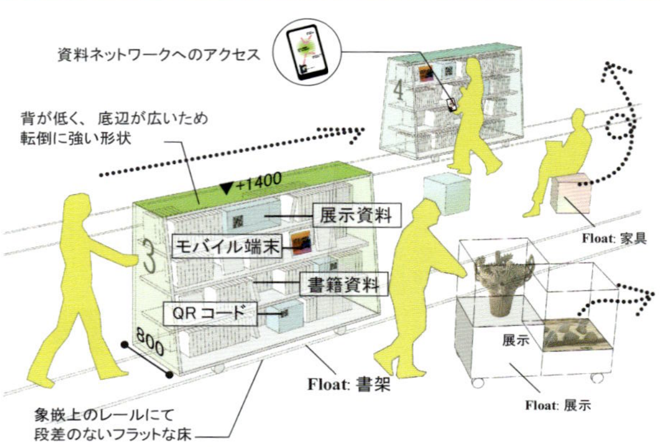

1-2. 十進分類法的秩序とランダムな散策性を併せ持つ書架配列

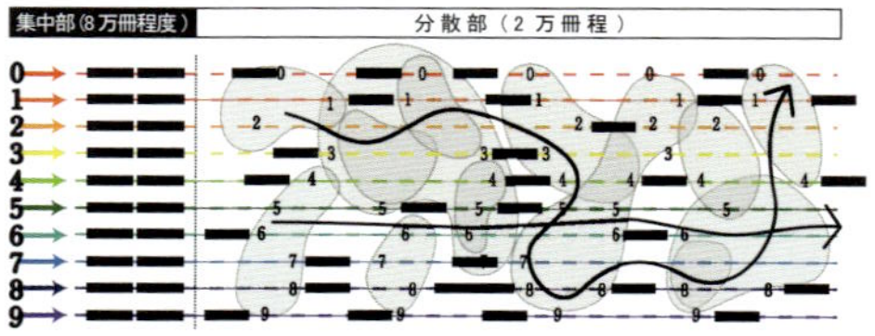

開架書架は集中部（8 万冊程度）と分散部（2 万冊程度）に分けながら、いずれも日本十進分類法に沿って分類します。分散部の **Float** 書架のレールは図書分類に沿ってリニアに設けます。資料の系統性を担保して運営上の煩雑さを避け、利用者の利便性を高めます。他方で、レール上の自由な配置によって分野を横断した「小さな資料のまとまり」をつくることができます。また、書架のあいだに近傍の資料がつくる雰囲気に囲まれた様々な場が生まれ、楽しく散策できる資料の草原のような場所が生まれます。

1-3. 資料・関心・コミュニティの循環

「小さな資料のまとまり」が関心を誘発する

点在する「小さな資料のまとまり」は、未知の関心との出会いや潜在的な関心への気づきを促し、それを連鎖させ、関心を広げ、新たな資料を求めて館内を探索するきっかけとなります。

「小さな資料のまとまり」が人の集まりを形成する

「小さな資料のまとまり」は、テーマで空間を分節し、共通の関心を持つ人の集まりを生み出します。資料の定期的な組み替えによって、集まりもまた変化します。

資料のリンクが人の関心を結び合わせる

情報空間で協創する資料のリンクは、関心の連なりによって資料探索を促します。また、利用者の関心の総体を浮かび上がらせ「小さな資料のまとまり」を組み替えるモメントとなります。

資料を介してバーチャルに関心が共有される

情報空間では資料等についてコメントを交わすことができます。そこでのバーチャルなコミュニケーションにおける共感が、共通の関心事の発見へとつながます。

関心を共有する多層的なコミュニティの形成

情報空間における関心の共有は人とつながる上での安心感となり、また「小さな資料のまとまり」周辺での偶発的な出会いが重なるなかで、徐々にコミュニティが形成されていきます。

1-4. 情報空間が人と人との距離感を変える

顔の見える関係が築かれ、市民同士が近しい距離感である小千谷だからこそ、情報空間における資料のリンクは、思いもしない関心事を共有できることへの新鮮な驚きと、新たな関係性をつくるきっかけをもたらします。また、コロナ禍のように近しい人づきあいを制限される感染症流行期には、情報空間におけるサービスに重心をシフトさせ、多様なメディアで資料と関心を循環させることで、人と知、そして人と人を結び、社会的なつながりを生み出します。

1-5. 関心から「日常のリ・デザイン」への展開

情報空間と実空間の多次元の資料ネットワークが新たな関心を喚起し続け、関心を介したコミュニティ **Community of Interest** を生み出します。その活動を **Anchor** が受け止め、それもまたアーカイブされ資料となります。そのような資料を通じた活動のエンパワメントの広がりは「日常のリ・デザイン」を支えます。情報空間を介したコミュニケーションのリテラシーは災害発生時における自発的な共助のネットワーク形成にも寄与し、いわば「非日常のリ・デザイン」にもつながります。

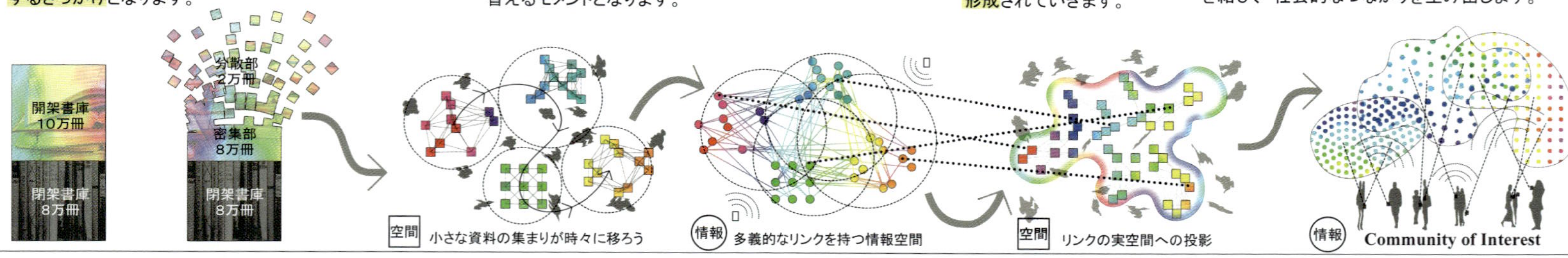

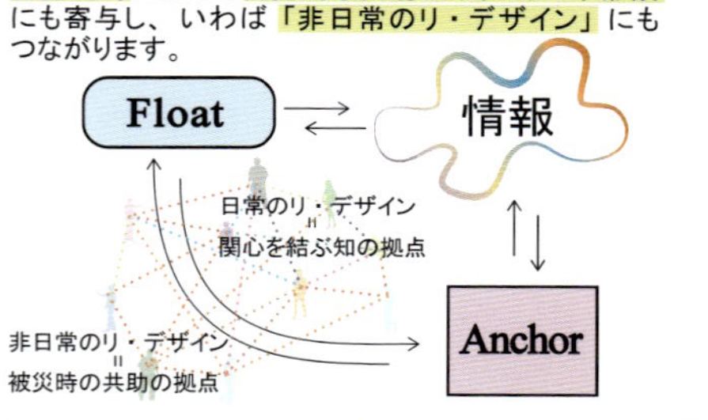

2. 小千谷の人々の生活と結びついた多様なシーンをつくりだす災害に強い建築を提案します

大らかでフラットな Roof《ルーフ》の下に、 Anchor《アンカー》 や Float《フロート》がつくり出す様々なスケールの賑わいが連続します。冬の深い積雪に耐える Roof《ルーフ》をフラットにすることによって、群衆の荷重にも耐える、夏のお祭りなどのイベントに使える広場が生まれ、冬と夏で姿の違う活用ができます。フラットな屋根はまた、街道沿いに拡がる雁木のラインとも呼応し、カフェやワークショップなど様々な Anchor が通り沿いに連続するまちの賑わいをつくります。越後三山に開かれた側には、背の低い可動書架の Float の群れによって生まれる草原のようなのびやかな風景に開かれた場所が広がります。風や視線が通る空間は不要に密な状況をさけられる安心な環境でもあります。

降雪時、屋根上は堆雪させ人々の活動を守ります

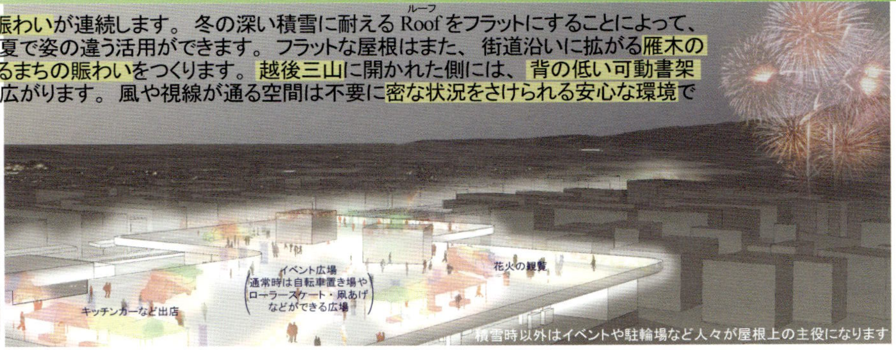

積雪時以外はイベントや駐輪場など人々が屋根上の主役になります

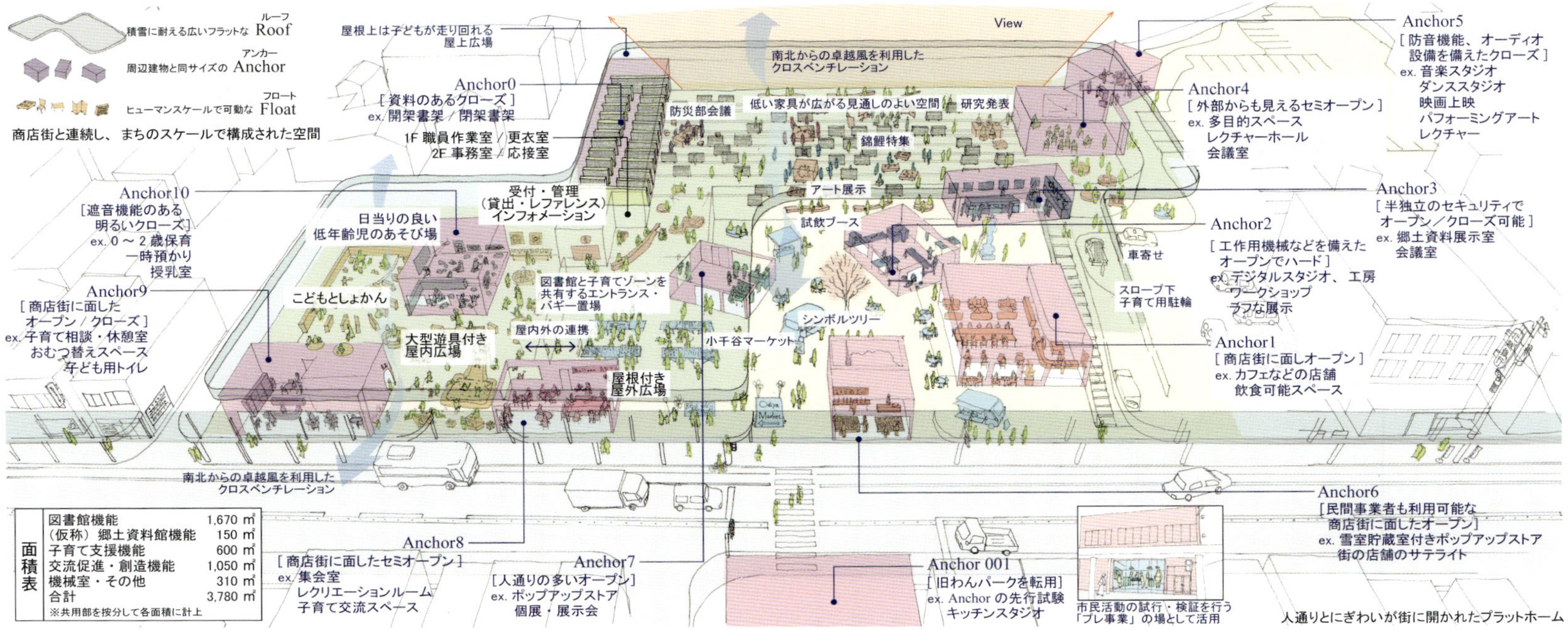

面積表		
	図書館機能	1,670 ㎡
	（仮称）郷土資料館機能	150 ㎡
	子育て支援機能	600 ㎡
	交流促進・創造機能	1,050 ㎡
	機械室・その他	310 ㎡
	合計	3,780 ㎡

※共用部を按分して各面積に計上

2-1. 生活／交通／にぎわいのハブとなる場を目指します

商店街から連続した Anchor が広場を囲うことで、歩行空間を巻き込んだ賑わいが表出されます。また、多様な交通アクセスに対し安全性を確保します。降雪・積雪に関しては、国道側より低い南側に堆雪スペースを設け、除雪作業がしやすい配置計画とします。

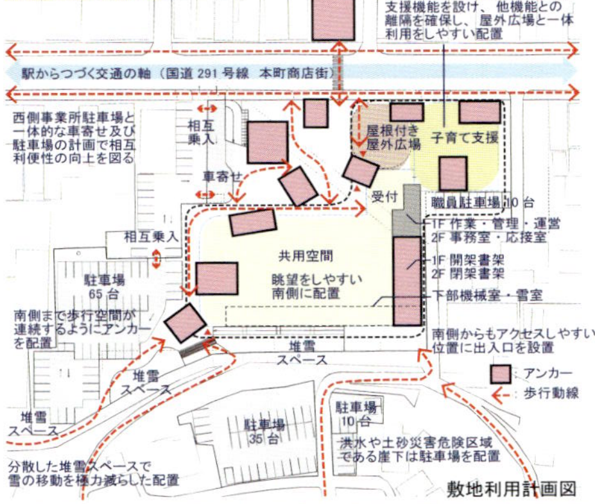

敷地利用計画図

2-2. 極大な共用空間があらゆるニーズに対応します

各機能の専用部を縮減し、兼用できる共用部を拡充します。図書館の閉館時には外部に面した Anchor の個別利用や、街全体のイベントの際には全館の一体利用が可能です。

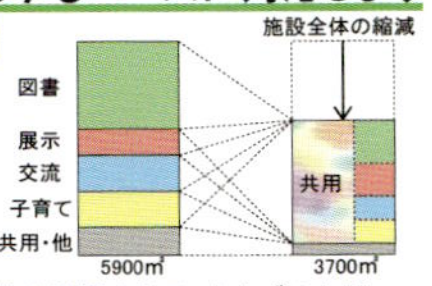

施設内だけでなく街に対しても可変性を発揮するフレキシブルな場

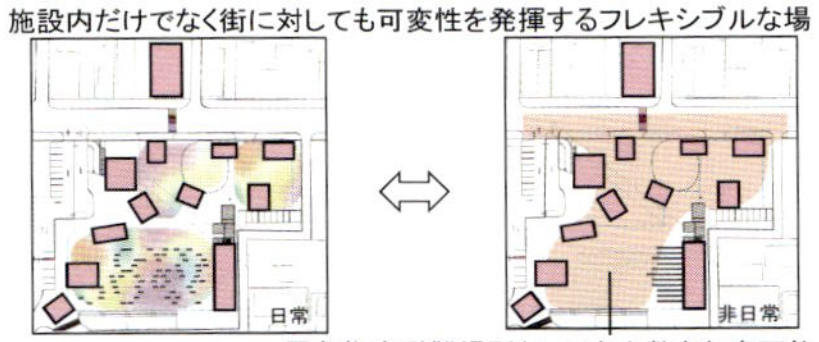

緊急指定避難場所として大人数を収容可能

2-3. 被災時の共助の拠点ともなります

災害時には Float を動かして大きな広間とすることで、避難所として開放します。又、日常から形成されている関心のコミュニティーやその拠点である Anchor が災害時に活かされる関係性やリーダーシップを育みます。

2-4. 自然災害から人々の活動を場を守ります

見通しの良い大空間を経済的に実現するために、7～8m スパンの柱グリッドによってフラットスラブ構造の屋根が支持されている。フラットスラブ構造は、型枠工事が容易で施工性が高く、地震力を負担する「Anchor」と呼ばれる構造コアに水平力を伝達するための剛強なダイアフラムとなっている。この構法は、シンプルで施工性・経済性が高く、また積雪や地震に対して十分な安全性を確保するものである。

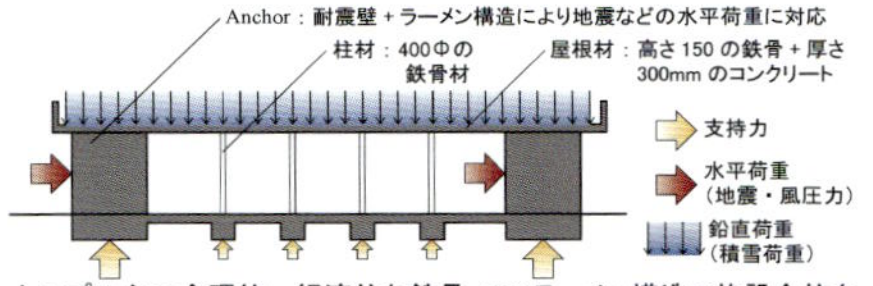

シンプルかつ合理的・経済的な鉄骨 +RC ラーメン構造で施設全体を自然災害から守ります。

2-5. 環境に寄り添い四季の変化に順応する集いの場を提案します

南北をむすぶ小千谷の卓越風向に対し、一つながりの平面計画は、効果的な水平自然換気（クロスベンチレーション）を実現し、省エネはもとより感染症対策にも効果を発揮します。また冬季の積雪は、地形を利用し計画された雪室に貯蔵し、夏季の冷房から雑用水と多段階に利用します。床吹出空調により、一年を通じ快適な室内環境を提供します。太陽光発電、雨水利用、雪利用と小千谷の持つ未利用／再生可能エネルギーを最大限に活用します。

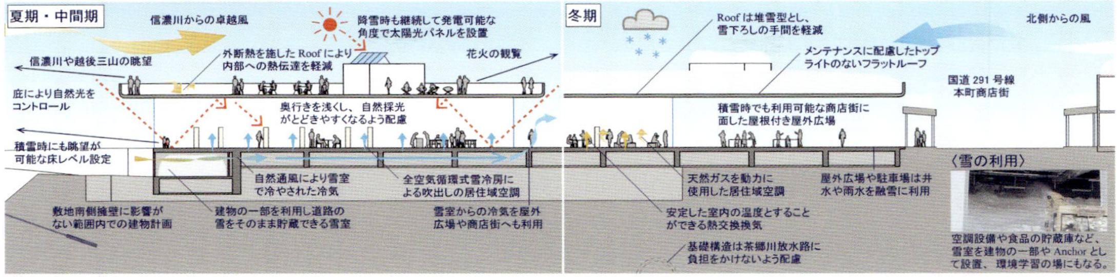

2-6. 街の民間活力の導入

街の民間事業者たちが Anchor や広場を利用した実演や講習など、商店街と連携した集客・賑わいの相乗効果を図ります。実体験として施設で認知された事業者が Anchor として街に広がることで商店街だけでなくまち全体の相乗効果も期待できます。

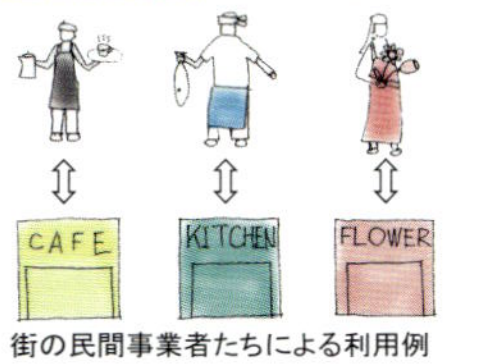

街の民間事業者たちによる利用例

2-7. "今" を見える化

全館 Wifi と施設内の出来事の見える化により、どこで何が行われているかを発信しやすく、把握しやすい情報環境の整備を行います。アプリケーションや ICT との連動により、リアルタイムで施設外からもアクセスが可能です。

投影や画面表示で館内を見える化

平田晃久建築設計事務所案

（注）本書掲載に際し、当時の提案書を一部修正しています

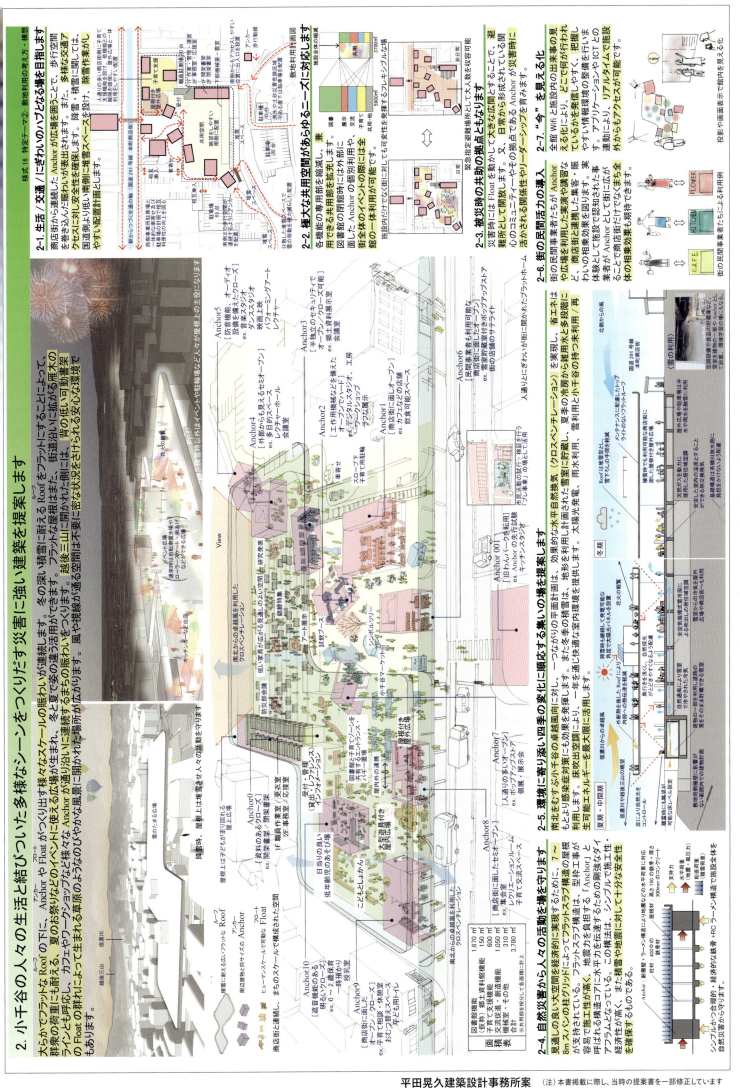

3. 市民協働によってアンカーをまちなかに展開することで小千谷市のまち・人・知のハブとなる施設を提案します。

西小千谷地区から施設へ、施設から西小千谷地区への人の流れをつくります。さらに、市民協働の下で、まち全体へとAnchor を展開するとともに小千谷市の様々な情報を集約・発信することで、施設がハブとなって西小千谷地区のみならず市内全域での人と情報の対流をつくります。
そのためには市民による施設運営とまちづくり活動が不可欠であり、市民協働による設計プロセスを通じてその素地をつくります。このプロセスを通じて、市民が多様な世代や価値観と触れ合ったり、自分のスキルを使って社会に貢献するなどして、自己実現を果たすことを支援します

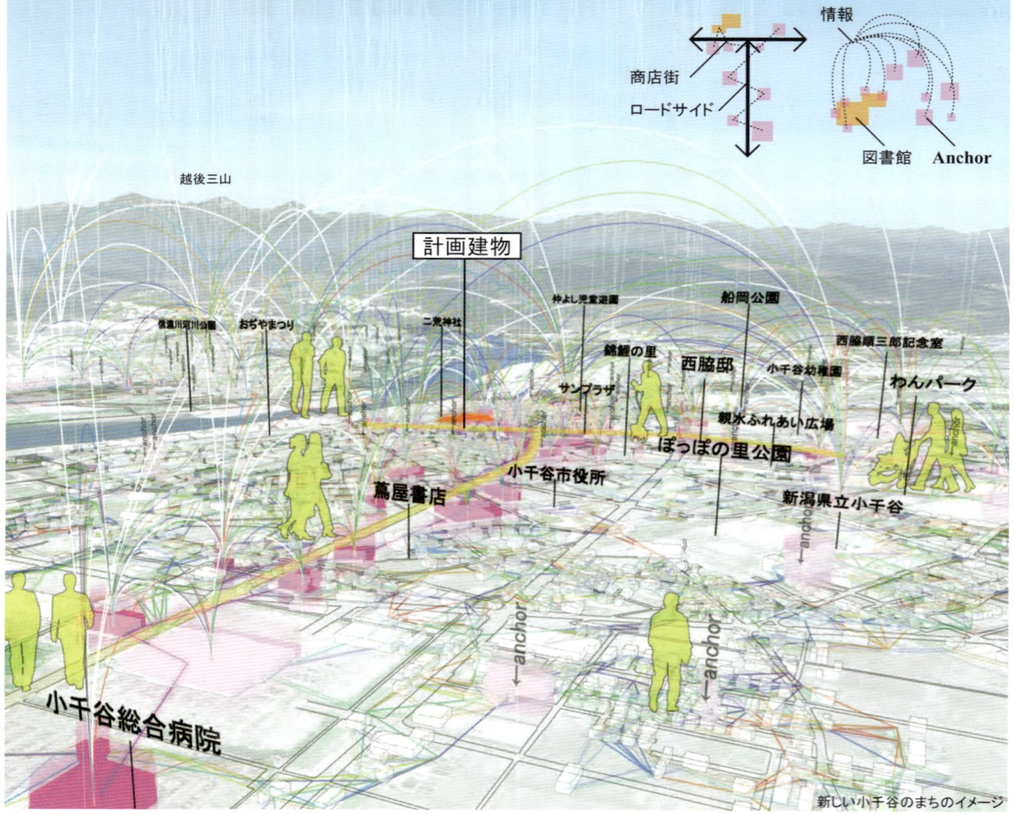

新しい小千谷のまちのイメージ

3-1. 図書館等複合施設とまちの関係性

まちに対して開くことで図書館等複合施設を西小千谷地区の拠点にするとともに、市内における市民の様々な活動や多様な資源をネットワーキングし、交通網とも連携することで人の流れを生み出します。そして、まち・人・知のハブとなります。

西小千谷地区における人の流れの起点となる：まちのハブ

施設では国道 291 号に面してアンカーを配置し、通りから館内での活動を目にすることができ、立ち寄りやすくすることで西小千谷地区から施設への人の流れを生み出します。西小千谷地区においては、市民と協働して、国道 291 号やサンプラザ通り等のストックを資料のアウトリーチや市民活動の場（Anchor）として活用することで歩いて楽しむまちづくりを進め、西小千谷地区の人の流れの起点となります。

市民の様々な活動の場のネットワーキング：人のハブ

商店街や駐車場、軒先、公園、自然環境など、市内の様々なストックを市民とともに探し出し、市民の様々な活動を受け止める Anchor として活用していきます。そして、図書館等複合施設では、それら市内各所の Anchor の所在やそこでの活動に関する情報を集約・発信し、活動とそのための場所のハブとなります。図書館等複合施設を拠点として活動する小千谷リビングラボは、まさにこのような人と人、人と場所・活動を結びつけるプラットフォームとして機能します

多様な資源のネットワーキング：知のハブ

市内に点在する歴史文化資源や地域で継承される民俗風俗、そしておぢや震災ミュージアムと連携した災害の記憶・記録をアーカイブし、発信することで知のハブとしても機能します。資料を学校や公民館等にアウトリーチするとともに、小千谷市全体を郷土資料館と捉え、図書館等複合施設で資料情報を閲覧し、関心に応じて現地に赴いて鑑賞できるようにします。

広域的な人の流れを生む交通ネットワーク：生活交通のハブ

多くのバス路線が通る国道 291 号線に面している立地を活かし、「西小千谷地区市街地まちづくり基本計画（H28.3）に基づき公共交通の機能強化に貢献します。具体的には図書館等複合施設を、バスロケーションシステムを組み込んだバス待ち環境として機能させることで新病院↔図書館等複合施設↔小千谷駅を軸とした生活交通のハブとしての環境整備を行います。さらに、まちなかの Anchor や歴史文化資源に移動する際のナビゲーションも行うことで広域な人の流れを結節点となります。

災害時の避難を受け入れる場：防災のハブ

市内各地に形成された Anchor は、日常からの人々のつながりやリーダーシップを育み、身近に立ち寄ることのできる場である距離感から、災害時における様々な市民相互の助け合いの拠点となります。また施設は多目的な広場となりハブとして機能します。

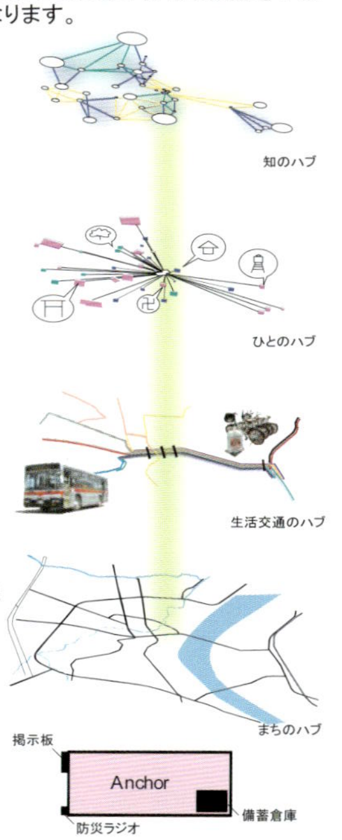

商店街からの眺め

3-2. 施設が市民活動のハブとなっていくため、「つかう」を組み込んだプロセスを展開化

図書館等複合施設が小千谷リビングラボというプラットフォームによる市民活動のハブとして機能するよう、施設の設計段階から小千谷リビングラボが図書館をどのように「つかう」のかを議論し、試行しながら施設設計や工事を進めていくプロセスを提案します。

市民による多世代型の「部活動」の場としての（仮称）小千谷リビングラボ

小千谷リビングラボでは、「多世代型の部活動」のように市民が自身の興味やスキルに応じてやりたいことを持ち寄り、メンバーの「入部」や「卒業」も柔軟に受け入れつつ協働して実現しあう場であると考えます。
そのようなゆるやかなつながりのなかで、法人格を持って受け持つべき事業（図書館の管理運営事業や、不動産に係る事業など）が生じた場合には機動的に法人組織を組成するといった臨機応変な体制を想定し、以下の「つかう」を組み込んだ設計プロセスを提案します。

「つくる」と「つかう」が両輪となったプロセス

設計段階では、小千谷リビングラボは黎明期であり性格・役割・活動内容等は流動的であるはずです。施設への要求が定まらない段階であるからこそ、小千谷リビングラボがどのように図書館等複合施設をつかうのかを議論し、設計に反映させていくプロセスが不可欠となります。そのようなプロセスのなかで施設の管理運営計画も定まっていきます。
このプロセスで重要になることが「実際に試してみる」という機会です。試す機会を通じて、施設設計や管理運営の検証を行い、そのプロセスを通じて人や組織が育つことができるためです。以下のプレ事業はこのような意味で図書館等複合施設にとっても重要なプロセスのひとつとなります。

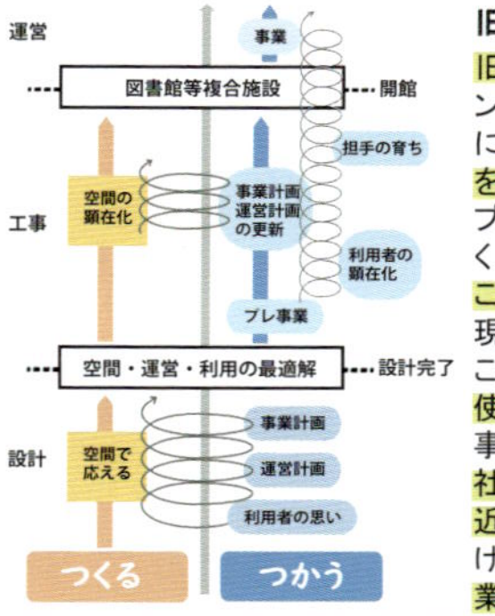

旧わんパーク建物を活用したプレ事業の実施（見附市 駅前駐輪場2階の社会実験を参考に）

旧子育て支援センターわんパークは、小千谷リビングラボが図書館等複合施設の設計・工事段階においてその活動を試行・検証する「プレ事業」を行う場として活用することを提案します。
プレ事業の内容は予め行政が定めるものではなく、小千谷リビングラボに参加する市民の「こんなことをやってみたい」という発意を市民の手で実現する機会とします。
このような施設の設計と並行してつかい手自身が使い方を議論するプロセス、その一環としてプレ事業を実施し検証するプロセスは、当提案者の1社（国際開発コンサルタンツ）が人口4万人の近隣都市である見附市の見附駅前において手掛けている「見附駅周辺つかう会議」及びプレ事業「みつけるプロジェクト」を参考としています。

見附駅前駐車場2階の現況
駐車場2階のリノベーション設計案
使い方の議論やプレ事業を行い施設の設計に反映
つかう会議の様子
プレ事業としてプレイスペース事業を検証
コロナ禍での実験（物々交換マーケット）

平田晃久建築設計事務所案

1｜要項の概要と特徴：議論を積み上げ拠点となる図書館を求める

新潟県小千谷市の旧小千谷総合病院の跡地に建設される、図書館を中心とした複合施設の設計業務プロポーザルである。敷地は市中心部の本町商店街に面する旧病院建物7,130㎡と隣接する駐車場を合わせたおよそ9,700㎡で、建物の延床面積は3,700㎡とされた。求められる機能は、狭隘化した市立図書館の移転先となること、小千谷市出身の詩人である西脇順三郎を軸とする郷土資料館、子育て支援、市民活動の交流・創造促進、その他事務スペース等である。それぞれの機能は以下の整備方針に基づいた計画とされるとともに、信濃川を望む河岸段丘特有の高低差を眺望に生かすことも求められた。

仕様書に記載された整備方針は6つで、(1) 賑わい・憩い・交流の拠点性、(2) 歴史を踏まえた愛着の持てる意匠性、(3) 有機的でフレキシブルな配置計画、(4) 民活による地域経済への貢献、(5) 再生可能エネルギーの活用、そして (6) 実空間と情報空間の融合による情報環境の整備である。これらの指針を読み解くために、敷地となる旧小千谷総合病院の位置づけと、10年間にわたる議論の積み上げをひもといていこう。

1891年（明治24）に設立された小千谷病院は有力者の支援を得て規模を拡大し、1934年（昭和9）には鉄筋コンクリート造の本館を構えた。興味深いのは、2017年（平成29）に市内の魚沼病院と統合、移転するまで、旧病院が医療・保険・福祉の拠点としてのみならず、商店街の核として市民に認知されていたことである。病院の統合には10年もの歳月を要し、それだけ大きな存在だったことを伺わせる。裏返せば、その間ずっと、市のなかで跡地活用が課題でありつづけたのである。

そのことは、2016年（平成28）3月に策定された西小千谷地区市街地まちづくり基本計画では、旧病院は商店街エリアの「集客の核施設」とされたことからもわかる。その上で、旧病院に代わる集客機能の創出と市街地の回遊性の向上が喫緊の課題と指摘された。路線バス等の整備が行き届いた病院周辺にとって、往来の起点である病院本体を失う危機感は強く、結論として、図書館を中心に、滞在時間の長い複合施設の設置を求めている。これに先立って同年2月に発表された第5次小千谷市総合計画でも、公共的空間・賑わいの拠点として旧病院跡地を位置づけることが明言された。市の中心市街地エリアで集客を担ってきた施設の代替であるとともに、新たな回遊性を生むベースとして強く期待されていたのである。

さらに言うと、プロポーザルの審査委員長である澤田雅浩氏（現兵庫県立大学准教授・当時長岡造形大学）は、中越地震の復興にも携わった研究者だが、この総合計画審議会のまとめ役でもあった。都市計画の専門家が中長期的に関わるなかで、プロポーザルの背景にある議論の積み上げが要項に反映されたとも言えそうだ。

本プロポーザルの前提となる2018年（平成30）3月の小千谷市立図書館及び（仮称）小千谷市立郷土資料館基本計画には、ICTを積極的に活用したデジタル化の推進が強調されている。2020年（令和2）12月のプロポーザル事業指針でも、コンセプトの筆頭に、デジタルアーカイブを含む情報基盤の構築とその共有が謳われた。デジタル化への対応は今や標準的な要求でもあるが、特に市民にとって「新しい"知る"スタイル」をつくり出すことが目指されていることに注目したい。審査員の1人である平賀研也氏は民間出身で、伊那市立図書館館長や県立長野図書館館長としての活動のなかで、情報と人の関わりを再編するハブとして図書館を生かす試みを続けてきた。指針に示された実空間と情報空間の融合という課題を、継続的に切り開いてきた人物とも言える。本プロポーザルが新型コロナウィルス感染症の被害が拡大する中で実施され、収束以降の社会状況にデジタル化のメリットを位置づけたことも特筆すべきだろう。実体のある書籍と、形のない情報をともに収める新しい建築が求められていたのである。ゆえにその提案は、新しい社会教育施設像の発明であるべきなのだろう。

さらに市では市民グループへのヒアリングや先進的事例のオンラインフィールドワークを通じてくみ取った利用者ニーズを、積極的に提案に反映させようとしている。須賀川市市民交流センターtette（畝森泰行＋石本設計、2018）や紫波町図書館オガールプラザ（近代建築研究所＋中居敬一、2012）／オガールプロジェクト（みかんぐみ）といった事例のリサーチ結果を事業指針に盛り込み、建築として何を求めているのかを明らかにしていた。図書館というビルディングタイプが複合化することで生まれる求心性に、可能性を見出したと言えそうだ。

旧病院の跡地利用が、単なる遊休地の活用でも、集客施設の代替物となる再開発でもない、中長期的な議論を積み上げたプロセスの中に位置づけられたプロポーザルと言える。（山崎）

2｜提案内容の卓越性：知のコミュニティを生む情報空間の実装

○情報の捉え方

本プロポーザルの主眼点は図書館という知を共有する空間の中でデジタル空間をどのように取り込み、どのように表現するのかが審査のポイントになっていたと思われる。一般に図書館や美術館のデジタル化が情報の発信や共有を簡易化するということはすでに情報空間を通じて現実化されつつある。今回はそれを超えて、受動的な市民をも、誘導しながら図書館の知に具体的に開いていく可能性を、建築がどこまでサポートできるものかについて、建築家の斬新な提案が競われた。

○3つの軸

ヒアリングに残った3社の案には上記の視点がそれぞれ垣間見られたが、他2社に比して、最優秀となった平田晃久建築設計事務所案（以下、平田案）は見たことのない可能性と（それゆえ何が出てくるか分からない不安も少し）を感じさせるものとして、審査員は大きなチャレンジをしたと言えるかもしれない。

平田案の特徴は3つの標語に集約されている。それらはFloat, Anchor, Roof である。それぞれの意味はFloatは動く書架を使った資料の流動性、Anchorは場の特性を生み出す箱、そしてRoofは夏は屋上利用でき冬は雪を耐雪させる大屋根である。この3つの軸はそれぞれが相互に関連しあってこの案の全体計画を成り立たせている。

○AnchorとRoof

3つの軸の中でAnchorとRoofは比較的分かりやすいアイデアである。Anchorはコミュニティ活動の場のようなもので多様な目的を持つ箱でありこれらはフレキシブルに変化する可能性を暗示させる、また同質の箱は街の中にも広がっていくことを期待している。Roofは多雪地帯の小千谷において季節にどのように対応していくかという問いに対して、大屋根という解答でシンプルに答えた。それは冬は耐雪し夏はイベントに使うという提案である。

○Float

3つの軸の中でもおそらく最も重要で斬新なアイデアはこのFloatだと思われる。これは全体で10万冊の収蔵本のうち2万冊を格納する書架が十進法分類により分けられた10列のレールの上をいくつかの書架に分けられて、移動するというものである。転倒しにくさに配慮して底部が800mm高さは1,400mmの台形断面の書架は人が簡単に押して移動できる。さまざまな要請にしたがっておそらく100以上の組合せにもなるようなこれらの書架は移動して知のまとまりをつくる。そしてそのまとまりの周りには常にそれらを取り囲む実空間が現れ、そこに情報空間と連動した知のコミュニティができるだろうという建築家の想像力には敬意を表するしかない。審査評にもあったように移動書架の技術的な安定性をどのように担保し、何を要因として移動が起こるのかというソフトのアイデアも含めて、実現が楽しみである。（坂牛）

3｜リレーションズ提案の卓越性：専門組織・市民との協働体制の明示

本プロポーザルでは、「公募型プロポーザル仕様書」内「6 本業務の内容＞(3) 本業務に含まれるその他の業務」の中で、「7 本市が指定予定の公民連携アドバイザー（行政と市民と民間事業者の間をつなぐ役割）等との連携業務」、そして「8『小千谷リビングラボ』（仮称）（市民ワークショップ等）、各種会議及び説明会等への参加及び必要な資料作成業務」が求められている。

なお、「本市が指定予定の公民連携アドバイザー」というのは具体的には、「公募型プロポーザル実施要領」内「6 応募に関する制限」の中で、「本事業に係る官民連携支援業務に関与した者」は、「アカデミック・リソース・ガイド株式会社」とある。アカデミック・リソース・ガイド株式会社は、全国各地で自治体に協力し図書館づくりのサポートをおこなう専門組織であり、こうした専門家との連携によって本書が定義するリレーションズ提案（p.10）における「③活用・運営につながる仕組みづくり」を求める条件は興味深い。

案を見ていくと、4枚ある提案書のそれぞれにテーマが課せられている。1枚目は「本業務の実施方針」、2枚目は「特定テーマ①実空間（建築）と情報空間（デジタル）の融合」、3枚目は「特定テーマ②敷地利用の考え方・構想」、4枚目は「特定テーマ③施設とまちのつながりに関するビジョンについて」という具合に。それぞれの提案におけるリレーションズ部分は主に4枚目にあらわれる。

選定案では、1枚目の見やすい部分に示された体制図で、リレーションズ関連業務を担うパートナーとして国際開発コンサルタンツが立てられている。市民と小千谷リビングラボと提案者の関係性が完結した体制図に示されているのは把握がしやすい。これのみならず3・4枚目にわたって、ワークショップやまちづくりにつながる小千谷リビングラボの具体や、この後の展開の仕方が提案されている。とりわけ3枚目では「2-6. 街の民間活力の導入」として施設と地域住民との接続の仕方が、4枚目では「3-2. 施設が市民活動のハブとなっていくため、「『つかう』を組み込んだプロセスを展開化」と題して、市民共同のかたちが図とともに提案されている。

一方で次点にあたるMARU。architecture案は「小千谷リビングラボ」にゆかりのある、愛知県岡崎市のまちづくりコンサルタント「岡崎まち育てセンター・りた」の三矢勝司氏が「市民協働主任」として立てられている。そのためか、提案書4枚目の中でも「市民協働」は比較的大きな紙幅を割かれており、「小千谷リビングラボと連携した持続的な市民活動を育む」「市民コーディネーターを育む様々な仕掛け」が具体的に、タイムテーブルとともに示されている。

対して、西澤徹夫建築事務所・タカバンスタジオ設計共同体の提案では、1枚目に示された体制図の中にリレーションズに関する担当者は立てていない。しかし同1枚目に「市民が主体的につくる場をつくる」と題してスケジュールが示されており、ワークショップの提案もなされている。市民が自発的にリレーションズを担うという方針が取られているように思われ、3つの提案の中では最も「意図的にゆとりをもたせた」提案となっている。

施設をどうつくるかのみならず、その施設がまちに対してどういう影響を与え得るかという、まさにリレーションズに関する部分が求められたプロポーザルだと捉えられる。次点のMARU。architecture提案は比較的そのリレーションズを具体的にかつ参考事例とともに描いていた。選定案は建築とリレーションズの情報のバランスが比較的とれており、余白として残した部分に柔軟性が感じられるとも取れる。それぞれのリレーションズ提案の違いが明白に見えてくる事例だった。（榊原）

4｜プレゼンテーションの卓越性：
建築とデジタルの融合を多様なダイアグラムで説明

このプロポーザルは図書館・郷土資料館・子育て支援を中心とした複合施設の提案を求められているものであるが、特筆すべきは「実空間（建築）と情報空間（デジタル）の融合による新しい情報環境の整備」という整備方針であろう。そのため、技術提案書においても一般的に求められる様式14〈実施方針〉・様式16〈テーマ2：敷地利用の考え方・構想〉・様式17〈テーマ3：施設とまちのつながり〉といったテーマごとにそれぞれA3×1枚の他、様式15〈テーマ1：実空間と情報空間の融合〉についてもA3×1枚の提案書を求めている。それぞれのテーマごとに様式が指定されており、提案者の裁量で4枚をまたぐレイアウトはできないことも特徴である。施設計画〈テーマ2・3〉よりも前に新しい情報環境についての提案書〈テーマ1〉が求められていることからも、本施設において図書館を介して書籍と情報を融合する斬新な試みへの小千谷市の期待が大きいことが分かる。

選定案の技術提案書のレイアウトはあまり明確な基本グリッドに則ったものではないが、78・81・84・87mmといったA3用紙短手をおおよそ3等分したスケールが見られ、それぞれのテキストのまとまり同士のマージンは3mmで統一されている。1枚目の〈実施方針〉は上段に大きく「1. 基本コンセプト」を、下段に「2. チーム体制／チームの特徴」・「3. 設計上の配慮」・「4. 業務上の配慮」・「5. スケジュール／プロセス」を必要に応じてまとめている。2枚目の〈テーマ1：実空間と情報空間の融合〉は概念ドローイングを左上に載せ、周囲にはFloatと呼ばれる可動する家具・書架によって多様な関心の誘発やランダムな散策性、関心から「日常のリ・デザイン」への展開、といったビジョンを描いている。概念ドローイングがレイアウト上最も大きい正方形として描かれ、ゲシュタルト的に最も目に入りやすいプレゼンテーションとなっている。3枚目の〈テーマ2：敷地利用の考え方・構想〉はおおらかでフラットなRoofがつくり出す風景のパースとAnchorやFloatがつくり出すさまざまなスケールの賑わいの俯瞰パースを左上に大きく3:2のアスペクト比で載せ、周囲には敷地利用計画図・ダイアグラムや構造計画・環境計画といった比較的オーソドックスな説明を載せている。通常求められる平面図がなくともこの建築の魅力が伝わるのはダイアグラム的明瞭性がある建築だからかもしれない。4枚目の〈テーマ3：施設とまちのつながり〉は2枚目と同じく概念ドローイングを左上に載せ、周囲には「まち・人・知のハブ」となる施設となるよう、ハード・ソフトの側面からAnchorのまちなかへの展開を提案している。

グラフィカルな視点では、主にオレンジ・赤・青を基調とした全体的にグラデーショナルな色調が特徴的である。それはさまざまなものが融合する動的な姿を表現しているようでもあり、Float／Anchor／Roofによる動的な建築の提案につながる明快な表現といえよう。（平瀬）

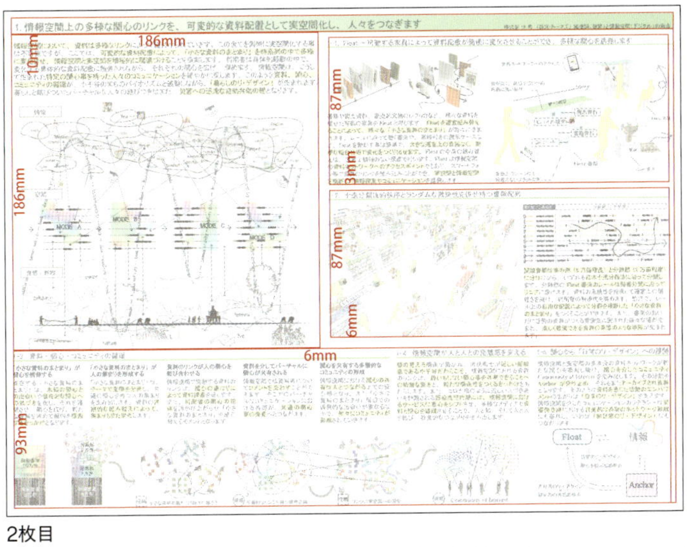

2枚目

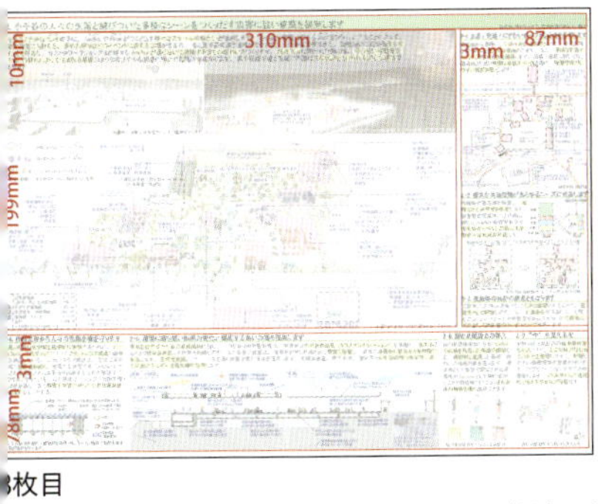

3枚目

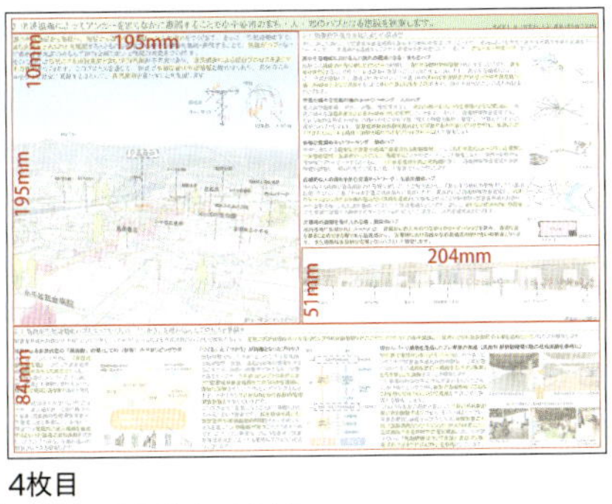

4枚目

選定案のグリッド分析　指定条件：A3（横）4枚、文字10.5ポイント以上

施設づくりの基本方針

多様な「情報の入口」による活動のサイクルをつくる

小千谷市の新たなまちなか拠点としての本施設は、これまで培われてきた、歴史・文化・自然といった豊富なまちの資源をつなぎなおし、まちの新しい価値を生み出す創造の場となることが期待されています。
私達は、誰もがアクセスすることのできる幅広い「情報の入口」をつくることで、市民一人ひとりがそれぞれの興味から出発して様々な情報と出会い、創造し、発信するという活動のサイクルを生み出す施設づくりを提案します。

デジタルと実空間の融合施設の考え方

施設利用を促す 3 つの「情報の入口(実空間・情報空間・活動)」

利用者層に応じた興味のきっかけをつくる

小千谷市の老若男女様々な市民の興味に応じた「情報の入口」をつくります。
設計にあたっては、下図のように「市民が興味を持って施設を利用するステップ」と「利用をサポートする情報の入口」の関係をつくります。

3 つの「情報の入口」をデザインする

①実空間　：建築、図書、展示など
②情報空間：SNS、WEB など
③活動　　：交流、創作、表現など
3 つをすべて「情報」として捉え、これらを組み合わせて幅広い市民が興味を持って利用できるものとします。

ある利用者の「施設利用のステップ」と 3 つの「情報の入口」の関係のデザイン例

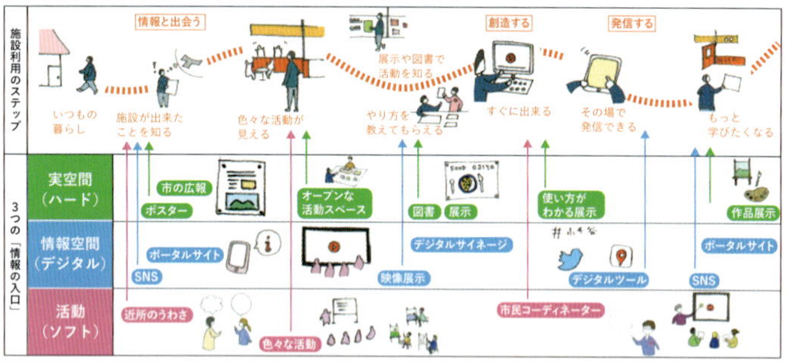

提案コンセプト

3 つの「情報の入口」が集まる「ツリー」

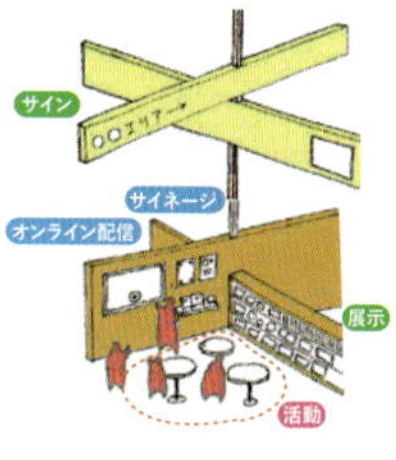

施設の拠り所となる「ツリー」

3 つの「情報の入口」が集まり多様な情報や人の拠り所となる「ツリー」をつくります。

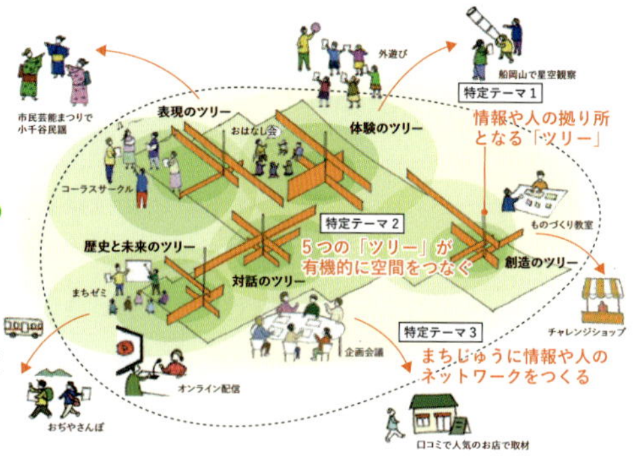

特定テーマ 1　実空間と情報空間の融合の考え方について　▶様式 15 号

情報や人の拠り所となる「ツリー」

それぞれのツリーは、「オープンな活動の場所」「棚やディスプレイなどの情報を発信するしつらえ」など、様々な情報と人の拠り所となります。

特定テーマ 2　配置方針、構造・階数・機能・意匠等建築物の企画について　▶様式 16 号

5 つの「ツリー」が有機的に空間をつなぐ

5 つのツリーをきっかけにして多様な活動の場所をつくることで、それぞれ特徴の異なる場所を生み出し、それらが有機的につながる空間をつくります。

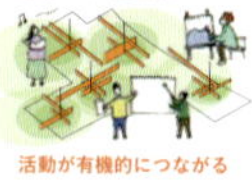

特定テーマ 3　施設とまちのつながりに関するビジョンについて　▶様式 17 号

まちじゅうに情報や人のネットワークをつくる

ツリーのまわりで起こる活動が見えることで利用者同士の交流を生み出し、デジタルを併用して、まちじゅうに情報や人のネットワークをつくります。

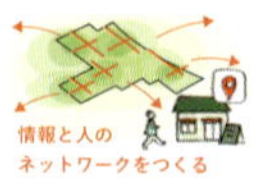

実施体制・スケジュール

3 つの協働の場を実現する多角的なチーム

多角的なチームを構成することにより、幅広い業務に取り組みます。
専門性の高い会議から市民に開かれたイベントまで、3 つの協働の場を実現します。

A. フレーム会議
担当各課や関係施設等による専門的な会議体。
市政との適合判断や工程・予算など事業の骨格をつくります。

B. プラットフォーム
小千谷リビングラボと協働してつくるプラットフォーム。
具体的な利用想定から、施設検討や運営体制づくりを行います。

C. プレイベント
参加の裾野を広げるすべての市民に開かれたイベント。
開館後の運営シミュレーションとしても機能します。

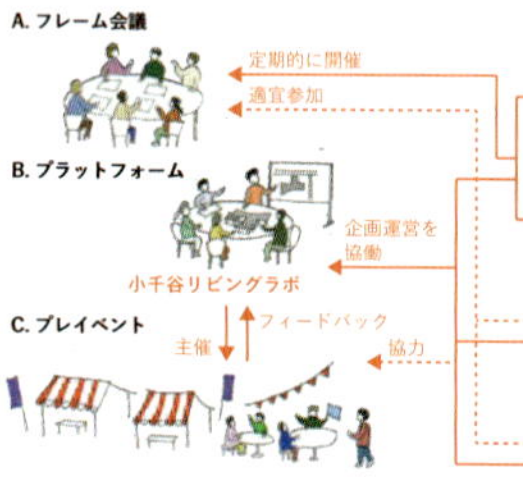

管理技術者　高野洋平
全国で公共図書館や図書館複合施設の実績多数。市民協働の研究で博士号取得、実践を重ねる。「触発する図書館 ―空間が想像力を育てる―」共著。

意匠主任　森田祥子
全国で教育施設や公共図書館等の実績多数。設計プロセスにおける市民協働 WS を数多く実践。

情報環境主任　清水淳子
グラフィックレコードの第一人者であり UX デザイナー。多摩美術大学メディアデザイン担当。著作「議論を可視化するグラフィックレコーディングの教科書」

市民協働主任　三矢勝司
小千谷リビングラボに登壇した中間支援組織「岡崎まち育てセンター・りた」の創立者。市民参加型公共施設計画やまちづくり支援組織論を展開。

社会情勢に柔軟に対応する確実な工程管理

業務の実施にあたっては、設計の段階に応じてホールドポイントを設定し、常に関係者全体に明確に共有することで、手戻りの少ない確実な工程管理を行います。
日々変化する社会情勢に対して、予め安全な工程管理を行うことによって、適宜見直しを図るなど柔軟な対応が可能になります。

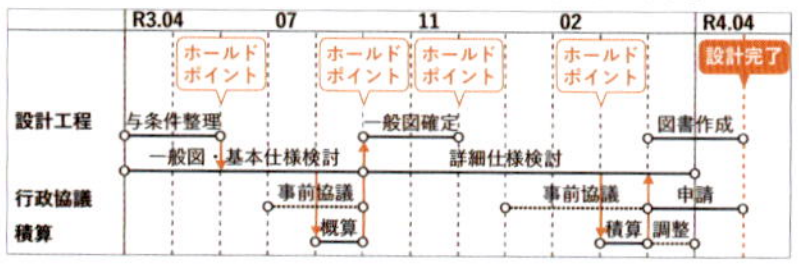

多様な情報の入口をつくる融合施設の考え方

「ツリー」を拠り所とした多様な「情報の入口」

幅広い市民誰もが興味を持って、それぞれの方法で情報にアクセスできる多様な「情報の入口」を備えた空間をつくります。
「ツリー」を拠り所として、様々な情報の関わり方の入口となる空間的な仕掛けをつくります。

実空間
建築や図書、展示物、道具など

情報空間
デジタルサイネージやオンライン上のポータルサイト、SNS など

活動
人と人の交流や施設内での活動

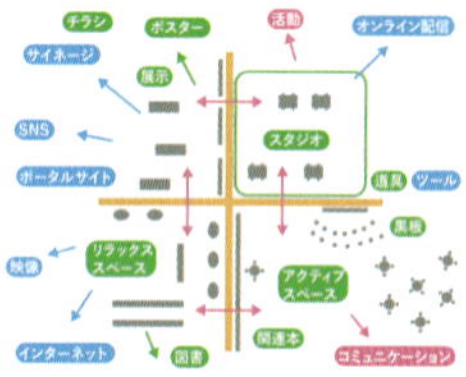

情報との出会いを生み出す空間の考え方

多様な活動が一望できる空間

小千谷のまちで印象的なのは、小山や神社といった近景から信濃川・越後三山といった遠景までが重なって豊かな視覚的体験を生み出していることです。本施設においても、「手に取ることのできる情報（近景）」から「見て感じる情報（遠景）」まで、様々な情報を一望できる施設をつくります。

ツリーが折り重なることで、足を踏み入れると、まるで本の目次のように自然に様々な情報が視界に飛び込んでくるような空間をつくります。書架、活動の場所、サイン、掲示物等を、高さや距離に変化をつけて配置することで、様々な情報に自然に触れることができる空間とします。

実空間と情報空間が融合した施設のイメージ

情報や人の拠り所となる「ツリー」

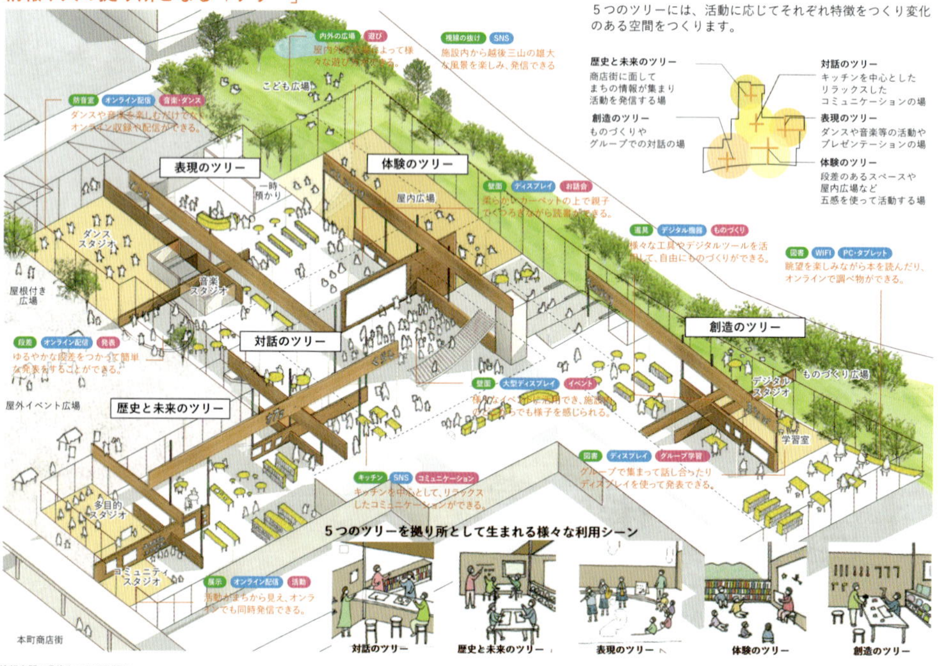

特徴的な場所をつくる 5 つのツリー

5 つのツリーには、活動に応じてそれぞれ特徴をつくり変化のある空間をつくります。

歴史と未来のツリー
商店街に面して
まちの情報が集まり
活動を発信する場

創造のツリー
ものづくりや
グループでの対話の場

対話のツリー
キッチンを中心とした
リラックスした
コミュニケーションの場

表現のツリー
ダンスや音楽等の活動や
プレゼンテーションの場

体験のツリー
段差のあるスペースや
屋内広場など
五感を使って活動する場

情報空間の骨格をつくる仕組み

ツリーの 2 つの役割「ブランチ(枝)」と「ルーツ(根)」

高さに応じた活動と情報の拠り所をつくる

ツリーには高さに応じて 2 つの役割をつくります。活動の拠り所となる足元の「ルーツ(根)」、活動を横断的につなぐ上空の「ブランチ(枝)」と名付け、それぞれの役割を担います。

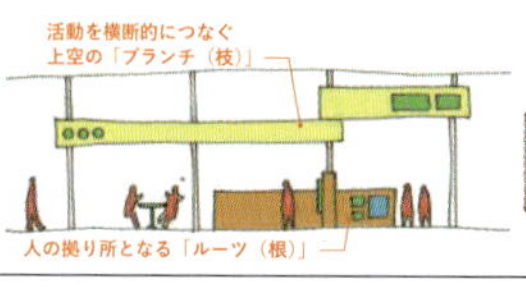

活動を横断的につなぐ上空の「ブランチ（枝）」

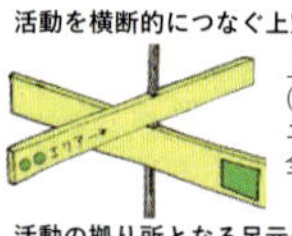

上空で大きく腕を伸ばすように延びていく「ブランチ(枝)」は、それぞれの活動を横断的につなぎます。また、エリアのサインやデジタルディスプレイ等情報を施設全体に発信します。

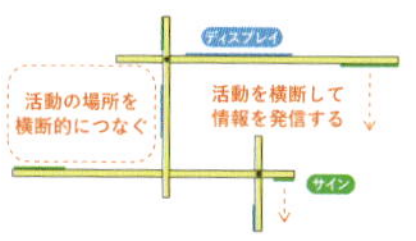

活動の拠り所となる足元の「ルーツ（根）」

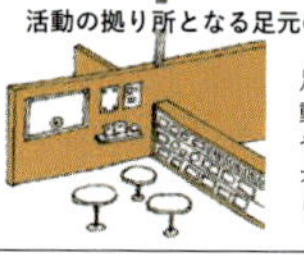

足元に寄り添うように広がる「ルーツ（ 根 ）」は、活動の背面や情報の掲示板、本や物を置く棚、など情報や人の拠り所となります。
オープンな形状とすることで、それぞれの活動が混ざり合う関係をつくります。

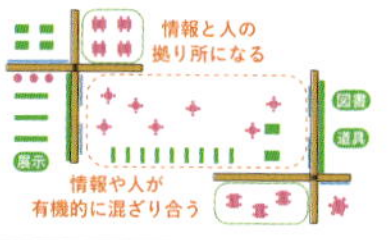

MARU。architecture案

優秀提案者

建物内部空間を表現、体験、対話、創造、歴史と未来という5つのゾーンに分け、それぞれの場所にツリーと呼ぶサインボードのついたジャイアントファニチャーを設置して空間を分節した。また市民が情報に関わるきっかけを実空間、情報空間、活動という3つに分け、このツリーにはその3つの情報との関わり方が提示されている。これらの情報はものによっては建築を飛び越えてそれぞれの空間の中に分散し、街の中にもネットワーク化していく。目に見えにくい情報をツリーという形で建築化して整理したところにこの案の特徴がある。

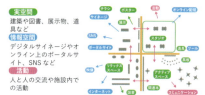

様式 14技術提案書（本業務の実施方針）

西澤徹夫建築事務所・タカバンスタジオ設計共同体

〈わたし〉の図書館

基本コンセプト

新しい公共のために

小千谷市は、古くから縮の産地として発展し、その財をもとに教育の街、病院の街として知られるようになりました。その病院が移転した跡地に建つ新しい小千谷図書館は、錦鯉の里や楽集館などの**既存公共施設をつなげる重要なピース**になるはずだと考えます。

一方、現代は、公共サービスが誰にとっても「だいたい同じ質」を保てた時代では既にありません。小千谷図書館が**本当の意味での公共性を持つために**は、小千谷市民の〈わたし〉たちひとりひとりが提供されるサービスを待っているだけではなく、**公共とはなにかを問い続けること、与えに行くこと、参加することが必要**です。

このような施設に求められるのは、漠然とした〈みんな〉のために用意された空間や、すでに賑わっている空間、行政が用意した空間ではなく、ひとりひとりの**〈わたし〉が実感を持って参加できる空間**、目的の有無にかかわらず**居場所を見つけられる空間**、そしてそこに、**小さな〈わたし〉の領域たちが重なり育っていく空間**ではないでしょうか。したがって、ここに提案するのは以下のコンセプトを持った複合文化施設です。

1. 日頃から〈わたし〉が自由に居場所を見つけられる空間
2. それぞれの〈わたし〉が共に知ることを経験できる空間
3. 小千谷らしい「公共性」をつくるきっかけを持つ空間

こうして小千谷に住む〈わたし〉たちが、図書館との関わり方を通じて街にそれぞれの**〈わたし〉の活動を開いていく**ことで、〈わたし〉たちが育てていく場となるはずです。そこで生まれる新しい図書館は、情報の保管場所としてだけではなく、さらに街の既存施設との連携を図ることで、**情報の収集と発信のハブ＝〈知のプラットフォーム〉**となっていくことが、小千谷市が目指す公共のあり方だと考えます。

特に重視する設計上の配慮事項

想定外を想定し日常的に災害に備える

中越地震の記憶がまだ新しい小千谷のために、できうるかぎり想定外を想定し、災害時に強い安全安心な建物を実現することを重視します。特に中越地震の後に降雪が重なったことを踏まえ、**1階をピロティとして地域に開放する**ことで、普段は地域のリビングとして、災害時は指定緊急避難場所として利用できる建築を提案します。

ピロティの中心にある「大きな風除室」は、雨風をしのげるバスの待合所であり、子どもが遊んだり井戸端会議ができる場所であり、四季を通して気持ちよく過ごすことのできる場所となります。**風除室内部には水場を設け、日頃から手洗いを推進して、感染症対策にも対応**すると同時に、災害時には炊出しに利用できる計画とします。**日常的に使われる場所を避難場所とすることでフェーズフリーな建築**を目指します。マイクロCGS による非常電源や水源の確保、備蓄倉庫も整備します。

その他の業務上の配慮事項

それぞれ違う〈わたし〉が関わる仕組み

ワークショップは市民の意見をヒアリングするだけでなく、市民が自ら決定するプロセスに参加することによって**より主体的に関わる機会**であるべきです。設計チームは、**小千谷リビングラボや官民連携アドバイザーとの創造的な**ワークショップを通じて、設計から運営まで継続的に関わり、使いやすく、愛着の持てる建築を目指します。また、西澤徹夫建築事務所・タカバンスタジオが八戸市新美術館の設計中に各識者にインタビューを行った経験を生かし、初期よりブログやポッドキャスト等のツールを使った設計プロセスの見える化やリサーチと設計の一体化に取り組みます。

専門サイトでの特集連載。美術館関係者、アーティスト、研究者等に幅広くインタビューした。

こうして目指すのは、誰もが図書館を共有していながらすべての**〈わたし〉の価値観が違うことを前提にした建築**、さまざまな興味・関心を持つ〈わたし〉たちが重なっていく空間です。

設計チームの特徴、業務取り組み体制

多様な専門性を備えたチーム体制

西澤徹夫建築事務所・タカバンスタジオ設計共同体に、構造、設備、音響、ランドスケープの専門家と、情報環境技術と遊具設計の専門家を加えて、**施設の内外にわたって街との関係を構築するチーム編成**です。 特に、建築専門誌のデータベース構築の実績があり、プログラミングスキルと建築設計経験も有するsunayama studio が実空間とデジタルの融合を担当します。音響設計の永田音響は国内外に多数の実績があり、シミュレーションを駆使して図書館の中に複数の活動が共存できるようなムラのある音環境を実現します。ランドスケープのHUMASは、地域の植生を用いた造園計画を行います。アンスは豊富な実績を生かして安全で楽しい遊具を計画します。

チーム体制図

業務スケジュール

市民が主体的につくる場をつくる

「つくる」「運営する」「利用する」が一体となった空間の共創のプロセスには、市民の主体的な関わりしろをつくること、専門家も学びながら具体化していくことが必要になります。対話自体が設計になっていくようなオープンな場をつくります。

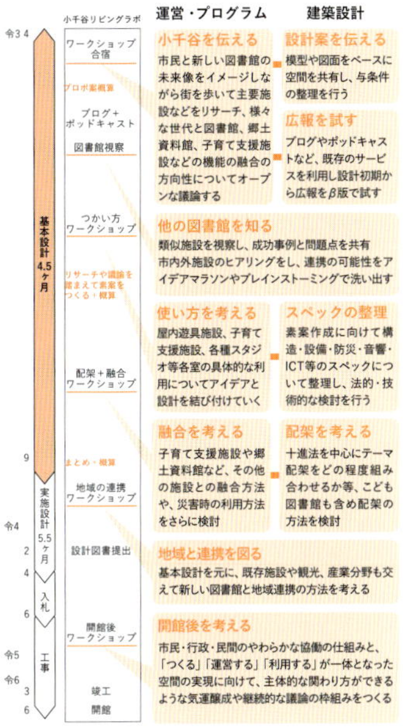

←にぎやか　活発で活動的な空間から閑かに集中したい空間まで、音環境や光環境、内装や家具デザインの違いによって雰囲気が異なる部屋が共存・両立する図書館です。さまざまな〈わたし〉にとって、居心地のよい空間や関わりしろの選択肢を増やすことで、それぞれの〈わたし〉の領域が重なり、活動が交わっていきます。　閑か→

レクチャールーム：地域での相互の学びや生涯学習での利用など、多目的に使える部屋で、〈知のプラットフォーム〉を駆動させる空間です　WS ルーム：小さなグループで活発な議論を醸成します　デジタルスタジオ：3Dプリンターやレーザーカッターなど、ものつくりを通して知の共有を図ります　PC ルーム：WS の資料作成や個人の調べもの、イベントパンフの作成などの活動を支援します　リビングラボルーム：壁の一面には大きい地図を張り出します　眺めのよい閲覧室：飲食が可能で、勉強やWS の休憩や談話など、ここでの会話が新しい取り組みの契機となることもあります　読書コーナー：ゆっくりくつろぎながら本を読む、落ち着いた部屋で、静かに本の世界へ没頭します　閑かな部屋：独立したブースで集中して読書や調べものができる部屋で、活動的な部屋からは離れています

様式 15 技術提案書（特定テーマ①）

西澤徹夫建築事務所・タカバンスタジオ設計共同体

〈わたし〉とわたしの図書館

実空間と情報空間のマトリクス

実空間（建築）と情報空間（デジタル）のより本質的な融合を検討するために、マトリクスを作成しました。まず本計画では、図書館の**情報環境を情報技術のみで考える**のでなく、**人と空間、人と物、物と空間、人と人の関係性が引き起こす出来事そのものを情報の束**として捉え、それらがシームレスに行き交う環境計画を主眼としました。そして、**「資料との豊かな出会い」「あらゆる人にひらかれた学習の場」「図書館の個性を育む」「地域の記憶を紡ぐ」**という 4 つを主な目的として、それぞれについてテーマを立て、問題を洗い出し、個々の問題に対応した明確なコンセプトをもつ情報空間を提案します。司書が自発的に本の並べ方を工夫し情報発信できる仕組みから、IDシステムを用いたユーザー間交流、インタラクティブな展示コンテンツの提案まで、これまで図書館が育んできた知の蓄積・継承の仕組みをさらに拡張していくことになります。地域住民が、物理的な図書館の内外・オフライン／オンラインの枠組みを超えて環境格差を乗り越え、地域の知財に触れ、そこに新たな自分の居場所を発見し続けることができる環境を提供します。新たな図書館は、今以上に**情報が空間に溶け合った未来の暮らしを見据えた知と情報のプラットフォーム**になります。

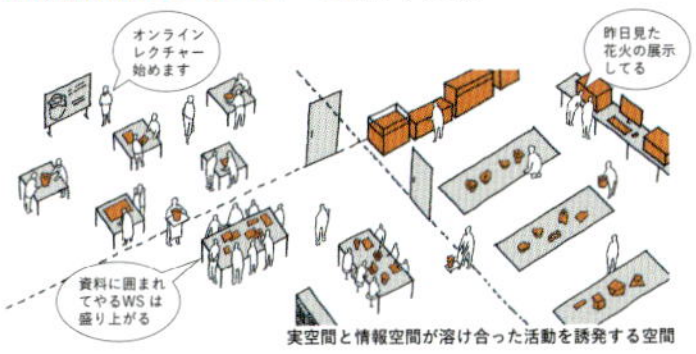

実空間と情報空間が溶け合った活動を誘発する空間

検索システム
利用者が借りたい本から類推されるレコメンドシステムや、AR による書籍内容・検索結果の表示など、データベースと閲覧・検索環境を整備し、ユーザーの能動性を誘発するシステムを提案します

情報配信システム
レクチャーの配信や、配架情報のオンライン上での可視化、地域資源の視覚的なデジタルアーカイブなどを通じて、利用者に図書館情報を常にアクチュアルな形で提供します

ユーザー ID システム
机・スペースの予約など施設管理や利用を便利にする機能をはじめ、利用者間や図書館との情報交換、SNS の積極的な連動など、利用者が帰属意識をもって図書館機能にアクセスできる仕組みを構築します

メディアインスタレーション
VR による仮想体験学習やメディア・アート技術が実装されたインタラクティブな屋内遊具・展示コンテンツを計画し、それら情報技術がより実装しやすいような環境を構築します

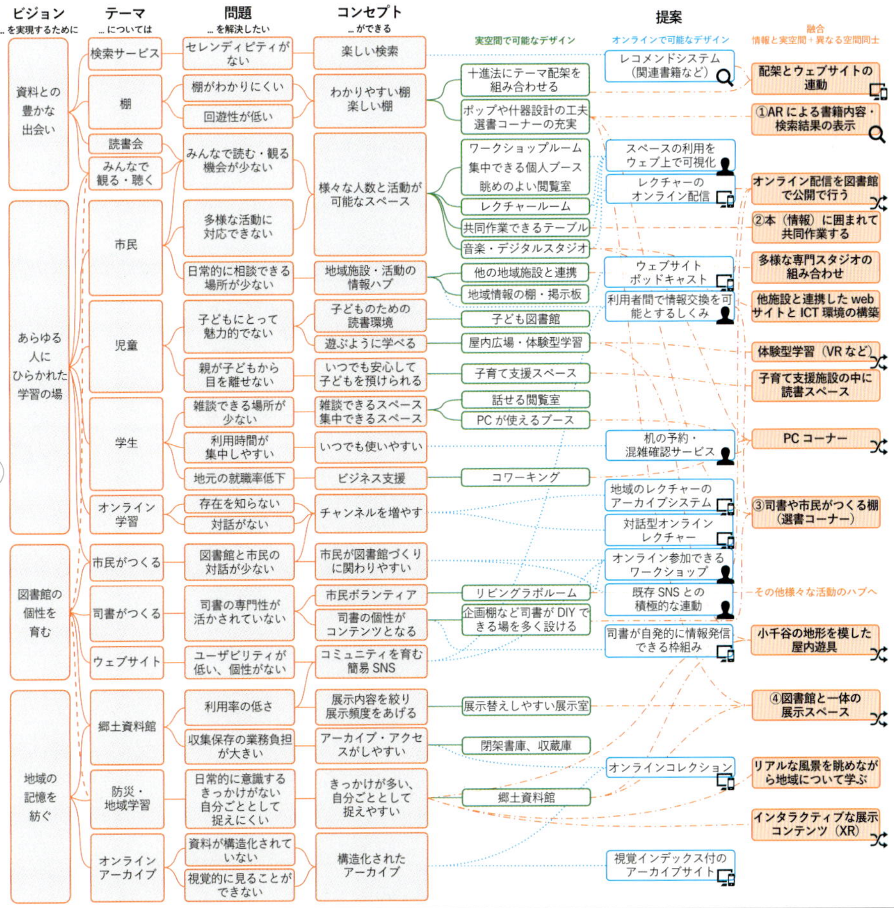

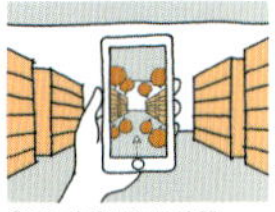

①AR＋実装しやすい空間
AR技術を使って、キーワード検索の結果がスマートフォン越しに書棚の上に出るなど、情報空間と実空間をスムースに組み合わせる仕組みを提案します。その後のセンサー技術の発展を見据え、メインフロアをワンルームでXYZ軸が直行した、AIやセンサーが認識しやすい形状の部屋とします

②活動的な図書室
静寂な空間だけでなく、雑談も可能な場所を用意。音環境に配慮した空間づくりを行うと共に、電源とwifiを完備し、天井と床は配線をどこにでも取り回せる仕組みとします。騒々しさを許容することで、情報を知りたい人、知的好奇心がある人、問題意識がある人がそこで出会い、コミュニティ化し、オン/オフラインを超えて図書館の外へと活動が拡がっていくことを誘発します

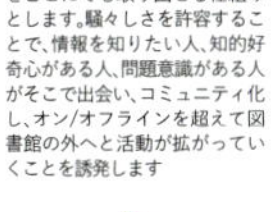

③司書と市民がつくる本棚
司書による選書棚や、地域活動を行うグループや地域施設による展示と選書を一体で行う棚などwebのユーザーIDシステムと連動しながら、利用者間の情報交換が可能となる、分かりやすいだけでなく楽しめる棚をつくります

④図書館と一体の展示スペース
郷土資料や地場産業の資料を図書館の棚に関連書籍と共に、物の資料と情報が一体となったメディアステーションを設置し、日常の中でインタラクティブに文化財に触れられる機会をつくり積極的に活用します

西澤徹夫建築事務所・タカバンスタジオ設計共同体案

新しい公共性と、災害に備えた建築を標榜し、1階は避難に有効なピロティ空間と3つの大きなニワを計画し、大きな風除室を介して2階に上がると、そこは三角形のフレキシビリティの高い大空間となっている。大空間では市民が自由に居場所を見つけられることを狙っている。また実空間と情報空間のつながりを、フローチャートを使って丁寧に紐解きながら、建築的具体提案を導いている。市民が自ら散開してこの場所をつくり上げられるような仕組みづくりがなされた提案である。

（注）本書掲載に際し、当時の提案書を一部修正しています

設計者インタビュー

平田晃久
（平田晃久建築設計事務所）

対象敷地

©平田晃久建築設計事務所

現況

竣工後の〈小千谷市ひと・まち・文化共創拠点 ホントカ。〉©千葉顕弥

Q｜要項はチーム内でどのように読まれ・分析されましたか？

A｜要項の隅々まで読み込みました。スタッフにおいては、特にチームの中心になる担当者が要項を読み込みました。他メンバーも時間を許す限り読んでいます。ポイントは打合せで共有し、回答案の方向性を検討していきます。先ず、回答すべき課題、要求規模、敷地条件、前提の計画など要点を押さえ、案を検討しながら詳細な条件に合わせて方向性を調整しました。読み込みを深める中で案が出来上がるので、スタートしてから提出まで議論し続けました。

Q｜本プロポーザルの募集要項の中で最も重視された点は何でしょうか？

A｜1点目は「情報空間と実空間の融合」という課題に対して、建築的構成要素から提案が必要だということ。2点目は、変化に柔軟に対応でき、併せて活動が持続する仕組みを提案することです。図書館において、ただ単にインターネット上で検索するだけでなく、実空間、つまり資料が広がっている開架空間においても検索性が多様で、興味を誘発するような構成ができると良いのではないかと考えていました。

Q｜floatのアイデアは新鮮かつ挑戦でもあると思います。司書等、図書館関係者に対して、また市民に対して、対話のなかでこのアイデアをどのように伝え、理解を得て、実現に導かれていますか？

A｜まず初めに図書館職員、市職員とfloatについてのワークショップを行いました。簡単な模型と、疑似float書架として、既存図書館にあるブックトラックを使用しました。十進分類ごとにわけて配架していますが、向かい合わせることで、別の分類に関連した本がみえてくる、その本を面陳することであるテーマがみえてくる、という組合せの可能性を理解して頂きました。その後市民ワークショップでも模型を使用し、考え方を伝えました。

Q｜プレゼンボードを作成される際、レイアウトや色調のルールは決めていますか？

A｜基本的にそのコンペごとでレイアウトは検討しています。色調においても、使用する図のテイストに併せて決定しています。

Q｜提案書には概念を表現するグラフィカルなダイアグラムが多用されていますが（提案書の2枚目左側や4枚目）、どのような意図（戦略や勝算等）でのことでしょうか？

A｜今回具体的な設計図等視覚的表現に制限があり、考え方を伝えることが必要であると、要綱から読み取りました。言葉だけでは伝わらないことが多いため、ダイアグラムを多用しています。

Q｜今回、平面図を載せられなかったのはなぜですか？

A｜前述の回答と同じ理由であることと、俯瞰イメージパースで概ね平面図と同じ内容が伝わると考え、重複を避けるため平面図は載せていません。その代わり簡単なダイアグラムを記載しました。

Q｜当初案から、変更された点はありますか？

A｜提案当初、建物の配置・形状は決定ではありませんでした。基本設計ではワークショップを通じて、できるだけ多くの市民の意見を取り入れながら建物の大枠を決定していきました。同時にroofは複数案を構造と共に検討し、平面と併せ全体像が見えるようになりました。実施段階では更にanchorの数と機能の精度を高め、その配置と対応したroofになりました。そのような過程を経て、小千谷の風景と響き合う伸びやかな建築になったと感じています。

あとがき

日本の公共建築の設計者選定の方法としてプロポーザル方式が少しずつ増加している。しかしいまだに入札方式の方が多い。その理由は、「前例がない、土木が入札を原則としている、手間がかかる、時間がかかる」などと言われている。しかしより質が高く価値のある建築をつくるためには入札における金額の多寡のみを選定の基準とする方法が不十分であることは言うまでもない。とはいえ、プロポーザル方式が万能であるかと言えばそんなこともない。価値の高い案が見つけられなければ労力をかける意味はない。入札方式で最低限の価値(安い)を判断する方が効率はいい。

そこで、どういうプロポーザルの要項が質の高い提案を誘発し、それに対して設計者がどのようなスタンスで案をつくり、それをどのようなプレゼンテーションをすることで相手の理解を獲得でき、結果的に優れた案が選出されるのか。その全体のメカニズムを鮮明にして、今後プロポーザルをする設計者のみならず、そのプロポーザルを行う行政の側にも参考になる本をつくろうと考えたのが編著者の1人山崎泰寛さんだった。

その意図を学芸出版社の井口さんから聞かされたのは2021年の初春だった。面白そうだなとは思ったのだが、こういう本を書くとしたらコンペ常勝の方こそがその任に当たるべきだろうと感じた。少なくとも私の役ではないと。しかし少し間を置いて考えが変わった。コンペ常勝の人がその手の内を教えるだろうか。それは彼らの企業秘密だろうし、コンペに浸かっている彼らはコンペを客観的に見るのは難しく、むしろ少し遠巻きに見ているコンペ周辺の我々くらいの方がもしかするとこうした本を書くのには相応しいのかもしれないと思うに至った。

そこで山崎さんに誘われた私はコンペグラフィックに詳しい平瀬有人さんを誘い、山崎さんはコンペのパブリックリレーションを自ら行う榊原充大さんを誘い4人で最初のズームをしたのは2021年の桜も散る頃だった。コロナ禍真っ只中で私たちの作業はすべてズームで進められた。編集者と山崎さん、榊原さんは京都にいた。平瀬さんは九州と東京と本書にも収録された長野の御嶽山ビジターセンターの現場を往来し、私は東京にいた。ズームは仕事の仕方を決定的に変えたとつくづく思う。本書が店頭に並ぶまで、そしてその後もこの5人が一堂に会することはないかもしれない。しかし既知の共著者、編集者となったのである。

4人の著者はそれぞれの得意技がありそれら4つの視点からプロポーザル分析をしたのはまえがきで述べたとおりである。10のプロポーザルを選ぶのには時間がかかった。しかし平瀬さんがここ数十年のプロポーザルの結果をアーカイブしていたので作業は順調に進んだ。我々の記憶に残るプロポーザルを挙げそれらを平瀬さんのアーカイブで確認した。本書は最優秀案と最終ヒアリングに残った優秀案を比較して最優秀案の特徴を浮き彫りにしたかったので、それら全部を確認した。加えてそれらすべての公開可能性を建築家ならびに役所双方に確認をとった。そうした調査の末に選ばれた10のプロポーザルの最優秀、優秀案のほぼすべてを比較する試みはおそらく過去類例がないであろう。この作業には結局4年かかったがそれだけ時間をかけたから分かるコンペに勝つ理由が明瞭になったと作業の結果に満足している。

最後にしかし最小ではなく、本書をつくるのに協力いただいた多くの関係者の方々に感謝の意を表したい。掲載を承諾していただいた建築家の皆様。行政機関の方々。またインタビューに答えてくれた最優秀の作者及び行政の塩入一臣さん、建築家の古谷誠章さんには忙しい中ご協力いただき深く感謝したい。また本書の装丁は今回もラボラトリーズの加藤賢策さんにお願いした。的を射たデザインにはいつも嬉しく思っている。そしてそれら多くの関係者と4人の編著者をリードして本書の刊行へ導いてくれた井口夏実さんには言葉もない。この場を借りてその気持ちをお伝えしたい。

2025年3月
坂牛卓

〔編著者〕

坂牛卓（さかうし　たく）

1959年東京生まれ。建築家。東京理科大学嘱託教授。D.A. 主宰。博士（工学）。1985年 UCLA 大学院建築学科修了、1986年東京工業大学大学院修士課程修了。1998年 O.F.D.A associates 設立。主な作品に「リーテム東京工場」（2005年第4回芦原義信賞、2007年日本建築学会作品選奨）、「運動と風景」（2017年 SD レビュー SD 賞）など。主な著書に『図解 建築プレゼンのグラフィックデザイン』（共著、2015）、『建築の設計力』（2020）、『白い壁』（監訳、2021）、『教養としての建築入門』（2023）、『建築スタディ 発想の方法』（編著、2024）『〈世界〉としての窓』（共著、2024）、『建築を見る技術』（2025）など

榊原充大（さかきばら　みつひろ）

1984年愛知県生まれ。建築家 / リサーチャー。株式会社都市機能計画室代表。建築や都市に関する調査・執筆、提案、マネジメントなどを業務としプロジェクトの実現まで支援する。プロポーザルから協力した事業は、2017年「京都市立芸術大学及び京都市立銅駝美術工芸高等学校移転整備工事」、2019年大阪府泉大津市「図書館整備基本設計・実施設計業務」、2020年大阪府泉大津市「（仮称）小松公園整備事業基本設計・実施設計業務」、2021年神奈川県「厚木市複合施設基本設計等業務」、2022年長野県「小諸新校施設整備事業基本計画策定支援業務」など

平瀬有人（ひらせ　ゆうじん）

1976年東京都生まれ。建築家。早稲田大学芸術学校教授。yHa architects 共同主宰。博士（建築学）。早稲田大学大学院修士課程修了。文化庁新進芸術家海外留学制度研修員（在スイス）、佐賀大学准教授を経て現職。主な受賞に日本建築学会作品選集2017新人賞、SD レビュー2019朝倉賞、第4回日本建築設計学会賞ほか。主な著書に『図解 建築プレゼンのグラフィックデザイン』（共著、2015）、『〈世界〉としての窓』（共著、2024）、『模型で考える 素材が導く建築デザイン』（2025）など

山崎泰寛（やまさき　やすひろ）

1975年島根県出身。京都工芸繊維大学教授。博士（学術）。専門は近代建築史、建築メディア論、建築展・デザイン展の歴史。横浜国立大学教育学部卒業、京都大学大学院教育学研究科修了、京都工芸繊維大学大学院博士後期課程修了。建築ジャーナル編集部、滋賀県立大学を経て現職。主な著書に『リアル・アノニマスデザイン』（共編著、2013）、『「住む」ための事典』（共著、2020）、『日本の図書館建築』（共著、2021）、『構造デザインマップ関西』（共編著、2022）、『クリティカル・ワード　現代建築』（共編著、2022）など

分析 建築コンペ・プロポーザル
要項・提案・グラフィックを読み解く

2025年4月25日　第1版第1刷発行

編 著 者　坂牛卓・榊原充大・平瀬有人・山崎泰寛

発 行 者　井口夏実
発 行 所　株式会社 学芸出版社
〒600-8216　京都市下京区木津屋橋通西洞院東入
tel 075-343-0811
http://www.gakugei-pub.jp/
E-mail info@gakugei-pub.jp
編集担当　井口夏実

装　　丁　LABORATORIES（加藤賢策）
D　T　P　KOTO DESIGN Inc.　萩野克美
印刷・製本　シナノパブリッシングプレス

ISBN978-4-7615-3310-6